U0885592

[美] 奥古斯丁·塞奇威克 著
阳曦 译

咖啡帝国

一部崭新的资本主义全球史

Coffeeland

One Man's Dark Empire and the Making of Our Favorite Drug

Augustine Sedgewick

浙江教育出版社 · 杭州

只 为 优 质 阅 读

好
读

Goodreads

献给我的家人，

特别是我的儿子

你早晨起床走进浴室，伸手去拿海绵，太平洋岛民将它递到你的手里。你想要一块肥皂，法国人为你奉上。接下来，你去厨房喝咖啡，南美人将它倒满了你的杯子。要是你习惯喝茶，斟茶的是中国人。又或者今天早上你想喝可可，这回为你服务的是西非人。然后你想要吐司面包，说英语的农夫满足了你的愿望，更不必提背后的烘焙师。早饭还没吃完，你已经得到了来自大半个地球的帮助。

——马丁·路德·金

序：咖啡百年

多年以后，杰米·希尔还会想起自己被绑架的那个下午，并为此责怪自己的父亲。那是1979年10月31日傍晚，杰米刚在办公桌前坐下，准备给女儿亚历山德拉写信。[1] 那年头，万圣节在萨尔瓦多还算新奇，1959年卡斯特罗古巴革命后，蜂拥而来的外交人员带来了这个节日。[2]“不给糖吃就捣乱”的游戏迅速占领了首都圣萨尔瓦多的高档社区，这位在家族公司里担任高管的42岁商人就住在这里。穿着奇装异服挨家挨户敲门的孩子一年比一年多，出于安全考虑，他们往往是坐车来的。不过即便如此，万圣节的重要性仍远远比不上即将到来的亡灵节，11月初的亡灵节标志着收获季的开始。

杰米一直盼望收获季的到来，持续6个月的倾盆大雨终于退场，取而代之的是蓝天和凉风，他的兴奋充分反映了这个国家的历史。由于缺乏临大西洋的海岸线，直到1821年才脱离西班牙统治而获得独立的萨尔瓦多曾是一潭“死水”——全国25万公民中仅有4名律师和4位医生，剩下的都是农夫。最大的港口每年只有两三艘船停靠。[3] 但这并不代表萨尔瓦多人很穷，因为“穷”是相对的，商业层面的与世隔绝意味着经济的平等。19世纪中叶，来到萨尔瓦多的欧洲游客往往震惊于这里“赤贫现象的绝迹”和土地的肥沃。[4] 靛蓝和香脂、有利可图的出口商品、繁荣的乡村，就连城镇都“掩映在热带植物中”。这些植物包括棕榈、柑橘和“险些被沉甸甸的金黄果实压垮的阔叶香蕉”。[5] 丰富的自然物产赢得了外国游客的赞叹，他们看到的是一片“特别适合出产热带作物”的土地，但大部分萨尔瓦多人靠耕种公有土地为生。[6] 他们没有太多动力为远方的市场种植新的、陌生的经济作物，更不愿受雇于有志于此的人。从传统上说，生活在这里的农夫惧怕旱季的到来。11月的降临意味着绵延数月的干旱，每当这时候，萨尔瓦多人和他们的“邻居”总会祈祷大雨早日归来，那是他们赖以生存的根基。

19世纪末，萨尔瓦多的乡村生活仍延续着几百年来的传统。日出的清晨，人们扛着农具沿着泥泞的窄路从小村赶往远处的农田劳作；到了晚上，他们又会带着能充当口粮或者能在当地市场上售卖的收获回家。[7]父母将维持这种生活所需的所有知识传授给孩子。[8] 一年一度，天气转换之际，萨尔瓦多人和整个中美洲的所有“邻居”一样，装饰坟墓、唱歌跳舞、聚会欢饮，以这种方式感念大地无尽的恩情，祈求祖灵的庇佑。[9]

但也有一些萨尔瓦多人认为，这些流传已久的深厚传统不值得庆祝；他们遥望那个拥有内燃机、电话和电灯的广阔世界，担心自己的国家正在被甩得越来越远。这个群体取得了和他们的人数不相称的政治力量。起初的变化并不明显，但在1879年之后，一切骤然加速，萨尔瓦多传统的农业生活被连根拔起，取而代之的是全新的未来。

1889年，杰米·希尔的祖父——时年18岁的詹姆斯，从英国曼彻斯特来到萨尔瓦多的时候，一场意义深远的变革方兴未艾。两代人的时间内，萨尔瓦多完全变了模样。“最让游客震惊的是，”1928年，一位美国游客写道，“这里的人显然只关注一个东西：咖啡。每件事都关乎咖啡，每个人都和咖啡有直接或间接的关系。”“咖啡是维系萨尔瓦多不致分裂的唯一要素。”同一年，萨尔瓦多农业部长这样说道，他本人也是一位咖啡种植园主。[10]

尽管詹姆斯来到萨尔瓦多的时候，咖啡热已经开始了10年，而且作为移民，他无法担任政治职务，但毫无疑问，在将他的第二故乡改造为现代历史上单一作物栽培程度最高的国家的过程中，他发挥的作用可能比谁都大。到20世纪下半叶，部分缘于希尔在自家种植园和咖啡加工厂里采取的措施，咖啡覆盖了萨尔瓦多1/4的耕地，吸纳了全国1/5的人口。萨尔瓦多的种植园每英亩的产量比巴西的高50%，他们种出的咖啡贡献了全国1/4的GDP，在出口货物中的占比更是超过90%。值得注意的是，同样部分缘于希尔的牵线搭桥，这些咖啡绝大部分会被装进色彩鲜艳的锡罐，摆到美国的超市货架上；伴随着萨尔瓦多咖啡产业的兴起，美国成了稳坐全球咖啡消费第一把交椅的国家。[11] 一个世纪内，萨尔瓦多出产的作物彻底换了种类，这个国家采摘、加工的咖啡斟满了美国人的杯子，农产品带来的利润也落到了新主人的手里。

因此，对希尔家族来说，咖啡收获的开始通常意味着唾手可得的奖赏，但1979年不是寻常年份。和往年一样，旱季如期而至，带来了适合采摘咖啡、给咖啡豆去壳的晴天和干燥的空气。但这些有利条件被家族内部和国家层面的变动蒙上了一层阴霾。自“二战”以来，希尔家族的生意从咖啡扩展到了房地产、建筑、金融和保险业，但作为三个兄弟里的长兄，杰米在家族企业里遭到了贬斥。更糟糕的是，昔日的政治冲突重新抬头，谁也不知道收获能不能顺利完成。

百年的咖啡种植将萨尔瓦多分裂成了两半。这个国家获得了令人瞩目的经济成就，但与此同时，它在很多方面却穷到了骨子里。全国80%的儿童营养不良。[12] 曾经绝迹的“赤贫”成了萨尔瓦多两种基本风貌中的一面，而另一面是传奇“十四家族”的豪富，其中包括希尔家族，这个凭借咖啡起家的家族几乎垄断了萨尔瓦多的土地、经济和政治等。一方是寡头——在国外接受教育，坐在加了装甲的欧洲汽车后座上四处招摇，军队、私人保镖和高墙厚门的宅邸保障了他们在商界和政界的权力；另一方是其他所有人。也曾有人试图改变萨尔瓦多豪富和赤贫对立的撕裂局面，但反对咖啡资本主义的行动都遭到了残酷的镇压，曾经令人恐惧的民众抵抗运动一度被迫转入地下。

虽然风险很高，但随着卡斯特罗在古巴的胜利，萨尔瓦多的革命精神仍迎来了复兴。作为回应，萨尔瓦多政府——他们背后的支持者是高度警惕共产主义渗透西半球的美国——的镇压手段越来越强硬，一种新出现的威胁更令局面雪上加霜，那就是由寡头资助、兼职士兵组成的神秘“敢死队”。整个20世纪70年代，层出不穷的绑架、失踪和暗杀带来了血腥的报复，也使得恐惧四处蔓延。1979年10月15日，一场政变爆发了。在萨尔瓦多的历史上，这并不是第一次，但政府的强制更替也没能直接厘清政治局面和日常生活。直到万圣节来临，政变的余波仍未彻底平息。

杰米·希尔有很多话想告诉女儿亚历山德拉。她在弗吉尼亚的福克斯克罗夫特女中念高三，想去波士顿的大学研读政治学。杰米自己少年时也在罗得岛念过寄宿学校，那时候他成天只想回家去咖啡种植园工作，祖父詹姆斯是他的榜样。然后有一天，他的父亲（也叫杰米）突然出现在学校里，他告诉儿子，自己的视力越来越糟糕，家里的生意需要人照料。后来杰米·希尔在费城的沃顿商学院念完了大学，毕业后他在华尔街工作了几年，然后回到萨尔瓦多，满足了父亲的愿望。[13]

杰米办公室的角落里，祖父留下的钟指向4点15分。他在打字机前刚刚敲完一句给亚历山德拉的问候，便听见一辆吉普车和一辆小货车高速驶向这幢房子，猛地停在了屋外。穿着警察和军队制服的男人端着军用黑克勒-科赫G3突击步枪跳下吉普车，清空街道，指挥车辆绕道离开。头戴黑面罩、身穿迷彩服的第二支小队钻出小货车，端着乌兹冲锋枪闯了进来。突如其来的枪声撂倒了一名保安，又在安全铁门上撕出了一个洞。枪手冲进铁门，丝毫没有理会惊呆的秘书，径直奔上楼梯。

刚听到窗外的骚动时，杰米以为是警察在捉贼。随后楼下的枪声和尖叫声让他意识到自己错了。8年前，一支伪装成公路巡警的突击队拦下了他的表妹夫欧内斯特·雷加拉多·杜埃尼亚斯的车。3天后，欧内斯特·雷加拉多的尸体被丢在大街上。杰米的父亲让他买了件防弹背心。从那以后，恐惧一直伴随他左右。[14]

杰米慌张地抓起抽屉里的点45手枪奔向洗手间，然后他发现自己被困在了这里，小小的手枪如铁哑铃般沉重。门外有人在叫他的名字。杰米放下手枪，一步步挪出浴室，迎上那群蒙面的不速之客。

他的头立即被一顶兜帽套住了，手铐箍紧了他的手腕，看不见的手抓着他的胳膊，拖着他顺阶而下。他们经过不知所措的秘书，经过地上保镖的尸体，来到外面的街上。“告诉我家里人，我没受伤。”杰米转头大喊，随后便被推进怠速等待的小货车，整个人向前扑倒。货车立即蹿了出去，车篷的绿油布被风吹得猎猎作响。他们离开城市，驶向西边那个曾被称作“咖啡王国”的地方。[15]

半个世纪前，通往圣安娜的狭窄崎岖的公路盘山而下，伸入宽阔的伦帕河谷盆地。山脚的平原上，一座座整齐的建筑三面环绕着茂密的热带丛林，灰泥墙壁白得发亮，红瓦屋顶沐浴在温暖的阳光里。远远望去，圣安娜不愧是中美洲“最可爱的小镇”——20世纪20年代一位曾在此过夜的美国记者赠予了它这个美称。[16]

当时的圣安娜也是萨尔瓦多的第二大城市，始于19世纪80年代的经济腾飞以它为中心，1914年“一战”爆发后，与加利福尼亚州日益频繁的贸易又进一步加速了圣安娜的发展。如果说这座围绕中心广场呈网格状整齐铺展的城市看起来不如人们印象中的新兴都市那般“生机勃勃”，这也是因为它的兴起有些与众不同[17]：这座城市的经济活动主要发生在城外海拔8000英尺高的圣安娜火山沟壑纵横的山坡上。很长一段时间里，人们一直以为这座萨尔瓦多最高的火山已经熄灭。

从山脚到陡峭的火山锥，圣安娜火山宽阔的山坡上散布着一片片郁郁葱葱的咖啡种植园。从11月到次年2月的收获季里，每天都有成千上万人在这些种植园里劳作；他们没日没夜地采摘咖啡，从清晨6点一直工作到薄暮降临。每个工作日结束时，成群结队的骡子和牛拖着车厢里鼓鼓囊囊的棕色麻袋沿山而下，满得溢出来的红色咖啡浆果一路洒落。车队穿过圣安娜灰扑扑的街道，将货物送往城里众多的咖啡加工厂，新摘的浆果会在这里被处理成可供出口的咖啡豆。

在收获季最繁忙的街道中，有一条狭窄的小路从市中心出发，向北穿过西班牙橡树纠缠的枝丫搭成的深绿隧道，直通城外。到了城市边缘，地势渐趋陡峭，小路微微向右一拐，左手边露出一座现代咖啡加工厂的大门，人们叫它Las Tres Puertas，意思是“三门”。

进入大门，驾车人赶着牲畜登上简陋的接收站，工人们麻利地将新鲜的咖啡浆果搬进厂里。接下来的几天里，人们会将咖啡豆从浆果里剥出来，冲洗干净，最后经由水渠送往工厂后方宽阔的晒场。晒场角落里，棕色的砖地上有白线画出的标准网球场，单双打边线一应俱全。

网球场对面的缓坡上矗立着一幢优雅的二层新建小楼，整幢房子是所谓的西班牙殖民地复兴风格。1915年，为庆祝巴拿马运河开航，旧金山举行了一场巴拿马太平洋万国博览会。自那以后，这种风格便流行起来——高耸的白墙、气派的室外楼梯、巍峨的大门廊柱，还有铺着整齐红瓦的屋顶窗和房顶。詹姆斯·希尔和他黑眼珠的娇小妻子带着一大群孩子——生了10个，活下来7个——住在这里，这位身高6英尺、戴金属框架眼镜的瘦弱英国男子是20世纪20年代的“萨尔瓦多咖啡之王”。[18]

这个称呼出于至诚，实至名归，但隐含着一缕讽刺意味；顶着这个称呼的人有时对此颇为自得，有时又试图掩藏。1871年，詹姆斯·希尔出生在维多利亚女王治下的英格兰，他的家在工业城市曼彻斯特的贫民窟——街区因贫穷和污染蜚声世界。1889年乘船前往萨尔瓦多的时候，詹姆斯几乎一文不名，他背井离乡完全不是为了咖啡，而只是想逃离曼彻斯特阴郁的天空和黯淡的前途，去海外贩卖纺织品。

从很多方面来说，纺织品生意和咖啡相去甚远。织物生意单调乏味，但很稳定，归根结底，它满足的是人们最基本的需求。相比之下，无论是从农业还是从财务角度来说，咖啡都是一门“走钢丝”的艺术。咖啡树生性脆弱、脾气乖张，需要多年的辛勤劳作和精心照料才能结出有价值的果实。更糟糕的是，任何一种咖啡作物的价值最终都完全取决于以波动剧烈著称的国际市场，所以在那个年代，许多情节夸张的流行小说以咖啡为主题，它象征着冒险和毁灭。[19]

但詹姆斯·希尔就是从这样的不可能开始，建立了一个咖啡帝国；很多人——包括他在圣安娜火山上的邻居和对手——认为，他的产品冠绝萨尔瓦多，也就是冠绝世界。到1951年詹姆斯去世前，他的18家种植园为三门加工厂提供了源源不绝的原料，种植咖啡的总面积超过3000英亩，旺季雇工总数近5000人，每年可出口咖啡豆约2000吨，好年景的净利润高达数百万美元。尽管这些数字已经足够惊人，但詹姆斯·希尔的咖啡帝国不能简单地用英亩、树木、雇工、吨位或美元来衡量——对万里之外那些出于某种原因希望了解咖啡来源和生产过程的消费者来说，它还承担着“展览馆”的功能。[20]

亚瑟·鲁尔去过很多地方。1895年，他离开伊利诺伊州罗克福德老家，前往哈佛求学。四年后，他成了纽约的一名记者，这份工作带他走遍了全球。1902年，他钻进曼哈顿的地下，观摩刚刚开挖的地铁；1908年，他又赶赴小鹰镇的海滩，采访莱特兄弟的试飞；1910年的独立日，他在沸腾的雷诺见证了杰克·约翰逊击败吉姆·杰弗里斯，后来的电影《拳王奋斗史》即取材于此；1914年，他在墨西哥的韦拉克鲁斯目睹美国海军占领这座城市；1915年，他去了加里波利的“一战”前线；1917年，他又出现在十月革命前夕的俄国。每到一个地方，他都会为《哈泼斯》《科利尔》和《世纪》的读者发回思想深刻、文笔亲切的报道。[21]

鲁尔的冒险经历让他明白了一个道理：这个世界并不像你龟缩一隅时以为的那么大，而且它只会变得越来越小。“成天坐在家里的人根本无法想象，汽车、无线电和报业辛迪加正在以怎样的速度让这个世界变得越来越小，更别提有线电视和现代蒸汽船了。”鲁尔这样写道。从个人偏好的角度来说，他喜欢高级酒店、“运动和健康”、周全的礼节、“干净的街道”、业务娴熟的交警，以及“井然有序的”乡村俱乐部提供的鸡尾酒，但鲁尔并不幼稚，不至于分不清什么是舒适，什么是进步。从原则上说，他不反对改变，而只是想弄清改变背后的意味。

1927年的一个清晨，鲁尔在曼哈顿最南端登上了一艘白色的大船，这艘开往中美洲的香蕉船隶属于联合果品公司。无论是“漂亮的小哥斯达黎加”、“问题重重的尼加拉瓜”、洪都拉斯、危地马拉，还是“忙碌的萨尔瓦多”，他希望近距离观察这些“曾由宗法制度统治的田园牧歌式共和国”，“被拖入现代世界洪流”时发生的“翻天覆地的变化”——不论是好是坏，现代世界的美德以数字为准绳（“速度、高度、人口、利润！”），效率（“能量、省时、环境卫生、机器魔法”）被奉为圭臬。

亚瑟·鲁尔在萨尔瓦多找到了他想要的东西。城市里“新修的漂亮”街道下方铺设了电话线和电线，高级政府官员承诺尽快修建高速公路和机场。“精神抖擞”的警察接受过美国人的训练，头上的遮阳帽和身上的军用腰带让他们看起来愈显可靠。多种族混杂的农民阶层辛勤劳作、人数众多，尽管他们不如哥斯达黎加的农民那么“白”，那么“民主”，但也不像危地马拉的农民那么“印第安化”，难以相处。逗留在这个国家首都的日子里，鲁尔有时会有种自己身在南加利福尼亚州的错觉，但他不会完全忘记，“这片土地上大部分工人一天赚不到半美元”，大街上公共管道崭新的铁井盖可能被偷去当垃圾卖。在这座城市里度过了一段愉快的日子，并充分认识到“萨尔瓦多的一切都围绕咖啡运行”以后，鲁尔登上了开往圣安娜的火车；在此之前，他预先做了点准备。

在圣安娜火车站迎接鲁尔的是詹姆斯·希尔的三个儿子之一，不久前他刚从加利福尼亚州的大学回到家里，现在开着父亲的车。汽车停在三门加工厂门口，鲁尔钻出车门，见到了那位“冷静、干练、礼貌”的英国人，也就是鲁尔此行的向导和主人。年近六十的詹姆斯·希尔带领鲁尔参观了毗邻宅邸和加工厂的“实验种植园”，时不时举起他“结实的手杖”戳一戳咖啡树周围的“黑土”。一路上詹姆斯操着曼彻斯特口音快活地介绍他的咖啡生涯和相关的知识——土壤和树木，价格与薪酬，政变和革命，还有和他一样的种植园主以及他“手下的工人”，这些智慧都来自他在萨尔瓦多度过的40年岁月。

参观完毕后，两个男人在一间整洁的办公室里坐了下来，詹姆斯将这个房间装饰成了伦敦城里会计室的样子。在“轻松的氛围”中，希尔再次谈到了那些严肃的话题：萨尔瓦多当前复杂的政治和经济问题，为保证本国咖啡产业健康发展所采取的——以及可能采取的——激进措施，希尔家族年轻一代在这一过程中必然承担的重要角色，还有他寄予他们的期望。他讲得很有条理，但听着詹姆斯·希尔继续冷静地展望萨尔瓦多的未来，一种不安的感觉在亚瑟·鲁尔心头蔓延。他不由自主地想到，尽管从某种角度来说，希尔提到的一切的确是眼下这个动荡世界的缩影，但与此同时，他说的话听起来特别“违和”。[22]

詹姆斯·希尔80岁的人生分为截然不同的两段。他的父母是全世界第一批工人阶级，但他本人可以算是货真价实的萨尔瓦多人，直到1951年詹姆斯去世时，这个国家仍是全世界政治寡头化最严重的地方之一。不过到那时候，曼彻斯特和圣安娜之间的差异已经没有他刚刚离开家乡时那么大了。在詹姆斯·希尔80年的生命中——也就是从美国内战结束到冷战开始——正如亚瑟·鲁尔所观察到的，这个世界变得越来越小。铁路、蒸汽船、汽车、飞机、电报、电话、无线电、电影，加上其他新型燃料、能源和管理手段，这些因素共同将曾经相距遥远——如果不是老死不相往来的话——的人、地点和事物凑到了一起。这不仅是一个我们如今所说的“‘全球化’效应首次凸显”的年代——更确切地说，在这个年代，人们第一次试着用“全球”这个词语来描绘那些涵盖整个地球的现象。[23]在这个“全球互联日益密切”的年代，我们第一次用“互联”这个词来描绘种种联系彼此交织、形成某种更宏大联结的过程。[24]很多历史学家提出，正是在这几十年里，一张“紧密编织的全球互联网络”逐渐浮现，成为现代社会的一个“基础事实”。[25]

在这段全球联结、嬗变的宏大叙事里，咖啡的历史贯穿始终。400年前，喝咖啡只是土耳其人的一种神秘习俗，英语里甚至没有“咖啡”这个词；今天，“咖啡”可能已经成为这颗星球上传播最广的词语。[26] 300年前，商业化种植咖啡的地方只有一个——也门，它的供应控制在一小群商人手里；今天，这种经济作物已经覆盖70多个国家，关系着2500多万人的生计。[27] 200年前，咖啡是专属于特权阶级的奢侈品，咖啡馆是思想、谈话、艺术、政治和文化的中心；今天，它成了最无可取代的工作提神药，全世界每天要消耗几十亿杯咖啡，近2/3的美国人有喝咖啡的习惯。[28] 100年前，因为担心咖啡价格过低，拉丁美洲的种植园主和美国的商人开始向美国的咖啡消费者宣传种植园的情况和它们的重要性；今天，咖啡是最主流的“公平贸易”商品。想思考世界经济如何运作，自己又如何应对，咖啡是最常用的案例道具。[29]

出于上述原因，人们常说，“咖啡联结世界”。[30] 是的，从穆斯林的神秘习俗到文明欧洲的奢侈品，再到随处可见的日常必需品，咖啡的变迁让我们得以一窥世界是怎么变成了今天的样子。当然，跟随詹姆斯·希尔的脚步，从曼彻斯特到圣安娜火山，看一看咖啡如何从他的种植园和加工厂进入旧金山的烘焙厂，再被装进美国主流咖啡品牌的真空密封罐，送到全美国各地的杂货店、厨房、休息室和咖啡馆。我们可以从中看到，相距遥远的人、地点和事物如何越来越精确地被组装到一起：“一个相互联结的世界”，这个形容来自一本具有划时代意义的新书标题。[31] 但这只是故事的一面。

现代历史正朝着两个方向同时前进。新的联系孕育出新的藩篱。整个

19世纪，全世界的经济规模膨胀了44倍。从1850年到1914年，全球贸易增长了1000%——“这个世界从未见过财富以这样令人头晕目眩的速度被创造出来。”[32] 但伴随全球化的脚步，温带工业国与热带农业国人民的收入差距也同步增长。[33] 1880年，“发达”工业国家的人均收入是世界其他地区的2倍；1914年，这个差距变成了3倍；而到了1950年，二者的收入鸿沟扩大到了5倍。[34]

世界被分成了两半，一半富有，一半贫穷；一半是喝咖啡的人，他们集中生活在工业发达的北半球，另一半是生产咖啡的人，他们集中生活在以农业为主、永远“发展中”的南半球。作为全世界最贫穷的地区最有价值的农产品，咖啡在塑造这一分野的过程中扮演着核心角色。[35] 过去150年里，咖啡成了一种具有特殊价值的商品——如今全球每年的咖啡出口额超过250亿美元，零售额更是几倍于此——从表面上看，它被那些最穷的国家垄断。[36] 人们常说，咖啡是全球资本主义历史上最重要的商品；但与此同时，它也是全球不平等历史上最重要的货物。

咖啡不仅“联结世界”。实际上，它还带来了一个难以回答的问题，一个复杂而微妙的问题：通过日常的事物与遥远的人和地点建立联系，这到底意味着什么?

目 录

1 完美的伊斯兰符号

1554年，两个叙利亚人在他们的第二故乡君士坦丁堡做起了生意。舍姆斯来自大马士革，海基姆来自阿勒颇。他们在博斯普鲁斯附近繁忙的市场区里开了这座城市的第一家咖啡馆。这家“沙发和地毯非常整洁”的店铺成了一处体面的社交场所，“很适合交朋友”。咖啡馆的很多主顾是学生，或者其他“好学的人”；这里有正在找工作的专业人士，有“国际象棋爱好者”，也有教授。[1]这时候距离咖啡首次出现在文字史料中，大约只有50年。[2]

咖啡原产于埃塞俄比亚，15世纪，人们在这里的野生咖啡树上采集到了第一批有商业价值的果实。16世纪，也门的山坡梯田里开始种起了咖啡，喝咖啡的习惯通过贸易和战争传遍了阿拉伯半岛和地中海沿岸。每当奥斯曼帝国的苏丹征服一座新的城市，咖啡馆往往是他们最早修建的场所之一，“为了展示他们的统治是文明的”。[3]鉴于这种传播方式，这种饮料蕴含的意味颇富争议。根据众多语源学研究，“咖啡”（coffee）这个词源于阿拉伯语中的qahwah，意思是“酒”：咖啡是“伊斯兰之酒”，这带来了一些问题。[4]

1511年的一个傍晚，麦加的一名警察在做完礼拜后清醒地离开了；然后他发现，一群和自己信奉同样宗教的人正在喝咖啡，因为他们想在晚上做礼拜的时候保持清醒。因为怀疑这种饮料可能让人喝醉，麦加的警察将全城的咖啡付之一炬，但这完全没有解决问题。出版于1587年的一本小册子调查了咖啡的历史，希望“就咖啡的问题得出一个真诚而明确的答案，换句话说，伊斯兰教徒喝咖啡到底合不合法”。[5]

这时候，欧洲人也发现了咖啡。1573年，德国学者莱昂哈德·劳沃尔夫在阿勒颇旅行时注意到，一群人在喝一种“黑如墨汁”的饮料：“虽然瓷杯里的饮料很烫，但他们一点也不怕，他们坐在那里，不假思索地将杯子举到唇边，但只喝一点点，然后递给下一个人。”1596年，荷兰医生伯纳德·登布鲁克描述了他在黎凡特目睹的咖啡制作过程：“他们取出1.5磅果实，放进火里微微烘烤，再加入20磅的水煮沸，直到水蒸发到只剩原来的一半为止：斋戒期间的每天早晨，他们都在房间里喝这种装在陶土壶里、烧得很烫的饮料……他们说，它能带来力量，让你暖和起来，帮你抵御寒风，冲破任何障碍。”[6]

“他们”指的是土耳其人。在欧洲人眼里，咖啡是“土耳其异域风情的象征”“完美的伊斯兰符号”。隔着这样一段标志性的距离，欧洲人认识咖啡的过程也是一场与“外来物”的邂逅，早期很多描述喝咖啡的文字都带着怀疑和厌恶的色彩。1609年，曾被派驻阿勒颇的英国牧师威廉·比达尔夫写道：“这种黑色的饮料是用一种类似豌豆的东西做的，名叫Coava；经过加工处理的豆子被放到水里煮，他们喝的时候总是越烫越好。”1610年，诗人、翻译家乔治·桑迪斯亲自尝试了咖啡，觉得它“黑得像煤灰，喝起来却不太像”。[7]

虽然怀疑咖啡的魅力，但欧洲人承认它的力量。和酒精、鸦片一样，咖啡会改变喝它的人，不过，这是出于什么原因或者原理？人们对此莫衷一是。1632年，哲学家、图书馆馆长罗伯特·博顿把土耳其咖啡馆比作“我们的酒馆或酒肆”，在他笔下，咖啡是一种治疗忧郁的“康复药”。[8]1640年，伦敦药剂师约翰·帕金森写道：“这种土耳其浆果饮料对身体有很多好处，比方说，它能养胃，助消化，消解肝脾的肿瘤和阻滞。”[9]

正如帕金森所建议的那样，咖啡常被当成药物使用。那个年代的医学强调的是借助食疗平衡四种体液——血液、黏液、黑胆汁和黄胆汁，必要情况下还可以放血，做手术。食物被分成四类：热、冷、湿、干。不过，就像茶和巧克力一样，咖啡似乎不属于任何一类。它是热的，具有刺激性，但与此同时，它也有镇静和利尿的效果；差不多1500年来，人们一直信奉这套关于人体的知识，咖啡却无法融入这一体系。[10]咖啡的基础效果也同样令人困惑。很多拥护者表示，咖啡能强身健体；反对者却说，喝咖啡会引发很多小毛病，尤其是阳痿。[11]

这种“土耳其浆果饮料”通过咖啡馆进入英国，继而传遍了欧洲。[12]17世纪50年代初，伦敦的第一家咖啡馆开业了，出资者是黎凡特公司的代理商，他们在东方贩卖香料、羊毛、锡和火药时尝到了咖啡的滋味。商人丹尼尔·爱德华兹特意从士麦那雇了一位名叫帕斯夸·罗斯的仆人留在伦敦的家里，让他天天给自己煮咖啡。爱德华兹的朋友逐渐习惯了时不时过来喝一杯，于是他看到了商机。对爱德华兹来说，做咖啡零售生意太掉价，所以他派了仆人罗斯出面。[13]

罗斯的咖啡小店由“厚厚的松木或杉木板”搭成，矗立在伦敦城狭窄的圣米迦勒巷两侧林立的商店和办公室之间。虽然店里的环境没有舍姆斯和海基姆的咖啡馆那么舒适，但店招上画着土耳其打扮的店主本人。小店的生意很好，可是没过多久，罗斯就陷入了推广新食物的先锋在西方常常遭遇的困境。周围的酒馆老板担心他抢生意，于是他们试图利用罗斯外乡人的身份把他赶走。根据当时的法律，只有伦敦公民才能在城里做生意，所以罗斯背后的商人老板给他找了个本地搭档，一位名叫克里斯托弗·鲍曼的农场男孩。罗斯和鲍曼一起搬进了一处更大的店面，继续做生意，但没过多久，罗斯的名字就从租约里消失了。后来，这家咖啡馆和挤满了市场区的其他临时搭建的木结构建筑一起，在1666年的大火中被烧毁了。[14]

不过，咖啡在伦敦已经站稳了脚跟，新的咖啡馆在城里四处开花，它们已经不再是市场区的寒酸小店。靠着充足的座位和读物，这些咖啡馆成了“便士大学”——人们讨论新闻和想法的开放论坛。1660年，日记作家塞缪尔·佩皮斯曾多次造访伦敦咖啡馆，他记录下来的话题包括天气、昆虫的性生活和财富的合理分配。[15]哲学家尤尔根·哈贝马斯提出，咖啡馆里的这些谈话催生了一个与既有头衔和财富无关的新兴社会阶层——这个超越了王室、教会和国家的新兴公民社会深刻地影响了当时的政治和治理方式。[16]

17世纪中叶，伦敦的治理方式经历了诸多变化：1649年，国王查理一世被处决，奥利弗·克伦威尔建立共和制联邦；1660年，查理二世登基，君主制和英国圣公会复辟。作为“制造和消费‘新闻’的主要社会场所”，伦敦的咖啡馆体现了新兴的民主规范，展现了言论和集会自由，也培养出了越来越怀疑王室权威的“公众”。[17]查理二世意识到了这一威胁，为了扼杀异见，他试图关闭咖啡馆，并斥之为“政治动荡的温床”、炮制“假新闻”的巢穴——所谓的假新闻，便是除王室官方发言以外，一切针对国事的讨论。[18]清除咖啡馆的行动没能平息查理二世的恐惧，反而让伦敦进入了“暴动状态”。国王只得改弦更张，转而给咖啡馆发放执照，条件是咖啡馆不得摆放颠覆分子的作品，也不能容许他们高谈阔论。为了躲开监控，有的咖啡馆索性改成了小酒馆。[19]

笼罩在咖啡馆上空的另一片阴影是对外来事物的高度怀疑。爱国的饮酒者理应痛恨咖啡，但伦敦的雇主看到了咖啡的好处。“以前那些学徒、店员总是一大早就喝麦芽酒、啤酒或者葡萄酒，”当时的一位学者写道，“这些东西都会让人脑袋发晕，带来许多商业上的不便。现在，这种提神而文明的饮料让他们变成了好伙计。”咖啡似乎没有酒精那种麻痹效果：它是“一种让我们立刻清醒、快乐起来的饮料”。这句话里的第一人称代词简直令人震惊。到了17、18世纪之交，也就是咖啡进入英国100年后，伦敦已经开了几百家咖啡馆。相比之下，阿姆斯特丹只有32家。[20]

一个世纪的时间里，咖啡在英国从不为人知变成了家喻户晓。考虑到咖啡带来的生理效应，人们开始担忧过量饮用的问题。1699年6月，药剂师兼批发商约翰·霍顿在英国最杰出的知识分子面前做了一场“关于咖啡的演讲”，这些精英常常聚集在一间名为“希腊”的咖啡馆里。这份演讲稿以介绍本地八卦的口吻，主要描述了咖啡如何融入英国文化和生活方式。霍顿不敢直接回答咖啡对健康有何影响、是否真能提神，因为他觉得自己没有一套完整的“睡眠理论”，但他的确指出，咖啡让“各种各样的人都变得友善起来”，从而“极大地增进了知识的交流”。[21]

咖啡如此流行，人们自然很有兴趣在大西洋对面的新英格兰、弗吉尼亚和加勒比地区的殖民地种植咖啡。[22]但英国商人没法绕过在红海岸边的也门港口辛勤工作的阿拉伯商人，后者几乎垄断了全世界的咖啡供应。从这个方面来说，英国贸易公司做得更成功的生意是茶，而不是咖啡。茶进入英国消费市场的时间比咖啡更晚，最初的价格也更贵，因为茶叶生意掌握在荷兰人手里，爪哇岛的殖民地是他们的中转站。[23]可是到了18世纪初，英国的东印度公司终于取得在中国大陆口岸的通商许可，廉价的茶叶就此涌入英国市场。整个18世纪，英国进口的茶叶可能增长了4000倍，与此同时，荷兰人在爪哇岛的贸易重心转向了咖啡。[24]正是出于这个原因，1773年，波士顿港的抗议行动毁掉的是茶，而不是咖啡；东印度公司的茶和西印度公司的糖为工人们提供了力量，不久后，正是这些工人在英格兰北部掀起了工业革命。

2 棉都

成为卡尔·马克思的资助人和合著者之前，弗里德里希·恩格斯原本是普鲁士纺织业富商之家的诗人儿子。1842年，恩格斯22岁的时候，他的父亲派自己满怀理想主义的继承人横渡北海前往英国曼彻斯特。不久前，他们家在这里开了一家生产棉线的大型工厂，以女王之名，这座工厂被命名为“维多利亚棉纺厂”。

棉纺厂位于索尔福德，当时这片荒凉的地区刚刚开始被快速增长的城市吞并。仅仅半个世纪前，曼彻斯特还是英国西北部河边上的一个乡下集镇，住着差不多3万人，整个镇上只有一根高耸的烟囱。等到弗里德里希·恩格斯来到这里的时候，曼彻斯特已经成了历史学家埃里克·霍布斯鲍姆笔下“世界史上最重要的事件”——工业革命——的中心。[1]孤零零的一根烟囱长成了一片烟囱森林，这些烟囱下面生活着30万人，上方则是浓烟托起的青色天穹，遮天蔽日的浓烟来自烧煤的蒸汽动力工厂，这些厂出产的用棉花织成的布匹比地球上其他任何一个城市都多。为了称颂这一支柱产业，人们给曼彻斯特起了个新名字——“棉都”。同样地，在远离英国市场的地方，棉纺品被简单地称为“曼城货”，好奇的人们从地球各个角落远道而来，想看看制造这些货物的地方。

走进维多利亚时代的棉都，你的所有感官都会遭到“凌辱”。“在我进入你们这座城市的那一刻，一种持续不断的低沉振动便击中了我的耳朵，就像某种无法抵抗的神秘力量。”1858年，美国铁路大亨理查德·B.金博尔这样写道。[2]对他来说，这种巨大的噪声十分陌生。从街头看，这座城市既可怕又激动人心，“怪异又令人敬畏”。[3]对苏格兰作家托马斯·卡莱尔来说，每天早上五点半，大大小小的工厂机器开动的声音“就像大西洋汹涌的潮声”。[4]有的人从没听过这样的声音。“一千种噪声回荡在这座潮湿幽暗的迷宫中，但它们完全不是你在其他大城市里常常听到的那些声音。”法国记者亚历西斯·德托克维尔这样写道。1835年，刚刚结束了美国之旅的德托克维尔来到了曼彻斯特，“机器轮子的轧轧声、蒸汽锅炉的尖啸声、织布机规律的敲击声、货运马车沉重的隆隆声，你永远逃不开这些噪声”。[5]

每条巷道深处，“远离公众视线的地方”，人们住在“脏乱得超乎想象的”窝棚里。空气中弥漫着“粪便的”气味。[6]工厂排出的废气取代了空气，把太阳变成了“一个黯淡的盘子”。[7]1872年，一位长期研究曼彻斯特“化学气候学”的科学家忧心忡忡地创造了“酸雨”这个词，用来描述从天而降的稀硫酸。[8]

机器的轰鸣、空气中的恶臭、贫穷、灰暗、酸雨，这都是巨额财富的积累带来的副产品。19世纪下半叶，曼彻斯特市内和周边的工厂贡献了大不列颠近半的贸易额；不断膨胀的大英帝国控制着地球上1/4的人口和土地，英国的工厂每年消耗全球近1/3的原材料，制造出全球近40%的出口工业品。[9]有时候人们将这些辉煌的成就归功于资本家，他们在设施完善的商店和宴会厅里统治着覆盖全球的棉花帝国，追求利润、左右政策、调遣军队。[10]有时候人们又说，机器才是真正的功臣：蒸汽机、织布机和机械框架、铁路机车、蒸汽船、电报。[11]虽然这些强大的新技术和新治理方式共同将曼彻斯特重塑成了棉都——19世纪工业资本主义的中心；但从本质上说，资本家借助这些新工具压榨了数量空前的苦工。这些来自远方的苦工有很多是奴隶，另一些也别无选择，只能卖命工作，为曼彻斯特提供生产货物所需的原材料——煤、棉花和食物。也是在这个时期，工人阶级第一次出现了，这种新事物的重要性不亚于蒸汽机。在曼彻斯特成为曼彻斯特之前，“多少个世纪以来，世界见惯了极度的贫困和对劳动力的剥削，但从未见过海量的人围绕机器生产的节奏来组织生活的方方面面”。[12]不过在这个例子里，海量的人自身还谈不上有组织。

19世纪，一位法国政治家来到曼彻斯特，他想弄清自己的国家该如何避开这座城市面临的问题——用他的话来说：“在沼泽区喷出的雾气中，在无数烟囱吐出的烟云中，工党正在秘密活动，就像火山的地下运动。”[13]最杰出的英国工业史学家也认可这样的描述。“这座城市就是一座火山，”埃里克·霍布斯鲍姆写道，“富人和有权势的人心惊胆战地聆听它的咆哮，恐惧它的爆发。”[14]

一到曼彻斯特，弗里德里希·恩格斯就不再满足于比喻，无论它多么富有诗意。这座城市的确激发了他对制造业的好奇心，但他好奇的方向不完全符合父亲的期望；恩格斯将花费他的余生，试图弄清这一切如何运转。不在家族棉纺厂的办公室里忙碌的时候，恩格斯常在曼彻斯特周围听科学讲座；棉纺厂的核心是巨大的蒸汽机，很多讲座会探查这些机器看不见的内部运作机制。与此同时，他开始调查工厂将自己的雇工改造成了什么样子。在玛丽·伯恩斯的带领下，恩格斯走进了贫民窟；后来他和这位爱尔兰工人阶层出身的女人度过了分分合合的20年。

恩格斯将自己的发现写成了一本书《英国工人阶级状况》。这本书竭力用语言捕捉工业化的曼彻斯特恐怖的“完美”。恩格斯对一条名叫“长作坊”的街道特别感兴趣，甚至把这条街的地图收进了书里，因为他认为，单凭语言“不可能说得清这里有多乱”：“房屋完全没有合理的规划，胡乱挤在一起，毫不夸张地说，这些房子一座叠一座，乱成一团。”恩格斯向读者保证，长作坊街“绝不是最糟糕的地方，不及整个旧城区的1/10”。但这里“成堆的垃圾、废物和边角料”在“全区”都排得上号，脏得没法落脚。

> 主街左右两侧有许多不见天日、通往无数庭院的岔路。拐进岔路的人会立即陷入肮脏和污秽的海洋。这样的地方全世界都找不出第二个——尤其是通往埃瑞克河那条岔路两旁的庭院，我在那里见到了最糟糕的住所。其中某条不见天日的岔路尽头，一间没有门的厕所杵在入口中央，挡住了背后的庭院。厕所脏得要命，人们只有穿过散发着恶臭的粪尿池才能进出庭院。[15]

四年后，恩格斯和马克思合著的《共产党宣言》问世。对恩格斯来说，长作坊街是一座舞台，为了争取平等和正义，他在这里展开了一场伟大的斗争。而对詹姆斯·希尔和爱丽丝·希尔——未来的咖啡之王詹姆斯是他们的儿子——来说，长作坊街承载着他们的婚床。

詹姆斯·希尔，石板瓦工拉尔夫·希尔之子。1869年4月26日，21

岁的詹姆斯在曼彻斯特座堂迎娶了20岁的爱丽丝·格林威，她的父亲是马车夫托马斯·格林威。[16]詹姆斯在结婚证书上签下自己的名字，随后爱丽丝也签名确认。他们的第一个家位于长作坊街41号，这幢寄宿公寓的房主是一个姓博德曼的女人。[17]

博德曼太太的公寓绝不是这条街上最糟糕的地方。詹姆斯就职于兰开郡和约克郡铁路系统。一条繁忙的铁路从曼彻斯特市中心出发，穿过荒凉的郊野，伸向北面和东面。坐落在博德曼太太公寓对面的维多利亚车站是这条路线的起点和终点。为了赚取薪水，詹姆斯需要从维多利亚车站坐火车去乡下，替铁路公司招揽生意，他的目标客户是那些需要将货物运到市场里的人。

1871年5月13日，结婚两年的詹姆斯和爱丽丝生下了他们的第一个孩子，他继承了父亲的名字。一个月后的某个节日，小詹姆斯在圣巴拿巴教堂受洗，这座圣公会教堂的砖砌中殿三面都被工厂环绕。仪式结束后，詹姆斯和爱丽丝抱着襁褓中的小詹姆斯穿过这座城市最拥挤的工厂区——安科斯区，越过繁忙的奥特姆路，走进一片名为科利赫斯特的社区：离开博德曼太太的公寓后，他们搬到了这里。

18世纪末，科利赫斯特曾有一座名叫“圣乔治田”的教堂。等到詹姆斯和爱丽丝·希尔从博德曼太太的公寓搬过来的时候，这座教堂的名字已经简化成了“圣乔治”。新的铁路穿过旧日的田野，随之而来的是新的企业：电缆街精纺厂、利夫西街工厂，还有一家玻璃厂和一家钢铁厂。于是老詹姆斯的雇主——兰开郡和约克郡铁路公司，在科利赫斯特建立了一座新的货运站，仓库和铁路夹成的锐角里的人越来越多。新来的人源源不断地挤进低矮的工棚，这些“共用同一堵后墙的豆腐渣房子”用最便宜的材料修建，目的是尽可能多住人——无论从形式上还是功能上说，它们都是曼彻斯特工业大军驻扎的营房。这样的房子完全没有舒适性可言。在这种地方，“一间公共厕所……可能需要服务40幢房子，每幢房子里住着好几家人”。排入附近沟渠溪流的污水厚重而黏稠，以至于常有鸟儿在“水面”上落脚。[18]

理想情况下，科利赫斯特只是个临时落脚点，他们很快会“搬去别的地方”，但事情总是说起来容易做起来难。[19]希尔一家搬到科利赫斯特以后就再也没出去，小詹姆斯在这里度过了他的整个童年时代。起初他们一家有三口人，然后变成了四口、五口、六口、七口；他们的家也从克里格街搬到了罗马街的一间布店旁边，然后搬到阿波罗街，最后搬到瑞瑟街，和五花八门的工人、商人、棉花搓球匠、制伞匠住在一起。一张张嗷嗷待哺的嘴巴逼得希尔夫妇不断搬家。他们的家绕着兰开郡和约克郡铁路公司的货运站画出了一段紧绷的弧线。[20]

虽然生活艰辛，酸雨不停，但在世界经济的阴霾中，1871年算得上适合出生的好年头。1870年8月，英国出台了全国性的《初等教育法案》，要求5到13岁的儿童进入公立学校接受教育。此前在厂里工作的孩子只需要接受非全日制教育，但因为学校校长实际上都是工厂主，所以只有在老板开恩的时候，孩子们才有学上。相比之下，《初等教育法案》实施后，贫穷的社区迎来了成千上万所新学校，“英国的教育从慈善变成了国家保证的权利”。[21]

1875年9月，科利赫斯特的詹姆斯·希尔走进了离家只有几个街区的学校。[22]这所学校隶属于圣乔治教堂，很多个清晨，二百多名学生把学校挤得满满当当。就在希尔入学那年，一位来自圣公会曼彻斯特教区的巡视员拜访了这所学校，留下了审慎的夸奖：“对摩西的生平和基督一生的主要事迹，低年级学生都对答如流。高年级的孩子对约瑟和撒母耳的事迹也有所了解。老师教得不错，孩子们背得很好。现任女校长的管教看起来相当令人满意。”[23]

国家希望人人都能接受良好的教育。曼彻斯特由蒸汽驱动的制造业带来的副产品之一是大量基本没有机会继承财产的年轻人，他们的父母在厂里做工，只能勉强糊口。多年来，这些孩子多半只能追随父母的脚步进厂做工，可是到了1870年，“很多人清楚地看到，这个国家的未来终于得到了最妥善的安排，不是让孩子们做工，而是让他们接受教育”。[24]尤其是考虑到，工业化的德国和美国在海外展开了越来越激烈的经济竞争，对维多利亚时代的英国来说，妥善安排国家的未来等于为帝国添砖加瓦。[25]学校是这个商业帝国的训练场，也是通往曼彻斯特以外世界的一扇门。

孩提时代的詹姆斯·希尔找了一份挨家挨户送牛奶的工作。[26]很多个潮湿的清晨，他走过社区肮脏的街道——有的街道以附近的城镇为名，例如奥特姆路；也有一些街道的名字来自遥远的首都和神话里的天神，比如罗马路和阿波罗路，思绪却飘到了更广阔、更阳光的地方。希尔非常崇拜亚历山大大帝，这位伟人曾在18岁时带领马其顿骑兵横扫希腊，他的帝国最终扩张到了印度边境。[27]亚历山大——他也是拿破仑心目中的英雄——在维多利亚时代特别受欢迎，当时的人们总爱透过镀金的历史观察自己这个被煤烟熏黑的年代，对他们来说，古希腊是最重要的参照物。[28]希腊人超越时间的辉煌成就为英国无休止的海外扩张镀上了一层金光，“维多利亚帝国野心勃勃的臣民”尤其赞赏希腊人“公民即战士”的理想，帝国的繁荣来自他们的辛勤劳作。[29]詹姆斯·希尔在学校里看到了色彩斑斓的美洲地图，他的梦想是探索那片大陆，尽管亚历山大大帝从未去过那里。[30]

如果说古代世界赋予了维多利亚时代的英国崇高的使命感，“新世界”则为他们带来了践行使命的可能性。西班牙帝国的崩溃创造出历史上最大的商机。“西班牙的美洲殖民地失去了主人，”1824年，英国当时的外交大臣、后来的首相乔治·坎宁宣布，“只要我们不要错失良机，她就是英国的囊中之物。”[31]

詹姆斯·希尔那个年代最流行的故事就诞生在这样的背景下：1881年到1882年，罗伯特·路易斯·史蒂文森推出了连载小说《金银岛》。[32]《金银岛》的故事发生在18世纪中叶，主角是一个名叫吉姆的男孩，他帮助寡居的妈妈在英国西海岸艰难经营着一家名叫“本葆海军上将”的小旅馆。某天，房客比利·博恩斯船长死在了旅馆里。吉姆的妈妈打开他的水手储物箱，发现里面有一些金币和一张地图。她取了一部分金币抵充比利拖欠的食宿费，除此以外“一个子儿都没多拿”。吉姆不满于母亲的正直，他拿着地图，想找几个不为良心所困的人一起去寻宝。面对吉姆的邀请，他的熟人利夫西医生和乡绅屈利劳尼毫不犹豫地放弃了自己“可怜的行当”——行医和担任地方法官，加入了这场冒险。[33]

全世界第一个工业大帝国的儿童文学最重要的主题是出洋冒险、实现抱负，这绝非偶然。[34]吉姆、利夫西医生和乡绅屈利劳尼领着雇来的船员扬帆出海，离开英国，不是为了取回原本就属于自己的东西，而是去追逐可能的财富，无论多少。这场冒险的驱动力和正义性来自一条原则：埋藏的财宝没有主人，先到先得；直到有人把它挖出来，打败所有觊觎者，这场公平的游戏才算结束。走出保留了旧日礼仪的

“本葆海军上将”，外面的世界里人人都为了财富互相残杀。在詹姆斯·希尔长大的那个世界里，金银岛是一个可能的目的地，这个故事就是通往那座岛屿的指南。故事“毫无保留，只是隐去了金银岛的具体位置”——因为那里“仍有未被取出的财宝”。[35]

对于生活在19世纪末的詹姆斯·希尔来说，他在设想自己前往西班牙美洲殖民地的时候不可能不考虑当地的原住民。不管怎么说，他们就在那里。1832年，查尔斯·达尔文第一次见到了这些“未开化的野蛮人”，这让他开始思考大大小小的生物之间的差异。“亲眼看到一个野蛮人赤身裸体地出现在他自己的土地上，你永远不可能忘记这样的场景。”1887年，达尔文在自传中这样写道。[36]在那个年代，“出现在他自己的土地上”仍是必要的描述，因为达尔文的祖国也有这些野蛮人的身影。

其中两个野蛮人在维多利亚时代的英国引发了一场小小的轰动。马西莫和巴托拉既不是“新型人类”，也不是“阿兹特克侏儒”，虽然她们的宣传广告有时候会这样描述。事实上，她们只是两个长得特别矮的萨尔瓦多人，因为患有小头畸形症，她们的脑袋也特别小。从19世纪50年代到80年代，马西莫和巴托拉靠现场表演赚了不少钱，表演的主要内容是让观众亲吻她们、抚摸她们的脑袋。[37]

重点在于她们的个头很小。马西莫和巴托拉的走红反映了维多利亚时代的人对异国风情的狂热追捧：这些罕见的、怪异的、遥远的、古老的东西将他们熟悉的国内世界衬托得格外高大。在他们看来，衰落和瓦解——先是古文明，然后是西班牙——是拉丁美洲的主旋律，剧变为大英帝国的扩张扫清了道路，让他们得以接管其他衰微的帝国无力掌控的领地和人口。1851年，查尔斯·狄更斯的杂志《家庭箴言》这样描述中美洲："只有盎格鲁-撒克逊精神才能搅活这一潭死水。中美洲现在的居民完全不知道该如何利用他们手里无限的资源，就像婴儿不懂半个皇冠能买到什么……谁来砍伐这里的树木……铺设道路，开采矿藏，利用肥沃的土地种出最值钱的产品？"[38]答案不言而喻。

但在沙文主义的外衣下，英国人仍无法确定中南美洲人在历史和种族等级秩序中的地位，这让他们感到焦虑；尽管大英帝国的势力无远弗届——又或者正是出于这个原因——英国旅行者无论走到哪里，都不知道自己是不是受欢迎。美国探险家约翰·史蒂芬斯在他的畅销书《中美洲、加帕斯和尤卡坦的发现之旅》中提到，当他来到萨尔瓦多的时候，发现这里的人"对外来客满怀愤怒"，当地人尤其憎恨"英国人，憎恨他们的巧取豪夺、野心勃勃，憎恨他们利用不公平的设计拓展自己在……中美洲……的统治"。[39]

至少詹姆斯·希尔知道，他需要学习西班牙语，这是19世纪英国商业界的第二语言。为了找一份工作，也为了学习西班牙语，1888年，他走出家门，离开科利赫斯特，前往全世界最大的城市之一——伦敦。[40]

来到伦敦以后，希尔在克勒肯维尔安顿下来，他将在这里体会到家的感觉。和科利赫斯特一样，克勒肯维尔也是旧城区外的工人阶级社区，这里挤满了蜂拥而来的天主教移民，对外的名声也不太好。人们觉得这里的大街上到处都是"意大利人和小偷"，晚上还有"持枪抢劫的帮派"出没。[41]克勒肯维尔的地标包括一座监狱和一片因政治集会而声名狼藉的公共绿地：19世纪上半叶，宪章运动的拥护者是这里的常客，到了下半个世纪，社会主义者、马克思主义者和无政府主义者又接踵而来。1902年到1903年，克勒肯维尔收留了被沙俄流放的弗拉基米尔·列宁；想学一门手艺的年轻人来到伦敦，克勒肯维尔也向他们敞开怀抱。[42]

和曼彻斯特不一样的是，除了一间大型信封厂，克勒肯维尔没有太多上规模的工厂。这里挤满了商人和工匠开设的小作坊，有制表匠，有珠宝匠，也有裁缝。1889年出版的一本以“可怕的现实主义”闻名的小说的标题很好地反映了克勒肯维尔的风貌——《人间地狱》。这本书的作者乔治·吉辛曾在曼彻斯特采风，他最爱的都市消遣是在伦敦的大街上闲逛，观察穷人的生活。吉辛书里的情节“悲惨得难以言说，因为……真实得过分”。故事发生在一个类似克勒肯维尔的大杂院里，因为作者迷恋贫穷带来的悲剧，所以书中的角色注定一生坎坷，永远无法挣脱其命运。[43]

> 在克勒肯维尔，无论你走到哪里，都能在每一只手上看到辛劳留下的种种证据，就像一场无法忍受的噩梦……这里的每一条巷子里都挤满了小作坊；每一扇门窗后面都有忙碌的工匠……有的作坊加工金属，有的加工玻璃、搪瓷，有的加工烟草，从地面到水底，这世上的每一种材料都有相应的作坊，将它们加工成具有商业价值的货物。克勒肯维尔不太需要蛮力，灵巧的手指和聪明的脑子更受欢迎。房子前面的题词会让你相信，这里遍地都是金银珠宝。昏暗的小路深处，阳光和新鲜空气进不去的地方，一个个家庭挤在租来的阁楼和地窖里；工匠们永不停歇地加工珠

宝，制作漂亮的首饰，好为那些生来就该享受人生的人的脖子和手臂增光添彩。[44]

作为一名在布店旁边长大的年轻人，詹姆斯·希尔在一家织物商店里找了份店员的工作，食物和商店头顶的一间小阁楼耗费了他的大部分薪水。不过，一天的工作结束后，他从不会像其他人那样，上街去酒吧和政治俱乐部。恰恰相反，他做了吉辛书中的角色做不到的事情，这些努力最终引领他走出了克勒肯维尔。

希尔报了西班牙课，织物商店下班后的夜晚，他出去上课。[45]经过一年的学习，他完全能胜任萨尔瓦多纺织品销售员的工作了。他预订了一张横跨大西洋的船票，这艘船很可能属于皇家邮轮公司，它载着帝国的邮件从南安普敦出发，每个月跑两趟。1889年9月3日，18岁的詹姆斯·希尔登上轮船，驶向中美洲。那片色彩斑斓的土地承载着他的希望和恐惧。

3　持续喷发的状态

“人们去中美洲一般不是为了找乐子。”1888年的《纽约时报》做出了这样的观察。[1]做生意的人倒是很多。19世纪20年代，独立后的拉丁美洲迎来了大批来自美国和欧洲的商业移民，其中来自英国的人最多。起初，英国新兴的工业化运动让这个国家成了拉丁美洲最主要的棉织品供应商，正如英国的利益集团所期望的那样，他们的银行家、船运商、铁路工程师、能源公司和技术学校都在这片土地上找到了用武之地。从经济的角度来说，拉丁美洲的19世纪——这片大陆获得独立的世纪，是“英国的世纪”。[2]

不过，“英国世纪”进入下半叶，敌对的工业帝国，尤其是德国和美国，开始积极挺进拉丁美洲，希望从该地区历史性的“出口热”中分一杯羹。从1850年到1930年，持续80年的“出口热”被称为“对拉丁美洲的第二次征服”，这个描述十分贴切。在这场征服中，价格、薪水和利益取代了黄金、上帝和荣耀，成为新的法律。拉丁美洲国家刚刚获得独立，本国的商业精英就和外国的投资人、企业家、船运商、银行家和经纪人一道，利用他们新建立的国家拥有的资源，生产海外市场，尤其是北大西洋两岸快速崛起的工业化帝国，需要的产品——咖啡、小麦、香蕉、糖、可供鞣制的兽皮、可供纺织的灰叶剑麻、制作奎宁的金鸡纳树、制作化肥的硝酸盐……这份清单很长，上面列出的只是最重要的几种。从1850年到1900年，拉丁美洲向世界出口的货物增长了1000%。[3]靠着修建港口、铁路、公路、电报线路，开办银行、经纪行，发展种植园、牧场、矿场，欧洲和美国的资本家赚得盆满钵满。哪怕在修建了必要的基础设施、偿还了贷款、支付了货运和经纪费用以后，崛起的拉丁美洲中上层阶级手里仍有大量现金，可以购买欧美出产的货物。推销的活计正等着詹姆斯·希尔这样的年轻人去完成。

希尔乘的船冒着白烟离开南安普敦，横跨大西洋开往遥远的韦拉克鲁斯。墨西哥的这座繁忙港口远在五千英里之外，整个航程需要好几个星期。1519年，埃尔南·科尔特斯的军队来到美洲大陆的时候，据说韦拉克鲁斯就是他们最早登陆的地方。将近四百年后，这座港口依然危险，不太适合靠岸。哪怕在天气好的时候，狭窄的水道也很容易撞坏船只；要是遇上风暴，船期可能被推迟好几天。港口的设施十分原始，所以大型远洋轮船总是在港口外面抛锚，“皮肤黝黑、衣衫褴褛的船民”撑着小木船，在大船和海岸之间摆渡。[4]

从海面上望去，韦拉克鲁斯能满足你对征服的所有想象。枝叶舒展的椰子树点缀在西班牙式的城堡和“闪闪发亮的穹顶与尖塔”之间，成百上千只红头美洲鹫如乌云般盘旋在城市上空。但只要一上岸，想象中的浪漫就会立即消失，取而代之的是恐惧和困惑。1885年，海伦·桑伯恩曾跟随父亲在墨西哥和中美洲旅行，她的父亲创建了波士顿的咖啡公司——蔡斯和桑伯恩。海伦发现，韦拉克鲁斯的大街上充斥着“稀奇古怪”的场景：“墨西哥人穿着引人注目的传统服饰，戴着标志性的宽檐帽；印第安人扛着沉重的货物……他们就像一群群‘驴子’，个头矮小，瘦骨伶仃，背上扛着大包的木炭、‘草料’，或者一桶桶水……三头骡子并排套在车前，车夫骑在一头骡子的背上，而不是坐在车厢里。”为了给采买咖啡的父亲做翻译，桑伯恩学过西班牙语。她在韦拉克鲁斯见到了许多张“恶毒的脸”，她觉得这些人的脸上“明明白白……写着‘暴徒’二字”。

事实上，黄热病才是最大的威胁，这种疾病在5月和11月之间的湿热月份最容易流行。疫情最严重的时候，这座拥有十万人口的城市每天有四十个人因病身亡。谁都不想在韦拉克鲁斯过夜，但谁也不能如愿，因为这里每天只有一班往外开的火车，发车时间是凌晨。[5]

1889年的一个清晨，詹姆斯·希尔不到6点就登上了这趟火车；他要去263英里外的墨西哥城，全程需要13小时。[6]为了铭记4000万美元的造价和16年来在此工作的英国工程师，这条铁路被命名为“英国路”——之所以会花费这么多金钱和时间，是因为大西洋海岸和墨西哥的首都之间横亘着一道“几乎不可逾越的”马德雷山脉。

双头机车从潮湿的海滨平原出发，拖着车厢攀上8000多英尺高的山坡，“就像一只苍蝇沿着墙往上爬”。火车越爬越高，天渐渐亮了，温度越来越低，空气越来越潮，海边的棕榈树渐渐变成了香蕉、柑橘、烟草、咖啡、玉米、小麦、橡树和松树。铁路穿过岩石隧道，越过峡谷，沿着悬崖边缘转过一个又一个急弯，“乘客能从头到尾看见整列火车，甚至能看到山间像蛇一样蜿蜒盘旋的铁路”。湍急的瀑布淋漓尽致地体现了这条路有多危险。车厢里的乘客趴在窗边，希望能看到奥里萨巴山的峰顶，这座高度超过8000英尺的火山顶上覆盖着冰川。爬山途中，辛劳的机车会停几个站，车站里有卖水果的印第安人，“丑陋肮脏，破衣烂衫”的乞丐一拥而上，警察站在门口，挡住“小偷和凶手”。不过只要越过最高点，沿着墨西哥谷通往墨西哥城的下坡路就平缓多了。[7]

优雅的殖民地首都墨西哥城是一座拥有50万人口的繁华都市，希尔在这里找了一头骡子，骑着它去了200英里外的阿卡普尔科。然后他在阿卡普尔科登上一艘哥伦比亚轮船，沿着中美洲地峡的太平洋海岸向南驶去。[8]

无论詹姆斯·希尔抵达萨尔瓦多的时间是白天还是夜晚，肯定能在海面上远远望见这个国家。这得归功于水手们所说的“太平洋灯塔”——伊萨尔科火山。这座约5000英尺高的火山每隔12到15分钟就会“非常规律地”将火焰和石块喷向天空。[9]夜晚，它内部的火焰“在天空下发出稳定的亮光”，看起来“特别怪异”；而在白天的光线下，伊萨尔科火山也同样令人震撼，火山锥从“最浓密的绿荫”中拔地而起，逐渐收缩，变成“岩石密布、光秃秃、燃烧的”峰顶。山顶上空，一道“烟柱”在空气中翻涌，“颜色不断变幻，有时候更接近阳光，有时候更像喷出的火光”。站在安全距离外，你“很难想象自然界还有比它更宏伟的造物”——若是走到近处，伊萨尔科火山就成了一头“怪兽”，它喷发的巨响就像“重炮开火”。[10]

尽管那个年代的人们已经可以方便地乘坐轮船和火车去看那些原来主要通过书本了解的东西，但对他们来说，火山仍具有特殊的魅力。在很多欧洲人眼里，火山拥有“非同凡响的神奇”力量，因为它们看起来完全不同于家乡安稳的大地。“只有亲眼看到活动的火山，你才能真正体会到它的可怕和宏伟。”1869年，自然学家阿尔弗雷德·拉塞尔·华莱士这样写道。

> 在北欧绝大部分地区的居民眼里，大地是安稳的象征。全部的生活体验告诉他——以及所有和他同龄、同辈的人——大地是坚实可靠的，地下的巨大石块可能蕴含着很多水，但绝不会着火；他的祖国的每一座山都明明白白地体现了大地的这种基本特征。火山的存在违背了他的所有经验，这件事的可怕之处在于，如果火山的存在是常态而非例外，大地就会变得不适合居住；火山简直奇怪得不可理喻，要是你第一次听人说，某个遥远的国度有这么一种自然现象，那不管说话的人是谁，你恐怕都不会相信。[11]

为了将这种可怕的奇怪的事物用欧洲人能理解的语言描述出来，19世纪的地质学家开始把火山比作某种“大自然的蒸汽机”。[12]

萨尔瓦多的伊萨尔科火山特别出名，可能因为它是“地球上最引人注目的火山”。[13]不光因为它的喷发间隔短、规律性强，更因为它和曼彻斯特的烟囱差不多在同一段时间里拔地而起：短短一个世纪内，伊萨尔科火山从一片牧场的地缝中凭空出现，逐渐形成了5000英尺高的完整火山锥。根据地质学家的推想，它之所以会出现，是因为“地火的偏移激活了不到3英里外的圣安娜山主峰周围一系列的死火山”。[14]作家兼外交家E.G.斯奎尔写道：

> 大约在1769年年底，牧场的居民听到了地底的轰鸣，感觉到了大地的震动。来自地底的声音越来越响，地震越来越强，直到次年的2月23日，大地裂开了……岩浆伴着火焰和烟雾喷涌而出。

居民们逃走了，但每天都会回去查看的牧人报告说，烟越来越浓，火越来越大，岩浆的喷涌有时候会暂停一下，取代岩浆往外喷射的是大量尘灰和石块，它们在喷口——或者说火山口——周围堆成了越来越高的火山锥。这个过程重复了很长一段时间。时至今日，虽然这座火山已经很多年没有喷出过岩浆了，但它仍然处于随时喷发的状态。[15]

斯奎尔的描述也适用于萨尔瓦多全国。“在圣萨尔瓦多居住的4年里，”1886年，法国地震学家费迪南·德·蒙特苏写道，“我详细记录了2332次地震、137次火山爆发、27座重要城镇的毁灭，以及3座新火山的形成。”蒙特苏总结说，这些记录可能让中美洲成为“全球火山和地震活动最频繁、持续性最强的地区”。[16]

萨尔瓦多的火山爆发是常态而非例外——但这个国家绝不是阿尔弗雷德·拉塞尔·华莱士所设想的不毛之地，而是一片绿意盎然的温室。“在萨尔瓦多境内，旅行者会在岩浆、火山余烬和沙砾铺成的地面上走好几天，”E.G.斯奎尔写道，“不同于大多数人的想象，这里的土壤十分丰饶，上面覆盖着茂密的植被。”[17]火山土如此肥沃，看起来就像“无论多么糟糕的恶政”都无法耗尽它的肥力。[18]这片沃土上生长着詹姆斯·希尔来到萨尔瓦多以后第一次看见的第二种东西——咖啡树。越来越多的咖啡树沿着仿佛从岸边直接伸出来的山坡一路攀爬，咖啡豆被装进粗糙的麻袋，送上伊萨尔科山脚的火车运往码头，装上驳船，穿过波涛汹涌的港口，送到途经此地的轮船上。

在拉丁美洲的出口热中，咖啡是最重要的一种商品；它气势磅礴地横扫了整个美洲，仿佛咖啡树在远离原产地的大洋彼岸找到了“真正的归宿”。[19]

这种原产于埃塞俄比亚的植物学名叫作“阿拉伯咖啡”（Coffea Arabica，又译作“阿拉比卡咖啡”），它之所以叫这个名字，是因为在欧洲人给植物起拉丁名的那个年代，也就是16世纪和17世纪，隔着红海与埃塞俄比亚对望的也门有一群阿拉伯商人，他们主宰着咖啡的商业生产。当时欧洲各帝国——包括英国和法国，尤其是荷兰——曾试图在其他盛产稀有昂贵商品的地方（例如全世界唯一出产肉桂的锡兰[今斯里兰卡]，以及出产全球大部分黑胡椒的印度马拉巴尔海岸）建立咖啡种植园，但没有成功。1699年，荷兰人终于绕开阿拉伯人，在爪哇建立了咖啡种植园，这座原本属于葡萄牙的殖民地岛屿曾是欧洲与中国进行茶叶贸易的基地。爪哇出口的咖啡数量很快追上并超过了也门港口摩卡，阿拉伯人的垄断被打破了。[20]

从爪哇出发，咖啡沿着帝国和奴隶制铺就的道路向外传播。1714年，荷兰人送给路易十四一棵咖啡树，它被种在了巴黎的皇家植物园里。第二年，法国的殖民地官员将咖啡带到了波旁——非洲东南岸的一座岛屿，后来被重新命名为留尼汪；根据法律，当地的种植园主每拥有一名奴隶就得种200棵咖啡树。1718年，荷兰人已经把咖啡带到了他们在南美洲东北岸的殖民地苏里南。5年后的1723年，据说一位失宠的法国前殖民地官员加布里埃尔·德克利从巴黎的皇家植物园里偷走了一棵树苗，然后把它偷运到了马提尼克。1727年，葡萄牙的一名官员将咖啡树苗从法属圭亚那偷运到了巴西，并在亚马孙建立了种植园。1730年，英国人已经开始在牙买加种植咖啡；到了1748年，偏爱可可的西班牙人也在古巴种起了咖啡。18世纪下半叶，咖啡基本传遍了整个美洲，只要那里有充足的阳光和雨水，还有被迫劳动的苦工，能让投资者得到报偿。但西半球最成功的咖啡种植地是圣多明戈——现在的海地。18世纪末，这座拥有4万名白人殖民者和50万名奴工的法属殖民地岛屿每年出产的咖啡占全球总产量的一半。[21]

然而这样的辉煌只是昙花一现，海地的咖啡产业很快走向了灭亡。作为帝国和奴隶制的结晶，咖啡成了海地革命的牺牲品，这场始于1791年的奴隶叛乱最终导致了奴隶制被废除，1804年，法国在海地的殖民统治被推翻了。失去了加勒比地区最重要的殖民地以后，拿破仑的野心重新转向了欧洲，1808年，为了夺取里斯本的港口，法国入侵葡萄牙。被击败的葡萄牙王室横渡大西洋，流亡到了里约热内卢。为了振兴当地的商业，葡萄牙国王向来自美国的船只开放了巴西的港口，很多美国船舶载着贩来的奴隶入港，又带着咖啡离开。很快巴西的种植园主就开始烧掉山坡上的树木，以扩大咖啡的种植面积——近3000平方英里的森林被付之一炬，浓烟腾空而起，灰色的烟尘甚至飘到了里约市中心，就连太阳都像被一层毛玻璃隔在了后面。1790年，这个国家生产的咖啡只有一吨，仅供本地消费。[22]可是到了19世纪30年代，巴西的咖啡产量就超过了爪哇；19世纪中叶，巴西数十万奴工种出的咖啡达到了全球年产量的50%，而这仅仅是个开始。

咖啡通过帝国和奴隶制传到了拉丁美洲，但它能在这片土地上生长壮大得归功于自由主义。拉丁美洲人信奉的自由主义是最经典的那种：自由、平等、博爱——这套理念启迪了19世纪20年代的拉丁美洲独立运动，就像它以前启发美国、法国和海地的革命一样——再加上亚当·斯密和大卫·李嘉图的经济自由主义，按照他们的观点，一个国家的健康和财富取决于它在国际贸易体系中的地位。这些理论孕育出了一个基于市场的国家进步的愿景，拉丁美洲人试图用它来回答一个难题：独立在实践中应该是什么样子。对萨尔瓦多这样的小型商业“死水”来说，这个问题尤其复杂。

1821年，萨尔瓦多脱离了西班牙的统治。由于不信任本国自己发展经济的能力，独立后还不到一年，萨尔瓦多的精英就决定申请成为美国的一个州。[23]那时候美国政府正忙着应对饥荒、完成影响深远的领土扩张，就算他们讨论过这个提议，当时的记录也没有流传下来。面对英国人的野心和比自己富裕的邻居危地马拉，萨尔瓦多的自由主义者和拉丁美洲其他国家处境相似的精英一样，选择了通过发展经济来推动国家的进步。几十年里，他们尝试了各种出口作物，“更有希望的果实”，包括可可、香脂、橡胶、小麦、烟草、香草、龙舌兰和咖啡。[24]为了修建必要的基础设施，他们向外国的银行、轮船公司和铁路公司发放特许经营权。[25]他们还和美国签署了萨尔瓦多第一份重要的贸易协定，美国不仅是重要的贸易伙伴，还让他们看到了一个新国家可能成为的样子，美国人利用激励商业的政策将“沙漠变成了……非常美丽的城市”。[26]

1840年，原本打算到萨尔瓦多当老师的巴西人安东尼奥·科埃略在首都圣萨尔瓦多的郊区买了一些土地，种上了他从巴西带来的咖啡种子，并将这个种植园命名为La Esperanza，意思是“希望”。[27]科埃略的很多新同胞和他一样，对这片土地满怀希望。靛蓝曾是萨尔瓦多商业化农业的重心，它们大多被卖到了大西洋对岸的曼彻斯特；染色后的棉织品从曼彻斯特出发，运往全世界。不过，到了19世纪中叶，萨尔瓦多靛蓝产业的未来蒙上了一层阴霾，威胁先是来自亚洲的新染料，后来德国的实验室也加入了竞争。[28]

但在那个年代，还没有多少迹象表明咖啡会取代靛蓝。比起靛蓝来，咖啡是一种脾气古怪又昂贵的作物，它需要按时到来的丰沛雨水、足以阻挡霜冻的充足阳光和大量劳动力，尤其是在初期。哪怕在最理想的情况下，咖啡树也需要4到7年的精心栽培才能进入丰产期。[29]最重要的是，尽管萨尔瓦多的自由主义者比拉丁美洲其他任何地方的人都更希望借助出口——尤其是出口咖啡——来发展经济，但他们遇到了一个特殊的问题：缺少土地。[30]这个国家很小——面积和马萨诸塞州差不多——可能有超过1/4的耕地掌握在印第安人和自耕农手里，这是殖民时代的公共土地所有权制度留下的遗产。[31]很多时候你根本弄不清某个地块的主人到底是谁，模糊的所有权不利于投资种植高风险的商业作物。如果说咖啡即将改变萨尔瓦多，那它首先得在这里立足。

1846年，萨尔瓦多政府首次为咖啡背书，种植咖啡树超过5000棵的人能得到税收优惠，咖啡种植园雇用的工人可以免服兵役。[32]这些早期的激励措施收效甚微，不过到了1859年，赫拉多·巴里奥斯总统领导的政府开始把成片的土地分配给愿意种植咖啡的人。这位总统年轻时曾游历欧洲，在这段经历的启发下，他决心通过发展经济让自己的祖国“重获新生”。[33]后来，政府还向大地主和农民发放了成千上万棵咖啡树苗。[34]多亏了国家的补贴政策，咖啡的种植面积稳步增长，萨尔瓦多的各个社会阶层也广泛地参与到了这项产业中：商人、工匠、老师、专业人士、商业化的农场主——开始的时候，“就连最穷的人也有自己的咖啡树”。[35]国家领导的咖啡运动以圣安娜周围的西部高地为中心。到19世纪60年代初，圣安娜周围已经种了300多万棵咖啡树，巴里奥斯总统预测，萨尔瓦多将在两年内成为中美洲的咖啡之都。[36]

但是，在预测的时间节点过去很久以后，这个国家最适合种植咖啡的土地仍有不少掌握在印第安人和自耕农手里，其中大部分——如果不是全部的话——种着食用作物。[37]尤其是圣安娜火山的山坡上面主要种的是玉米；自从萨尔瓦多的平原被西班牙人征服、殖民以后，无家可归的印第安人就在这里定居下来。[38]需求的矛盾让那些对咖啡寄予厚望的人和依赖土地维持生计的人发生了冲突。

在这样的冲突中，发展经济的问题被改造成了种族问题。印第安人被贴上“故步自封”的标签，变成了阻碍商业发展的“恶魔”。自由主义精英——其中很多人自称拥有欧洲血统——梦想利用这些土地生产咖啡、现金和文明。他们满怀自信和对未来的憧憬，开始试图“用铁腕手段斩断……束缚农业的锁链”。[39]

推广咖啡的政策从激励变成了命令。自由主义的政府开始采取更激进的措施来对付那些“肥沃处女地”的主人和占据者——“处女地”的意思是说，政府认定这些土地没有产出，不管上面种了多少食物。他们针对的主要是公有土地的控制者，这些“可怜虫满足于种植玉米和豆子，哪怕这些作物永远无法改变他们的悲惨境地，只能让他们维持和殖民时期一样艰苦的生活”。[40]1874年以后，政府开始命令火山高地上的印第安人和自耕农村落建设咖啡苗圃，为了筹集建设苗圃的资金，他们决定对狗征税。[41]自由主义的政府“决心改变共和国，让每一个村庄成为工作、财富和舒适的中心”。[42]我们没有理由怀疑，自由主义者多么真诚地憧憬着工作、财富和舒适在这个国家得到普及，但问题在于，对绝大部分萨尔瓦多人来说，这个伟大的愿景只实现了第一个部分——工作。

20多年的时间里，通过出口咖啡发展萨尔瓦多经济的愿望具体表现为将这个国家的土地从自耕农（尤其是印第安人）手里“解救”或“解放”出来。那些“故步自封”的人一心只想种点口粮，他们似乎被“所有的进步活动抛弃了”。[43]

1879年，经过一场全国性的土地普查，这个问题的严重性和与之相伴的机遇引起了人们的重视，萨尔瓦多的自由主义政府启动了法律流程，试图甩掉过去的包袱，解放土地，博取更好的未来。首先，曾经的公有土地被分割成块，分配给愿意在上面种咖啡的人；有证据表明，为了保住自己的土地，很多印第安人愿意付出“极大的努力”种植咖啡。[44]但这可能不符合自由主义精英的预想，到了3年后的1882年，一位来自圣安娜的参议员颁布了一项法令，彻底废除了萨尔瓦多的公共土地所有制。手里没有地契的人只能按照指引前往当地管理部门，设法证明自己一直在耕作某块土地，再交一笔钱换取地契。如果他们没有或者不能在6个月内完成这套流程，土地就会被拍卖。[45]

法律本身如此含糊，到处都是迟疑、不公和阻碍；土地私有化的进程中充斥着无能的官僚、地方性的冲突和明目张胆的腐败，这样的局面持续了很久，甚至长达几十年。[46]但尘埃落定后，萨尔瓦多超过1/4的土地从公家转移到了私人手里。[47]长期以来，土地的使用权是一种社会性权利，现在却作为一种市场化的商品，落到了精明的买家手里。

土地私有化以圣安娜火山周围的西部高地为中心，新制度改变了当地长期以来利用土地的模式。咖啡取代了食用作物，新树苗在一片焦土中扎下根来。“四面八方都是火，”咖啡兴起的年代，一位在萨尔瓦多西部旅行的法国游客在日记中写道，“人们放火烧掉了田里的谷物，还烧了一部分森林，所以我们周围的群山都散发出明亮的红光。”[48]就算咖啡没能占据某些地方的公有耕地，它也吞噬了那里的林地，而林地曾是维持小农经济的重要因素：树林里有游戏、水果、燃料和药物。[49]

伴随土地的变化而来的是新的生活方式。一部分失去了土地使用权的印第安人和自耕农收拾行李离开咖啡种植区，前往萨尔瓦多北部和东部，在那些偏远的地方恢复了自给自足的小农经济。[50]也有很多人留了下来，但他们养活自己的能力打了折扣——如果还没有被彻底摧毁的话——他们只能去咖啡种植园做工，被迫接受“乡村生活更严厉的新规则”。[51]管理者给全日制的工人编制了名单，以便追踪那些没有履行义务的家伙。[52]1882年的一项全国性法令要求各地官员制裁不履行劳动合同的工人。第二年，圣安娜逮捕的近800人中有1/4的嫌犯顶着违背劳动合同的罪名，但在咖啡种植区以外，因这项罪名被捕的人寥寥无几。[53]1884年的一项法律专门针对擅自占有土地的人，因为非法侵占的现象越来越多，严重阻碍了地主对土地的“有效”掌控。[54]1888年，随着西部地区反对土地私有化的势头愈演愈烈，政府对咖啡开征新税，以拓展乡村地区的警力。[55]1889年，一支新的骑警队伍诞生了，他们主要活跃于对咖啡寄予厚望的西部：圣安娜火山周围以及火山和太平洋海滨港口之间的区域。[56]

这些措施效果显著。萨尔瓦多的咖啡种植面积从1860年的2100英亩增长到了1890年的110 000英亩，同期的咖啡出口额更是增长了60倍。[57]仅仅从1880到1890年的10年间，咖啡产量就翻了3番，而且人们有很好的理由期待更辉煌的未来。[58]一家英国公司已经开始铺设铁轨来延长圣安娜火山脚下的铁路，这条线路最终会将咖啡之都圣安娜和太平洋的港口连接在一起。1880年以前，这个国家没有自己的银行，到1890年，开业的银行已经有3家，其中包括旧金山商人在圣安娜建立的西部银行。[59]

尽管如此，萨尔瓦多自由主义者围绕咖啡建立的经济和社会新秩序还没有完全稳定下来。哪怕在咖啡的主产区，例如圣安娜外围的查尔丘阿帕镇，土地私有化完成几十年后，仍有一些印第安人和自耕农没有交出土地。[60]与此同时，很多失去土地者就是不肯安静地离开。萨尔瓦多的土地私有化没有立刻激起大规模的叛乱或革命，但几乎每一项自由主义政府颁布的新法律都遭到了火山高地居民的反抗。有的失去土地者纵火焚烧咖啡种植园和加工厂。根据报道，甚至有负责签署新地契的官员被砍掉了手。[61]但“有一支军队负责对付他们，而且卓有成效”，也没花太大力气。“印第安社群的武器、人数、组织能力和机动力都比不上军队，”历史学家赫克托·林铎-富恩特斯写道，“此外，他们也没有靠山。”[62]

土地私有化、商业军事化、针对工作和社会生活的严厉管制等共同构成了“自由主义改革”。市场机会平等的原则掩盖了种族主义的本质——当然，这项原则只适用于有钱人。

1885年，应美国国务院的要求，作为美国驻圣萨尔瓦多的领事，一位名叫莫里斯·杜克的英国人描述了土地私有化之后的商业图景：“目前，工业界人士和头脑清醒的人有绝佳的机会，只要他们愿意稍微动动脑子经营土地；如果你符合我的描述，而且拥有一定的资本，比如说，5000到15 000美元，那你就是这里需要的人；哪怕你没这么多资本，只有一点点起步资金，也有很大的优势可以赚到钱；但那些只想找份工作的人却会陷入无望的悲惨境地。”[63]这里的工人已经够多了——萨尔瓦多需要的是老板。

这不仅是一个商业机会，也是一项走向文明的任务、一个白人化的进程，它将改变这个国家的人口结构。土地私有化之后，一位自由主义记者预测道："大量的新家庭会将产品、艺术和知识传播到全国各地，由此提升各个城镇的精神和物质水平。"咖啡种植区形成了新的定居点，它们顶着"加利福尼亚""柏林"之类的名字，象征着人们对广阔世界的向往。[64]越来越多寻求美好生活的移民从美国和欧洲来到这里，对他们来说，为生活所迫的流亡也是一场冒险；虽然还不习惯新的国家闷热的天气，但他们已经开始穿上了"白鸭子似的宽松衣服"。[65]

4 黄鳝

詹姆斯·希尔在阿卡胡特拉上了岸，几千年前，圣安娜火山喷出的灼热熔岩顺着山坡流入太平洋，形成了这块凸出的半岛。火山没给阿卡胡特拉带来港湾，所以往来的船舶只能在海岸线外抛锚；离船的乘客钻进一个金属笼子，船员从甲板上把笼子放下去，将乘客送到波浪中颠簸的小艇上。小艇靠岸后的操作正好相反：蒸汽驱动的起重机会将装着乘客的笼子吊到码头上。[1]

走出铁笼的旅客会发现，阿卡胡特拉不过是一个通往内陆的“中转站”。这里的空气厚重得像是俄罗斯浴的蒸汽，僻静的街道上通常只有“近乎赤裸的印第安人”。詹姆斯·希尔坐火车去了17英里外的松索纳特，这个内陆小镇正好坐落在宏伟的伊萨尔科火山脚下。火车从海边顺着山坡往上爬，穿过沼泽和茂密的香脂树林——它们的树脂可以用来制作香水——空气中洋溢着香草、柑橘和丁香的芬芳。在你启程的时候，这些香味带来的愉悦往往会大打折扣：厚重的空气和海边低沉的雾气将火车头排出的呛人废气困在了地面附近。然后，地形突然变得开阔起来，“过于茂密的森林变成了草场，上面点缀着吃草的牲畜”和一幢幢小屋。[2]

松索纳特是一座童话般的小镇。走出火车，伊萨尔科火山口就耸立在头顶正上方，你会感觉自己像是“站在一根正在冒烟的巨大烟囱脚下”。清澈的溪流在光滑的岩石间跳跃，棕榈树和可可树掩映着红瓦褐砖的房屋。街道上没有大城市常见的乞丐，本地的居民安静而富足。“很多人听得懂”英语；“这里的女人特别注意仪容”，她们可能比附近其他地方的人更见多识广。[3]希尔在镇中心租了一个房间。[4]

他干了几个月的本职工作：从靠港的船上接收棉织品，再通过铁路和骡子把它们运到松索纳特和附近的其他镇子里卖掉。这份工作繁杂而琐碎，而且往往赚头不大。1889年，在萨尔瓦多售卖棉织品的公司至少有50家，英国、法国、德国、美国和其他国家的商号都在竞争这门生意。[5]众所周知，拉丁美洲的买家想要世界上最棒的货物，哪怕他们付不起最高的价钱，这又让问题变得更加复杂。为了迎合顾客的需求，欧洲的制造商“设法不断提升质量的一个方面，即织物的光滑度，同时尽量避免提升其他方面的质量，尤其是精细度”。[6]对一线销售人员来说，要把中等质量的货物卖给追求完美的买家，你最需要的是圆滑。拉丁美洲的一位英国代理商回忆起当时严苛的礼仪：“那年头，你别想一上来就拿订单。你得先跟他们天南海北地聊上一通，聊聊庄稼，聊聊政治，最重要的是，聊聊客户和你自己的家庭。就这么聊上好几天，有时候是几周，你终于拿到了订单……没有讨价还价，全靠彼此的信任。”[7]最重要的是，你得说西班牙语：要是你想做客户的生意又不懂他们的语言，那你早晚会闹出外交事故。[8]

在出口热时期的中美洲，你随时可能惹上意想不到的麻烦，因为当地的法律颇有弹性，选择性执法司空见惯。1877年，英国旅行者J.W.波达姆·威瑟姆在萨尔瓦多听到了一个流传甚广的故事，它很好地反映了机遇和风险之间的模糊界限。

> 一位信誉良好的外国年轻人看见一个女人走进自己的仓库，偷走了一卷棉花；他跟在她身后，把自己的货拿了回来。第二天，他被捕了，有人指控他偷了这个女人的一条钻石项链（这些人手里常常有祖传的首饰），五六个证人发誓说，他们亲眼看到这个年轻人偷了东西。他愤怒地拒绝了申诉，几个月后——当然，他一直被关在监狱里——总统（他是年轻人的朋友）亲自来看望他，并带来了有罪的判决，年轻人会被铁链锁起来服5年的苦役；他为什么既不入乡随俗（他在这里住得够久了，应该知道这里的规矩），又不反驳那些证人呢？年轻人依然拒绝花钱雇人作伪证，最后总统只好提出，要解决这件事只有一个办法：给他安个军官的头衔，这样就得重新审判。于是年轻人得到了上校的头衔，然后这件事就再也没人提起了。[9]

可能是因为不安全的环境令人紧张，也可能是迫于销售的压力和不可预测的危险，甚至因为单纯的思乡之情，到拉丁美洲来做销售的大部分外国年轻人都待不了多久。“只要攒到一点点钱和有用的经验”，他们就会打道回府，“在利物浦或者曼彻斯特的仓库里找一份舒服点儿的工作”。[10]但那些能够适应中美洲生活的人会发现，这里能提供的不仅是机会。“清醒、克己的年轻人只要拥有至少5000美元资金，再懂一点西班牙语，那他几乎肯定能在商业、农业或矿业领域做出一番成就。”1896年，英国驻中美洲公使这样写道，“但他们必须避开本地政治的干扰。和其他国家一样，这里的外国人只要保持值得尊敬的性格和生活方式，就很少——如果不是完全不会的话——遭到政府的骚扰。”[11]当然，这句话反过来说也成立。

1889年，也就是詹姆斯·希尔来到萨尔瓦多的那年，查尔斯·索耶遭受的折磨给人们提供了不少谈资。索耶是一位颇具艺术气质的财富猎人：用英国驻萨尔瓦多领事约翰·莫法特的话来说，他是一个梦想者、流浪者，“一条不羁的鱼”。1864年7月5日，索耶在伦敦出生；1886年，他乘船去了尼加拉瓜修铁路，这是维多利亚时代的英国出口的另一种伟大的工业品。完成了尼加拉瓜的工作以后，索耶来到洪都拉斯，在一座隶属于纽约财团的银矿里找了份工作。因为拒绝签署公司的雇佣合同，索耶和上司发生了冲突。作为报复，矿上负责发工资的人扣留了索耶的薪水；没过多久，这位年轻人就发现自己身在危地马拉，兜里连一美元都没有。

索耶找到英国领事馆，陈述了自己的窘境；这为他赢得了领事馆的一份工作，但他只干了几个月，拿到一份在萨尔瓦多开设演出公司的合同以后，就离开了。1889年1月，索耶来到了圣萨尔瓦多。没过多久，他就被捕了，罪名是伪造两张银行汇票。他否认了这项指控，并解释说，他只是想为自己的公司买点家具，雇几个“艺人”。

在萨尔瓦多的监狱过了一夜以后，索耶迎来了英国领事莫法特。然后他被带到了一位法官面前，但法官用西班牙语提问，他完全听不懂，于是他又被送回了监狱里，不知道什么时候才能出去。开始的几个星期，萨尔瓦多英国殖民地的同胞还会去看他，给他送点吃的。相比之下，虽然索耶写了很多彬彬有礼、措辞优美的求助信，莫法特领事却一直没有搭理他。

监狱里的其他囚犯需要靠工作来换取糟糕的伙食，但索耶多少算是艺术家，他觉得自己没准能靠卖画赚点钱。他捎了一幅画给莫法特，希望领事能买下它。这次莫法特终于有了回应。他给索耶送去了一位律师、少量萨尔瓦多的货币，还有一张字条："下不为例。"

从1月到6月，索耶一直没有等到庭审。他无力自救，这个国家也没有能帮助他的真朋友。他不好意思向英国的家人求助，取而代之的是，他给英国首相兼外交大臣索尔兹伯里勋爵写了一封信。"我不想假装圣人，"索耶写道，"恰恰相反，我的生活节奏向来比较快，我还得惭愧地说，我喜欢赌博，但即便如此，我也不应该遭到这种对待。"与此同时，他还写了一封信给萨尔瓦多政府。"上学的时候，"索耶回忆道，"老师告诉我，圣萨尔瓦多是一个文明的国家。现在我开始觉得，我的老师是讽刺的大师。"但这些信件都没有得到预期的回应，最后索耶只得掀开底牌，祭出了自己唯一能利用的身份。1889年9月3日，也就是詹姆斯·希尔从南安普敦出发的那天，索耶给萨尔瓦多的同胞写了一封信："我请求你，请求这里每一位我知道名字的英国人，请你们关心我的命运。只要诸位能够采取一致的行动，我的困境必将迎刃而解，自由指日可待。"

但在一座高速发展的小镇上，还有什么能比厄运更让人避之不及呢？"我在这里一个朋友都没有。"几天后，索耶在另一封写给索尔兹伯里勋爵的信中吐露了心声，"虽然有几位英国人帮了我不少忙，但与此同时，其他人却在我的伤口上撒盐。他们嘲笑我的不幸，对我肆意品头论足，后来这些话通过各种渠道传到了我耳中，英国人根本不该说这样的话，更别提所谓的绅士。"[12]送出这封愤怒的信以后，查尔斯·索耶就被历史遗忘了。

这样的风险是伴随机遇而来的代价。詹姆斯·希尔每次去阿卡胡特拉接船的时候几乎都会看到运往海外的咖啡。他乘坐火车往返于海岸与小镇之间，这条开通于1882年的铁路将松索纳特的咖啡运往港口，现在它正绕着圣安娜火山继续延伸。[13]新铁路会降低将咖啡送往海边以供出口的运输费用。这个国家的新银行也会降低投资者购买土地、发展种植园的资金成本。希尔不会错过这一机遇。

但人们也有理由保持警惕。萨尔瓦多的咖啡产业起步相对较晚。到19世纪80年代，巴西已经控制了全世界超过一半的市场，欧洲在南亚和东南亚的殖民地也有大片的咖啡种植园。此外，1884年到1885年的柏林会议将非洲划分成了欧洲各国的出口加工区，这意味着来自殖民地的咖啡产量还会增长。还有一点，在拉丁美洲的出口热中，萨尔瓦多周围的各个国家（例如危地马拉、尼加拉瓜和哥伦比亚）也在大力发展咖啡产业，大家都想培养成熟的咖啡种植园主和出口商，就像哥斯达黎加、墨西哥等国一样。

不过接下来，正好就在詹姆斯·希尔来到中美洲的那段时间里，两件大事严重破坏了全球最大咖啡产地的正常业务，这为萨尔瓦多带来了难得的机遇。

第一件事发生在1888年5月13日——这一天是希尔的17岁生日，这一年他离开曼彻斯特去了伦敦——“黄金法案”废除了巴西的奴隶制度。这项由巴西立法机构批准、伊莎贝尔公主（当时她的国王父亲远在欧洲）签署的法案颠覆了巴西的经济基础。巴西的“整个咖啡产业离不开对奴隶的掌控”——可是现在，为全世界咖啡产品提供最主要劳动的几十万人摆脱了奴役。[14]

多年来，巴西的种植园主一直在担心这件事，他们也为此做过准备。经过几十年的斗争，巴西的解放与其说是一种可能，不如说是一种必然，其原因有一部分可以归结于18世纪末发轫于伦敦的全球性废奴运动。[15] 1850年，英国的海上封锁迫使巴西政府立法禁止了奴隶贸易，从那以后，废奴主义者更是步步紧逼。奴隶贸易结束后，巴西的奴隶主立刻遇到了问题，因为他们杀害奴隶的速度快得惊人。1850年，巴西的奴隶数量达到了峰值，差不多有250万人；到了1888年，这个数字下降到了50万人。[16] 与此同时，根据历史学家沃伦·迪恩的描述，幸存的奴隶越来越在意"自己被奴役的合法性问题"。[17] 大规模的叛乱似乎越来越有可能发生，这种恐惧促使巴西政府在1871年通过了"自由子宫法案"。这项法案解放了奴隶生育的所有子女，让巴西的奴隶制度无以为继。在一代人的时间内，银行就不再接受以奴隶为抵押物的贷款申请了。[18]

既然奴隶社会必然瓦解，巴西的种植园主开始寻求其他劳动力资源。最容易想到的是来自欧洲的移民，于是他们制订了为劳工支付旅费的计划。但是，哪怕抛出了这样的诱饵，也很难确保招募计划的成功。1847年，有一个类似的项目招募了64个家庭的432名德国人前往巴西的咖啡种植园。刚抵达目的地，他们就成了契约劳工，种植园的主人变成了他们的债主，他们必须替对方工作，以此偿还自己花掉的费用。刚开始的时候，这项实验看起来相当成功，可是等到这些新工人组织起来展开抵抗（因为他们觉得资方违反了劳动合同），原来的步调就被打乱了。他们向德国领事馆求助并获得了支持——被奴役的非洲人从来没有这样的救济途径。[19]

巴西的咖啡种植园主遇到的问题让其他咖啡产区看到了希望。海地的教训并不遥远：19世纪初，这个国家废除了奴隶制，推翻了法国的殖民政府；可是从那以后，他们的咖啡产业也崩溃了。咖啡产业在拉丁美洲更广阔的土地上崛起——不光是萨尔瓦多，还包括邻近的几个国家，例如尼加拉瓜、洪都拉斯、哥伦比亚和危地马拉。1877年，这里的自由主义政府开始强制征召印第安劳工——与巴西奴隶制的崩塌形成了交相辉映的旋律。[20]废除奴隶制四五年后，巴西的咖啡产量锐减了50%，其他咖啡产区没有白抱希望。[21]

与此同时，除了巴西解放带来的动荡，全球第二大咖啡生产中心面临着另一种危机。19世纪80年代初，橙色的斑块开始出现在亚洲各地的咖啡树叶上，它来自一种颇具破坏性的真菌。当时锡兰是咖啡的主产地之一，这场瘟疫摧毁了锡兰的咖啡产业。从1881年到1900年，这个国家的咖啡产量暴跌了85%以上。[22]从19世纪30年代开始，爪哇每年提供的咖啡就占到了全球总产量的13%左右，但在这十年里，爪哇的产量也下降了一半以上。[23]巴西的解放和亚洲的咖啡疫病同时发生，这样的巧合为拉丁美洲其他国家腾出了空间，让它们有机会挤进世界咖啡市场。1890年之前的5年里，全球咖啡产量大幅下滑，从1850年到1941年，这样的局面只出现过一次；与此同时，咖啡的平均价格上涨了50%。[24]这是一个绝佳的机会，只要你能找到奴隶以外的劳动力，在亚洲以外的地方种出咖啡即可。

在松索纳特卖了好几个月的棉织品以后，詹姆斯·希尔开始寻找其他回报更高的行当。他骑着马去了东边40英里外的圣萨尔瓦多。峡谷里的道路特别狭窄，所以在进入峡谷之前，人们习惯大喊一声，提醒对面的人暂时不要过来。[25]从圣萨尔瓦多出发，希尔不紧不慢地绕着出口热时期的中美洲转了一大圈，想找个适合谋生的地方。骡子、马、火车和船都是他的交通工具。他沿着萨尔瓦多的海岸线向南走到了陆地尽头的丰塞卡湾，再从那里登船驶向巍峨的科西圭纳火山和尼加拉瓜的波托西港。当时的尼加拉瓜正忙着争取美国的运河项目——后来这个项目搁浅了——希尔跨越国境，来到洪都拉斯一个名叫埃尔帕赖索的矿业小镇附近，但他觉得那里太荒凉了，于是他继续沿着中美洲地峡北上，进入了危地马拉。1892年，在危地马拉城——这座大约拥有7万人口的城市是当时该地区最大的首都——待了一段时间以后，希尔再次南下回到萨尔瓦多。他觉得这个国家面积够小，更适合做生意。[26]

希尔在阿瓦查潘附近穿过了国境线，这座温泉小镇坐落在圣安娜火山西麓。他绕着火山转了一大圈，公路两旁是茂密的咖啡林，到处都是“扛着农具的印第安人”，他们穿着“漂亮的……服饰”。希尔的目的地是圣安娜镇。[27]

按照1889年《纽约时报》的解释，如果说圣萨尔瓦多是曼哈顿，松索纳特是交通枢纽奥尔巴尼，那么圣安娜就是水牛城，围绕天然资源进行的贸易活动造就了这座城市。生意从宽敞的中央广场蔓延到周边的所有社区。为了给蜂拥而来的咖啡贸易商提供服务，就连最体面的居民也把自家临街的房间改造成了“由女主人主持的”商店，很少有人觉得自己“不能自降身份称斤论两卖点糖和咖啡”，或者做点针线活。到了晚上，这些小店又成了“猎艳圣地”。欧洲人和美国人可以走进店里，“买点东西，等待找零的时候，他们会跟店主漂亮的女儿聊上几句”。“许多风流韵事就这样发生了……柜台外的追求者使尽了新旧世界最时尚的圈子里所有献殷勤的手腕，而摆满红糖、咖啡、香蕉、陶器、火柴和印第安服饰的一排排货架正好为黑眼睛的、漂亮的被追求者提供了和谐的背景。”[28]

不过和很多时候一样，浪漫只是生意的点缀。天一亮，这些“猎艳者”都得回去工作。他们中有一部分人是工程师，他们来到这里是为了扩建通往圣安娜的铁路；这时候圣安娜已经有了自己的银行——西部银行，它的创办者是来自旧金山的乔纳斯和大卫·布鲁姆，目前这家银行由他们的侄子本杰明掌管。本杰明的父亲是加利福尼亚州的一位德国移民，他也是希尔兹堡的奠基人之一；本杰明的两位叔叔起初在旧金山做进出口生意，随着时间的推移，咖啡在他们的生意里变得越来越重要。1889年，也就是巴西解放后的第二年，布鲁姆兄弟在圣安娜开办了西部银行；这是一家政府批准的发钞银行，所以他们也开始印制钞票。

另一些移民做起了经纪生意，将萨尔瓦多咖啡热产生的收入和利润送回自己的祖国。阿尔贝托·德内克是一名律师，曾在柏林接受教育；1892年，他来到圣安娜，替布鲁姆兄弟的西部银行工作。这份工作他没干多久，离开银行后，德内克留在了圣安娜，借助德国商号的信誉做起了咖啡经纪人。德内克的生意做得挺好，可是后来，他迷上了一位没有财产的圣安娜女士，于是大家都说他不够聪明。[29]

还有一些外来户瞄准了其他相关行业。金树兄弟原本在加利福尼亚州圣路易斯-奥比斯波做纺织品生意，1888年，他们把公司搬到了萨尔瓦多。[30] 1886年，20岁的拉斐尔·梅萨·阿亚和母亲从危地马拉来到圣安娜，在这里开了一家旅馆。拉斐尔一边帮母亲打理生意，一边想办法在托马斯·雷加拉多将军手下找了份工作。雷加拉多在圣安娜拥有两家大型咖啡加工厂，梅萨·阿亚替他打理工厂，由此获得了“将军相当程度的信任”。凭借将军的重视，梅萨·阿亚自己也成了债权人眼中颇具分量的大人物。待到名声和信誉稳固以后，他从西部银行借钱开了家啤酒厂，并将之命名为“永恒”（La Constancia）。[31]

詹姆斯·希尔在圣安娜做的生意基本算是重操旧业——他开了一家裁缝店，主要加工从欧洲进口的纺织品。他下定决心要获得成功：刚来到圣安娜时，他就开始登门拜访伯纳尔家族。这个家族已故的族长迪奥尼西奥曾经宣称，他们家拥有西班牙征服者的血统。迪奥尼西奥去世后，他的遗孀达米阿那接管了家族的咖啡种植园，所以从某种程度上说，这些产业可以算作伯纳尔家几个女儿的嫁妆，其中包括20岁的玛丽亚·德洛丽丝多洛雷丝（简称洛拉），她正是希尔登门拜访的目标。[32]

拉斐尔·梅萨·阿亚也看上了洛拉·伯纳尔，当时他在本地精英阶层里已经博得了不错的名声。相比之下，詹姆斯·希尔的名声相当糟糕，但这不完全是他的错。西班牙口语基本抹掉了“希尔”（Hill）这个姓氏里字母h的发音，又将i的发音拖得很长，所以“希尔”听起来很像“黄鳝”（eel）。问题在于，这个名字似乎也很适合他。

如果某个人绰号叫“黄鳝”，那么别人提起他时通常没什么好话。希尔在圣安娜开的裁缝店被烧掉以后，坊间传闻他拿了一大笔保险赔偿金。全镇的人都觉得他“做生意又奸又滑”，这样的名声甚至传到了镇外。跟他打交道的人会本能地提高警惕。[33]镇上挤满了远道而来、在咖啡热里寻求财富的人，在这样的地方，有充分的证据表明，诺言和忠诚跟商业环境一样一文不值。

1894年4月，托马斯·雷加拉多将军领着圣安娜的44位咖啡种植园主掀起了一场运动，试图推翻总统卡洛斯·艾泽塔的统治，他是萨尔瓦多陆军的另一位将军。4年前，艾泽塔以同样的方式推翻了当时的总统弗朗西斯科·梅内德斯的统治，他们俩还正好是密友。在土地私有化的进程中，梅内德斯推行过一些自由主义改革。为了修建一座国家宫殿、扩建通往圣安娜的铁路，梅内德斯决定对当时占据全国2/3到3/4出口额的咖啡征收出口税，正是这项举措得罪了他的朋友。可是等到艾泽塔自己当上总统以后，他非但没有废除这个税种，反而提升了征税额——为了修建公路、铺设电报线缆、给军队装备价值200万美元的武器，最重要的，为了填满他自己的腰包——至少那些交税的咖啡种植园主和贸易商是这样认为的。然后，艾泽塔再次提高了出口税，到1893年，每出口100磅咖啡需要缴纳超过2美元的税金，所以圣安娜的种植园主不愿意让卡洛斯·艾泽塔按原定计划将总统职位传给他的弟弟——副总统安东尼奥。[34]

1894年4月29日凌晨两点，雷加拉多将军和他的追随者对副总统的住所和圣安娜的军营发起了突袭。[35]安东尼奥·艾泽塔裹着睡衣逃跑了，种植园主没费多大劲就攻陷军营，缴获了上千支雷明顿步枪和配套的弹药。他们从圣安娜的要塞出发，逼得卡洛斯·艾泽塔总统逃离了圣萨尔瓦多的国家宫殿。总统职位原本应该由安东尼奥·艾泽塔继承，但他已经逃到海边，登上了开往旧金山的船；种植园主推举了一位傀儡总统，他干的第一件事是废除咖啡出口税。[36]为了纪念种植园主发起的政变，圣安娜成了萨尔瓦多闻名遐迩的英雄城市。

同一年，23岁的詹姆斯·希尔向洛拉·伯纳尔求婚了；11月3日，星期六，咖啡收获季刚刚开始，一场精致的婚礼后，她成了洛拉·伯纳尔·希尔。过了6个月，收获季结束后，拉斐尔·梅萨·阿亚迎娶了洛拉的堂姐。[37]这时候希尔已经在咖啡行业展开了新的生活，所有的兆头看起来都很好——他在一个地理位置优越、政治氛围友好、有利于外国投资者的地方结下了一段大有前途的姻缘。但实际上，出于某些完全超出他掌控的原因，希尔入行的时机其实再糟糕不过。

5 西尔斯兄弟

正如棉花之于曼彻斯特，咖啡之于圣安娜，石头也是缅因州罗克兰的命脉。罗克兰的男人们从早到晚忙着将海洋生物钙化的遗骸形成的灰白石板从地下挖出来，再将它们砸成石灰石碎片；经过煅烧，石灰石里的碳酸钙会转化成氧化钙——也就是生石灰；这些生石灰被装进木桶，送到拥挤的佩诺布斯科特湾罗克兰港某艘船的船舱里。19世纪下半叶，罗克兰是全世界最大的生石灰出货港之一，好年份的产量可达一百万桶以上。[1]罗克兰生石灰变成了修建砖房的灰泥，装饰墙壁和天花板的石膏板，以及滋养全球农场和种植园的肥料。

奥斯丁·西尔斯和鲁本·西尔斯在罗克兰长大。和詹姆斯·希尔的父亲老詹姆斯一样，他们的父亲老奥斯丁·西尔斯从事的也是交通运输业，他造的船将生石灰送往世界各地。1863年，40岁的老奥斯丁·西尔斯丢下家里的妻儿，坐船去了加利福尼亚。

对生活在石灰石矿场旁边的人来说，加利福尼亚州的金矿区肯定格外诱人，但老奥斯丁·西尔斯没在这里找到金子。实际上，他重操旧业，一头钻进大海这个“矿洞”去造船。10年后的1873年，他的两个儿子追随父亲去了加利福尼亚州。[2]

来到旧金山那年，小奥斯丁22岁，鲁本17岁。他们先是开了家杂货店——在市场里摆摊卖鸡蛋、黄油和奶酪——然后用赚到的钱买了一家咖啡烘焙厂。J.A.福尔格是这对兄弟的竞争对手，他创建的先锋蒸汽咖啡和香料厂已经差不多经营了25年。小奥斯丁和鲁本将自己的新事业命名为“西尔斯兄弟阿拉伯咖啡和香料厂”。和当时美国的大部分咖啡商一样，他们的生意建立在谎言的基础上。就连这家工厂的名字里也藏着谎言，这些谎言之所以管用，是因为它为咖啡营造了契合美国历史动人一面的历史。

早在美国独立以前，咖啡就塑造了这个国家以及它与广阔世界之间的关系。“我们必须全面放弃茶。”1774年，约翰·亚当斯在给妻子阿比盖尔的信里这样写道。前一年的波士顿倾茶事件已经表明了美国殖民者的立场：他们认为英国政府无权对美国征税。但革命的前景带来了更多复杂的问题。亚当斯希望通过经济上的自给自足获得政治上的独立，但这套设想里也没有咖啡的立足之地。“我希望女人们能戒掉对咖啡的依赖，”《独立宣言》问世一年多以后，他在给阿比盖尔的信里写道，“我们必须利用本国的产品过好自己的生活。我可以拿什么东西换你的苹果酒呢？”[3]

但在独立战争以后，亚当斯圈地自锁的设想败给了另一种独立模式。面对建国过程中的种种现实问题，新的美利坚合众国与法国、丹麦结成了商业战略同盟，几经犹豫，就连英国也成了他们的合作伙伴，而这些国家都是加勒比地区主要的殖民者和咖啡生产商。[4]尤其重要的是和法国的咖啡贸易。“它将成为一条牢固的纽带。”托马斯·杰斐逊写道，“在我们完全自立以前，我们在地球上能放心依靠的只有这么一个国家。”[5]

摆脱了英国的贸易限制以后，18世纪最后的25年里，美国的咖啡消费出现了大幅增长；1799年，每个美国人平均喝掉了1.4磅咖啡——相当于1772年（波士顿倾茶事件的前一年）的7倍——这些商品大部分来自法国殖民地，其中包括圣多明戈。[6]美国上流社会形成了类似欧洲的咖啡馆文化，尤其是在沿海城市，喝咖啡变得十分常见，其流行程度甚至超过了法国本土。“我们的晚餐相当寒酸，但第二天的早餐就好多了。”1787年，一位来到弗吉尼亚的法国旅客写道，“我们非常适应美国人喝咖啡的习惯。”[7]但对于精英阶层以外的人来说，咖啡的价钱还是太高，喝咖啡没法成为“美式习惯”。在这个新国家内陆的乡村，最常见的热饮料是用各种本地原料煮的茶，包括菊苣和坚果。[8]另外，还有啤酒和苹果酒。无论早晨、中午，还是晚上，人们喝的都是这些东西。[9]

然后，世界地图发生了变化。正如历史学家史蒂文·托皮克所指出的，强调革命、独立和自由在美国咖啡史上的作用就等于忽视另一个更重要的影响因素：奴隶制度。[10]出于对拿破仑的尊重，海地革命胜利后，美国切断了和海地的所有贸易。这场革命解放了海地的咖啡和糖料种植园里的奴隶，建立了西半球第二个民族国家——也让法国失去了最富饶的殖民地。紧接着，美国和巴西之间的贸易开始增长，这不仅弥补了海地留下的缺口，还略有盈余；而巴西咖啡业的兴起意味着他们需要进口更多的奴隶，这些“商品”有很大一部分来自美国的奴隶贩子。[11]

虽然咖啡的历史相当悠久，但直到进入美国以后，它才第一次成为大众产品；除了奴隶制，帝国主义是支撑美国咖啡消费的另一根顶梁柱。帝国主义的野心促使年轻的美国不断开疆拓土，甚至将触手伸到了自己的大陆以外。虽然美国没有能力与更富裕、更强大的欧洲帝国竞争亚洲、非洲的海外市场和资源，但他们在西半球找到了地理优势。19世纪20年代，拉丁美洲各国摆脱西班牙和葡萄牙的殖民统治后不久，美国成了全世界第一个对咖啡免征关税的国家。1823年，詹姆斯·门罗总统提出，让美洲摆脱欧洲的干预和殖民，进而独立，咖啡的自由贸易又成了实现这一愿景的战略关键。从1800年到1850年，美国进口的咖啡每过10年就翻一番；到19世纪下半叶，咖啡甚至获得了更重要的经济和战略地位。随着拉丁美洲出口热的兴起，美国通过咖啡买到了越来越强的影响力。[12]

随着美国从英国的殖民地变成大肆扩张的帝国，美国人的物质生活条件也发生了翻天覆地的变化。起初，乔治·华盛顿麾下的大陆军口粮里根本没有咖啡——他们喝的是苹果酒或者云杉啤酒。相比之下，到了美国内战时期，一名联邦士兵平均每年要喝掉差不多36磅咖啡豆，这足够让他一天喝上5杯左右。[13]“咖啡”这个词出现在联邦士兵日记中的频率往往比“步枪”和“子弹”还高。[14]内战结束后，美国的咖啡消费继续增长，咖啡价格也一路走低，这得感谢拉丁美洲越来越高的产量。咖啡不再是海滨精英的禁脔，它成了劳苦大众的提神饮料：士兵、拓荒者、矿工等，任何需要时刻保持清醒的人都离不开它。但美国的咖啡民主依赖于“巴西奴隶制庄园的兴起”——反之亦然。[15]

1873年，西尔斯兄弟在旧金山创建“阿拉伯咖啡和香料厂”的时候，“摩卡”和“爪哇”已经从地名变成了咖啡的品名（有时候它们还会混合起来，变成“爪哇摩卡”），这样的称呼割裂了咖啡和奴隶制原产地之间的关系，展示了咖啡历史中最芬芳的一面——浪漫、慵懒、富有异国风情——烘托出美国“自由之国”的地位。在那个年代，这些经过历史包装的咖啡特别畅销，但真正来自爪哇和摩卡的咖啡反而不那么好卖——这正是商人们撒谎的原因。

淘金热期间，旧金山的杂货商已经开始售卖磨成粉、装在“漂亮袋子”里的咖啡——这样的包装不仅便于运输，还能掩饰里面的产品。[16]漂亮袋子装的咖啡粉里往往掺了便宜的杂质，尤其是菊苣和谷物。随着城市的发展，消费者变得越来越有钱，越来越见多识广，越来越多的咖啡烘焙商和零售商开始舍弃这种手段，转而售卖完整的咖啡豆。完整的咖啡豆至少是真的咖啡，但你能确定的也就只有这么多了。

到19世纪末，“魔法咖啡罐”已经成了旧金山杂货店的焦点。利用罐子里的咖啡豆，“幸运的店主可以根据顾客的要求顺利做出任何已知种类的咖啡”。旧金山进口的摩卡和爪哇咖啡很少，但在这座城市的零售店里，顶着这两个名字的咖啡却很常见。早年间，从魔法咖啡罐里卖出去的“摩卡”可能是“……任何一种豆子”，只要咖啡果结出的豆子是圆的，里面有一颗完整的（而不是裂成两半的）种子就行。[17]如果想把自己的产品当成“摩卡”卖，世界上任何一个地方的咖啡种植园主都可以每年修剪咖啡树的顶枝，抑制它的纵向生长，这样就能长出比较圆的咖啡豆。[18]罐子里的“爪哇”咖啡往往“是用某种比较大的豆子做出来的，实际上它的产地和爪哇之间可能隔着半个地球”。[19]正如《旧金山纪事报》在1886年报道的，咖啡罐的魔法让“每一家街角杂货店”能够“无限供应‘爪哇’和‘摩卡’咖啡”，哪怕海关的进口单据和杂货店老板开出的小票讲述的故事大相径庭。[20]

西尔斯兄弟的“阿拉伯”咖啡厂开张时，进入旧金山的咖啡大部分来自拉丁美洲。[21]但在那个年代，拉丁美洲并不以出产高品质的咖啡而著称。[22]西尔斯兄弟的店开在内河码头附近，店里的咖啡罐正面印着广告，说他们的“阿拉伯咖啡”是“全世界最好的”，不过他们完全不必担心有人拆穿自己。正如《旧金山纪事报》所指出的，“只愿意喝爪哇咖啡，并且希望美国的爪哇咖啡价格和其他国家一样低廉的人成千上万，他们被中间商骗得很惨，因为那些商人知道，100个喝咖啡的人里面也未必有一个能说得清爪哇、哥斯达黎加、萨尔瓦多或东印度等各个咖啡品牌之间的区别”。[23]

对旧金山的咖啡商来说，这些容易上当的消费者显得尤其珍贵。中美洲的咖啡产区集中分布在太平洋海滨的一系列火山附近，旧金山的地理位置让它成了拉丁美洲咖啡“合理的市场”。[24]尤其是萨尔瓦多，这个国家“几乎就在北美洲门口”，而且在巴拿马运河开通前，要从欧洲的港口来到这里相对比较困难。[25]问题在于，中美洲最适合种植咖啡的气候条件出现在海拔3000到6000英尺的地方，但这个海拔长出来的咖啡豆个头小、密度大、瘤疤多——完全不同于顶着“摩卡”之名的圆粒咖啡豆和比较长的“爪哇”豆。

但是，如果旧金山商人想从英国和欧洲商人手里夺取中美洲的贸易控制权，咖啡就是他们必须采购的商品，而且城市的持续发展似乎也离不开咖啡。到19世纪70年代，加利福尼亚州最大的黄金矿脉已经被挖空，农业取代了采矿业，成为新的增长点。[26]中央山谷里种满了小麦，成片的田野面积顶得上一个小的国家；到19世纪80年代，加利福尼亚州的小麦生产“轻而易举地成为全美国乃至全世界机械化程度最高的农业项目”。这里每年出产4000万蒲式耳小麦，满足了从中国到英国，以及美洲大陆的太平洋沿岸的市场需要。[27]为了换取旧金山的小麦，除了咖啡，商人们还运来了香料和巧克力。虽然英国和欧洲的竞争者普遍更有经验，耕耘更深，但旧金山的进口商仍充满希望，因为他们“虽然进展缓慢，但的确正在逐步掌控中美洲太平洋海岸的咖啡贸易”，这大大降低了他们把加利福尼亚州小麦卖到中美洲的难度。[28]

很多人梦想在这场小麦热中分一杯羹，其中包括小詹姆斯·奥蒂斯和霍尔·麦卡利斯特。小詹姆斯·奥蒂斯来自马萨诸塞，他的父亲曾担任旧金山市长，祖上参与过美国独立战争。霍尔·麦卡利斯特的父亲是旧金山一位颇有权势的政客，叔叔是“纽约名流录”的创建人。1892年，奥蒂斯和麦卡利斯特在旧金山创建了一家航运公司，并以他们两个人的姓氏将公司命名为“奥蒂斯麦卡利斯特”。那时候，这个行业被树大根深的太平洋邮轮公司垄断，奥蒂斯和麦卡利斯特租了两艘蒸汽船，制订了一份计划，想借助垄断巨头的懒惰和高价获取商机。结果没过多久，他们就在一场近乎毁灭性的价格战中一败涂地。于是，奥蒂斯麦卡利斯特只得改做面粉生意。他们将加利福尼亚州的小麦磨成面粉，出口到拉丁美洲；不断涌入拉丁美洲的外来者更习惯吃欧洲风格的面包，而不是玉米薄饼。

既然已经做了面粉生意，奥蒂斯和麦卡利斯特也顺便开始代销咖啡。这是他们卖出的面粉最容易拿到回款的方式之一，部分是因为中美洲那些喜欢吃面包的人基本是咖啡种植园主或出口商。奥蒂斯麦卡利斯特很快成了旧金山最大的咖啡经纪商之一。他们的竞争对手既有成熟的欧洲商人，也有美国企业，例如总部设在纽约的矿业和航运公司“W.R.格雷西”。奥蒂斯麦卡利斯特从中美洲的咖啡种植园主和出口商手里收货，再将这些货卖给旧金山的咖啡烘焙商，例如，J.A.福尔格的先锋蒸汽咖啡厂或奥斯丁·西尔斯和鲁本·西尔斯的阿拉伯咖啡厂，最后将销售所得——扣除不到3%的经纪费以后——返还给中美洲的咖啡种植园主和出口商。生意做顺了以后，奥蒂斯麦卡利斯特自己也在哥斯达黎加买下了一家咖啡加工厂，并将之命名为“巴西”。[29]

随着咖啡引领的中美洲出口热不断升温，旧金山人对太平洋海岸贸易的持续增长也变得越来越乐观。用美洲太平洋海岸出产的一种商业作物去换另一种，地球的形状似乎早就预示了这门生意可能带来的财富。在这样的背景下，1894年，《旧金山纪事报》高兴地听说，萨尔瓦多圣安娜的咖啡种植园主掀起的“辉煌运动”推翻了艾泽塔兄弟的统治。由于“专横残暴的”艾泽塔兄弟对出口的咖啡和进口的货品课以“重税”，萨尔瓦多的“商业和农业贸易”已经“瘫痪了两年”。旧金山市民甚至愿意接受萨尔瓦多前副总统安东尼奥·艾泽塔来自己的城市避难。被圣安娜的种植园主赶出城以后，安东尼奥乘坐一艘蒸汽船顺着海岸线逃亡，最终来到了旧金山。现在，商业的前景重新变得美丽起来。[30]

6 阿波罗的符号

1894年的圣安娜能为花花公子提供“猎艳圣地”和调情对象；但对结了婚的夫妻来说，这座咖啡之城日落后的社交生活实在乏善可陈，而且这地方一年到头的日落时间几乎都在6点左右。所以每天晚饭后，种植园主阶层的人们只能早早上床。

结婚以后，詹姆斯·希尔和洛拉·伯纳尔开始试图重现希尔熟悉的曼彻斯特生活的某些方面。1897年，他们生下了一个女儿，并用希尔母亲的名字将她命名为艾丽西亚。两年后，洛拉又生了一个女儿，玛丽亚——这是她母亲的另一个名字。1900年，他们有了一个名叫杰米的儿子。“杰米”是西班牙语里“詹姆斯”的一种译法，因为西语单词Jaime看起来很像英语里的James。但“詹姆斯”在西班牙语里也常常被译作“圣地亚哥”——这个名字还有很多种叫法，比如圣雅各、雅科夫、雅各布、詹姆斯，他是西班牙的主保圣人（即守护圣人）——杰米的父亲应该知道这一点，因为在萨尔瓦多的银行账簿里，詹姆斯签在贷款数字旁边的名字正是“圣地亚哥·希尔”。[1]

詹姆斯·希尔之所以要贷款，是因为他不仅要建立一个新家庭，同时还要发展咖啡种植园。在巴西解放前后的那几年里，国际社会都很关心一个问题：创办一个咖啡种植园到底需要什么？美国内战结束后的20年里，全国的咖啡消费几乎翻了一番。这种“消费的持续快速增长”让人们对这门生意的长期发展充满信心。但仍有一些市场观察者认为，“考虑到美国人口的增加和生活条件的改善，消费的增长实际上……不及预期”。这样的“预期”带来了商业机会。尽管“墨西哥、中美洲和哥伦比亚共和国正在推广咖啡的栽培”，但“新种植园的出口规模还无法和巴西相提并论，在这样的局面被打破之前，高昂的价格必将一直维持下去”。[2]全世界的准咖啡种植园主赌的就是这个。

刚开始在圣安娜火山种咖啡的时候，詹姆斯·希尔读遍了自己能找到的与中美洲、巴西或其他任何地方的咖啡种植有关的每一本书。[3]如果说儿时读过的某本书预示了希尔将来会去中美洲冒险，那么另一些书可以帮助他从冒险中获益。

其中一些书的创作深受维多利亚时代流行的励志回忆录的影响——身无长物的贫家男孩或倒霉的次子在家乡前途渺茫，于是去外面的广阔世界追寻“长子继承权”的故事。大英帝国偏远的边疆充斥着这样的年轻人，他们将森林和丛林变成了一座座种植园。这些年轻人一旦成功变身为种植园主，就会仿照男孩小说的体例，把自己的生活和冒险经历记录下来。不同于《金银岛》的是，他们往往不吝于介绍各种有用的细节，例如亨斯·约翰·肖特出版于1864年的《南印度咖啡种植手册》、亚历克斯·布朗的《咖啡种植园主手册》（这本书有两个版本，分别出版于1872年和1880年）、阿诺德·H.怀特的《在锡兰栽培咖啡：给庄园施肥》（1875年，这本书刚出版就获得了锡兰种植园主协会颁发的奖项），还有乔治·比迪出版于1869年的《咖啡庄园虫害报告》。比迪在报告的副标题里说得很清楚，这些虫害没有妨碍“南印度咖啡种植区生产资源的进一步发展”。

在“种植园主书架”的这份目录里，尤其值得一提的是罗伯特·亨利·艾略特两卷本的著作：《一位种植园主在迈索尔丛林中的经历》（附多张插图和一张地图）。另一位种植园主兼作家评价说，艾略特的描述“让这个行业显得特别有魅力，由此吸引了很多跃跃欲试的‘格里芬’”。[4]“格里芬”是前往英属印度寻找财富的游历者通用的绰号，这个名字原本属于神话中一种长着狮子的身体、鹰的头和翅膀的生物。

1855年，19岁的艾略特来到印度，随身只带着一笔“微薄的资产”和“小儿子们渴望听到的信息：在这个地方，哪怕只有微薄的资产，你也能白手起家，过上舒适的生活”。他学会了当地的语言，又依靠政府促进咖啡种植的政策获得了土地。这项政策还允许他免交一段时间的税，直到他的土地上长出可供售卖的咖啡。他和一些老资格的种植园主交上了朋友，他们“管理种植园的案例和实践提供了最宝贵的经验”。[5]但艾略特弄到的地块距离这些种植园主的庄园有12英里；身边只有不熟悉的邻居和庄园里的雇工，他在印度的生活既焦虑又孤独。

某天下午，艾略特独自待在帐篷里躲避一天中最热的时刻。就在这时候，他听说附近住的一些人拿着武器赶了过来，想阻止他砍伐毗邻他们土地的森林。休息被打断了，艾略特钻出帐篷，手里拿的武器“不是手枪或步枪，而是笔、墨和纸”。这是一个明智的选择，因为这几件“武器”代表着政府的权力。“我的手下……已经停止了砍伐，直到我命令他们继续。”艾略特写道，“我的敌人手里的武器只有几把清理灌木的砍刀，他们的人也不如我这边多，只要我愿意，我可以轻而易举地打发掉他们。但我还是让办事员给他们解释了一番：如果他们的头儿愿意签署一份文件，声明他们强行阻止我砍伐丛林，我就遣走干活的工人。他们同意了，于是办事员起草了一份简短的声明，他们没有多想就签了名。”然后，艾略特把这份声明送到了地方法官手里，以证明自己身为土地受让人的权利遭到了侵害。几天后，地方法官“带着一大群警察来了……他调查了整件事，判定我有权施工，然后命令一部分警察当着他的面直接砍树”。最后艾略特使出了绝招：他请求地方法官宽恕他的邻居，不要惩罚他们。按照艾略特的描述：“这件事过去以后没多久，这些‘敌人’里就有几位成了我的手下，其中一位从劳工的位置上脱颖而出，现在他是我庄园里最宝贵、最可信的监工。”[6]

在萨尔瓦多定居下来以后，詹姆斯·希尔研究了自己第二故乡的法律——他研究得如此透彻，了解他的人觉得他已经不亚于本地土生土长的律师，同行的种植园主遇到复杂法律问题的时候甚至会请他当顾问。[7]法律知识当然是无价之宝，因为法律为希尔构筑了发家的机会。法律创造了能被转化为种植园的无主土地，创造了无地可种、只能出卖劳动力来糊口的一个阶级，创造了警察和警察维护的规则，但无论法律有多么强的倾向性、被研究得多么透彻、执行得多么有效，都还不够，因为单靠法律，你没法让人老老实实给咖啡种植园主卖命，源源不断地种出咖啡。这是任何一个以种植园主自居的人最重要的任务：想办法让别人乖乖去干活，这其中当然包括种咖啡。

“这是一个严峻的事实。”资深种植园主埃德温·莱斯特·阿诺德警告说，“不幸的是，你根本无法忽略它。要种出咖啡，我们必须雇用劳工，大量的劳工。”阿诺德的咖啡栽培“手册”出版于1886年，也就是欧洲各大帝国在柏林会议上瓜分非洲殖民地的第二年；他写这本书是想帮助那些下定决心要去“新区”种咖啡的人。[8]在这件事上，人们基本达成了共识：在任何一个有可能种植咖啡的地方，你面临的“最主要的障碍”就是如何管理劳工。[9]

劳工问题不仅仅是“缺枪少盾”：这个词原本指的是缺少武器，在这里引申为缺少工人，虽然拉丁美洲的咖啡种植区的确普遍面临这个问题。[10]哪怕在人口密集的区域，例如萨尔瓦多，事情也不仅仅是找人来干活这么简单。“决意创办咖啡种植园的人，”1888年，《纽约时报》驻中美洲的一名记者警告说，“必须做好准备，忍受4到6年最辛苦的工作。为了清理土地，他必须砍伐树木，斩除所有灌木和野草。他必须做好从日出干到日落的准备。无论是清晨的潮湿和寒冷，还是中午的酷热和下午的大雨都不能让他停止工作。的确，他可以雇用当地的劳工来帮忙，但只要他转过头去，这些劳工就不会听话。”[11]问题不仅是找人来干活，还包括怎么让他们好好干活。在中美洲，这个问题被称为“佣工难题”。

从定义上说，“佣工”是指男性“印第安劳工”。他之所以会成为劳工，根源在于他和土地的关系——他没有土地。很多情况下，他的土地是被人夺走的，因为他是个印第安人。没有自己的土地，为了养家糊口，佣工只能给别人打工。在种植园主眼里，佣工的本分就是“打一辈子工”——一语道尽了佣工每天在种植园里面对的严苛条件和他的命运。1888年，《纽约时报》的文章总结说，在这种双重的困境中，佣工“没有野心”，满足了自己的“舒适性需求”以后，他们没有意愿“完成额外的工作”，他们能实现的最高追求无非是“好的主人给予的合理待遇”——在巴西废奴的年代，人们用“主人”这个词隐晦地指代“雇主”——还有“玉米粉和水做的一张薄饼……以及他能弄到的所有威士忌”。[12]

对种植园主来说，他们既离不开佣工，又无法忍受佣工。种植园的主人给自己和自己的职业起了一个令人安心的名字：种植园主。它很容易让人想起光合作用，就好像种咖啡是一件很简单的事，你只要把种子丢到地里就行了。但事实上，种植园主离不开佣工，就像佣工离不开工作：这是他们的安身立命之本。佣工需要工作才能生存；同样地，种植园主也需要佣工，除非他不想再当种植园主。

对种植园主来说，这种依赖的核心困境在于，佣工的基本生活过于简单——他的需求实在太少，而且他们似乎满足于此。这种简单让佣工和种植园主之间的关系变得复杂，而且很容易打乱种植园主的工作计划。因为佣工“几乎能在任何地方找到足以维持生活的工作”，所以他们会不停地从一个种植园转移到另一个，这儿干一周，那儿干两周，然后又走了。因为佣工能得到或失去的东西都很少，所以他们爱说“鬼才在乎”。面对眼前的工作，他们往往“笑会儿，聊会儿，而不是认真对待”。他们的薪水基本花在喝酒和赌博上，输了钱就拿家里人撒气，然后靠偷窃和撒谎补齐差额。[13]种植园主完不成计划，也收不回投资，最后他们只能把佣工的问题归结于天生的种族缺陷。一篇以《佣工》为题的文章说得很清楚：所谓常例或特例都是一回事，佣工只有一种，他们需要管束。

一旦种植园主开始通过工人的生理特征判断对方的种族特性和素质，这套判断标准就从肤色开始，逐步扩展到他们能看到的其他所有方面。可是到了19世纪末，这些表面的衡量标准似乎已经不能满足他们的需求了。越来越多的种植园主开始寻求更“现代”的方案，试图解决手下劳工的内在问题。罗伯特·亨利·艾略特在迈索尔的丛林里体验到了这种变化。“在此之前，人们一直认为量一下身高体重、做个头部石膏模型就够了，”他观察到，“当然，截至目前，这套方法没什么问题；但有人告诉我，要完善我们的信息，血液分析绝对有必要。”艾略特怀疑，他手下的“孟加拉”雇工之所以缺少“积极的美德”，至少部分可以归结于“血红细胞的缺乏”。他希望有朝一日，某种真正先进的劳工科学可以验证他的假说，并找到相应的解决方案。[14]但在这一天到来之前，种植园主只能自己想办法督促工人干活。

詹姆斯·希尔试图从设在萨尔瓦多的伦敦银行中美洲分行贷款。[15]虽然希尔背着滑头的名声，但他也有不少有利条件。他的岳家在圣安娜有多年的咖啡种植经验，他的妻子洛拉继承了3家成熟的种植园。对一个从曼彻斯特远道而来开创新事业的年轻人来说，这绝不是什么不值一提的小事。希尔本人在萨尔瓦多也有商业经验，银行肯定知道这件事，毕竟在1894年，这个国家一共只有5家银行。如果银行的人听说过希尔滑头的名声，那他们肯定知道，根据风评，希尔也是圣安娜“工作最勤奋、能量最充沛的人之一”。[16]

此外，最重要的可能是，19世纪90年代初，咖啡似乎很值得下注。咖啡是当时银行重点关注的行业，不光在萨尔瓦多，也包括周围的其他国家，例如尼加拉瓜。[17]1892年，也就是詹姆斯·希尔决定在萨尔瓦多定居的那年，国际咖啡价格达到了每磅17美分的历史高位。1894年，也就是希尔结婚并着手进入咖啡行业那年，咖啡的价格仍稳稳地维持在10年均线以上。伦敦银行中美洲分行借给了希尔“相当可观的一笔钱”，多达25 000美元。这笔贷款的抵押品是他几年后种出的第一批作物。[18]

创业之初有很多活要干，但看不到多少回报——正如《纽约时报》所说，咖啡树结出成熟的果实之前，你得付出“4到6年最辛苦的工作”。哪怕最努力、精力最充沛的种植园主也没法一个人干完所有活。大部分情况下，他们需要清理种植园的地面，为咖啡树腾出空间。清理地面的同时，他们还得在苗圃里种植第一批咖啡树苗。苗圃的位置必须能照到上午的阳光，到了中午和下午则有树荫遮蔽，这里的土壤“质地和拟建种植园一样”，土地经过“深耕”和彻底的清理。在这样的苗圃里，人们每隔2.5英寸左右就种下一粒“形状规则、大小均匀、饱满”的种子，给它盖上0.75英寸厚的蔬菜腐殖质，再温柔地浇点水。经过一年的精心照料，再加上与野草的不懈斗争，等咖啡树苗长到12～16英寸高，就可以把它们移到种植园里了。

起苗的时机最好选在“不久前刚下过雨，土还是湿的”时候，这样树苗根部的泥土才比较容易团成球。移植期间要保护树苗，让它远离太阳直射；如果种植园里没有能遮阴的大树，你可以在每棵树苗旁边插一根带叶的树枝。詹姆斯·希尔在圣安娜创业的那个年代，萨尔瓦多种植园主的标准操作是将咖啡种在树荫下面，而不是像巴西那样直接种在太阳地里。充足的日照能提高单棵树的产量，但热气会抽走土壤里的所有水分，快速耗尽土地的肥力，而土地正是萨尔瓦多最珍贵的资源。[19]树苗之间需要留出6~8英尺的间距，按照标准，1英亩地能种500棵树苗。一旦咖啡树长到5~6英尺的高度——没人照料的咖啡树能长到20英尺高——人们常常剪掉它的顶枝，这是为了将树木的高度控制在工人够得着的范围内，以便日后收获。接下来就是等待。

如果一切顺利，经过五六年的栽培，第一批果实会用“‘晚香玉般美丽的’白花”预告自己的到来，咖啡树的花朵“映衬在富有光泽的深绿色树叶之间”。过不了多久，花瓣就会凋零，让位于绿色的浆果。这些浆果先是变成“淡粉红色，然后逐渐加深，等它变成深樱桃红色，果实就已成熟，可以采摘了”。直到这时候，满怀希望的种植园主才能松一口气，“心满意足地回顾”这些年来自己为种植园付出的劳作，憧憬唾手可得的回报。[20]

等待白花红果莅临种植园的时候，詹姆斯·希尔也开始在山脚下的谷地里建设自己的咖啡加工厂。他在圣安娜城外大约1英里的地方选了个位置，靠近他妻子继承的一家名叫“圣洛伦索”的种植园。他给自己的咖啡加工厂起了个名字，叫作“三门”。

希尔相信符号。他觉得名字很重要。他给孩子起的名字要么随他自己，要么随他的妻子、他的父母或者他的岳家。后来他给种植园起的名字都寄托着他的期冀，所以他才会将自己的咖啡加工厂命名为“三门”，这个名字连接着他在圣安娜火山的新生活和留在曼彻斯特的过往。要理解这个名字的重要性，三门加工厂沿用至今的标志是一条关键的线索。所有大型咖啡加工厂都有自己的标志，这些独特的记号印在装咖啡的粗麻袋上，既是封条，也是商标。有的种植园主直接采用了自己名字的首字母，另一些人则选择使用形状和符号。

三门加工厂的标志由两个元素组成，打开一个就露出另一个。它的原型是一个六角形，三条不相邻的边向内侧摆去，就像绕着铰链旋转，这三条边最终在中间交会：形成三扇门。推开这三扇门，六角形就变成了另一种东西：三曲腿图（triskelion），这个词来自希腊语，意思是“三条腿”，螺旋状的三根辐条就像转了1/4圈的大写字母Y。

欧洲和亚洲的古文化里都有这种符号，其中包括一些把辐条画成人腿或手臂的变体，例如西西里旗帜上的图案和马恩岛旗帜上披着铠甲的三条腿。三门加工厂采用的三曲腿图更类似某些比较普通的变体。人们有时候会误以为这些图案是纳粹标志，只不过它们伸出的臂是三条，而不是四条。亚历山大大帝的帝国发行的硬币背面也有类似的符号。这位皇帝是希尔心目中的英雄。在亚历山大的年代，三曲腿图象征着太阳，也象征着希腊文化里的太阳神。2000多年后，维多利亚时代的人们最崇拜的正是这位神祇——太阳神阿波罗，即健康与生命之神。詹姆斯·希尔儿时居住的科利赫斯特也有一条街道以他为名。[21]

对维多利亚时代的人们来说，阿波罗的影响力不仅限于历史和神话领域。19世纪中叶，能量的概念和热力学定律被发现以后，人们对宇宙的理解发生了深刻的变化，阿波罗正是引领这一变化的重要人物。哪怕在1859年，查尔斯·达尔文的《物种起源》出版以后，能量的热力学概念仍被誉为19世纪最重要、最具创新性的科学发现。[22]和达尔文的演化论一样，能量改变了描述世界运行方式的基本概念，引发了科学、经济、社会思潮领域的革命，这场革命对现实世界产生了直接而深远的影响。能量的概念几乎塑造了詹姆斯·希尔在圣安娜火山建立的咖啡帝国的方方面面，也影响了更广阔的政治和商业环境，但这个概念的起源地离中美洲很远，而且它是在两个不同的地方几乎同时出现的：爪哇和曼彻斯特。

7 制造之神

1814年，罗伯特·迈尔出生在德国的海尔布隆。他在这座宁静的乡村小镇上长大，从小讨厌学校、喜欢魔法。作为一名缺乏耐心的平庸学生，他会花好几个小时研究离家不远的风车。他的梦想是造出一台永动机。哪怕在他进入著名的图宾根大学学医以后，迈尔还是惦记着那些大问题。面对病人，他不光给他们治病，还试图研究人体的运作原理，想弄清人类的身体如何将外部世界化作自己的一部分。

拿到医学学位以后，迈尔没有选择留在国内当医生。他去了阿姆斯特丹，在那里，他不顾父母的强烈反对，签约当了一名随船医生——所以在1840年2月中旬，25岁的迈尔发现自己迎着荷兰冬日熹微的天光，登上了开往爪哇的“爪哇号”。[1]

那一年，荷兰人正在建设这座殖民地岛屿，后来这座岛的名字会随着它出产的商品传遍全世界。早在18世纪上半叶，爪哇就是供应欧洲市场的重要咖啡产区，但直到1830年左右，政府开始强制推广种植以后，咖啡才真正占领了这座岛屿。在所谓“种植制度”（这是一种委婉的叫法）的压榨下，爪哇人被迫贡献出了“种植咖啡、收获果实的劳工”。爪哇的每个家庭都必须种植一定数量的咖啡树：有的地区是500棵，另一些地方是1000棵。[2]通过强制手段推广的作物不止这一种——糖、靛蓝和烟草也享受过类似的待遇——但咖啡的地位最重要。从1820年到1840年，爪哇的咖啡年产量翻了4倍，最终达到了1.3亿磅，这些产品都以远低于公开市场的价格卖给了荷兰殖民政府。考虑到当局对数量的重视，通过种植制度生产出来的爪哇咖啡往往是劣等品，但它们带来的利润却是一流的。[3]

在“爪哇号”上待了100天以后，罗伯特·迈尔和他的伙伴们抵达了巴达维亚城，也就是今天的雅加达。在巴达维亚，“爪哇号”的28名船员有一大半生了病。根据迈尔的判断，这是一种“严重的肺部感染”。他做了任何一个医生都会做的事：切开病人的血管，以便“大量”放血。血液顺着血管流了出来，迈尔注意到，它的颜色比他在学校里学的浅得多。这些血太红了，完全不像有毒的样子，但他清楚地知道，它的确有毒。迈尔放弃了上岸的机会，留在“爪哇号”上“勤奋不懈”地工作，试图解开鲜红血液背后的谜团。[4]

1841年，迈尔回到了阿姆斯特丹；不久后，他觉得自己找到了答案。他写了一篇论文，并将它寄给了德国的一份科学期刊。“自然科学的任务是解释有机和无机的世界，弄清事物的前因后果。”他在文章开头这样写道，但这篇论文一直没有得到回复。[5]接下来的日子里，迈尔将致力于阐明那些鲜红的血液意味着什么，它将如何拓展我们对人体与世界这二者关系的理解。

不久后，迈尔会以新的角度来看待血液，将它看作一种“缓慢燃烧的液体”“生命之火的油料”。德国化学家尤斯图斯·冯·李比希绘就了有机化学的蓝图；法国医生兼哲学家安托万·拉瓦锡违背了风行几百年的宗教哲学，提出“生命”这种现象实际上是一种与灵魂无关的化学过程。基于这两位科学家的洞见，迈尔得出结论：相对于寒冷的阿姆斯特丹，在爪哇炎热的气候下，他的病人肌肉烧掉的燃料变少了。由于血液中的燃料消耗得少，它从四肢流回来时被氧化的程度就低，所以更红。天气越热，肌肉工作得越少，消耗的燃料就越少，血液的颜色也越浅；天气越冷，肌肉工作得越多，消耗的燃料也越多，血液的颜色相应越深。根据迈尔的推理，热带的高温降低了肌肉维持生命所需的燃料数量；他总结说，热和肌肉的工作必然可以互相替代，它们是同一种事物的不同表现形式。[6]

1842年，迈尔再次尝试把自己的想法写成论文，这次终于有期刊接受了他的投稿，于是化学家李比希看到了这篇文章。“我们该如何理解力？”迈尔开宗明义，他还是想探索因和果的宏大概念，“如何理解它们之间的关系？”[7]他开始发现，不同形式的力（比如说，热和肌肉的工作）不但可以相互转换，更重要的是，“力只有一种”，它可以从一种形式转化为另一种形式，并在这个过程中始终守恒。[8]“我认为，”同样在1842年，迈尔在给朋友的信中写道，“运动、热、光、电和各种化学反应全都是同一种事物的不同表现形式。”[9]按照那时候德国人使用术语的惯例，迈尔将这种事物命名为“克拉夫特”（Kraft），这个词在德语里的意思是“力”。[10]几年后，“力”这个名字又变成了“能量”。[11]

“能量”原本指的是人的某种特质，它的近义词是“活力”“意志”。当然，现在这个词也有这方面的意思，比如“盎格鲁-撒克逊能量”，或者詹姆斯·希尔被誉为圣安娜“能量最充沛的人”。但在19世纪中叶，“能量”也是所有力的统称。罗伯特·迈尔认为这些力相互联系，它们曾经拥有另一个名字：“无法衡量之物”

（imponderables）。运动、热、光、电、化合物（血液里的燃料、植物体内的糖）——人们越来越倾向于认为，这些东西都是同一种事物的不同表现形式，这种事物便是能量。同一种力量主宰着人类身体和自然世界的运行，1/4个世纪内，迈尔的这套假说将“得到各国最优秀的科学家高度一致的认可”。[12]确切地说，它不光得到了认可，还被誉为“所有学科的基础和顶点”。[13]

让罗伯特·迈尔深感失望的是，在“能量”这个概念逐步得到认可的过程中，他自己几乎没起什么作用。不同形式的力有着怎样的关系？曼彻斯特一位名叫詹姆斯·焦耳的业余科学家也在探索这方面的问题，但他走的完全是另一条路。

作为一名酿酒师的儿子，焦耳在索尔福德长大，这个地方距离恩格斯家的维多利亚棉纺厂不远。迈尔在荷兰帝国最重要的行业里发现了困扰他的谜团，与之类似，曼彻斯特工厂的喧嚣为焦耳的实验提供了驱动力。从某种意义上说，他们两个人的目标都是提高商业的效率：迈尔探查的是人体在热带气候下的生理学机制，而焦耳试图搭建更可靠的引擎，那是一种由磁铁驱动的电马达。尽管焦耳对电磁引擎的多次改进都相当成功，但电磁引擎的动力还是赶不上蒸汽引擎。他认为，问题在于电池产生的电流转化为机械运动过程中的损耗。[14]焦耳试图弄清电流是在哪里、以什么方式被损耗掉的，在这个过程中，他开始思考热和运动之间的关系，很长一段时间以来，这个问题一直困扰着欧洲各个工业之都的工程师。[15]

焦耳把自己的瑞士蜜月之旅变成了一次研究之旅，这很符合维多利亚时代的科学气质。为了从自然现象中寻找普遍真理，他试图测量瀑布顶部和底部水的温差。让这位新郎大失所望的是，瀑布的水雾太密，他没法走到足够近的位置去测量。在自家实验室里，焦耳用桨划水，测量细微的温度变化。1843年，他发表了自己的结论："遵循造物主的旨意，自然的伟大代理人是不可摧毁的……只要消耗了机械力，就必然产生绝对等价的热。"[16]借助这种"绝对等价"，焦耳通过实验证明了迈尔的理论：看似毫不相关的力实际上可以相互转化，这意味着世界上的确存在一种统一的力。

接下来，焦耳的工作又为德国医生赫尔曼·冯·亥姆霍兹发表于1847年的一篇论文提供了重要的支持，亥姆霍兹根据实验结果，总结归纳出了一条定律。因为过于抽象，这篇题为《关于力的守恒》的论文遭到了当时一家顶级科学期刊的拒绝，于是亥姆霍兹自己出版了这篇文章。现在人们普遍认为，它首次描述了热力学第一定律：能量既不会凭空产生，也不会凭空消失，它只会从一种形式转化为另一种形式。英国电磁学先驱迈克尔·法拉第认为，能量守恒是"以我们的天资所能理解的物理学最高定律"。哲学家赫伯特·斯宾塞称之为"唯一超越实践却又隐藏在实践中的真理"。[17]当时许多优秀的思考者似乎都很清楚，能量是人类对宇宙最深层次的理解。

19世纪上半叶的几十年里，伟大的浪漫主义诗人和艺术家痴迷于"自然潜在的统一性"，他们认为，宇宙中的万事万物相互联系、相互依存。[18]"所有事物是一扇扇窗户，哲学的眼睛可以透过这些窗户看到无穷本身。"1831年，托马斯·卡莱尔以文字勾勒出浪漫的愿景。[19]能量的发现为"万物皆有联系"的宏大概念提供了现实的证据，19世纪下半叶，维多利亚时代的人们秉承这个理念展开了伟大的实践。到1870年，以能量的概念——所有力都是同一种力的不同表现形式，这种力既不会凭空出现，也不会凭空消失，它是有限的，但它无时无刻，无处不在，我们可以通过热力学测量它、驾驭它——为基础，人们发展出了一套包罗万象的新理论。这套理论拥有强大的吸引力，创造了无穷的价值，也带来了诸多后果，将影响并改变世界的每一个角落。这套理论之所以拥有强大吸引力、创造无穷价值、引发诸多后果，最重要的原因在于，它讲的是如何完成工作，如何做功。

维多利亚时代的人们将工作誉为“至高的美德”，甚至将它推崇为生命的意义。[20]这些工作狂顺理成章地认为，能量守恒定律“以一种数学上严格的方式阐明了你不可能平白无故得到任何东西”。[21]这套严格的因果逻辑隐含着一个初始原因，一个原始动力，但没有说明它到底是什么。根据权威的牛顿运动定律，宇宙由各种截然不同的力——或者说原因——组成，其中包括引力、电磁力和带来活性的生命力。但是，如果所有力——“行星的运动、自然的力量、机器的运转，还有身体的运作”——真的只是同一种力（能量）的不同表现形式，旧的分类体系就崩塌了。[22]“能量”被定义为“完成工作的能力”，于是“工作”这个词也有了技术角度的解释：一定质量的物体移动一定距离所需的能量。它有一个更广为人知的简称——“功”。归根结底，所有能量、所有功都来自太阳的光和热，以此为基础，人们构建了一个联系紧密的宇宙，这是一个全新的概念。[23]

19世纪欧洲的优秀科学家是跟着能量走。他们发现，来自太阳的能量通过工厂进入了银行。“苜蓿发芽开花，割草的人挥动镰刀，驱动他们的是同一种力量。”1862年，英国物理学家约翰·丁达尔解释道，“太阳从我们的矿场里挖出矿石，转动辊筒，打下铆钉，烧沸开水，推动火车。它不光种植棉花，还纺线织布。如果有锤头被举起，轮子被转动，梭子被推动，那它一定是被太阳举起、转动、推动的。”1866年，一本流行杂志更简洁地阐明了这个想法：“太阳底下所有的劳动实际上都是由太阳完成的。”[24]

太阳被重新塑造成了最本质的推动者，所有工作最深的源头。鉴于此，它也成了一套新信仰系统——“能量福音”——的核心。[25]和大部分部落一样，维多利亚时代的人们是太阳的崇拜者。他们的福音是历史学家安森·拉宾巴赫所说的“生产主义”——这套意识形态融合了两种观点：首先，“自然是一台能做机械功的巨型机器”；其次，“必须以最高效的方式尽可能多地消耗能量，以获得最大的产出”。[26]从这个角度出发，“从本质上说，宇宙是一套生产系统”，就像一座棉纺厂。[27]生产主义之所以会吸引维多利亚时代的人们，不仅因为它赋予了曼彻斯特和其他丑陋的工业之都看似自然的秩序，还因为它将自然本身变成了一座巨型能量池。这些能量正等待着人们去汲取，去驾驭，去利用它们制造产品，改变世界，去将它们转化为功，再通过功把它们变成钱。能量福音将热力学定律变成了获取生产力和利润的蓝图，无论是在英国，在萨尔瓦多，还是在阳光能照到的任何地方，这张蓝图都同样管用：人们通过光合作用、蒸汽机或者简单的辛勤劳作，将阳光变成钞票。生产商品变成了传教。

生产主义者的能量福音不仅是资本主义的福音教义，也是进阶版的阿波罗崇拜。新的阿波罗不仅是太阳神，是生命和健康之神，也是如今与太阳、生命和健康直接相关的万事万物之神：光、农业、商业、工作、“能量和野心”——他是“进取之神”，也是“制造之神”。[28]

与此同时，考虑到能量这个概念的历史，以及它对圣安娜火山和更广阔世界的影响，我们也必须正视阿波罗的另一面，在狂热的能量福音中，这是被忽视甚至抑制的一面。和后来的人相比，古希腊人和他们的神之间的关系更复杂、更矛盾，阿波罗也不例外。众所周知，亚历山大大帝称颂阿波罗帮助他征服了某些地方，但这种征服的力量也有阴暗面。对希腊人来说，阿波罗之所以对健康和生命有强大的影响力，原因在于，他也是瘟疫的使者。[29]

8　工厂

虽然詹姆斯·希尔在一个所有工厂都是棉纺厂的地方长大，但对于在圣安娜运营一家咖啡加工厂，他并非毫无准备。1896年，三门加工厂开张的时候，从某种角度来说，在萨尔瓦多加工咖啡有点像在曼彻斯特加工棉花，把萨尔瓦多的咖啡卖到国外也有点像把外来的纺织品卖到萨尔瓦多：二者看起来都大有前途，实际上却祸福难料。

在西班牙语里，“咖啡加工厂”这个词写作beneficio，它的原形动词的意思是“获得利益，改进、增加价值”。和加工棉花一样，加工咖啡创造价值的途径是将用途有限的粗糙农产品转化为便利的商品。要完成这个目标，咖啡加工厂的任务不是梳理、编织、做加法，而是做减法。这是一门珠宝匠的手艺：最后完成的商品是用原材料切割出来的。咖啡被送到三门加工厂的时候还是刚摘下来的鲜红的成熟果实——咖啡浆果。离开工厂的时候，它已经变成了干燥的豆子——“生咖啡”。这两种形式之间的区别在于时间和金钱。成熟的浆果很容易腐烂，干燥的豆子却可以通过船舶送往遥远的市场，卖出最高的价钱。

无论过去还是现在，要把咖啡浆果加工成咖啡豆，有两种比较划算的办法。比较古老、简单、便宜的是“干式”工艺：把浆果放到太阳底下晒干，再送入粗磨机，剥掉包裹种子的果肉。而“现代”的方式——人们通常认为这种办法更好，因为它加工出来的咖啡豆大小差不多——是“湿式”工艺：用水“冲掉”种子外面的果肉。基础的干式加工厂谁都能开，但采用湿式工艺的加工厂建造和运营成本都高得离谱，尤其是在19世纪。湿式工艺需要金属水槽、果肉分离机和脱壳机，有时候还得配备烘干机和抛光机，这些机器通常是欧洲制造的；此外，还需要驱动这些机器的蒸汽机，必要时还得有一条淡水河。根据希尔的数据，将500磅咖啡浆果加工成100磅可供出口的咖啡豆需要消耗200加仑水。满负荷运转的三门加工厂每天消耗的水多达20万加仑。[1]

三门加工厂的工人每天都会收到从火山上送下来的新摘咖啡浆果，他们会把这些货直接倒进装满水的收货槽里。比较轻的、没熟的果子会浮在水面上，然后被工人扔掉；沉在水底的比较重的成熟浆果通过管道送进果肉分离机。这台由蒸汽引擎驱动的机器会捣碎浆果，撕开果皮，去除外层果肉。接下来，咖啡种子——这时候它们仍包裹在一层被称为“蜜”的黏液中，黏液下面还有一层名叫“豆壳”的薄纤维——顺着水流进入发酵槽。在槽里经过一天或两天的发酵以后，蜜会脱落，咖啡种子也随之分成两半——除了圆咖啡豆。这种圆豆子常常被当成“摩卡”卖，因为真正的摩卡咖啡种子可以被加工成一颗完整的豆子。

离开发酵槽以后，只剩下一层薄豆壳的咖啡种子顺着水流经过一系列狭窄的管道被送往晒场，水流的动力来自工人手中旋转的桨叶和耙子。晒场是任何一家大型咖啡加工厂最壮观的部分，这种壮观和玉米地如出一辙，它们就像昭示自然伟力的沉默纪念碑，让人情不自禁地肃立。三门加工厂的咖啡晒场是一大片铺着整齐土砖、绵延好几英里的平原。赤脚的男人和男孩——他们之所以能入选是因为体重比较轻——在晒场上挥舞着耙子，将冲洗过的种子推进浅沟，然后不断翻动这些种子，让它们暴露在阳光和空气中。

经过一周或更长时间的晾晒，等到种子完全干燥，工人就会把它们铲起来装进麻袋，送进脱壳机，剥掉已经变脆的豆壳。豆壳被剥掉以后，种子就变成了咖啡豆。离开脱壳机的咖啡豆会被送到清洁工那里。这些清洁工都是女性。[2]

在全世界各种商品的最后一道检验工序里，女性雇员的数量多得不成比例。人们往往会说，这是因为女人动作快、手指灵活，但只要看看照片里躬身在地上或桌前挑选咖啡豆的女人和她们身旁虎视眈眈的男性监工，你很容易发现，真实的故事比这复杂得多，它讲述的是性别不平等的经济价值。

三门加工厂和世界各地的咖啡加工厂之所以会雇女人来当清洁工——西班牙语里的清洁工写作“limpiadoras”，这个词本身就是阴性的——原因有二。第一个理由是，检查一年收获的每一颗豆子，从中挑出坏的、不好看的，清除石子、树枝和其他杂质，这是一份既琐碎又繁杂的工作——三门加工厂每年生产上百万磅咖啡，每一磅咖啡大约由3000粒咖啡豆组成。成千上万的女人被雇来从事这项工作，考虑到女性的工资普遍低于男性——因为人们认为男人更强壮，能干更多的活——这可以省一大笔钱。第二个理由是，虽然检查、挑选咖啡的工作基本不需要蛮力，但却是咖啡加工过程中十分重要的步骤，甚至可能是最重要的步骤。很多时候，清洁度是咖啡市场价值最直接的决定因素，而咖啡的清洁度直接取决于检查工作的质量。因此，检查这道工序决定了咖啡加工的财务收益——如果加工厂的主人同时也是一位种植园主，就像詹姆斯·希尔这样，那么检查的工序还决定了种植园的收益。这副重担之所以会被放到女人肩上，部分是因为传统家长制下的男女角色分工促使老板做出了这样的决定。

进入收获季以后，知道咖啡即将大量到来的那一刻，希尔就会告诉种植园里的所有男人，让他们去通知自己认识的所有女人，叫她们到他的厂里做清洁工。因为大家公认，每年最早雇用女性清洁工的工厂主肯定也是这个收获季掌握最多女工的工厂主。[3]接下来，拥有最多女性清洁工的工厂主最有可能生产出最干净的咖啡，因为他们有权挑选雇员，制定严格的工作标准。最后，生产出最干净咖啡的人最有可能从美国或欧洲的咖啡进口商手里拿到最高的价格。

这就是工厂主严格要求清洁工的原因：为了满足美国和欧洲进口商评估咖啡质量的定价标准。1896年，希尔创建三门加工厂的时候，圣安娜和全世界咖啡加工厂遵循的质量标准出自纽约州纽约城珍珠街的汉诺威广场。

1882年，纽约咖啡交易所在汉诺威广场开张了，交易所距离前街两个街区；前街聚集着大量的进口贸易公司，是当时纽约的“生咖啡区”。1880年的价格暴跌促成了咖啡交易所的诞生，哪怕在这个以波动剧烈著称的市场里，由巴西意外丰收引发的这次暴跌依然算得上一场灾难。[4]交易所的第一任主席是这场灾难中的一位破产者，他宣称，新的许可制度“拯救了咖啡贸易”。[5]拯救意味着抑制频繁、剧烈的波动，塑造一个“高流动性”的市场。[6]这个词的意思一望即明：让贸易平稳流动，没有泡沫，没有洪水，没有暴跌。

在一个拥有完美流动性的市场里，任何东西都可以换成别的东西，某人供应的货物正好能满足另一个人的需求。为了达到这个目的，咖啡交易所建立了类似小麦和棉花的期货市场，要让这个市场运转起来，人们需要制定咖啡的等级标准。标准化的等级不仅能确保进口商收到符合出口商承诺的货物，还能提前锁定各等级的咖啡价格，让进口商有机会对冲供应过量或短缺的可能性，以及这些波动带来的价格变化。

分级的权力掌握在持证的检查员手里。他们的工作是从某个批次的进口咖啡里抽出一磅，检查它有什么问题。根据一套假想的完美咖啡的固定标准——一级咖啡豆在现实的贸易中根本不存在——分级员首先会挑出样品里的杂质：19世纪中叶，美国进口的一袋135磅重的咖啡里通常包含着大约5磅的小树枝、石子和灰尘。[7] 接下来，他们开始挑剔豆子本身的“缺陷”——畸形、不规则或破裂的豆子都要扣分——最后给这批咖啡豆定一个等级，从二级到八级不等。八级豆根本不允许进口。交易所成立之初，这套定级标准普遍适用于三个组别：来自里约热内卢和其他港口的巴西咖啡，这些地方出产的豆子口味偏涩；来自桑托斯港的巴西咖啡，它们相对比较醇厚；最后是“其他”。

巴西咖啡在标准化体系中占据的地位反映了一个事实：咖啡主要来自巴西，大量的巴西咖啡能够轻而易举地摧毁市场，所以对冲显得尤为重要。换句话说，交易所的架构主要是为了保护那些做咖啡生意的人，而不是维护终端消费者的利益。事实上，纽约的评级程序毫不关心咖啡豆的正面品质，只是一味寻找它们的缺陷和瑕疵。[8]

纽约的持证分级员对运抵美国的咖啡吹毛求疵，全球各地咖啡加工厂的监工只好更加严苛地要求手下，清洁工也只能一再加强注意。纽约咖啡交易所制定的标准假定了全世界检查、分类咖啡的女性都不够称职。到底有多不称职？从不可思议到不可接受，答案只能落在这个区间里。正是出于这个原因，监工的眼神永远那么阴沉，女清洁工也永远在一堆堆生咖啡豆前埋头苦干。

纽约的标准为什么拥有这样的力量？虽然纽约咖啡交易所是第一家国际性的咖啡交易所，但它并不具备决定性的优势。全球第二家咖啡交易所也创建于1882年，它位于法国的勒阿弗尔，这座港口拥有全世界最大的咖啡仓储份额。伦敦、阿姆斯特丹、汉堡等城市从事咖啡相关的金融、贸易、航运活动的历史都比纽约悠久得多，很快它们也拥有了自己的咖啡交易所。[9]但是，纽约有个其他咖啡港口并不具备的优势：它是全世界最大的咖啡消费国的商业之都。所以，要问纽约的标准和价格为什么拥有这么大的影响力，就得先问问，美国人为什么会喝这么多咖啡。

“把你的疲倦交给我，把你的贫穷交给我，把你瑟缩的民众交给我。”1883年，纽约咖啡交易所开张的第二年，纽约诗人艾玛·拉撒路这样写道。如果她的诗作《新的巨像》不曾被刻在自由女神像的基座上，这几行诗或许可以成为咖啡店的绝佳广告。

内战刚结束的时候，美国每年人均喝掉的咖啡还不到5磅，或者说，大致相当于每3天喝2杯。等到19世纪末，美国人的咖啡消费量已经增长了一倍以上，达到了人均每天1.5杯。[10] 19世纪美国对外扩张、推行帝国主义、调整贸易政策的历史有助于解释这个国家咖啡供应的增长和价格的下降，这段历史也是美国变成咖啡消费大国的关键所在。早期的美国实际上是一个以咖啡贸易为中心的政治和经济组织，商业资本利用咖啡构建这个国家的经济，外交政策制定者利用咖啡稳定——进而增加——美国在全世界的影响力。但咖啡的这段地缘政治史并不能真正解释美国人为什么喝咖啡。要回答这个问题，你必须对美国人有一定的了解，虽然这个群体的内部构成变化很快。

根据1870年的人口普查，美国大约拥有3800万人口。接下来的30年里，还将有1200万人来到这里。早期的大规模“移民潮”主要来自英国、爱尔兰和北欧，不过到了19世纪末，很多天主教和犹太教移民是从中欧、东欧和南欧来的。咖啡随着奥斯曼帝国的脚步传遍了地中海盆地和北部，所以这些地方喝咖啡的文化根深蒂固，哪怕是在偏远的农业区。移居美国城市的欧洲移民通过各种场所维持自己与家乡和同胞的关系，咖啡馆便是其中之一。[11]

不过，就算咖啡是移民连接新家与故乡的纽带，美国和欧洲的咖啡毕竟有所区别。那些欧洲国家没有哪个像美国一样离拉丁美洲这么近，没有哪个和拉丁美洲有如此频繁的商业往来，也没有哪个和全球主要的咖啡种植区建立了如此密切的经济关系。19世纪末的欧洲移民在进入美国的同时，也进入了一段与拉丁美洲的新关系。他们发现自己干着重复、艰苦、收入微薄的新工作，越来越远离土地、太阳和四季，机器、人造光线和工厂时钟成了他们的新主宰，与此同时，他们也发现这里有更多、更便宜的咖啡。

19世纪80年代，丹麦移民雅各布·里斯举着相机在纽约下东区转悠，调查新移民的生活。他观察到，勒德洛街的“犹太城缝纫工”靠着在家缝制齐膝短裤赚一点糊口钱，用来购买面包、牛奶、肉、黄油、咖啡、土豆和酸黄瓜。他看到，住在杜安街拥挤的报童宿舍里的擦鞋男孩花6美分租了一张过夜的床铺，又花6美分买了面包和咖啡当早餐。他注意到，街头的“一美分”咖啡摊周围挤满了各个年龄段的男人和男孩。他认识了一位年轻漂亮的百老汇女裁缝。在他看来，她的行为颇具代表性：因为没有余钱，她早上只喝一杯咖啡，中午不吃饭，到了晚上才吃一天中唯一的一餐。他还听说，一位著名工厂主开了一家慈善商店，免费赠送面包和咖啡。[12]里斯发现，哪怕最穷的美国人也喝得起咖啡。

随着美国人口构成和国际地位的变化，咖啡有史以来第一次成了一种大众饮料。到20世纪初，拉丁美洲已经毫无争议地成了全世界咖啡生产的中心，美国也毫无争议地成了“全世界最大的咖啡市场”。[13]美国人均每年喝掉约10磅咖啡，远高于任何一个和他们有竞争关系的工业帝国——差不多相当于德国的2倍，法国的2倍多，奥地利的5倍，意大利的10倍多，甚至比英国还多。[14]

而在圣安娜，人们对咖啡的期望空前高涨。1892年，詹姆斯·希尔决定在萨尔瓦多定居的那一年，国际咖啡价格涨到了每磅17美分的历史高位。1894年，希尔结婚那年，咖啡价格下降了一点点，但仍维持在10年均线以上。到了1896年，三门加工厂开张的时候，国际咖啡价格已经有10多年没有低于过每磅15美分了。希尔的新厂落成时，圣安娜周围恐怕有20家咖啡加工厂，但圣安娜火山上生长的咖啡足够维持这么多工厂的运转：单是圣安娜这一个城市就有500家咖啡生产商，附近的其他镇上还有好几百家。[15]

不过接下来，就在希尔的工厂打开大门迎来第一批作物的时候，维系萨尔瓦多咖啡产业希望的三个基本条件开始陆续崩塌。在中美洲，遵守当地规则的人似乎总能得到相应的回报；就在詹姆斯·希尔即将等到自己那份回报的时候，他却不得不开始操心基本的生存问题。

9 走霉运

第一个危机是价格暴跌。

讽刺的是，咖啡价格的这次暴跌和当初的暴涨出于同一个理由——促使美国咖啡需求增加的因素也促进了巴西咖啡供应的增长。

从1888年“黄金法案”颁布到20世纪初，来到巴西的意大利人——尤其是从贫困的南部乡村逃出来的——差不多有100万人，比同期美国接收的移民总数还多。巴西的这批新移民“绝大多数”进入了咖啡种植园，取代了那些被皇家法令解放的奴工。[1]

有了大量新工人，巴西的咖啡出口业从废奴后的谷底开始复苏。到1896年，废奴后的第8年，巴西的咖啡出口量稳定在了一个以前依靠奴工从未达到过的高位。巴西的产量增长，再加上中美洲和全球其他地方新增的咖啡产区，最终总的供应量超过了国际咖啡市场的承受能力。咖啡的价格从1895年的平均每磅近16美分跌到了1897年的不到8美分，三门加工厂正好从这一年开始全力开动，詹姆斯·希尔的女儿艾丽西亚也出生在这一年。[2]

随着咖啡价格的下跌，希尔眼睁睁看着原本板上钉钉的盈利一点一点变成了板上钉钉的亏损。三门加工厂出品的第一批货物差了足足3万美元才能覆盖成本和债务，其中包括2.5万美元的贷款；为了拯救自己的生意，希尔抵押了加工厂和种植园，又贷了5万美元。后来，咖啡价格一路跌到了1902年的谷底，每磅差不多只能卖5美分，相当于7年前的1/3，希尔追加的投资也打了水漂，这让他的总债务达到了10万美元以上。[3]无论希尔当初有多么相信自己会在中美洲获得成功，很快他就会明白，咖啡生意不是“金矿”。又或者他会觉得，这只是“走霉运”。[4]

三门加工厂开张正好赶上咖啡价格暴跌，我们很容易理解希尔为什么觉得这是走霉运，但事实上，他面临的问题比这严重得多。

第二个可能导致全球市场萎缩的危机来自萨尔瓦多咖啡最大、最近、最“天然”的市场——美国。

1898年春，随着“缅因号”在哈瓦那港沉没，美西战争爆发；同年夏天，这场战争结束的时候，全世界迎来了新的秩序。根据和平条约，美国获得了西班牙曾经的殖民地波多黎各、菲律宾和关岛，以及对古巴的实际控制权——这份协议给西半球带来了前途未卜的新现实。作为进入美洲最早的欧洲帝国，西班牙从19世纪20年代拉丁美洲革命以后就命悬一线，如今终于出局。但作为这场战争中崛起的“新帝国”，美国正好是反殖民革命孕育出来的第一个民族国家。

由于美国和拉丁美洲各共和国拥有共同的革命渊源，所以从拉丁美洲独立之初，就有人发出重要的呼吁，号召泛美洲和西半球团结。“征服的原则不应……获得美国公共法律的认可。”1889年，美国国务卿詹姆斯·G.布莱恩在美洲共和国国际联盟的第一届大会上许下了这句诺言，后来这个组织改称“泛美联盟”，最后又变成了“美洲国家组织”。[5]这次大会让美国得以宣示，自己和不久前瓜分非洲殖民地的那些欧洲帝国不一样。

可是到了10年后的1901年5月，泛美博览会在水牛城开幕前夕，所谓的西半球团结已经沦为空洞的口号，这次博览会本身就是明证。泛美博览会原定于1899年举行，但因为战争的缘故，它被推迟到了1901年；这场战争为博览会的东道主赢得了新的殖民地，也给他们的诺言蒙上了一层疑云。其原因不仅仅是美国拥有海外殖民地这件事不符合泛美团结的理想。拉丁美洲的怀疑主义者之所以敏感，是因为美国的新殖民地包含了全世界最大的咖啡产区。古巴、菲律宾，尤其是波多黎各，都曾是西班牙最重要的咖啡产地，在帝国的关税保护下，它们的种植园经济发展得十分繁荣。关岛、夏威夷和美属萨摩亚也出产咖啡。美国是全世界最大的咖啡市场，也是全世界唯一一个免征进口关税的主要咖啡市场。击败西班牙以后，它得到了这么多出产咖啡的殖民地。野心勃勃的美国驻菲律宾官员甚至开始展望，棉兰老岛出产的咖啡供应全世界的美好未来。[6]这给拉丁美洲的咖啡种植园主和出口商带来了新的忧虑。美国会不会利用关税壁垒和帝国特惠政策保护新殖民地的咖啡产业，就像以前的欧洲帝国那样？或者它会继续从拉丁美洲的独立共和国进口免税的咖啡？当时拉丁美洲有9个国家“极度依赖”咖啡的出口。[7]对那些在巴西解放前后斥巨资进军咖啡产业的人来说，这个问题尤其紧迫。

鉴于咖啡在西半球经济和政治领域的重要性，它成了水牛城泛美博览会上人们“特别关注”的话题。从某种程度上说，咖啡在这届博览会上的分量超过了“此前任何一次类似的展会”。各独立共和国的展览馆里都有咖啡的一席之地，除此以外，食品展厅的中央摆着1/3英里长的展板，介绍了咖啡“从花朵到咖啡杯”的每一个步骤。北美观众特别感兴趣的应该是咖啡树开花结果的过程——“哪怕在热带，它的美仍无与伦比。富有光泽的深绿色叶子、洁白芬芳却又转瞬即逝的花朵，加上成熟的果实，共同绘就了格外动人的画卷。”[8]咖啡展的“动人之处”在于，它把西半球描绘成了无缝的经济联合体，商业往来是自然发生的，这也契合了博览会的主题。芝加哥曾为1893年的哥伦比亚博览会打造了一座“白色城市”，水牛城也为泛美博览会策划了一座“彩虹之城”：外侧边缘的深色阴影代表穷国；象征富裕国家的明快色彩放在中间；最中心的“至高焦点”是一座375英尺高的发光“电塔”，它的电力来自附近的尼加拉瓜瀑布，塔顶屹立着白色的“光之女神”。[9]

但这些象征天然统一的符号无法掩盖涌动的暗潮。矛盾爆发在1901年9月5日，也就是博览会的“总统日”。这一天的重头戏是威廉·麦金莱总统的演讲。1896年，麦金莱以战争英雄的身份参加了总统竞选，他在宣传中重点描述了自己的一次勇敢之举。安提塔姆会战期间，他所在的俄亥俄军团战斗了一整天，几乎已经筋疲力尽；时年19岁的麦金莱驾着一辆运送补给的马车穿过南部邦联的岗哨，将热咖啡——“士兵们最需要的物质慰藉”——送到了联邦部队手里。[10]美西战争结束后，类似的事情又发生了一次。这位人称“咖啡比尔”的男人重复了自己的壮举：穿过敌人的封锁线把咖啡送给战友，这次他送的“咖啡”是殖民地岛屿。

一个阳光明媚的星期四，轻松获得连任6个月以后，面对5万名观众，麦金莱登上了讲台。他认为这是“生命中最重要的”一次演讲，因为他希望借此挑明甚至解决围绕这次博览会积聚的问题和张力。[11]“博览会是进步的计时器。”麦金莱开口说道。各色旗帜在他站立的讲台周围肆意飘扬。他上半身微微前倾，右手插在裤兜里，左手握着讲稿，“它们记录世界的进步。它们激发人们的能量、进取心和智力，加快人类发挥才能的速度。它们深入千家万户，拓展、点亮人们的日常生活。它们向学生敞开浩瀚的知识宝库。每次博览会总能促成某种进步，无论它的规模是大还是小。”总统思考的是这次博览会将如何改变历史，他自己已经被它改变了一部分。

长期以来，麦金莱一直是保护性关税的支持者，他希望借此促进美国工业的发展；从某个角度来看，美西战争很可能以另一种形式延续这项政策，因为新的殖民地既能充当美国专属的出口市场，又能提供进口资源，就像欧洲帝国曾经享受的那样。但麦金莱借助这次博览会的契机改变了自己的想法。他说，关税过度滋养了美国工业，导致它们的生产规模超过了国内市场的承受能力，生产过剩又引发了股票市场崩盘和全国性的萧条。“我们不能沉浸在安全的幻觉里：我们的产品永远都能卖掉，但我们自己什么都不买。”他提出，“我们应该从顾客那里买一些对我们的工业没有损害的产品……上帝和人，”总统总结道，“将这些国家凝聚在一起。没有哪个国家能独善其身。”[12]但“我们的工业”包括哪些工业？这个问题依然没有答案，美西战争和美国出产咖啡的新殖民地又让问题变得更加复杂。

虽然菲律宾对咖啡抱着不切实际的希望，但波多黎各才是矛盾的关键所在。西班牙统治期间，咖啡在这座岛上欣欣向荣地生长：总面积超过20万英亩的种植园每年出产6600万磅咖啡。种植园主是精英阶层和中产阶级的重要成员，这座岛上的工人阶级大部分受雇于他们。[13]波多黎各的咖啡在西班牙卖到过每磅15美分左右，但美西战争后，同样的货物在美国市场上只能以每磅8美分的价格甩卖。[14]除了失去西班牙市场带来的打击，雪上加霜的是，1899年，当地遭遇了一场毁灭性的罕见飓风。波多黎各的种植园主对重建的前景深感绝望。为了争夺美国的开放市场，他们削减了一半的生产成本——包括薪水在内——同时呼吁新的政府提供帮助。“我们属于这个伟大国家，”波多黎各种植园主安东尼奥·马里安尼恳求，“她向来为本国的产品提供充分的保护。今时今日，我们的咖啡也是美国的产品，所以她有职责保护它，不让她的领土，受宪法和她光荣的旗帜庇护的这部分领土，沉沦在如此悲惨的境地之中。”[15]对于在西班牙的统治下成长起来的波多黎各种植园主来说，帝国意味着保护。

马里安尼说得不无道理。欧洲的帝国，例如德国，会利用咖啡进口关税增加政府税收、鼓励咖啡种植、促进自家殖民地的经济发展；而管理良好的殖民地又是帝国工业产品和消费品的可靠市场。但利用关税保护咖啡的设想不太符合美国殖民政策的整体规划。可是，既然波多黎各的糖和烟草在进入美国市场时都能享受保护政策，咖啡为什么不行？1900年的《福勒克法案》勾勒了波多黎各受美国统治的条件框架，也为这座岛上的咖啡种植园主提供了有限的关税保护；进口到波多黎各的咖啡需要交税，这项政策将当地的市场留给了当地的种植者。最后，麦金莱总统亲自表明了他对波多黎各咖啡的偏爱。

在泛美博览会发表演讲后的当天晚上，麦金莱和第一夫人会看到博览会上如梦似幻的光之女神。[16]第二天一早，他乘火车去游览尼加拉瓜瀑布。它的澎湃能量被人们驯服、转化成了点亮彩虹之城和电塔的电力。然后，到了黄昏，总统回到会场，和公众见面。就在麦金莱和欢迎他归来的人群握手时，他的胸口被近距离击中两枪，留下致命的伤口。凶手是一个无政府主义者，他在经济衰退中失去了工厂的工作，而总统希望通过更自由的贸易扭转经济的颓势。[17]不过，在这一切发生之前，做完演讲的麦金莱离开讲台，逛了一会儿博览会；他在波多黎各的展馆里停下来，喝了一杯咖啡。[18]

其实这只是一个空洞的姿态。麦金莱对关税态度的180度转变预示美国的经济政策即将进入一个新时代，而咖啡是这一转变的支点。越往前走，美国经济就越依赖出口和贸易。作为拉丁美洲最主要的产品——能用来交换美国制造的货物的主要商品，咖啡太重要了，不能交给新的殖民地去种。[19]波多黎各种植园主和驻菲律宾殖民地官员所期盼的保护性关税会削弱美国的咖啡购买力，由此动摇美国在西半球自诩的统治地位。

咖啡继续留在美国的免税名录上，对波多黎各的咖啡种植园主来说，新政府发出的信号很明确：作为美国的一部分，他们在经济上只能自力更生。事实上，1898年，咖啡通过殖民地成了美国的“国内”产品，与此同时，它也成了美国第一种出于政治和经济策略外包给其他国家的大众消费品。对中美洲来说，这是个好消息，但对波多黎各来说却是一场灾难：他们的咖啡浆果只能留在枝头等待腐烂，咖啡产业的崩塌带来了“普遍的痛苦”，“每个村镇”都陷入了饥荒。[20]

泛美博览会的最后几天，水牛城的冬天即将到来。露天展览场地关闭之前，博览会的特许权主任兼食品和园艺部门主管弗雷德里克·W. 泰勒为优秀的产品颁发了金、银、铜奖章。波多黎各咖啡没有获奖，甚至没有被礼貌性地提及，但萨尔瓦多的托马斯·雷加拉多将军出品的咖啡荣获金奖，圣安娜的詹姆斯·希尔生产的圆粒咖啡豆也获得了银奖。[21]

在咖啡价格暴跌、市场前途未卜的大背景下，对一个家庭和债务规模都在不断增长的男人来说，自己的咖啡在美国获奖肯定能让他松一口气，甚至彻底放下心来。尤其是考虑到，这种圆粒咖啡豆经常被误认成高价值的摩卡，也常被当成摩卡售卖。不过，虽然希尔的咖啡因为质量过硬而获得了银奖，虽然人们越来越担心美国的市场，但就在这时候，美国正酝酿着一场衡量咖啡价值的“革命”，它将彻底颠覆人们评判咖啡、给它定价的最基础的标准。

从某种意义上说，这场革命也是美西战争带来的后果之一。乍看之下，它有点像是第三个复杂的危机。在它发生的时候，希尔刚刚荣获银奖，他原本可以凭借这枚奖章证明自己懂得什么是好咖啡。短期来看，这场革命意味着他的咖啡赖以获奖的那套标准已经不再适用。但实际上，咖啡的价值革命不仅不是危机，对萨尔瓦多的咖啡种植园主，尤其是詹姆斯·希尔来说，它还是一个绝佳的机会。

10　品尝者

美西战争结束后，旧金山杂货商奥斯丁·西尔斯和鲁本·西尔斯向菲律宾运送了大量用浓盐水浸泡的黄油，以供应当地的美国士兵。这些士兵之所以继续奋战，是为了掐灭菲律宾人“西班牙出局意味着独立”的妄想。菲律宾之旅并未改善浓盐水浸泡的黄油的新鲜度，于是西尔斯兄弟开始用真空密封的锡罐包装黄油。19世纪最后1/4的时间里，真空包装开始在芝加哥兴起。作为卡尔·桑德堡笔下“为全世界供应猪肉的屠夫”，这座城市的人十分清楚，让时间停下来，以便将食物运往遥远的市场而不至于腐坏，这是一件有利可图的事情。

一旦开始用真空包装黄油，西尔斯兄弟也开始考虑用同样的办法包装咖啡，这种商品和黄油有一个重要的相似点。“据我所知，能摆上餐桌的东西没有哪样像咖啡这么容易变味，除了黄油。”1881年，纽约商人弗朗西斯·比迪·瑟伯这样写道。[1] 导致这两种食物变味的罪魁祸首是脂肪。一粒咖啡豆大约含有12%的脂肪——所以烘焙过的咖啡豆看起来才那么油润，你有时候才会在变冷的咖啡表层看到细小的油滴。未经烘焙的生咖啡蕴含的固态脂肪被锁在植物纤维素的结构里。烘焙会将固态的脂肪变成液态的油脂，并让它浸润到咖啡豆的外层。咖啡的香气和风味主要来自这些油脂，可是一旦暴露在空气中，大约一周，它就会开始变质，研磨又会加速油脂的腐败。[2]

采用真空包装以前，像西尔斯兄弟开办的阿拉伯咖啡和香料厂这样的企业，他们的商业前景取决于烘焙后的咖啡新鲜度的“半衰期”。他们的咖啡从旧金山往外运得越远，这些货物在出售前变味的风险就越高。因此，19世纪的很多杂货商自己烘焙咖啡，然后散装出售；他们从罐子里或桶里舀出一定分量的豆子，让顾客在一周内喝完。当时杂货店里的另一种选择是包装好的品牌咖啡，针对脂肪变质问题的独家解决方案是各品牌最重要的立身之本。19世纪最后1/4的时间里，来自布鲁克林的阿巴克尔咖啡成了第一个全国性品牌，他们用糖和蛋清制成的“釉料”将每一颗烘焙过的咖啡豆单独密封起来。适合长途运送的包装让阿巴克尔成了“征服西部的咖啡”。[3]波士顿的蔡斯和桑伯恩公司将他们的“密封牌爪哇和摩卡”装在螺旋盖的罐子里，并在封口处印了一句拉丁格言：Ne cede malis，“不要向邪恶屈服”。

1900年，奥斯丁·西尔斯和鲁本·西尔斯开始用新的黄油包装机将咖啡装进真空密封锡罐的时候，他们满怀希望，觉得自己解决了保鲜的问题，但他们还不能完全确定，这个方案的效果到底如何。西尔斯兄弟的第一批真空罐有一面是金色的，上面印着宣传语，说罐子里的咖啡可以保鲜20年；另一面是鲜艳的红色，上面写着罐子里的咖啡能保鲜“一辈子”。这些宣传语不是简单的信口胡诌。恰恰相反，包装罐的外形和上面印的字非常重要，因为罐子遮住了里面的咖啡，这样一来，按照主流的质量标准，谁也无法判断这些咖啡的好坏。

纽约咖啡交易所的分级员挑出所有瑕疵以后，咖啡的品质——

不同于等级——就取决于它的外观和产地。人们默认这两个条件直接相关：来自特定产地的咖啡豆有特殊的外观。所以产自全世界任何一个角落的大颗粒咖啡豆都顶着“爪哇”的名号，与此同时，所有圆粒咖啡豆都是“摩卡”。按照这套标准，越好看的咖啡豆品质越高，最好看的是那些“捧在手里就很漂亮”的最大、最有光泽、最干净的豆子。

做咖啡生意的人都知道，豆子的外观和咖啡的味道没什么关系——“有光泽、大颗粒的漂亮样品有时候喝起来像木头一样，没什么味道”。他们还知道，“要准确判断咖啡的品质和醇厚度，唯一的办法是烘焙咖啡豆，再用沸水浸泡……但奇怪的是，人们很少采用这种方法来检查咖啡，就连那些最大的经销商也不例外”。靠外观判断咖啡品质的标准之所以能保留下来，是因为它有用；而这套办法之所以有用，正是因为它流于表面。

对进口商来说，通过外观评估咖啡是一种省时又省钱的办法。有了这套标准，他们就能从码头上的几千袋咖啡豆里抽出一袋来，快速判断它的价值。只有在极少数情况下，进口商才会花时间烘焙样品，看看这些咖啡豆在到达大部分消费者手里时会是什么样子。[4]更重要的是，外观之所以有用，是因为进口商无法控制咖啡的运输过程。离开加工厂（例如三门加工厂）以后，装咖啡豆的麻袋可能会被放到浑身冒汗的驴背上，送往港口；装船以后，这些麻袋可能全程都被泡在舱底的污水里，或者堆在其他正在熟化的货物旁边，“从气味浓烈的物质那里吸收大量陌生的气息和风味”。[5]尤其是来自拉丁美洲的生咖啡，它们常常和生牛皮堆在一起，这是另一种美国长期免征进口税的西半球的重要产品。来自动物皮革的气味渗进咖啡豆，让它染上了

“皮革味”，这个词更常用的一个同义词是“酸味”。[6]如果某位进口商格外谨慎，他也许会抓起一把刚刚运到的咖啡豆，闻一闻有没有皮革味，但很少有人这样做，因为哪怕带有皮革味的咖啡豆看起来往往也没什么异常，完全可以照常烘焙、出售。[7]漂亮的外观足以掩饰最大的缺陷。

但作为评判品质的标准，“漂亮”最大的优势在于，它能把最普通的咖啡豆变成最棒的。巴西出产的咖啡是最普通的，这个国家的大部分咖啡树种在比较低洼平坦的全日照地段：这种环境下长出来的咖啡豆普遍颗粒较大、饱满、光滑、均匀。从另一方面来说，巴西的豆子以二流的口味著称——“里约”甚至成了一个形容词，“里约味”代表一种发霉的“低端”口味。为了切断这种联想，巴西咖啡在出售时常常顶着别的名头。尽管美国消费的咖啡有3/4来自巴西，但很少有咖啡敢于声称自己来自巴西。取而代之的是，很多巴西咖啡贴着别的标签。“（巴西的）每一家种植园都在为美国市场生产爪哇和摩卡。”19世纪的一位咖啡贸易观察者这样写道，“巴西种植园出产的咖啡全靠孔径不同的筛子分出大小，不同尺寸的咖啡豆分别假冒不同的咖啡品种，好卖出更高的价格。”[8]

“摩卡”的特征在于圆形的豆子，圆粒咖啡豆看起来和它十分相似；“爪哇”的个头更大，也更有光泽，这样的光泽是在长途海运的潮湿货舱里酝酿出来的。为了炮制出所谓的“爪哇”咖啡，人们会用染料和化学物质（包括“一些非常危险的粉末或混合物”）“给豆子染色，这是为了迎合特定地区消费者的成见”。1879年，美国农业部调查了咖啡里掺杂的异物和染料，结果发现了铬酸铅、硫酸钡和烧焦的骨头。[9]掺在咖啡里的染料不用处理得太细，部分是因为很多咖啡交易所用来定级的生咖啡样品“装在密封的玻璃罐里”，买家甚至不会亲手触摸这些豆子。[10]

在“漂亮”的标准下，除了爪哇和摩卡，其他地方的咖啡加工厂主和出口商有充分的理由尽力改善自家豆子的外观。擅长此道的人会得到丰厚的回报。比如说，1901年，也就是詹姆斯·希尔的圆粒咖啡豆（这种咖啡常常顶着摩卡的名号）在水牛城的泛美博览会上获奖的那年，“摩卡和爪哇”在旧金山的零售价是35美分，产自哥斯达黎加的咖啡能卖25美分，而萨尔瓦多咖啡完全没有出现在广告上。[11]詹姆斯·希尔不会把自己的咖啡当成摩卡或爪哇卖给进口商——但是，凭借获奖的圆粒咖啡豆，他给了进口商一个机会：他们可以把这些豆子运到旧金山，以其他名义售卖。

从外观上看，詹姆斯·希尔的圆粒豆的确是上等的咖啡。水牛城的泛美博览会结束后，他得到了一枚奖章，足以证明这件事。但是，生产上等咖啡，生产最棒的咖啡，不仅关乎奖章、奖品、绶带和褒奖，也不仅关乎骄傲。希尔欠了萨尔瓦多银行十多万美元，因为这家机构接手了伦敦银行中美洲分行的债权。为了还债，他每年要交给银行1000袋咖啡，考虑到咖啡价格正处于历史低位，如今这笔债务的规模远大于他借钱的时候。[12]在这样的环境下，希尔出品的咖啡质量决定了他个人的成败，而且他不是孤家寡人。这些年来，见过他在三门加工厂干活时那股劲头的人都看得出来，为了家人，詹姆斯·希尔什么都愿意做，包括一些不寻常的事情。[13]

第一件不寻常的事情是，为了生产出最好的咖啡，希尔情愿委屈自己，去做大部分种植园主不愿意放下身段去做的事。

众所周知，种植园主是一个骄傲的群体，他们常常高谈阔论，俨然个个都是咖啡专家。相比之下，希尔摆出了学生的姿态。他想生产最棒的咖啡，所以他愿意请教精通此道的人。大英帝国再次为他提供了教室，广泛分布在世界各地的英国种植园主是他的导师。他和拉丁美洲各个咖啡强国的种植园主、加工厂主建立了联系——不光是周围那些情况相似的国家，还包括以高产量著称的巴西，以及靠品质立足的哥斯达黎加。

希尔的巴西笔友是杜蒙特庄园的经理，这座隶属于英国财团的庄园可能是当时世界上规模最大的咖啡种植园，它的总面积超过13 000英亩，上面种着约500万棵咖啡树。根据1899年造访这座庄园的《洛杉矶时报》记者的描述，杜蒙特庄园“打理得像一座花园”。不过这座“花园”里铺着总长40英里的铁轨，特拉华制造的火车头拖着装满咖啡的车厢在铁轨上奔跑。种植园的5000多名工人——几乎全是意大利人——住在23个独立的定居点里，庄园内部有自己的锯木厂、药店和面包房。《时报》记者亲眼看到，工人们打着赤脚，将咖啡豆倒进晒场里晾干，他们干活的时候总是汗流浃背；接下来，咖啡豆被送进“一间挤满了意大利女孩的屋子里”进行分类，这些女孩的年龄“从10岁到20岁不等，也有更大的”；他看到，很多女孩“相当漂亮。她们拥有那不勒斯农民的大眼睛和玫瑰般富有光泽的脸庞，头上裹着颜色鲜艳的手帕。你一走进房间，她们就会瞪大黑色的眼睛盯着你看”。记者注意到，这些清洁女工也打着赤脚，她们工作的时候，“粉红的脚趾”会陷进装咖啡的麻袋里。[14]

希尔的另一位笔友是哥斯达黎加一家加工厂的经理。哥斯达黎加可能是中美洲吸收英国投资最多的地方，那里的咖啡产业也相当成熟。针对哥斯达黎加咖啡所做的研究最早发表于1840年，当时萨尔瓦多的咖啡商业化种植才刚刚起步，这个国家最负盛名的是技术成熟的咖啡加工厂。[15]

希尔在三门加工厂采用了一种在哥斯达黎加十分常见的干湿结合的工艺。他在“湿式”加工厂里布置了干式槽，并将去除了果肉的新鲜咖啡浆果装进槽里发酵。这道工序和装满水的发酵槽多少有些相似——几天后，咖啡豆外面包裹的蜜会脱落，然后这些豆子会通过水渠被送往晒场——但干式发酵槽似乎能为最后的成品咖啡豆增添一种更醇厚的独特风味。

通过这些笔友，希尔又和其他人搭上了话。特别值得一提的是，他结识了一些经纪人和进口商，他们在萨尔瓦多的咖啡产区游荡，寻找可以买的咖啡，以及将面粉、肥料、机械、奢侈品之类的货物贩卖到萨尔瓦多的机会。这些流动的买家善于判断咖啡的品质。你可能觉得询问这些人，了解他们心目中的好咖啡是什么样的、该如何生产出这样的咖啡，是一件顺理成章的事，但事实上，希尔求知若渴的态度让这些买家感到惊喜——暗藏希望、令人愉悦的惊喜。

1900年前后，在这些流动的咖啡买家里，影响力最大——人数最多，可能也最有钱——的群体是德国人。19世纪中叶，不少德国人在中美洲定居，他们和当地很多有权势的家庭联姻，深入学习咖啡生意，并通过德国的经纪人和航运商将中美洲的许多农产品输送到德国的消费市场上——同样重要的是，他们也会把德国的产品卖给中美洲的种植园主。作为德国人的竞争对手，越来越多的美国公司派来了自己的买手，尤其是旧金山的公司，这些进出口商希望增强自己在中美洲的影响力。[16]

来自英国的詹姆斯·温特尔就是这样一位流动的咖啡买家，他代表的是旧金山的面粉出口商兼咖啡进口商奥蒂斯麦卡利斯特。温特尔骑着一头驴在中美洲炎热多雨的地区慢吞吞地兜圈子——从哥斯达黎加的圣何塞到尼加拉瓜的马塔加尔帕，再到洪都拉斯的科马亚瓜、萨尔瓦多的圣安娜、危地马拉的雷塔卢莱乌，最后向北穿过墨西哥——评估各地的风土人情，判断当地出产什么货物、需要什么商品。[17]

走上这条路以前，温特尔曾在哥斯达黎加的一家咖啡加工厂工作。当他路过圣安娜的时候——温特尔是圣安娜的常客，因为他认为萨尔瓦多是中美洲最适合做生意的地方，“甚至比哥斯达黎加更棒”，而且他特别看重圣安娜，觉得这里有潜力生产出他平生见过的最好的咖啡——詹姆斯·希尔会邀请这位英国同胞去三门加工厂交流一番。温特尔会从箱子里取出几份资料，介绍自己在哥斯达黎加的经验。希尔也会拿出他从哥斯达黎加的加工厂里收集的数据，以及他自己厂里的数据，对二者进行比较。[18]

两个人都收获颇丰。在三门加工厂的见闻给温特尔留下了深刻的印象，包括干式发酵工艺。他希望萨尔瓦多的其他咖啡加工厂都能向希尔家的看齐，于是他建议旧金山的雇主写信给其他加工厂主，指导他们借鉴希尔的加工方法。从另一个方面来说，希尔请温特尔转告他的老板，让他们品鉴他的咖啡，并提供“坦率的意见”，告诉他该如何“改善产品以迎合旧金山市场”。根据温特尔在中美洲游荡多年的经验，这样的求知若渴不光罕见，还让希尔成了很有前途的合作对象。在此之前，温特尔认识的都是“万事通博士”，那样的人早晚会惹上大麻烦。1904年，温特尔列了一份圣安娜——中美洲最好的咖啡产地——最棒的咖啡生产商名录，詹姆斯·希尔排在第一个。[19]

不过，尽管三门加工厂出品的咖啡给温特尔留下了深刻的印象，但他仍无法忽略工厂主人身上那种不一样的感觉带来的阴影。他始终怀疑，詹姆斯·希尔不仅仅是个求知若渴的学生；他担心的是，如果和希尔建立长期的合作关系，那么他和他的老板没准终究会吃亏。在中美洲游历期间，温特尔听过很多人对詹姆斯·希尔的评价，这里面没有一句好话。另外，温特尔还在圣安娜亲眼看到，每个人跟希尔打交道的时候都很谨慎。每个人，除了银行家，不知出于什么原因，他们对待希尔的态度和众人似乎正好相反。

“为了家人”，希尔做的第二件不寻常的事和他在学习中表现出来的谦逊格格不入。面对低迷的价格，别人行事都很谨慎，但在这样的时期，希尔却表现得十分大胆，他借了一笔又一笔钱，鉴于当时的市场情况，他的布局十分超前。

1905年，圣安娜的咖啡收获季姗姗来迟，购买和销售也随之延宕。大多数年头，市场从晚秋就开始启动，可是直到1906年1月初，温特尔还向旧金山的奥蒂斯麦卡利斯特公司报告说，目前的“交易量近乎零”。事实上，他说的是，“今年圣安娜只有詹姆斯·希尔一个人在收购咖啡”。其他加工厂都静悄悄的，只有三门加工厂“昼夜不停地开工”，而且希尔刚敲定了一笔10万美元的新贷款——于是他的债台又筑高了一点。[20]温特尔看不懂希尔的操作——他看起来为什么那么自信？银行又是为什么这么大方地支持他？

接下来的第二个月，巴西圣保罗的一群种植园主采取了一项振兴市场的新措施。自从10年前，来自意大利的移民劳工将巴西的咖啡产量送上了新台阶以后，咖啡的价格就一路走低。现在，圣保罗的种植园主开始捂货惜售，试图通过降低供应量来提高价格。为了达到这一目标，他们从一群国际金融家手里借了钱来购买自己的咖啡，同时密切关注市场情况，准备等到价格上扬就开始出货。杜蒙特庄园是这项新计划的起点，它可能是圣保罗最大的咖啡种植园——当然，这家庄园的经理是詹姆斯·希尔的笔友。

随着圣保罗计划的消息传出，游荡在中美洲的咖啡买家开始担心，市场价格可能飙升。上个收获季的年景不好，只有詹姆斯·希尔购入了大批咖啡，就像他知道价格马上就会上涨一样，所以希尔很快发现，自己占据了一个非常有利的位置。

希尔在圣安娜一隅生产的咖啡面对的是全世界的海量需求。除了旧金山，他的咖啡还卖到了丹麦、加拿大、澳大利亚和新西兰，尤其是法国。[21]得益于“他一流的加工工艺”，希尔的“松林”牌——El Pinal，这个名字来自三门加工厂上方耸立的山峰——咖啡从来就不愁卖，因为它“看起来特别漂亮”，詹姆斯·温特尔在一封写给旧金山的信里这样评价。希尔的咖啡这么受欢迎，温特尔深知，哪怕他和希尔关系不错，而且希尔曾经给过他某些承诺，他也很难替奥蒂斯麦卡利斯特公司买到一批货，温特尔向老板抱怨说：“这正是他的本性。”[22]

不过，也就是在这个时刻，温特尔觉得自己终于看穿了希尔。“我一直密切关注希尔生产的咖啡的颜色。”温特尔给旧金山写了一封比平时更正式的信。“现在我准备向你证明，”他继续写道，“松林牌咖啡做过人工染色，下次回旧金山的时候我可以演示给你看。但是……如果你只是用手帕搓一搓，那肯定看不出来，就算把它弄湿也不行。”高超的造假工艺反倒让温特尔更加自得，“这样的手法的确十分巧妙，我觉得我已经弄清了他们的步骤，我会亲自尝试……等我回到旧金山。”[23]哪怕在作假这件事上，温特尔也觉得希尔是最棒的。

但就在他发出这些指控后不久，温特尔连续收到了老板的4封信，他们非常想买希尔的松林咖啡。“既然你们这么着急，”温特尔回答说，“我认为最好的策略是通过电报告诉你我们能拿到的最低价格，法国的大买家在他手里拿到的价和我们一样。”[24]温特尔错过了机会——他再也没有提起过染色的问题。就算希尔的咖啡真的染过色，现在也不重要了，至少在旧金山是这样。

20世纪初，西尔斯兄弟开始用真空锡罐封装咖啡，这一举措大大降低了他们把咖啡包装成“爪哇和摩卡”的难度。他们不再需要魔法咖啡罐，也不再需要染色的粉末，就连圆粒咖啡豆也不需要。取而代之的是，他们可以直接把这几个单词写在罐子外面。在他们出品的第一批锡罐上，“爪哇和摩卡”这个词组出现了五次，其中两次是罐子侧面旨在展示的加粗大字，另外三次是注释里的小字：“我们保证这是在美国包装的超优等爪哇和摩卡咖啡。”这份保证肯定没有听起来那么老实，不仅因为罐子里的咖啡几乎不可能是爪哇和摩卡——至少不完全是——也因为西尔斯兄弟重新定义了“优等”。

做黄油、牛奶和鸡蛋生意的经纪商尤其明白，通过外观判断咖啡质量的方式有何局限。只要你敲开过变质的鸡蛋，或者倒出来过发酸的牛奶，那你肯定知道，要判断货物的新鲜度，外观并不是最可靠的标准。正是出于做杂货生意的经验，19世纪末，西尔斯兄弟开始利用一些看不见的特征来衡量咖啡的品质。他们从喝咖啡这个步骤往前回溯，根据最终冲泡出来的咖啡去评估豆子：它的芳香，它的风味，它“在杯子里”表现出来的特质。西尔斯兄弟是美国第一批采用这种方式评价咖啡的进口商和烘焙商，但这套新的质量标准迅速流传开来。[25]尤其是在旧金山，它满足了商业上的需求。

在横贯中美洲地峡的运河竣工以前，旧金山的进口商和烘焙商只能与纽约、新奥尔良和欧洲的港口艰难地竞争大西洋贸易的份额。他们的确能够比较方便地买到拉丁美洲太平洋海岸的咖啡，但以外观的标准来衡量，这些豆子的品质不算太好。中美洲的咖啡生长在海拔相对较高的陡坡树荫下，与巴西出产的咖啡豆相比，这里的豆子个头小、结疤多、形状不规则、大小不一，因为中美洲无论哪家种植园和加工厂的年产量都比不上杜蒙特这样的大庄园。

既然在外观上不占优势，旧金山的烘焙商干脆发明了一套新的标准。这套新标准基于新的分析方法，并引入了新的语言来描述咖啡的品质。他们的新方法就是杯测，在杯测的过程中，外观只是起点，而不是终点。首先，人们会评估生咖啡豆的外观；其次，检查烘焙后的豆子；最后，才是重头戏：冲泡、嗅闻、品尝。

为了让大家以高端实验室的风格对感官体验做出客观的评价，杯测的流程设计得十分死板。咖啡样品经过烘焙、研磨，最后放进绕着圆桌摆成一圈的杯子里。标准分量的水被加热到将沸未沸的程度，再分别倒进每个杯子，冲泡后的混合物需要静置一段固定的时间。接下来，品尝专家就该登场了。

他的工具是一把勺子：品尝者将勺子伸进杯子里，拨开浮沫，舀起一勺液体放到唇边，轻啜一口，“让每一口样品在嘴里停留足够长的时间，全面感受它的风味。然后他会将嘴里的咖啡吐到一个专门准备好的黄铜痰盂里。专家绝不会吞咽样品”。然后专家开始评判：“样品的水体感觉如何，是顺滑，还是醇厚、发酸或者柔和；它是带有酒味，还是中性、发涩或者有里约味；它是否有霉味、土腥味、木头味或青草味；它有没有臭味、皮革味（酸臭）、泥巴味或苦味。”[26]有了杯测的程序，咖啡的价值就不再仅取决于它的外观有无瑕疵。现在人们要做的是，用名词派生出来的形容词来描述喝咖啡时的体验。评价咖啡的标准不再是固定的等级，而是一套灵活的新术语。

杯测的流程从旧金山开始向东传播，最终在20世纪前1/4的时间里成了美国评价咖啡品质的通用标准。咖啡烘焙商日渐壮大的势力促进了新标准的传播，解决了保鲜问题以后，很多烘焙商发展成了重要的消费品牌，他们的市场在地理上也得到了扩张。杯测在美国的兴起带来了显而易见的好处。原本只有摩卡和爪哇的咖啡才称得上优质，现在，根据新的评判标准，美国附近也有地方出产高品质的咖啡，咖啡的品质版图彻底换了一副模样。“当烘焙商开始从口味的角度评判咖啡，它的价值体系必然迎来变革。”这提升了拉丁美洲咖啡的市场地位，尤其是中美洲的咖啡，旧金山商人与这个地区的经济来往最密切。“此前因豆子颗粒较小而遭到打压的高海拔咖啡”，圣安娜火山上种的都是这种咖啡，“价钱很快涨了上去，从那以后，它们的需求一直很旺盛”。[27]

杯测给咖啡市场引入了新的分类：“巴西咖啡”与“温和咖啡”。起初，“温和”只用来形容产自巴西以外地区的咖啡，因为巴西的咖啡以“毫不温和”的风味著称。[28]不过随着时间的推移，为了满足贸易合同里对咖啡类型的约定，“温和咖啡”成了正式的专有名词，它的定义也变得更加明确：“喝起来香甜”的咖啡。[29]与巴西咖啡相比，温和咖啡“水体更浓郁，更酸，更好闻”。由于它们生长的环境没有巴西那么单一，所以这些咖啡也更具“鲜明的个体特征”。[30]巴西咖啡以“价格”取胜，而温和咖啡渐渐积累起了“品质”的口碑。[31]

“喝起来香甜”的温和咖啡成为品质的代称和真空咖啡罐的崛起，这两件事相辅相成，因为归根结底，新的包装方式更好地保留了咖啡的风味。尤其是考虑到，罐装咖啡比散装的豆子贵，旧金山的一位咖啡贸易商分析说：“高调宣传的真空包装咖啡必须拥有独特的口感，才能向公众兑现它‘永葆风味’的承诺。”而要营造独特的风味，就得大比例采用温和咖啡。他预测道：“真空包装咖啡的崛起……意味着美国会进口更多的温和咖啡。”[32]温和咖啡为全国性品牌的综合产品提供了“风味”的成分。巴西咖啡只是填充剂。

尽管拉丁美洲的高品质温和咖啡（包括来自圣安娜火山的产品）在美国拿到了更高的价格，但它们依然没有得到公众的认可。讽刺的是，这部分缘于美国颁布了一部旨在遏制乱贴标签的法律——1906年的《纯净食品与药品法案》。

这部法案最直接的目标是保护美国的消费者，打击“挂羊头，卖狗肉”的生产商——它打击的不只是那些顶着猪肉或牛肉之名的不明物质，还包括所有“以次充好、假冒品牌或者有毒有害”的产品。这意味着它侧重于遏制蓄意的欺骗：《纯净食品与药品法案》禁止撒谎——比如说，你不能给萨尔瓦多咖啡贴上摩卡的标签——但并不要求绝对的坦诚：你不必老实说明，你的咖啡其实来自萨尔瓦多。

《纯净食品与药品法案》颁布以后，西尔斯兄弟不能再把他们的真空包装咖啡当成“最高等级的爪哇和摩卡”卖了，但他们也不必精确描述产品的真实身份。取而代之的是，他们将自家真空包装的高端产品重新命名为“最高级的真空包装”咖啡。几年后，他们又换了一个如今大家都很熟悉的名字——“红罐牌”。[33]既然罐子成了品牌，它自然也代表了里面装的咖啡。虽然西尔斯兄弟不再宣称自己卖的是上等的爪哇和摩卡，但他们仍保留了为第一批真空罐设计的商标：一个身披飘逸长袍的阿拉伯人陶醉地喝着咖啡。这位阿拉伯人就是“品尝者”，他的雕像迄今仍伫立在旧金山宾夕法尼亚大学沃顿商学院的校园里，那里曾是西尔斯兄弟在内河码头附近建立的工厂。

《纯净食品与药品法案》没有禁止给咖啡染色。不仅如此，它还专门指出，允许使用“无害的着色剂”。不过，既然爪哇和摩卡基本已经退出舞台，新的质量标准以“喝起来香甜”为基础，咖啡豆的颜色和尺寸就没那么重要了。不同于尺寸或颜色，“喝起来香甜”的味道来自咖啡浆果在成熟过程中生成的糖和加工厂的精心炮制。它来自特定地区、特定条件下，咖啡种植、收获、加工过程中的特定操作——譬如希尔的干发酵工艺。通过这种方式，真空封装的咖啡逐渐成为太平洋海岸乃至整个美国的新标准，它保留并凸显了中美洲独特的生产条件，但与此同时，罐装综合咖啡和品牌的崛起也模糊了咖啡豆本身的产地和生产条件。

从圣安娜这个不起眼的角落，詹姆斯·希尔将自己的种植园、加工厂和家庭关注的重心转向了加利福尼亚州。真空罐装咖啡的兴起让他更有动力改进自己的咖啡以适应旧金山的市场。为了实现这个目标，他把自己的孩子派去了加利福尼亚州学习。

11 特殊的作业

1917年9月10日，星期一，在这个雨天，詹姆斯·希尔最年幼的儿子——13岁的费德里科·希尔，乘坐太平洋邮轮公司只有一根烟囱的老旧蒸汽船“帕拉城号”抵达了旧金山湾。作为出生在萨尔瓦多的英国臣民，这位年轻人在出发前两天匆匆拿到了英国国籍的紧急证明，上面写着他的另一个名字——“弗雷德里克·亚历山大·希尔”。费德里科在船上坐着舒服的头等舱，兜里揣着500美元。但从另一方面来说，他孤身一人，不会说英语，也不会用英语读写，根据父亲的安排，他得在远离家乡的地方待上7年。

两周前，费德里科在萨尔瓦多的阿卡胡特拉港登上了“帕拉城号”。他期盼着抵达旧金山的时候，码头上会有一群亲朋故旧来接他：加利福尼亚州帕洛阿尔托市卡斯迪加学校的校长玛丽·L.洛基女士，她的学生、费德里科的姐姐艾丽西亚·希尔和玛丽亚·希尔，还有汉伯格-波尔希默斯公司的爱德华·波尔希默斯，这家咖啡进口商是费德里科的父亲在本城的代理人。儿子还没启程，詹姆斯·希尔就提前——虽然没提前多久——写信给爱德华·波尔希默斯，请求对方接待、照顾自己的孩子。费德里科的两个哥哥杰米和爱德华多、两个姐姐艾丽西亚和玛丽亚，去加利福尼亚州上学时都是波尔希默斯一手操办的，他知道事情该怎么办。

波尔希默斯立即写信给旧金山湾天使岛的移民专员，表明自己愿意为“J.希尔先生，萨尔瓦多一位富有的英国咖啡种植园主”之子承担责任。他承诺，费德里科会像他父亲所希望的那样进入学校，他的公司愿意支付法律要求的任何费用，并请求移民检查员尽快“给这个孩子放行”。

为了帮助费德里科入境，詹姆斯·希尔替儿子准备了一份由圣安娜的家庭医生出具、经过律师公证的健康证明，还有他自己的证词：“他的父母都是强壮、健康的人，他大部分时间待在户外的咖啡种植园里。”无论如何，由于费德里科未满16岁，而且无人陪伴，美国移民检查员要求他接受检查和进一步的询问。刚刚离开“帕拉城号”，费德里科就登上一艘渡船，穿过旧金山湾来到了天使岛上的美国移民检查站。他在简陋的留置所床铺上度过了抵达美国的第一个夜晚，等待特别调查委员会的听证。

第二天听证的时候，爱德华·波尔希默斯如约而来。作为被传唤的证人，波尔希默斯解释说，詹姆斯·希尔在旧金山的生意基本由他全权负责，他向委员会强调，他很重视这部分生意：“我们非常乐意，”波尔希默斯说，“完成他的任何委托。”轮到费德里科·希尔开口的时候，他没说自己此行的目的，也没提他打算在一个从没来过、语言也不熟悉的国家待上7年，对他来说，这是最不重要的问题。反过来说，在3个人组成的特别调查委员会眼里，这个男孩是个“轮廓鲜明的年轻人，看起来相当文雅”。通过翻译，费德里科做了一番漂亮的自我介绍，他来自何方，打算去哪里。他说，自己已经在萨尔瓦多上了5年学，但那里“没有可供我继续进修的大学”，所以他不得不来到旧金山，“完成我的教育”。他解释说，父亲为他支付了旅费。

“你的父亲从事的是什么行业？”特别调查委员会问道。

费德里科毫不犹豫地回答：“会计。”

“哪方面的会计？”

“他是圣安娜的一名会计、咖啡商和种植园主。”

靠着他的文雅、外形和隐忍，靠着他父亲的影响力，也靠着证人爱德华·波尔希默斯在旧金山的社会地位，特别调查委员会毫不犹豫地同意让年轻的费德里科·希尔“立即”入境。[1]他在美国的学业就这样开始了。

毫无疑问，用毛里西奥·米尔迪的话来说，萨尔瓦多“在教育方面非常落后”。米尔迪是一位意大利移民，他主宰着萨尔瓦多东部的商业性农业，也是这个国家最富有的人之一。但在1917年9月，米尔迪却做起了保姆——他从萨尔瓦多亲自送10岁和12岁的两个孙子去旧金山上学。祖孙三人和费德里科·希尔一起乘坐“帕拉城号”抵达了旧金山。孙子们去特别调查委员会听证的时候，米尔迪承认自己不知道该送他们去哪所学校。他没有“充分研究过这个问题”，主要因为他原本打算把孩子们送去欧洲上学。他说，等到战争结束，孩子们肯定还得去欧洲。现在，他打算在旧金山或者附近“找个合适的地方”过渡；在此之前，孩子们会和他一起住在凡尼斯的黎塞留酒店里。[2]

就算詹姆斯·希尔同意毛里西奥·米尔迪的观点：萨尔瓦多的教育非常落后，落后到他的孩子们上完小学就无处可去的地步，他也不会赞同欧洲的教育比美国好。1912年，詹姆斯把两个大一点的儿子——杰米和爱德华多，送到了旧金山上学；从那以后，这两个男孩在湾区附近上过好几所寄宿学校。[3]

费德里科带到旧金山的500美元够付曼萨尼莎堂男校第一年的一半学费。1891年，斯坦福大学校长大卫·斯塔尔·乔丹的一位助手创建了这所学校，旨在为斯坦福输送学生。[4]曼萨尼莎位于帕洛阿尔托，离卡斯迪加女校不远，这是一个优势，因为费德里科的两个姐姐就在那里上学。他的大哥杰米上过本地的另外两所学校：圣拉斐尔的塔玛佩斯山军事学院（到了1912年，西部只有这所学校还保留骑兵和炮兵训练课程）和蒙特苏马山男校（1911年，欧内斯特·A.罗杰斯在洛思加图斯郊外圣克鲁斯山一座李子园的农舍里创建了这所学校）。[5]塔玛佩斯山军事学院为罗杰斯提供了第一份工作，但他离开了那里，因为对于如何“将男孩培养成男人”——这句话出自蒙特苏马的校训——他有自己的看法。蒙特苏马的培养方针基于严格的健康生活制度和纪律（禁止使用咖啡或其他任何刺激物，要求定期整理内务）、积极的自我管理（学生自己制定、执行规则），以及旨在将精英之子培养成领导人的道德教育课程。[6]塔玛佩斯山、曼萨尼莎和蒙特苏马的很多学生后来进了斯坦福，但希尔家的男孩走了另一条路。费德里科坦承，他们来到加利福尼亚州想学的是，该如何在圣安娜做一名咖啡商和种植园主。从某种角度来说，他们的父亲是对的——旧金山的确是学习这件事的最佳地点。

1917年夏天，费德里科变成弗雷德里克的时候，旧金山的情况对萨尔瓦多的咖啡产区影响很大。这座城市的影响力来自太平洋海岸的咖啡贸易，正如爱德华·波尔希默斯在特别调查委员会面前做证时所说的，他渴望得到詹姆斯·希尔的生意，以及其他所有人的生意。旧金山发展成了美国西部的商业之都，再加上这座城市的咖啡烘焙商通过杯测和真空包装取得的优势，这些因素综合起来，让美国更有把握从欧洲帝国手里抢夺中美洲咖啡的控制权，尤其是德国，他们一直在努力巩固自己在美洲的商业力量。

多年来，德国人通过联姻在中美洲获得的强势地位一直令旧金山商人深感遗憾。满怀嫉妒的美国咖啡商眼睁睁看着重视家庭的拉丁美洲人因为“感情用事”，让德国公司在购买咖啡——以及同样重要的，销售商品——时获得了明显的优势。19世纪末，旧金山已经成了中美洲咖啡在美国最棒的市场，但它只能拿到一小部分该地区的收获：每年20万袋左右，而中美洲的年产量有时候能达到这个数的10倍。[7]自从1899年，汉堡的科斯莫斯航运公司推出了开往美国太平洋海岸的航班以后，旧金山少得可怜的份额似乎越来越岌岌可危。

1899年12月14日，从汉堡出发3个月以后，科斯莫斯公司的第一艘蒸汽船“坦尼斯号”驶入了旧金山港。这是一艘“漂亮的大船”，能以“非常经济的耗煤量达到14节的速度”。旧金山的报纸报道说，“坦尼斯号”的船长是一位名叫舒尔茨的德国人，那些说西班牙语的港口都叫他“好脾气船长”。“坦尼斯号”上价值75万美元的2000吨货物是这艘船在沿着美洲大陆的太平洋海岸航行时陆续买来的，与此同时，他们还一路出售德国制造的商品。除了“坦尼斯号”，科斯莫斯航运公司投入太平洋航线的船只还有“弗伦尼亚号”“哈索尔号”“奥克塔维亚号”和“卢克索号”。[8]对旧金山的商人和航运商来说，这不是什么好兆头。

太平洋邮轮公司在中美洲的地理优势遭到了威胁，面对来势汹汹的科斯莫斯航运公司，他们采取的手段和当年对付詹姆斯·奥蒂斯和霍尔·麦卡利斯特的时候一模一样——打价格战。咖啡是中美洲出口商必须运送的商品：体量大到足以影响航运收入的产品只有这一种。到了最后，太平洋邮轮不光“免费运送咖啡，还要向托运人付一笔奖金，以感谢他们把货物交给自己运送”。[9]渐渐地，到旧金山的特惠运费不仅把中美洲的咖啡生意从德国人手里抢了过来，连新奥尔良和纽约也遭了池鱼之殃。

到了1914年，大西洋航线被海军的封锁切断，欧洲银行业因战争而冻结以后，天平的倾斜已经无可挽回。旧金山商人大获全胜。越来越多进出口公司向中美洲派出代表，去调查各家种植园和种植园主，观察、打听谁是可信赖的客户，谁能生产出优质的咖啡。

咖啡的价格取决于冲泡后的微妙品质，旧金山人深知，中美洲的咖啡品质“每家种植园各不相同”，差异极大，“从口味的优劣来说，哪怕出自两家相邻种植园的咖啡，每磅也可能有3到5美分的差价”。从口味的优劣来说，你采购的咖啡来自世界上某个特定的区域，或者特定的国家，甚至这个国家的特定产区，这些标准都不够精细。不同种植园出产的咖啡品质各不相同，具体取决于各位种植园主的手艺。在中美洲游荡的旧金山买家不仅要判断某位种植园主的信誉和可靠程度，就像10年前J. H. 温特尔为奥蒂斯和麦卡利斯特所做的那样，还得根据各家种植园和咖啡加工厂的基本情况预测它们的咖啡品质。

战争期间，没了竞争的旧金山商人收集了中美洲每一家种植园和加工厂的“详细信息”。无论是种植园主还是加工厂主，只要他的产品能被旧金山的经纪人和进口商看中，他就能得到现成的贷款和热情的买家。[10]到世界大战结束的时候，旧金山商人已经控制了中美洲的咖啡贸易。他们直接购买的咖啡达到了10年前的5倍，也就是每年100万袋，这个数字相当于全美进口量的12%，而且还在增长。[11]

希尔家的男孩在加利福尼亚州学习如何满足旧金山咖啡进口商和烘焙商的需求，需要改进的不仅是他们的种植园、加工厂和咖啡，还包括他们自己。作为詹姆斯·希尔的长子，杰米·希尔从蒙特苏马毕业后没去斯坦福，他选择了加利福尼亚大学戴维斯分校的农业学院，这片校园坐落在萨克拉门托郊外的果园之间。1920年春天，“为了帮助他提升管理萨尔瓦多咖啡种植园的能力”，除了完成戴维斯的学业，希尔还在加利福尼亚大学伯克利分校做了一份“特殊的作业”。[12]

他能在伯克利学到和咖啡种植园有关的什么知识？事实上，早在1874年，小麦热的巅峰时期，尤金·沃尔德马尔·赫尔格德博士接受加利福尼亚大学的聘用、着手建立农业科学的时候，他在日程表上列出的第一批作物就包括了咖啡。严肃、固执的赫尔格德很适合这个职位。他在德国的多家一流实验室接受过训练，其中包括本生的实验室；他在密歇根大学的商业性农业一线工作过；内战期间，他还在密西西比为罗伯特·爱德华·李将军筹措过盐和硝酸盐。等到他的职业生涯即将结束的时候，赫尔格德已经被人们尊称为“美国土壤科学之父”。[13]

不过，来到加利福尼亚州以后，赫尔格德很快得到了坏消息。人们在内华达山脉陡峭的岩坡高处发现了一种灌木，很多人怀疑它是咖啡，于是他们把它送到伯克利的实验室里做全面的检查。赫尔格德发现，这种灌木不是咖啡，而是加利福尼亚州鼠李，它有一些地方和咖啡十分相似——这种植物会结出一簇簇鲜艳的红色浆果，这几乎是咖啡树专属的特征——却不具备咖啡的商业价值。这个不幸的消息意味着加利福尼亚州本地不产咖啡。

但这也无法浇灭加利福尼亚州人试图种植咖啡的热情。19世纪下半叶，拉丁美洲各国纷纷开始进军咖啡产业的时候，加利福尼亚州人对咖啡也满怀希冀。废除奴隶制以后，原本种植棉花的南方各州——佛罗里达、路易斯安那和得克萨斯——纷纷提出了建立咖啡种植园的规划。在他们的启发下——还有一个原因是嫉妒——加利福尼亚州人给农业部写了一封又一封热情洋溢的信，要求他们提供种子。于是赫尔格德也得到了一项新任务：在加利福尼亚州种植咖啡。

1877年，他开始做实验；他从一位在利比里亚有投资的费城商人手里买了点种子，并将它们种在了大学附近。第二年，他又补种了一批来自危地马拉和哥斯达黎加的种子。赫尔格德还给南加利福尼亚州提供了一批用于试验的危地马拉种子。一些种植园主满怀希望地报告说，他们从夏威夷科纳地区弄来的种子成功发芽了。截至1879年，这些实验看起来还很有前途，加利福尼亚州农业协会甚至觉得，本地肯定能种出咖啡。

但这些树一直没能正常长大、结果。到了19世纪80年代中期，赫尔格德已经非常清楚，咖啡树无法忍受霜冻，而在加利福尼亚州，哪怕最有希望种植咖啡的地区也逃不过霜冻的侵袭。最让人失望的是里弗赛德的6棵咖啡树，它们茁壮生长了4年，最终却无一幸存。1888年，也就是巴西废奴那年，里弗赛德的最后一棵咖啡树也死了。赫尔格德再次为加利福尼亚州的咖啡种植业写了一份悼词，但这次他下的结论还是过于仓促。[14]加利福尼亚州的确种不出咖啡，除非当地气温上升；但是，正如希尔家的男孩们即将学到的，对咖啡种植园主来说，这里的树枝上结满了宝贵的知识。

紧随淘金热而来的小麦热和之后的小麦暴跌改变了加利福尼亚州的风景。到19世纪80年代，加利福尼亚州的粮田已经高度机械化，以至于他们生产的粮食超过了全世界的需求。由此造成的价格暴跌促使地主开始改种其他新作物：甜菜等蔬菜，更重要的是木本和藤本的水果。1888年，随着冷藏车的到来，宽阔山谷里的果园和树林成了加利福尼亚州的新金矿。圣华金、萨利纳斯、萨克拉门托和圣克拉拉等地出产了大量的柑橘、柠檬、梨、葡萄、苹果、无花果、枣、杏、橄榄和其他水果。1879年，果园作物在加利福尼亚州农业产值中的占比只有4%；50年后，这个比例上升到了80%。[15] 加利福尼亚州成了全世界的果园之都，在这个过程中，它也发展成了果树栽培学的重镇，这门学科研究的是如何种植水果。戴维斯的农业学院坐落在萨克拉门托郊外的果园之间，杰米·希尔在这里——后来他还去过伯克利——学习如何种植咖啡，毕竟果园和种植园有相似之处，咖啡也可以算是一种有核水果。

希尔家的男孩们在加利福尼亚州的求学之旅体现了他们的父亲在圣安娜火山上的思路，也映射出他的希望和担忧，他借助孩子们的声音提出了自己的问题。在伯克利学习的时候，杰米·希尔在笔记簿上记录了一次三方谈话，参与谈话的人包括他的父亲、他的教授和他自己。这可能是一场最复杂的谈话，可能也是杰米·希尔在加利福尼亚大学求学期间试图回答的最重要的问题，它源自杰米的父亲自己做的咖啡农学实验。

实验开始于1910年左右的一个下午，当时距离詹姆斯·希尔把长子和次子送去加利福尼亚州还有两年；他邀请了一位名叫费德里科・伯克勒的德国朋友来圣安娜郊外查尔丘阿帕镇附近的种植园共进午餐。伯克勒娶了一位著名政客的女儿，通过这层关系，危地马拉的一位前总统给了他一些咖啡树苗。萨尔瓦多最常见的咖啡树是阿拉伯咖啡的一个品种，人们叫它“普通”咖啡（común），或者“典型”咖啡（typica）。来自危地马拉的树苗属于阿拉伯咖啡的另一个品种，它名叫波旁（Borbón），或者波本（Bourbon），这个名字来自马达加斯加海岸线外的一座岛屿（现在的留尼汪）。两个世纪前，法国通过行政命令将咖啡传到了那里。耶稣会神父将波旁咖啡带到了危地马拉，巴西也有这种咖啡。从历史的角度来说，波旁咖啡的市场价值一部分来自它与摩卡的相似性，另一部分则源于它极高的产量。伯克勒在自家种植园的角落里种了波旁，他告诉希尔，按照他的预期，这些树的产量应该是普通阿拉伯咖啡的2到3倍。

希尔对此很感兴趣，他和伯克勒谈定了当年收获的波旁咖啡由三门加工厂加工，他想从收获的浆果里留一批种子，给自己的种植园用。当然，任何一位种植园主都希望自己的作物产量能翻3番，但这笔账没那么简单。它不是简单的乘法，你还得做点减法。波旁的产量的确高于萨尔瓦多种植园里最常见的阿拉伯咖啡，但人们认为它的品质比较差，这也许源自它和巴西之间的关系；萨尔瓦多的咖啡之所以能卖高价，正是因为它不同于巴西咖啡，所以在这里，这个因素显得尤为重要。事实上，处理完伯克勒收获的咖啡豆以后，希尔给的里雅斯特、不来梅、汉堡和旧金山的代理商分别寄了一些去壳后的波旁咖啡。欧洲方面的反馈不错——烘焙后的波旁咖啡呈现出的颜色正是欧洲人喜欢的那种。但来自旧金山的反应却让他大失所望，因为随着杯测和真空包装的兴起，咖啡的外观在这里变得越来越不重要。旧金山的进口商告诉希尔，如果他开始生产波旁，萨尔瓦多咖啡高品质的口碑必将毁于一旦。[16]

这里需要衡量一下风险和收益。从一方面来说，如果波旁的产量真的很高，那么多出来的产量足以弥补较低的质量。如果希尔能让咖啡的产量翻3番，同时将品质下降的数量控制在2/3以内，这笔生意还是有赚头。他拨了4家种植园来培育波旁，其中一家的土壤肥力似乎已经耗尽，作物的质量不尽如人意。

种植波旁的消息在圣安娜传开以后，本地的种植园主和旧金山的进口商产生了相同的想法。在圣安娜火山种植以低品质著称的品种会威胁整个地区的声誉。给希尔发放贷款的银行为此深感忧虑，他们急匆匆地组织了一个由两名银行家和一名咖啡种植园主组成的调查委员会，想弄清希尔是否失去了理智。

不过，等到第一批作物成熟的时候，希尔得到了超乎预期的回报：每棵波旁咖啡树的产量差不多相当于原来那些普通阿拉伯咖啡树的4倍。[17]他还发现，波旁咖啡拥有另一个应该纳入商业考量的特性。波旁咖啡树的适应性强于萨尔瓦多最常见的阿拉伯咖啡树，它能在其他品种挣扎求生的气候下茁壮成长：包括温度低于理想条件的高海拔地段，以及曾被认为热得不适合种植咖啡的低海拔地区。[18]

波旁咖啡树优秀的适应力为萨尔瓦多的咖啡开辟了越来越多的土地。希尔开始购买产量低、收益差的老种植园，把里面的作物全部换成波旁。新的咖啡树为这些新的土地带来了更多的果实。在一个以品质著称的地区种植高产的树种，从某种角度来说，希尔推动了萨尔瓦多咖啡的巴西化——大规模生产温和咖啡。随着其他种植园主加入这一行列，咖啡树在火山及周边丘陵的山坡上爬得更高、探得更低，波旁成了萨尔瓦多种植面积最广的品种——几十年后，它甚至成了这个国家的“国民”树种。[19]

种植波旁咖啡也让希尔偏离了他不惜任何代价生产最优秀咖啡的初衷。他不需要再考虑如何做到最好，但从果树栽培学的角度来看，他面临的新问题可能更加复杂。尽管波旁的产量很高，但它也有一个可能出乎意料的短处。在咖啡散装出售、靠外观决定价格的年代，波旁咖啡豆较小的颗粒——这正是它和摩卡的相似之处——算是一个优点。可是等到杯测和真空包装兴起，外观变得不那么重要以后，较小的颗粒就变成了波旁咖啡豆的缺陷。波旁咖啡树的产量的确高于其他品种，但它的豆子比较小，这意味着制造等量的咖啡豆需要消耗更多的浆果——因为国际市场交易咖啡的单位是重量，而不是豆子的数量。在萨尔瓦多，生产100磅符合出口标准的生咖啡需要消耗500磅普通的阿拉伯咖啡浆果，但波旁咖啡需要600磅浆果才能生产出同等重量的豆子。因此，杰米·希尔在加利福尼亚大学向教授提出的这个新问题是，如何增加波旁咖啡种子的尺寸，好让它像普通的阿拉伯咖啡一样，用500磅成熟的浆果生产出100磅可供出口的咖啡豆。[20]

在加利福尼亚州，杰米·希尔试图解开这个难题。根据他学到的果树栽培学知识，杰米假定土壤中的各种化学成分分别滋养咖啡树的某个方面：碳酸钾有利于果实的生长，氮滋养树叶，磷酸帮助根系发育，石灰让树干和树枝粗壮。但他无法确认，哪种化学物质能增大种子的尺寸。问题在于，咖啡和加利福尼亚州的果树不尽相同。李子的果核是只能丢弃的废物，果农不会有兴趣去研究如何增大果核的尺寸。但咖啡却正好相反：种子是制作咖啡豆的原材料，也是整个果实里唯一值钱的部分。和教授讨论之后，杰米得出结论：种子实际上是微缩版的咖啡树，所以要增加种子的尺寸，唯一的办法是增加咖啡树生长所需的一切营养；要达到这个目标，唯一的办法是提升土壤的肥力和传导能力，好让咖啡树的根吸收更多的养分，包括水、化肥和周围的营养物质。[21]

到了这一步，尽管加利福尼亚州和圣安娜相距3000英里，但杰米·希尔和种植园里的父亲遇到了同样的问题：洞的问题。种植园需要每年翻两次土，在地里挖很多个容积为27立方英寸的洞，以便装填野草、豆藤等各种绿肥。每英亩土地要挖300个洞，也就是说，在这个过程中，每家种植园需要挖开7%的土地。杰米坐在北加利福尼亚州的书桌前想了个办法：如果父亲能增加每个洞的尺寸，填入更多肥料，让咖啡树获得更多养分，或许就能让波旁咖啡树长出更大的种子。但杰米担心的是，这样的改变在圣安娜恐怕不太容易实现，如果不是完全不可能的话；因为父亲跟他说过很多次，找人来干活是件难事，更难的是督促他们按照你的想法把活干好。

今天，说起工厂化农场，大家都很熟悉。这个术语体现了现代农业生产宏大的规模和范围，利用微生物干预和基因改造针对性地改变动植物天性的手段，还有为了降低成本、提升产量而将基本劳动流程机械化、自动化的做法。用工业手段改造自然肯定会带来后果，除此以外值得一提的是，把农场比作工厂，这原本描绘的是在这种机构里工作的感受。

大萧条最糟糕的那几年里，凯里·麦克威廉姆斯在洛杉矶做过劳工律师；20年后，他成了《国家》周刊的编辑。当律师的时候，摆在办公桌上的各式案件让他开始思考，加利福尼亚州安宁的风景为何会孕育出如此激烈的劳资冲突。麦克威廉姆斯开始“长时间泡在图书馆里”，“多次前往圣华金河谷，观察……那片土地上和劳工营里发生的事情”。在农业这个词“看似平静”的表面下，他发现了“大规模、集约化、多样化、机械化”的喧嚣竞逐。在他1939年的作品《田野里的工厂》中，麦克威廉姆斯描述了加利福尼亚州黄金热退潮后，大约从1870年开始，一个新的“工业化农场主”阶层接管了加利福尼亚州的土地和经济。他们让水倒流，让荒地变成花园，在这个过程中，他们自己也变得像酋长一样富有。他们非凡的力量和财富来自一群 “悲惨……满怀恐惧……饥饿，赤贫”的移民劳工，后来者总是和前人竞争。在加利福尼亚州宽阔的山谷里，为了争夺一份艰辛的工作、勉强糊口的食物和遮头的片瓦，这些“农业无产阶级”组成了一个比“聚集在这个国家伟大工业旗帜下的人群更复杂的群体”。用麦克威廉姆斯的话来说，从农场到“农业工厂”的转变讲述的是“农场劳工被剥削”的故事。[22]

但在加利福尼亚大学的农业推广课上，农场劳工是一个很少被提及的话题。在杰米·希尔求学的年代，学校提供的大部分课程关注的是植物和土地，而不是人。根据记录，从1920到1921年，加利福尼亚大学没有任何一项新研究（或者正在进行的研究）以劳工为研究对象。而在这所大学农业实验站免费提供的50多种传单和宣传册里，重点提及劳工的也只有一种。[23]不过，每一位果园主都很清楚——咖啡种植园主也一样——如果没有劳工，没有对劳工的有效控制和管理，就不会有农场，也不会有农业。

劳工之所以在戴维斯的农业课里缺席，部分原因可以归结于一个事实：关于加利福尼亚州农场工人的管理问题，人们已经有了成熟的看法。正如凯里·麦克威廉姆斯所发现的那样，这牵涉到以种族划分的不同社会群体之间的冲突。“白人劳工”——爱尔兰人、挪威人、丹麦人、德国人、波兰人和奥地利人，“意大利和葡萄牙劳工”“黑人劳工”“墨西哥劳工”“印第安劳工”“日本劳工”“印度劳工”“中国劳工”，任何一个来到加利福尼亚州、寻求不那么艰苦的生活的新群体，都会抱团和别的群体竞争。

不过，加利福尼亚大学一位名叫理查德·L.亚当斯的教授在这个框架里看到了改进的空间，于是他开始研究农场劳工的问题。[24]作为戴维斯和伯克利的农业推广课上一位颇受欢迎的老师，亚当斯意识到，劳工问题是农场“成败的关键所在”。1921年，他发表了自己对这个问题的权威看法；这时候，杰米正在加利福尼亚大学的宿舍里思索小颗粒波旁咖啡豆的问题，他还想知道，该如何将自己的学术见解运用到圣安娜火山的实践中。

亚当斯教授来自马萨诸塞州的多切斯特。1905年，从波士顿大学毕业后，23岁的亚当斯来到加利福尼亚州卖杀虫剂，后来他又在加利福尼亚州最大的两家工厂化农场里做过经理：其中一家叫“斯普雷克尔斯糖业公司”，另一家叫“米勒和卢克斯”。前者是克劳斯·斯普雷克尔斯在萨利纳斯谷建立的甜菜制糖企业，这位德国移民在加利福尼亚州和夏威夷的甜菜种植和加工业中占据着不小的份额。米勒和卢克斯也是德国移民，他们在旧金山建立的畜牧/屠宰/肉类加工公司是1900年美国两百家规模最大的工业企业中唯一一家农业机构，他们的工人严格按照种族和民族血统分成了不同的群体。[25]

亚当斯对劳工问题的学术研究基于他自己的实践。在两家垂直式综合企业工作的经验为他的思考指明了方向，加利福尼亚州的劳工问题不仅是人们传统认为的种族竞争。取而代之的是，亚当斯将原因归结于各个社会群体的不同特质。“黑人劳工”善于“驾驭马和驴”，但“以推诿著称”；“墨西哥劳工”“性情平和，有些孩子气，十分懒惰，没有野心，相当忠诚”，但“不太擅长挤奶”；日本人是“巧手的工人”，但“不熟悉机械”；如此等等。亚当斯相信，哪怕在同一家公司或者同一座农场里，雇主也应该根据种族之间的差异分别给他们安排合适的任务。他在书中总结了“掌控”各个种族的简单指南：对墨西哥人以礼相待，为日本人准备浴缸，对待黑人要有耐心。[26]

从一方面来说，亚当斯总结的各种族性格特征和能力在萨尔瓦多派不上什么用场，哪怕对詹姆斯·希尔这样同时拥有种植园和加工厂的人来说也一样。不同于加利福尼亚州，萨尔瓦多种植园里的种族相当单一。很多种植园主和一部分经理是外国人，但除此以外，这里很少看到外来的劳工。种植园里从事日常劳作的工人全是佣工，旧金山的一位咖啡进口商用亚当斯的口吻描述了这些“印第安劳工”：“土著印第安人，生活习惯非常简朴，只需要一点点物资就能维持生存，但他们的工作能力也很有限。”[27]佣工瘦小的身体需求少，产出也少：对希尔家的男孩来说，这正是他们在加利福尼亚州学习期间无法摆脱的问题，他们的父亲在圣安娜苦恼的也是这个问题。尽管萨尔瓦多咖啡产区的种族构成不够多样，但这里的社会依然存在亚当斯式的重要分野。随着时间的推移，詹姆斯·希尔想出了新的策略来利用这些分野，这正是他和火山上其他种植园主的区别。

从军事学校到农业学院，从果园到咖啡园，从男孩到种植园主：

詹姆斯·希尔的儿子们从没想过自己还能干别的。1917年夏末，天使岛的特别调查委员会问年轻的费德里科·希尔，他在加利福尼亚州上完学以后有什么打算。这位13岁的男孩自信地回答："我会回到圣安娜。"[28]和所有男孩一样，他坚信父亲有能力在这个世界上为他开辟一席之地。

12　洞的历史

1920年3月28日，新的种植年刚刚开始，这是一个安静的星期日，三个儿子都在加利福尼亚州上学，詹姆斯·希尔坐在办公室里算数。他面前那张纸上的数字代表的是人。在纸面上计算的时候，这些人会严格遵守希尔的命令，按时完成他下达的任务。正是因为这些虚拟的工人如此可靠，希尔才有可能在纸面上完成计算，仿佛他的办公室是一间会计室，而他本人是一名会计。

希尔办公桌上摆的是一道加法题。他打算在圣安娜火山买下一块超过150英亩的土地。这块地毗邻他的两家种植园，其中一家是他在1912年买的，另一家购于1914年。3家种植园连在一起，总面积将超过500英亩，他们将在下午晚些时候起草合同。

这片新产业已经种上了咖啡，但那些树达不到希尔的标准，所以他打算把它们铲掉，改种波旁咖啡，越多越好。考虑到这块地的产权即将转移，希尔提前做了工作计划。从1921年春天开始，他打算在一年内种42 000棵咖啡树。

42 000的总数是这样算出来的。这块地最后一次勘测是在1905年，当时评估的面积是168英亩。虽然地块的主人——很快就会变成前主人——说它的面积不止这么大，但比起一个即将失去自己土地的男人，希尔更愿意相信勘查员。这块地其实不太适合种咖啡：因为它的地势相对比较低，海拔只有2000英尺左右，所以这里很热。因为这里很热，所以太阳会烤干表层土壤的大部分水分，让它干燥、沙化。为了抵消炎热和干燥的土壤带来的不利影响，希尔增加了咖啡树之间的距离。他打算把间距留得宽一点，每英亩大概种250棵树，168英亩就是42 000棵。

以此为基础，在42 000棵树被种下去的前一年里需要完成多少工作，这是一道简单的算术题。首先，每棵树需要一个洞，每个洞都得有人挖。希尔希望在雨季到来前挖完所有的洞，好让新挖开的泥土吸收雨水，而雨季通常始于5月底。考虑到现在已经是3月底，要挖42 000个洞，詹姆斯·希尔大约有2个月时间，或者说50个工作日。在50个工作日内挖42 000个洞意味着每天至少要挖800个洞。但这只是一半的工作。

另一半是利用种子培植来年种进洞里的树苗。挖洞的活儿有多粗放，种树苗的活儿就有多精细。为了获得42 000棵健康的树，希尔打算在他精心修建、细心照料的苗圃里播下80 000颗种子。

最后一项任务是划定新种植园的边界，不过在希尔看来，这只是个形式而已，因为挖掘、种植、栽培的实际操作才是他宣示所有权最重要的方式。[1]只有正确的管理才能让他将这片土地真正变成自己的种植园。考虑到这个目标，除了手头正在进行的其他事情，希尔专门雇了一个团队，开始在新的种植园里修建厨房。

和游荡在萨尔瓦多咖啡产区的众多旧金山商人一样，希尔认为种植园是一块活招牌，它反映了种植园主的管理水平，进而反映了他生产的咖啡品质。在希尔看来，管理不善的种植园等于没有主人，这是一种无序的浪费，就像当初的公有土地一样。如果他自己的种植园里有哪个地方照顾不周，他会担心这可能损害自己的名誉，因为周围所有的农庄都比他的整洁。[2]这不仅关乎尊严——种植园的面貌和条件会影响种植园主在经纪人和银行家心目中的地位。所以，虽然这家混乱的种植园即将归入他的名下，但在他整顿完毕以前，希尔会保留庄园前主人的名字，那位姓德内克的德国律师智力堪忧，因为他娶了一个没有财产的圣安娜姑娘。

第一次世界大战前后的那些年里，阿尔贝托·德内克绝不是圣安娜唯一一位失去土地的种植园主。1906年，圣保罗的种植园主开始捂货以后，咖啡的价格终于从持续十年的低谷中反弹了一点。但巴西的价格控制系统——有时候人们称之为“限价”——多少产生了一些副作用：事实上，它鼓励了拉丁美洲其他地区的咖啡生产。在巴西种植园主的努力下，国际市场价格的回升让咖啡再次成为一种有利可图的出口作物，其他地方新增的产量迅速填补了巴西捂货造成的缺口。比如说，比起前十年的平均水平，1914年，萨尔瓦多的咖啡产量增加了25%。[3]由于咖啡的供应出现了这样的增长，1914年，欧洲市场被战争切断以后，咖啡的价格再次下跌，而且跌得更惨，所以等到1917年美国参战的时候，算上通胀，纽约的咖啡价格已经降到了一个世纪以来的最低点。[4]市场价格这么低，很多种植园主难以偿还抵押贷款。债主拿不到钱，却得到了他们抵押的种植园，土地的所有权也因此变得越来越集中。比如说，詹姆斯·希尔的邻居吉罗拉是萨尔瓦多银行的大股东——希尔在这家银行的贷款总额曾经超过10万美元，直到1920年，他还欠着他们25 000美元。战争爆发前，1914年，吉罗拉拥有3家咖啡种植园。15年后，他们的产业增加到了20家。[5]

债务也给希尔带来了不小的压力，因为忙于工作，他甚至错过了小女儿茱莉亚的生日会，不过在战争带来的经济波动中，希尔的处境强于他的大部分邻居。也许他的表现没有吉罗拉那么耀眼，但吉罗拉获得的种植园里没有一家是他的。他不光没有失去土地——恰恰相反，从1912到1919年，希尔顺利度过了战时的低谷期，他名下的种植园也从5家增加到了11家。[6]种植波旁咖啡给希尔带来了一定的优势，他可以把那些气候条件不够理想、不适合种植普通阿拉伯咖啡的大片土地变成高产的咖啡庄园——在毗邻德内克的两家种植园里，他就是这么干的，其中一家种植园是他在1912年买的，另一家购于1914年。考虑到希尔扩张的时机，他的兼并可能反映了其他小型种植园主的失败，战争耗尽了他们的储备，让他们沦落到了破产的境地。

战争加速了一种不利于小种植园主的趋势。土地兼并渐渐成为圣安娜咖啡贸易体系的正常组成部分。战争期间，旧金山进口商在萨尔瓦多咖啡贸易中占据的比例越来越高，他们喜欢喝香甜的咖啡，也愿意为它出高价。香甜的味道来自每颗咖啡浆果在成熟过程中生成的糖。而成熟绝不仅仅是果实生长过程中的一个阶段，而是一个以劳动为变量的函数：尤其是当咖啡浆果成熟得恰到好处时，在那短暂的时间窗口内采摘果实，并将这些果实炮制成咖啡豆所消耗的劳动。有足够的财力雇用工人收获果实，并将成熟的果实处理成商品的种植园主和加工厂主最有可能生产出香甜的咖啡。这正是游荡在圣安娜火山的旧金山商人想要寻找的东西：预告香甜咖啡即将到来的信号，代表财富、勤勉和产业化的标志——种植园和加工厂里的秩序。

这样一来，萨尔瓦多的咖啡小业主——那些貌不惊人的种植园和加工厂的主人，往往很难拿到客户的预付款，所以对他们来说，每年青黄不接的那段时间分外难熬。无奈之下，这些小业主只能被迫向富裕的邻居借钱。那些大种植园主的短期贷款以“超高的利率”著称，而且他们一心只想获取更多的土地。[7]一旦背上了高利贷，如果再碰上意料之外的国际市场价格暴跌或者歉收，小业主必然损失惨重。对他们来说，失去土地的威胁就写在隔壁大种植园的繁荣里。具体到阿尔贝托·德内克身上，他的威胁来自詹姆斯·希尔的圣罗莎种植园。

3月29日，星期一，上午8点的仪式时间——上工时间通常是6点——希尔带着两名最优秀的手下去接管德内克的种植园。希尔之所以专门召来了这两个人，是因为他相信，他们能将他写在纸上的计划忠实地转移到土地上。前一天他已经给他们看了纸上的数字，当时他们认同了他的计划：从每天800个洞开始。

周一清晨，跟在希尔身边的两个男人中有一个是他的副手兼种植园经理伊莱亚斯·德里昂。到1920年3月，德里昂已经替希尔工作了8年，这也是他当上经理的第3年。这份工作赋予了德里昂极大的权力，种植园里的所有事都归他管，但他却觉得高处不胜寒。

前一年，一位名叫沃勒斯的男人来到了圣安娜。据说沃勒斯很懂咖啡，所以准备扩张种植园的希尔雇了他来做效率专家。沃勒斯的职责是巡查种植园，监督、检查、纠正、反馈，希尔对他期望甚高。

然而，伊莱亚斯·德里昂觉得沃勒斯是个蠢货。最重要的是，他认为沃勒斯毁掉了扩张的具体工作。与此同时，沃勒斯也看不起德里昂。到底谁是蠢货，沃勒斯和德里昂无法达成共识，所以他们俩处不来，在他们身边工作的所有人都看得出来——或者说读得出来，因为他们把种植园里用于记录扩张工作进展的备忘录变成了互相辱骂的战场。最后，事实证明德里昂是对的，但他也没有扬眉吐气。希尔狠狠骂了他一顿——难道你不知道，要证明自己，你用不着骂人，只要摆出足够的证据就行？

伊莱亚斯·德里昂替詹姆斯·希尔工作了至少8年。当然，8年的时间足够让他明白，希尔判断事情的标准只有一个：少花钱，少让他操心，多办事；咖啡的产量、出口的数量、拿到的价格和赚到的利润才是最过硬的证据。当然，8年的时间也足够让他明白，这些数据最终会证明沃勒斯的真实水平，他不必亲自跑到三门加工厂的办公室里跟老板说，你上当了。[8]德里昂并不是没有脑子的莽夫，但面对自己心目中的蠢货，他不会保持沉默。当然，哪怕对方是佩德罗·博拉尼奥斯——和他一起去接收德内克种植园的第三个人——他也不惮于大声说出自己的看法，但他的话似乎完全没有影响希尔对博拉尼奥斯的观感。

1920年3月，佩德罗·博拉尼奥斯就像众多月亮之间的一颗星星。他管理着希尔名下毗邻德内克的圣罗莎种植园，并和妻子一起住在这里。这是希尔选中他来接手德内克的原因之一，但不是唯一的原因。博拉尼奥斯不是希尔手下资格最老的雇员——埃杜维赫斯·梅迪纳才是，他已经被派去主持另一个重要的扩张项目，一家名叫“瑞瑟瓦”的种植园。不过这段时间以来，佩德罗·博拉尼奥斯的表现越来越出色。

希尔对其他经理最大的期望是听话：他们要将他的命令忠实传达给手下的工人，再通过工人落实到种植园里。但佩德罗·博拉尼奥斯和别人不一样——他积极主动，会动脑子，做事谨慎，而且恰到好处。希尔甚至曾向伊莱亚斯·德里昂提议，把佩德罗·博拉尼奥斯的工作树立成榜样，供其他人学习。在圣罗莎的苗圃里培育了一年的咖啡树苗长得格外枝繁叶茂，这正是希尔想在所有苗圃里看到的景象。

佩德罗·博拉尼奥斯的眼力也很出色——他善于观察，对每件事都很有兴趣，做的记录和报告十分细致。有了博拉尼奥斯从圣罗莎送来的每日工作报告，希尔不必离开自己的椅子就能弄清楚哪些事已经办好了，还有哪些事要办，他可以毫不费力地把头一天的报告转化成第二天的命令。通过这些方式，佩德罗·博拉尼奥斯和他的弟弟安尼康发出了自己的光芒。

希尔相信血统。如果他看中了某位经理——希尔喜欢能读会写、诚实可靠、愿意学习的人——他就会问对方还有没有能来工作的兄弟。[9]所以希尔让安尼康·博拉尼奥斯管理了一家名叫“阿尤特佩克”的种植园，还让佩德罗·博拉尼奥斯同时管理两家种植园：除了原来的圣罗莎，他又把德内克交给了佩德罗。希尔希望，这位得力手下能将这片曾让前主人蒙羞的产业变成彰显自己管理能力的样板，种植园里的树木、土壤和洞就是最好的证据。

咖啡种植园离不开洞：施肥的洞，帮助雨水浸入土壤的洞，种树遮阴的洞，还有种咖啡树苗的洞。对种植园主来说，再也没有比洞更基本、更麻烦的东西了，“洞”这个名字就预示了它会带来漏洞。问题在于，除了极特殊的情况，洞不会自己长出来。

从一方面来说，站在种植园主的立场上，洞的这种特性很有用。因为洞不会撒谎，挖洞的工作不需要太多监督，你一眼就能看到挖了多少、还有多少没挖。但从另一方面来说，种植园主之所以觉得洞很麻烦，也正是出于同样的原因：被分派去挖洞的人很容易觉得，活儿干得怎么样跟自己没关系，这一定是人类最早学会讨厌的工作之一。如果要挖很多洞，你往往找不到那么多人来干活——希尔怀疑，那些人就是因为不想干挖洞的活儿才躲了起来。这是佩德罗·博拉尼奥斯在德内克遇到的第一个问题。

博拉尼奥斯接到的任务是在两个月内挖42 000个洞，平均每天800个以上。但洞的庞大数量并不是他面临的唯一挑战。这份工作已经够难了，但希尔还想进一步增加难度——以一种实际干活的工人不会发现的方式。种植园里的洞标准尺寸是1瓦拉，即33英寸，每条边的长度都是这个数；希尔问博拉尼奥斯，能不能把洞挖得大一点儿——容积达到1立方码，边长36英寸，而不是常见的33英寸，他的想法和加利福尼亚州的杰米·希尔不谋而合——但不让干活的工人发现这样的变化。希尔认为，一个强壮、勤快的男人每天能挖24个这样的洞，普通工人能挖16个。考虑到雇来的工人有强壮的也有普通的——希尔的计算没有考虑低于平均水平的工人，只要博拉尼奥斯足够称职，他就不会雇这种人——要想每天挖800个洞，就需要40名工人，平均每人每天挖20个洞，差不多每小时挖2个。

但是，出于某些原因，德内克庄园里的工作刚刚启动，佩德罗·博拉尼奥斯的准确报告刚刚开始送往三门加工厂的办公室，纸面的数字就崩塌了。博拉尼奥斯雇来的人甚至达不到理想数字的一半。某天他只找到16个人来挖洞，比希尔预想的40个人少了一大半。更糟糕的是，这16个人加起来只挖了256个洞，连1/3的计划都没完成。这就是撰写准确报告带来的问题：佩德罗·博拉尼奥斯落后的挖洞进度一览无余。希尔不必离开椅子就能看见，这些数字达不到他的预期。他算了一下，然后打印了一份简报，把坏消息送回了博拉尼奥斯手里。按照目前的速度，挖40 000个洞需要7个月。希尔给的期限是2个月，而且他觉得这个计划可以实现，因为佩德罗·博拉尼奥斯是个识时务的人，他知道该用什么办法、去哪里找干活的人。

分配一些不需要监督的工作，比如挖洞的时候，希尔会采用发布任务的方式。和维多利亚时代英国的很多作坊一样，任务系统是萨尔瓦多的种植园最常用的劳工管理方式，它实际上是一个计件体系：完成指定的任务就能得到固定的薪水。关注英国工人阶级的伟大历史学家E. P. 汤普森写过，任务系统使工作在人的尺度上易于理解，从而为雇主和雇员双方提供了便利。[10]对詹姆斯·希尔和他的雇员来说，这种“人的尺度”就是工作与食物之比。

希尔的种植园发放的薪水分成两个部分：钱和口粮。完成一个任务能换到的口粮通常是两张厚玉米饼加上充作馅料的多少不等的豆子。除此以外，希尔还提供咖啡，不过很可能是用那些达不到出口标准的豆子煮的。这些食物花不了几个钱。在德内克挖42 000个洞，希尔预计这项任务需要付600多美元的货币工资，根据他的计算，口粮的支出不到这个数的一半。[11]不过，虽然口粮比货币工资省钱，但对希尔和他的雇员来说，以这种方式支付的薪水更有价值。

首先，食物奠定了任务系统日结的基调。工人在一个工作日里至少要干价值两顿饭的活，这是一个基本的假设。如果任务规划得当，工作水平优秀的人应该能在一天内完成三个任务，从而赚到三顿饭。出于同样的原因，如果任务过于简单，一个人一天能完成四个以上的任务，赚到四顿以上的口粮，这就是对资源的浪费，雇主应该酌情调整任务。

除了省钱，口粮的特殊价值还在于它的激励作用。如果任务紧急，希尔会利用食物而不是金钱吸引工人干活，比如说，每完成一个任务可以额外得到半顿口粮：一张玉米饼配豆子。这半顿饭总是加在早上，从而形成了双重的激励，因为只有在早上6点前抵达种植园的工人才有资格吃早饭，6点整——无论在一年中的什么季节，这时候天肯定亮了——早餐准时停止供应，工人们开始干活。如果工人们对早餐的玉米饼特别感兴趣，也就是说，他们看起来特别饿，经理会把供应早餐的时间控制在5:30到5:45，以保证他们能在6点准时投入工作。迟到的人没有早饭吃，哪怕还有剩余的食物。[12]

小小一顿早餐就能迫使人们准时上工，这凸显了口粮在咖啡产区的重要性。萨尔瓦多的公有土地制度被废除以后，越来越多的私人土地落到了大种植园主手里，越来越多的萨尔瓦多人因此失去了养活自己的能力。为了糊口，他们只能给人打工，出卖劳动力以换取食物。这种被资本压迫的生活方式在圣安娜周围尤其盛行，因为从咖啡种植园里赚到的货币薪水很难买到食物。

20世纪20年代，大种植园在圣安娜火山的农业世界里占据的分量越来越重。火山脚下仍有零星的小村庄，村里一般有市场或商店，但圣安娜和松索纳特的大型商业中心距离大部分种植园有好几英里，而且当地的地形十分崎岖。镇子外面最大的商业体是种植园本身。在这种垄断的情况下，为了加强对工人的控制，种植园主使用一种代币来支付货币工资，人们称之为“筹码”。有的种植园主使用的筹码是不值钱的外国货币，有人专门从加利福尼亚州或德国定制了金属筹码，上面印着独特的记号，比如说，种植园主名字的首字母缩写，或者一幅图像，一个简单的数字——这样的代币只能在自家种植园的商店里使用。詹姆斯·希尔发放的筹码至少有两种面额，其材质分别是铜和黄铜，后者打了通孔。[13]商店是种植园主权的延伸，所以咖啡工人餐桌上的食物有相当一部分——很多时候是绝大部分——来自每天作为薪水的一部分发放的口粮。

除此以外，另一件事也凸显了咖啡工人的生计有多依赖种植园的口粮。那就是，在希尔看来，要找到额外的人手去德内克挖洞，最佳的时机是星期天。除了收获季，星期天大家都不干活——这一天，人们可以出去逛逛，同样重要的是，这一天没有口粮。从这个角度来说，星期一的早晨可能比星期天更好，因为这时候距离种植园供应的上一顿饭已经过去了整整36个小时。每个星期天和星期一，在饥饿的驱使下，那些需要工作才能吃上饭的人走进希尔的种植园，成为他的雇员。

为了准时挖好德内克的洞，希尔希望佩德罗·博拉尼奥斯能找到40个肚子空空、努力工作的强壮男人，他们将在6点前出现在种植园里，裹着脏兮兮的粗棉布衣服，顶着黎明前的寒意，在新的工作日的朝阳升起前吃热气腾腾的玉米饼做早餐。当然，饿着肚子醒来的不光是这些男人，需要人手的活也不只是挖洞。

不管詹姆斯·希尔在离开英国之前对萨尔瓦多和萨尔瓦多人有着怎样的了解，这个地方和这里的人总有一些方面让他深感讶异。比如说，这里的女人。

在曼彻斯特棉纺业的鼎盛时期，工厂里超过一半的工人是女性，有时候甚至多达2/3。[14]萨尔瓦多就不一样了。虽然有很多女人在咖啡加工厂里做清洁工，但这个特殊工种只存在于收获季，也就是说，大约从11月到来年2月。希尔惊讶地发现，剩下的时间里，女人们都不工作。取而代之的是，正如他在1927年向美国记者亚瑟·鲁尔解释的那样，她们“什么都不干——只是照顾照顾孩子，给丈夫做做饭，打理一下家务”。作为一个当过好几次父亲的人，希尔肯定明白，这些家务劳动绝对不是“什么都不干”。但女人在家“打理家务”对他的种植园没有直接的贡献，他觉得这是一个被忽略的机会。所以，他告诉鲁尔，他“总是催促她们去工作”。不久后，他的种植园里有了“足够的”女工。[15]

“总是催促她们去工作”：这句话描述了一幅奇怪的图景。据希尔所说，在这座火山上，他不仅是第一批雇用女工的种植园主，还是第一批撇开任务系统、选择计时付酬的雇主。我们没有理由怀疑他的话。根据报道，希尔到来之前，无论是女工还是计时付酬在萨尔瓦多都是特例，不是普遍情况——这让许多种植园主深感沮丧。[16]另外，这两件事是互补的，它们共同构成了一套劳动管理系统。让女人去种植园里干活和计时付酬相辅相成。

在德内克挖洞的时候，希尔想雇的是强壮的男人；同样地，什么工作最适合女人，他也有自己的看法。比如说，挖好的洞需要填满绿肥——野草、叶子和其他植物材料，早上切好，下午打包——再盖一层土，这些混合物会随时间而腐烂，逐渐变成肥沃的腐殖土。给这些洞施肥的工作就很适合女人，人们普遍认为，她们的身体没有男人那么强壮。出于这个原因，女工的价格更低，一般来说，她们赚的只有男人的一半。只有在罕见的紧急情况下，希尔才会让男人和女人竞争同样的工作，让男人去干平时女人干的活，或者反之。让女人去干希尔心目中适合她们的所有工作，这可以省钱。这些工作中最重要的部分是按天算的，而不是计件，因此节省的费用尤为可观。

比如说，改造德内克的另一半任务是在苗圃里培育、照料咖啡树苗，等到一年以后，再把这些树苗移植到绿肥腐烂后形成的沃土里。如果工人干活时过于草率或者匆忙，脆弱的嫩芽和树苗很容易受损。通过计时付酬，希尔消弭了任务系统内在的加快工作速度的动机。他用实时的监工取代了任务系统基于食物的管理方式，每位监工负责看管25个女工；监工总是由男性担任，就像加工厂里检查咖啡、给它们分类的清洁工是女人，但监督她们的是男人。将这种精细活儿派给女工并按时计酬，由此节省的费用足以覆盖监工的支出，而且监工还能获得监视男人干同样工作时享受不到的某种权力。

女人相对较低的薪水让她们显得物超所值。希尔希望雇到尽可能多的清洁工来检查、分类即将装船的咖啡，同样地，需要女人来干其他重要工作的时候，他也想保证劳动力的充足。为了提前锁定女工，有时候他甚至愿意预付口粮——而且是每天三餐，而不是两餐——这一切都是为了确保，用他的话来说，“人手充足”。

但女工身上也有希尔看不懂的地方。作为一名曾经的裁缝，希尔注意到，女人们来种植园上工时常常穿着鲜艳的印花棉布裙子，她们还会花一部分薪水去购买干活时穿在裙子下面的丝袜。因为女工干活时不穿鞋，所以她们的长袜经常被树枝和灌木刮破。希尔见过她们袜子上的破洞，透过这些洞可以看到赤裸的脚趾和腿上的皮肤，他担心的是，如果这些女工毫不心疼刮破的袜子，那她们的日子是不是过得宽裕了一点。[17]

以前这些女人“什么都不干”——除了看孩子、给丈夫做饭、打理家务。但随着越来越多的女人走进希尔的种植园，她们开始——按照他的定义——干活了，工作和咖啡取代了带孩子、给丈夫做饭和打理家务。可是这样一来，孩子、丈夫和家务又该怎么办呢?

19世纪中叶的曼彻斯特可能是全世界的童工之都，在这座城市里长大的詹姆斯·希尔对童工的评价很低。他觉得孩子们不够强壮，脑子也不够聪明，所以什么都干不好。某次去德内克检查施肥工作的时候，他看到一个8岁的女孩正在努力挥舞锄头，另一个女孩却扛着两把锄头盲目地四处转悠，寻找用得上它们的地方。[18]这样马虎的“工作”不仅一文不值，还有可能损伤咖啡树，尤其是在收获季，所以希尔禁止在收获季雇用14岁以下的儿童。他为孩子们——尤其是那些最优秀、最忠诚的雇员的孩子——保留的职位是信使，他们可以帮他把备忘录从三门加工厂送到遥远的种植园的经理手里。在种植园里长大的孩子闭着眼睛也能找到路，他们的父母在这里工作了很多年。孩子适合充当信使的理由还有一个：他们的食物和住所主要来自父母。如果希尔雇来的小信使没能成功传递消息，至少他知道该去哪儿找人。

童工好在行踪可查，而成年雇员好在麻烦事少。真正需要干活的时候，希尔没有兴趣雇用老弱病残，无论他们的能力有多强。老弱病残很难在种植园里找到工作，但这个事实在某些时候又成了他们的优势，因为他们的工资很低。希尔会雇老人做间谍：年长的男性是他安插在种植园里的耳目，而年长的女性可以派去加工厂监视清洁工。如果这些间谍探听到了有用的信息，他会奖励他们几枚硬币。[19]

不过，尽管希尔擅长为种植园吸引劳动力，用薪水和口粮约束他们乖乖干活，但他的能力也有局限。圣安娜火山周围的几百家种植园都遵循同样的日程表和季节，这意味着他们对劳动力的需求是重叠的，如果不是完全一致的话。希尔的邻居们差不多在同一时间也有农活要干，由此造成的竞争推高了劳动力的价格，也限制了种植园主对工人的约束力，因为工人总能在附近找到别的工作。

邻里竞争的问题并非无解，但这些解决方案无法确保绝对的安全。1921年的夏天，希尔计划在德内克每天种2000棵树，当时的咖啡价格处于低谷，相比之下，工人的薪水就太高了。希尔写信给周围的种植园主——包括他的银行家安吉尔·吉罗拉——提议组织一个同业联盟来推动降薪。各位种植园主一致同意，每个挖洞的工人每半天应该挖12个容积为1立方瓦拉的洞，一天挖24个，这个数字远远超过了希尔的预想，他原本觉得一个普通工人每天应该挖16个洞。他们还达成了共识，女工的日薪大约应该是1.5萨尔瓦多里亚尔，或者说15美分。[20]

就算这个同业联盟发挥过作用，那也没维持多久，因为在那个年代，种植园主之间的合作是例外而非常态。[21]对希尔来说，更日常的工作是不断调整薪水标准，调整工作与食物之比，忙时加个玉米饼当早餐，不忙的时候省掉这顿饭，尽可能以最低的代价迫使工人干完他认为他们应该干的活。根据各项任务的紧迫程度，有时候早上的加餐专供女工，有时候又只供应男工；在罕见的情况下，希尔需要尽可能调集劳动力的时候，他会给那些跟着父母来上工的孩子提供半份口粮，希望用孩子们对父母的依赖换取父母对自己的服从。

希尔通过客观的计算管理手下的工人——世界上大部分成熟的雇主和政府采用的也是同样的办法。

13　玻璃笼子

1896年3月的一个清晨，在康涅狄格州米德尔敦市卫斯理大学的校园里，奥兰治贾德自然历史博物馆展出的野牛标本、恐龙足迹化石和埃及木乃伊之间，一位名叫A.W.史密斯的年轻达特茅斯研究生走进了在场记者笔下的“玻璃笼子”。这个笼子——实际上它是一个铜制的房间，嵌在锌和木头搭成的盒子里，墙上安着一扇玻璃观察窗——长7英尺，宽4英尺，高6.5英尺。史密斯是卫斯理电力实验室的一名助手，上司给他批了假，他打算在这个房间里待10天。[1]

房门在他身后关闭，A.W.史密斯成了人们全天候密切关注的对象。白天有5个身穿实验室大褂的人轮流透过窗户观察他。他们看着他举重锻炼，看着他坐在桌边，从事报纸所描述的“剧烈脑力劳动”——学习德语物理著作。他们看着他“无所事事”，看着他吃掉通过专用门送进去的经过精确称量的食物。7∶30，史密斯的看守者为他送上早餐：21克燕麦，150克牛奶，20克糖，75克面包，20克黄油，120克烤豆子。午餐：125克汉堡包，120克土豆泥，75克面包，25克黄油，125克苹果。18∶30，一份轻食晚餐：250克波士顿黑面包和500克牛奶。另外还有不限量的水。每天晚上，3位新观察者组成的小组看着史密斯搭好帐篷，开始睡觉。室内的气温每隔几分钟就记录一次。史密斯身体里进出的每一样东西都被记录在案。比如说，3月24日，星期二，史密斯没有吃完他的黄油，这件事就值得一记。[2]

这个“玻璃笼子”的设计者是卫斯理大学的教授W. O. 阿特沃特。1869年，阿特沃特在耶鲁大学获得了化学博士学位。在德国做了几年博士后以后，1873年，他开始在卫斯理大学教书。1875年，卫斯理大学成立了美国第一座国家资助的农业实验站，由阿特沃特担任站长。12年后，他被任命为农业部国家实验站办公室主任。坐在这个位置上，阿特沃特将围绕自己的专长塑造美国的农业，他钻研的是人类营养学，尤其是他在奥兰治贾德的地下室里研究的东西：卡路里。[3]

卡路里脱胎自一个古老的概念，“热质”——人们曾经以为，这种看不见的流体会将热量从一个物体传向另一个物体——19世纪初，法国人开始用卡路里衡量蒸汽机的效率。[4] 19世纪40年代，能量守恒定律的发现又让卡路里找到了更多的用武之地。正如热力学第一定律的提出者赫尔曼·冯·亥姆霍兹在1854年说的：“过去一个世纪（里）……（我们）不知道该如何在消耗的营养物质和完成的工作之间建立联系。但是，既然我们已经学会了识别蒸汽机里机械力的来源，那么我们势必要问，类似的原理是否也适用于人体。”这不仅是个生理学问题，还牵涉哲学：人类到底是特殊的造物，还是遵循和机械一样的运作原理？亥姆霍兹倾向于后者，但他认为，要证明这件事，需要做的实验过于复杂，不可能实现。[5]

40年后，情况发生了变化。欧洲的营养和饮食科学已经相当成熟，尤其是在德国，这方面的研究主要关注工人家庭的饮食。相比之下，阿特沃特的实验在美国没有得到多少关注，直到1885年，他认识了爱德华·阿特金森。阿特金森是波士顿的一位实业家，他不仅资助过激进的废奴主义者约翰·布朗，他自己也是奴隶制度的积极反对者，因为他觉得这种制度经济效率很低。[6]阿特金森认为，营养学有希望在不增加薪水的情况下改善劳资关系——雇主可以从饮食需求和食物价格的角度出发，通过逆向计算确定工资水平。[7]在阿特金森的赞助下，阿特沃特去了几趟德国，学习营养学最前沿的研究。1894年，拿着农业部提供的1万美元资金，阿特沃特开始在卫斯理修建所谓的"呼吸热量计"，这套设施脱胎于他在慕尼黑见过的模板，只是体积更大、通风性能更好，所以受试者可以在里面待得更久。他的实验也可以覆盖人类生活的更多方面：工作，学习，休息，吃饭，还有睡觉。[8]

从所有迹象来看，虽然与世隔绝，但A.W.史密斯在阿特沃特的热量计里过得相当舒适。室温设置在他喜欢的温度，菜单也是他自己挑的。按照原计划，史密斯应该在里面待10天，但最后他坚持了12.5天，创造了新的纪录。4月4日，星期六下午3点，房门打开，史密斯走了出来，他失去了两磅体重，但自我感觉相当不错。[9]

10多年的时间里，阿特沃特在卫斯理做了近500次类似的热量计实验，史密斯创纪录的12.5天只是其中之一。[10]虽然阿特沃特反对道德上的过度放纵，但他做这些实验并不是为了给人类饮食设定上限，或者建立一套有关健康、美丽的标准。事实上，他感兴趣的是"普通食物进入人体引擎后能产生多少功和热量"。[11]他试图借助热量计这种设备来测试热力学能量定律在人体中的应用。"主要的目标"，正如《芝加哥论坛报》所解释的，是"确定人体出入量之间的平衡"，并"以物质和能量的方式"描述这种平衡。[12]其结果是，食物和工作之间的关系、人体的需求与性能之间的关系得到了量化：生命被拆解成了数字——以卡路里的形式。

弄清了工作和食物之间的关系，人体的内部工作机制就变得清晰可见，由此也回答了一个最近重新在美国得到重视的古老问题：驱使人们工作的动力是什么？

30年前的1864年年底，纽约出版商D. 阿普尔顿编撰了一本介绍能量守恒的入门读物。这本书收录了此前在欧洲——能量守恒的概念在这里被捧成了新的“能量福音”——出版的相关论文，希望让美国人及时了解——根据本书编辑爱德华·L. 尤曼斯的赞誉——“本世纪最重要的发现”和“所有学科的最高定律”。[13]

尤曼斯是废奴主义编辑霍勒斯·格里利的朋友，1872年，他创建了《大众科学》杂志。[14]尤曼斯的成长环境十分普通，他在上纽约州的农场里待过，也和曼哈顿的贵格教徒一起生活过，不过年轻的时候，他曾在欧洲的科学圈子里游历。这段经历让他相信，美国人需要进一步了解能量；在他看来，能量守恒是思考世界的一种方式，它对商业、政治和社会等各方面都有革命性的意义。将这方面最重要的工作编撰成书，尤曼斯希望通过这种方式“为公众提供有用的服务”。[15]

正如尤曼斯所看到的，欧洲的热力学理论研究和实验进行得如火如荼，美国被远远甩在了后面。不过，多亏了“美国人性格中一项突出的特质”，在这门科学转化为实践的过程中，美国没准还有机会领先。[16]尽管“常常被指责过于实际”，但美国“发展出来的工作能力正好适合将这个深奥的问题从干巴巴的理论转化为现实中的硕果”。[17]

能量守恒定律将结出怎样的硕果，尤曼斯有自己的看法，这决定了他挑选论文的方针。值得注意的是，他挑了罗伯特·迈尔的三篇论文，詹姆斯·焦耳的却一篇都没选。从某个角度来说，这是个出乎意料的选择，因为焦耳的工作有清晰的实用目标：他想造出更好的引擎。相比之下，正如很多批评者所指出的那样，迈尔的方式有点过于形而上学。焦耳专注于引擎，迈尔关注人体。从美国的利益出发，爱德华·尤曼斯认为，人体的内部运作——迈尔从爪哇开始研究的对象——是热力学领域中最有潜力“结出硕果”的前沿。

尤曼斯选集中的最后一篇论文指明了能量的概念中他希望美国人接纳的方向。这篇论文题为《论物理力和生命力的相互关系》，作者是英国的动物学家兼医生威廉·卡彭特。以前的哲学家都错了，卡彭特写道：生命力——任何形式的“生命”——不是无形的“灵魂”的显现，而是一种能用热力学术语解释的现象，人体本身就像“一座全力开动的棉纺厂”。卡彭特解释说，棉纺厂是一个由各种工序集合而成的相互关联的系统，所有工序的动力来自同一个源头：储存在煤炭中、通过蒸汽机释放出来的太阳能，“机械力的主发条，整个小宇宙的生命力”。同样地，人体内部的工序看起来五花八门，各不相同，但实际上，和工厂里看似不同的工序一样，驱动人体内部各种工序的力量也来自同一个源头：储存在食物里的太阳能。[18]卡彭特引用了迈尔的看法：来自太阳的能量通过植物以食物的形式进入人体，从这个角度来看，人类不过是另一种将能量转化为功的“设备”。[19]在《解放奴隶宣言》颁布后的第二年，尤曼斯写道，吸引他的是将人类比作棉纺厂的比喻——棉纺厂虽然相当复杂，但终究可以预测。[20]

在1864年，这绝不仅仅是个学术问题。尤曼斯考虑的是它在管理上的应用。他提出，从单个的人体推而广之，同样的原理也适用于整个社会，这样一来，热力学定律就变成了具有实用价值的规律。这种逻辑跳跃背后的支撑点是一条不言自明的普遍真理，每一个人、每一个集体都遵循这条真理。正如对食物的需求和食物的可得性决定了个人的工作潜力，食物的供应也同样决定了一个社会的生产力和生存能力。这是一个显而易见的事实，但真正的挑战在于如何达成恰到好处的平衡。和人体一样，如果没有食物，社会就什么都干不了；但过多的食物有害无益。尤曼斯提出，在个人的身体里，“过度活跃的消化系统会让肌肉和脑系统筋疲力尽”，宏观的社会也遵循同样的道理。他写道：“我们越来越深刻地认识到，人类的处境和文明的进步是那些控制人的力量造成的直接结果。”而控制人的最直接的力量——它比法律更有效，尤其是在“社群的生产、分配和商业活动”中——是食物和进食。[21]

这个想法十分契合当时的历史背景。那时候，奴隶制在美国已经被废除，在世界其他地方也日渐式微，但能量的概念通过食物映射到个人和社会身上，让人类沦为了工作生产的工具——而把人当作物品，这正是奴隶制的法律基础。[22]换句话说，在一个解放的时代，能量提供的新思路让一些人可以继续把人看作物品，进而思考如何驱使他们工作。关键在于，驱使人们工作的动力来自哪里。针对这个问题，能量给出的答案不是出自不平等的前提，例如美国奴隶制背后的种族逻辑，而是出于人人平等的普世真理：每个人都需要吃饭。

从某种意义上说，德国哲学家弗里德里希·尼采是爱德华·尤曼斯的噩梦。尤曼斯将罗伯特·迈尔和其他人的想法翻译成了一种管理原则，他相信这些原则将带来繁荣的发展和社会的进步。尼采也同意迈尔的观点，“将生命和能量共同视为一个宏大的宇宙和谐体”，但他将这一理念推向了另一个方向。[23]

1872年，尼采在研究希腊戏剧的著作《悲剧的诞生》中描述了两种存在模式：一种是理性、清晰、有纪律的日神，另一种则是感性、野蛮的酒神。1881年，读了迈尔的随笔以后，尼采从那些概念中发掘出了新的意义。他重新把酒神的世界想象成“一头充满能量的怪兽，没有起点，也没有终点；一种固定不变的、穷凶极恶的能量，它既不会变大，也不会缩小，它不会损耗，只会转化，不增不减……永恒地自我创造……永恒地自我毁灭”。[24]对酒神的这种想象与生产主义者所信奉的崇拜阿波罗的“能量福音”针锋相对。在当时的人们眼里，这种“不增不减”的能量幽灵无异于天启末日。

按照生产主义者的观点，商业是一种美德。根据“能量福音”，汲取、浓缩、利用潜藏在大自然中的能量获取利益，这是“一种至高无上的道德追求”。[25]“能量福音”的很多传道者（包括爱德华·尤曼斯在内）之所以那么积极，是因为他们担心时间和能量即将耗尽。根据德国数学家鲁道夫·克劳修斯和英国工程师威廉·汤姆森（后来的开尔文勋爵）在1850年左右提出的热力学第二定律（很大程度上基于法国军方工程师萨迪·卡诺此前的工作），任何系统中现存的能量都会随时间而减少。这种没有产出的下降被称为“熵”，作为一个指标，熵衡量的是机会的损失和资源的浪费，它是那个年代的人们最忧虑的事情之一。[26]

“熵”的概念诞生于19世纪中叶，后来它逐渐变成了无序和混乱的常见代名词；但追根溯源，这个词最初描述的是一个令人战栗的末日预言，罗伯特·迈尔是这个预言的拥趸之一。[27]1848年，迈尔自己印刷了一篇题为《天体动力学》（1865年由爱德华·尤曼斯重印）的随笔。他在文中写道：“每个白炽发光体在释放光和热的时候，其自身的温度和亮度会相应地下降。如果没有外来的资源弥补这份损失，它们最终会变冷，不再发光。”[28]短期来看，熵意味着机会的损失。要是把眼光放远一点，它意味着太阳会“热寂”，这个预言深深扎根在维多利亚时代的人们心里。[29]“热是我们这个宇宙中最优秀的共产主义者，”1868年，苏格兰物理学家巴尔福·斯图尔特和英国天文学家诺曼·洛克耶在一篇流传甚广的随笔中写道，“毫无疑问，它将带领现在这个系统走向末日。”[30]热力学第二定律把时间的流逝看作一种零和博弈：能量和熵此消彼长。生命是获得生产力的机会，但时间会浪费生产力。生产主义者相信，在光熄灭以前，我们需要借助“一个极其精妙的组织”尽可能地利用垂死太阳的能量，让它发挥最大的价值。

W.O.阿特沃特在卫斯理建造的热量计是一件工具，它量化了输入和输出——食物和工作——之间的关系，从而提升了生产制度的精密性。它给出的能量读数以卡路里为单位，不需要换算：50卡路里的食物提供的能量够做50卡路里的功。食物和工作的自由换算有助于达成爱德华·尤曼斯所设想的需求与能力的适当平衡：向个人提供的食物足够为生产活动供能，但不至于多到削弱大脑和肌肉的地步。“今天的生理化学把人体看作一种机器。”W. O. 阿特沃特写道，“人体自身不会创造任何东西，无论是物质材料还是能量；这一切都必须从外界获得……和蒸汽机一样，它只能利用外部供给的材料。它所有的化学物质和能量都是由食物转化而来的。”总而言之，“身体每天收支”的能量可以看作“一本化学账”，人类生活的方方面面都可以用成本会计的手段来管理。[31]

这听起来像一个商业计划，背后自有原因。商业是阿特沃特的第一个实验室。早在修建热量计以前，他已经开始实地工作——在马萨诸塞和康涅狄格研究砌砖工人的饮食和劳动产出。这个行业的工作量比较容易计算，它衡量的是将一定重量的物体移动一定距离消耗的能量，而砖块的重量是一个常数。这种方法只能研究食物和工作的大致关系，相比之下，实验室热量计的先进之处在于，它细化了研究，让观察者得以交叉对照各种类型的食物和各种类型的工作。

超过10 000名受试者参加的数百次研究评估了特定食物和特定任务之间的关系。[32]到1910年，人们已经可以“将一磅牛排、一枚鸡蛋或一份蔬菜汤为人体提供的能量……量化为一个准确的数字”。[33]利用这种方式评估的第一批食物是那些“因为有潜力替代劳动者饮食中的肉类而备受关注的食物：猪油、橄榄油、牛油、黄油、花生酱、棉籽制品”——廉价高效的脂肪和蛋白质替代品。[34]出于同样的考虑，实验室热量计最早的一种改良版本经过专门的设计，使得“受试者可以继续从事他的日常工作，在此过程中他消耗的能量会被记录在案”。[35]另一种改良版的热量计大得足以容纳一家四口。[36]正如爱德华·阿特金森所希望的，这些热量计最终让人们弄清了该如何花费最少的金钱完成一定量的工作。

除了商业上的应用，卡路里的概念也得到了政府的青睐。工人和家庭的能量消耗和支出，这方面的问题深深影响着国内的情况和地缘政治。在进步时代的各种运动中，卡路里的作用绝不仅仅是帮助人们计算——并调整——生活成本，它从一开始就承载着阿特沃特的爱国期望：在一个人口日益增长、帝国彼此争夺资源的时代，卡路里也许能帮助美国获得稳定和繁荣。为了实现这个目标，阿特沃特凭借自己在农业部的职位，以低成本的卡路里为核心塑造了美国的农业。[37]

对商人和政府来说，热量计不仅仅是一件为实验和调查而生的科学设备。取而代之的是，热量计将所有形式的身体活动——甚至包括不活动——换算成了卡路里，这个能量单位诠释了“任何人从事脑力和体力劳动的可能性”，通过这种方式，它把整个世界变成了一个超大型的热量计，在这个世界里，工作是一件不可避免的事情。[38]透过卡路里和热量计的窗户，工作是人体最基本的功能。

20世纪伊始，历史学家亨利·亚当斯就在文章中提出，能量概念的兴起开启了人类历史的新时代。热力学改变了亚当斯本人的世界观和历史观。带着能量的观念去研究过去的社会留下的记录，亚当斯开始发现，他一度以为靠“意志”推动的一些事件实际上是被“力量”推动的。[39]作为哈佛大学的资深历史学教授，多位总统的孙子和重孙，亚当斯原本倾向于透过当时领导人的生活看待各个历史时期，所以对他来说，这是一个非常重要的转变。在1902年写给朋友的一封信里，亚当斯提出了自己的思考，这对新世纪的整个社会意味着什么：“我们创造并建立了一套新的哲学、一种新的宗教，我认为它将长期存在下去。”他预测说：“能量在这个宗教中占据着举足轻重的地位，人类则微不足道。”[40]能量是最大的奖赏，生命本身遭到了贬低。

14 饥饿的种植园

对萨尔瓦多那些吃得不错的人来说，饥饿在咖啡产业中的重要性不言而喻。1885年，美国国务院调查中美洲商业机会的时候，外交官莫里斯·杜克向未来的种植园主们保证，关于如何督促工人干活，这个问题已经有了成熟的解决方案。杜克本人就是一位种植园主，他解释说，如果咖啡种植园里有哪位工人的进度落后了，“他的食物会被扣留，这样一来，他的懒骨头很快就会动起来”。[1]种植园主深知，意志和胃天然相关，基于这一指导原则，他们在食物和工作之间建立了粗暴的等价关系。这个等式和人体的工作机制正好相反：饥饿为工作提供能量，饱足则会带来懒惰。人们为吃饭而工作，而不是为工作而吃饭。

按照大多数人的理解，饥饿一般是经济危机或重大灾难带来的后果，例如饥荒。事实上，饥饿是所有资本主义经济的基石，只是某些经济体系的底线远高于此，所以人们往往看不见饥饿的存在。在资本主义环境下，饥饿和工作之间关系的标准解释主要落点是土地的私有化。从原则上说，公共资源被转化为私有财产以后，要想填饱肚子，唯一的办法是在市场上出卖劳动力以换取薪水，然后再用薪水购买食物。按照这种解释，资本主义的运作原理就像经济领域的某种自然神论：土地私有化按下了饥饿这座时钟的开关，一个又一个工作日在它的嘀嗒声中流逝。

这个原理实践起来并不简单。在詹姆斯·希尔的种植园主生涯中，他每天都被一个事实困扰：土地私有化不一定能制造出饥饿。恰恰相反，能量会跨越财产的界线溢到外面。哪怕是在公共土地制度被废除以后，工作也不是维持生存的必要条件：给咖啡树遮阴的树木会结果子，种植园偏僻的角落里也有各种会结果子的植物，如腰果、木瓜、红酸枣、无花果、火龙果、牛油果、芒果、芭蕉、西红柿；为了保持水土，将氮重新固定到土壤中，咖啡树周围种满了豆子；滋养咖啡生态系统的化学物质也养活了其他动物。

从种植园里偷窃食物的罪行和种植园本身一样古老。萨尔瓦多刚开始种咖啡的时候，工人们就学会了找个“有很多结果植物”的种植园，然后自己动手，丰衣足食。1927年，詹姆斯·希尔告诉记者亚瑟·鲁尔，吃种植园的树上长的果子，这种事太普遍了，要是哪家种植园的果树长得特别好，它的主人没准会主动在篱笆上挖个洞，不然的话，饥饿的工人肯定会帮他挖一个。希尔认为，这证明了他的工人完全没有私人财产的概念，在他们眼里，生长在咖啡树旁边的果实是“上天赐予的礼物，就像阳光和雨水一样”。但矛盾的是，工人们往往等不到水果成熟就会把青涩的果子偷偷摘下来吃掉，让种植园主惊叹于本地人强大的消化能力。[2]显然，工人们知道这些果子的价值——在炎热、饥饿的工作日里，它们提供了方便取用的糖和水分——所以才会抢在它们成熟之前偷吃。

只要太阳还在升起，咖啡种植园的统治就面临威胁。培植咖啡少不了输送养分，而食物意味着免于工作的自由，无论这些食物多么稀少，它带来的自由又是多么短暂。土地私有化是制造饥饿、逼迫人们进入种植园和咖啡加工厂工作的必要条件，但不是充分条件。要让萨尔瓦多人心甘情愿地投身于咖啡产业，需要的不仅是土地私有制，还有种植园制造的饥饿。

有的种植园主用最直接的手段制造饥饿——暴力和暴力带来的恐惧。更准确地说，他们采取的是最直接且不会危害自己的手段：把使用暴力的权力委托给种植园的经理和监督者。所以外交官兼种植园主莫里斯·杜克才会用被动语态来描述赶不上进度的工人——用他的话说——“食物被扣留”。种植园主退居幕后，他们的助手通过“不断地用”殴打、戳刺、刀砍和相应的威胁来强行维护财产的界线。[3]

残酷的惩罚将他们的威胁磨砺得格外锋利。圣安娜一家种植园的工人偷了两把芭蕉，结果被当场抓获。因为拒捕，他被子弹击中而丧生。圣安娜的另一位种植园主在庄园里保留了一片橘树，可能是为了小批量供应当地市场。他手下的监工发现一群工人不摘咖啡，反倒跑去摘橘子，于是他开枪击中了一名工人的脑袋。[4]据说附近另一家种植园的监工打死过一个10岁的孩子，因为他偷偷摘下一个芒果，并吃掉了。[5]

从某种角度来说，食物引发的杀戮不过是维护私有财产的合理行为。财产的界线隔开了雇主和佣工、种植园主和工人、富人和穷人、饱足和饥饿，这是一条生与死的界线。土地私有化以后划分的地界、签订的契约为萨尔瓦多的咖啡经济和未来浸透全社会的“暴力文化”奠定了基础。火山上有这么多互相竞争的种植园，这些暴行也让施暴者付出了代价；他们把工人赶到了其他种植园里，也让日常的运营变得剑拔弩张——有时候工人会向种植园的主人发起报复，他们手里也有弯刀。这种风险不是杞人忧天。1910年，圣安娜一家种植园的管理者扣留了一位工人的食物，因为他的工作没有达到要求，结果这个饥饿的男人掏出刀子捅了回去。[6]所以种植园主总是满怀恐惧，这也算一种自食其果。

但有的种植园主选择了另一种方式，詹姆斯·希尔就是其中之一。1927年，他向亚瑟·鲁尔解释说，大家都说他“心软，与本地习俗相比，他为咖啡树和工人考虑得更周全”。[7]我们有理由相信他的话。相对于那些借助物理力量和直接的伤害保卫财产界线的种植园主，希尔希望为自己的庄园博一个好名声，好让他在有需求的时候更容易招到工人。在自己的种植园里，他不赞成用直接的物理暴力来管理劳工，所以在聘用经理的时候，他会特意挑选不那么严厉的候选者。[8]

但也有证据表明，就算20世纪20年代末，希尔在圣安娜火山真的享有“心软”的名声，那也是因为他做出了改变。

虽然咖啡种植园里每天发生的暴力事件有一大半已经湮没在历史中，但弗洛伦蒂诺·迪亚兹的案子却流传了下来。这件事之所以会被人铭记，是因为它很不寻常：哪怕在萨尔瓦多咖啡的残酷历史上，它所涉及的惩罚也显得过于可怕。

迪亚兹是个西班牙人。1910年，不久前才来到萨尔瓦多的迪亚兹是詹姆斯·希尔某家种植园的监工。在那年的收获季里，一位名叫米格尔·埃尔南德斯的劳工偷了一袋咖啡，结果被迪亚兹抓了个现行。这位监工命令埃尔南德斯的三位同事把他吊死。在一群工人的注视下，三名工人在埃尔南德斯的脖子上套了一根绳子，把他吊了起来。

迪亚兹和三名执行绞刑的工人被抓了起来，并以谋杀罪起诉。根据当地报纸的记载，迪亚兹的困境唤起了萨尔瓦多西班牙社群的同情，于是他得到了一位辩护律师。这位律师在庭审中请来了几位医生。他们证明，埃尔南德斯不是死于绞索，而是死于惊吓，或者是他被吊起来的时候身体出了什么毛病。这套理论十分契合迪亚兹的辩护策略。他辩解说，当时他没想杀人，只是想教训教训那个工人。然后迪亚兹当庭晕倒了，他仿佛十分懊恼，内心深受折磨；他被送到了医院，“差点死在那里”，与此同时，庭审仍在继续。到头来，他其实什么都不用怕。迪亚兹被无罪释放了，听命于他的几名工人被判有罪。[9]

詹姆斯·希尔的转变也许源于迪亚兹案，也可能因为随着时间的流逝，他变得更有资格心软。1912年以后，萨尔瓦多参照西班牙著名的国民警卫队，成立了自己的国民警卫队，它的规模远大于这个国家以前的警察队伍。国民警卫队拥有400多名队员，他们至少在军队里待过一年，后来又接受了一年的特训，这支队伍被部署在咖啡产区的大型种植园里。警卫队的“长期存在”为监工、经理和种植园主分担了很大一部分维持纪律的责任。在收获季节，希尔和其他种植园主经常请求国民警卫队派几名队员全天候驻扎在自己的庄园里。[10]

希尔的转变也可能是因为，他开始寻求另一种防备小偷、保卫财产界线的方式。从某种意义上说，这种新方法比直接的暴力“思虑更周全”，更精妙。这是对萨尔瓦多咖啡产业的一种“合理化”，因为它采用的控制手段不是基于直接的身体暴力，而是着眼于人们的思想。希尔在种植园里建立的这套工作纪律十分契合三门加工厂的标志：三曲腿图。在阿波罗的标志下，希尔参照生产主义者所信奉的

“能量福音”，设计了一套劳动管理系统，它将饥饿、食物和工作结合在一起，打造出高效的咖啡工厂。为了继续垄断人们的基本需求，以驱使他们制造咖啡，希尔在种植园里塑造了一套生态系统，引导太阳的能量流入咖啡的生产流程，他一边培育咖啡树，一边让工人饿肚子，同步制造咖啡和饥饿。通过这种手段，希尔把人变成了他所说的“工人”，让他们成了“他的”所有物。

我们可以通过一个家族故事——一段真实的传奇——看清希尔在种植园里制造饥饿的手段有何新颖之处。希尔已故的岳父迪奥尼西奥声称自己是西班牙征服者的后代，洛拉继承的咖啡种植园是他建立的。从某种意义上说，他的种植园十分符合尼采对野性难驯的“能量怪兽”的想象，因为他在咖啡树旁种了一片片红酸枣树——一种酸甜口味的本地水果，长得很像李子，只是个头很小——对种植园里的工人来说，这是个颇具诱惑力的食物来源，因为红酸枣树很难看管。[11]

但迪奥尼西奥的女婿另有主张。希尔的确跟亚瑟·鲁尔说过，“自己的工人没有私人财产的概念”，他们会吃掉生长在种植园里的水果，仿佛那是“上天赐予的礼物，就像阳光和雨水一样”，但他自己却不愿意承认阳光和雨水是公共财产。

如果希尔在自己的土地上看见一棵火龙果树，他会命令手下把它砍掉。如果他看见番茄和黑莓灌木丛长得乱七八糟，他会命令手下把它清理干净。如果他看见一棵生长多年的高耸的野生无花果树——在中美洲，这是一种受人尊敬的树木，它宽阔的树冠投下的树荫常被当作室内空间的延伸——他会叫伊莱亚斯·德里昂把它锯成木板。[12]希尔在咖啡树旁种植的遮阴树不是果树，而是南洋樱。这是中美洲的一种本土植物，后来它成了全世界种植园里常用的遮阴树种。南洋樱很适合这种用途，因为它能快速长到30英尺以上，比咖啡树高得多；它能将氮重新固定到土壤中；它的叶子是完美的绿肥，可以用来填洞；它的种荚可以喂牛，或者喂其他反刍动物，但人吃了却会中毒。当地人都知道，希尔拥有最棒的遮阴树。[13]

咖啡树脚下的地面上种满了豆子。和南洋樱一样，豆类植物也能固氮，它的根有助于在火山陡峭的山坡上保持土壤，同时也为土壤中的湿气提供了一层额外的保护。但豆子不仅仅是豆子。在种植园里，不同的豆子有不同的用途。在新栽的咖啡树附近，希尔会种豇豆或黑眼豆，它们特别适合增加土壤的肥力。而在陡峭的坡地上，他会种豌豆或刀豆，这些豆子的根扎得很深，可以预防土壤流失和雨水侵蚀。

各种豆子的藤蔓是上好的堆肥原料，除此以外，它们也是重要的食用作物。有鉴于此，希尔命令伊莱亚斯·德里昂在豆子成熟后尽快采摘豆荚。摘完了豆子以后，豆藤要立即埋进填肥料的洞里，以免它们的营养流入人体，而不是供应给咖啡树——希尔见过工人试图偷吃切碎的豆藤。[14]他也见过小鸡啄食咖啡苗圃附近的豇豆，所以他提醒手下的经理，养鸡违反了多年来的规矩，而且种植园里的所有鸡都属于种植园主，而不是养它的人。[15]

在人流特别密集的区域，希尔会种植第三类豆子。刺毛黧豆原产于亚洲，它传播的路径和南洋樱正好相反。20世纪初，刺毛黧豆进入了中美洲，在联合果品公司大西洋海岸的香蕉种植园里扎下根来。这种豆子理想的种植场所包括咖啡苗圃周围、种植园地界两旁以及所有的公共道路和篱笆旁边，因为它长得快、爬得高、枝叶繁茂。它就像一道有生命的篱笆，枝叶上覆盖着一层细细的绒毛，稍微一碰就痒得要命。最重要的是，这种豆子基本不能吃。除非经过精心的炮制，反复烹煮，否则刺毛黧豆很容易让人中毒，轻则呕吐、肚子抽痛，重则引发中毒性精神病。[16]鸡也不能吃它。种植园外围和内部纵横的道路旁种植的刺毛黧豆为希尔画出了饥饿种植园的边界。通过对植物和家养动物的监管，希尔将自己疆域的边界扩展到了阳光能照亮圣安娜的所有地方。

至于野生动物这边，猴子、犰狳和食蚁兽曾被视为萨尔瓦多压箱底的“饥荒食物”——还有那些猎捕小鸡同时也被人类猎捕的大猫、郊狼和狐狸——20世纪上半叶，随着咖啡产业的兴起，这些物种基本“灭绝”了。[17]萨尔瓦多咖啡产业的扩张逼得其他植物和动物步步后退，这个国家的文化和胃口也随之萎缩。火山高地上只剩下咖啡这一种作物，萨尔瓦多工人的饮食也随之变得枯燥乏味，最终只剩下毫无特色的玉米饼和豆子。

但是种植园里野生的食物种类繁多、数量丰富，种植园主必须付出持续的努力才能抑制它们的生长；为什么要发起这样一场战争，只为了把它们换成一成不变的两种口粮，一周六天，每天两顿？如果他们的目的是吸引人们来种植园工作，通过思虑周全的管理手段赢得工人的服从，为什么不能供应原本就生长在火山上的某些食物，以丰富大家的口粮？野生的食物无所不在，消灭它们需要消耗大量劳动和资源，既然如此，为什么还要坚持供应玉米饼和豆子，一顿接着一顿，从来不换花样？

1524年，西班牙征服者刚刚踏上这片后来被称为萨尔瓦多的土地时，它的经济还不是他们离开时的一潭死水。恰恰相反，这个地区——后来被分成了库斯卡特兰和伊萨尔科两个大省——居住着十万以上的人口，相对比较富裕。对于经营出这种局面的皮皮尔族印第安人和其他较小的土著群体来说，这不是什么好消息，因为他们的财富吸引了西班牙帝国的注意，随之而来的是剥削。

差不多1000年前，皮皮尔族印第安人从如今的墨西哥境内向南迁徙，在火山脚下的肥沃盆地里建立了欣欣向荣的定居点，包括规模可观的可可种植园。对他们来说，可可既是货币——它不仅是贸易的媒介，还能用来交税、上贡——又是可交易的商品，皮皮尔族印第安人可能会用可可和其他土著社群（最远可达墨西哥）交换棉花和黑曜石。[18]征服者的殖民地经济建立在土著已有的财富基础之上。西班牙人靠武力控制了当地的经济作物，疫病也在炎热的海滨低地流传开来，这片土地被征服以后，很多印第安人前往高地寻找庇护，那里陡峭的火山山坡上种满了玉米。[19]

可可意味着金钱，而玉米意味着生命。大约9000年前，在如今的墨西哥境内，人们开始驯化野生的玉米，把它变成一种农作物。玉米和当地丰富的野生豆类——豆子的驯化也发生在同一时间段——共同组成了支撑生命的完整蛋白质来源。[20]不过，大约3000年前，玉米的地位甚至比豆子更高，那时候中美洲人开始用石灰和水制成的碱性溶液浸泡玉米，然后再进行烹饪。这个过程叫作“糊化”，它能软化玉米粒，分开种皮和胚质，让人们能够更轻松地将玉米磨碎、揉成面团。这样处理过的玉米更容易消化，也更有营养，因为它蕴含的烟酸、钙和氨基酸都变得更好吸收了。[21]而且糊化后的玉米做起来更快，人们通常把它摊成玉米饼，放进当地厨房特有的土制平底浅锅里烤熟。

随着糊化的普及，玉米为古代的奥尔梅克社会奠定了根基，也塑造了后来的土著文化，包括玛雅和阿兹特克，这两种文明都深深影响了后来被称为萨尔瓦多的那片地区。[22]根据玛雅圣书《波波尔·乌》的记载，狐狸、郊狼、鹦鹉和牛把玉米献给创世神，西穆卡娜女神把玉米磨成糊，做成了人类的血肉。[23]与此类似，在阿兹特克的纳瓦语中，代表人类血肉的词语tonacayo也有“玉米”的意思，而代表数字1的ce源自另一个指代玉米的词语cintli。[24]

西班牙人把印第安人的圆玉米饼命名为tortillas，意思是“小蛋糕”。在中美洲，皮皮尔人制作的玉米饼和我们熟悉的墨西哥薄玉米饼不太一样：他们的饼比较厚重，直径和早餐常吃的烤饼差不多。墨西哥玉米饼通常用来卷豆子，而皮皮尔玉米饼往往被撕成小块，当成勺子使用。除了玉米和豆子，皮皮尔人还会种植南瓜、番茄、红番椒、花生、牛油果和某些块根作物，与此同时，他们也会照料生长在定居点周围的土生果树。

中美洲印第安人的饮食以玉米和豆子为核心，并不是因为他们图方便。[25]恰恰相反，玉米不会在野外自然繁殖，必须有人播种、照料，才能正常生长。更糟糕的是，玉米和豆子都无法单独提供人体所需的全部营养，它们必须同时出现在食谱中，所以靠这两种食物维生的人需要应对双重的风险。

从另一方面来说，玉米和豆子的确有共同的特性，正是这些特性让它们成了千年来多个繁荣复杂文明的基础。这两种作物的可食用部分都很容易弄干，适合长期保存。干燥后的玉米粒和豆粒个头小、外形独特，便于使用标准化容器和量具称量打包，必要时还能轻松分开。因此，人们可以很轻松地把它们从某个地方运送到另一个地方。此外，这两种植物都很难偷种而不被发现，它们需要阳光才能茁壮生长，茎秆破土而出，向路过的收税员宣示自己成熟的时间和种植的范围。换句话说，玉米和豆子是政府理想的食物，特别适合集中管理。中美洲的土著帝国常常把玉米当成税金和贡品加以征收。在农业社会中，充足的食品供应是一种极其重要的财富和权力象征。[26]和古代的美洲帝国一样，后来的咖啡帝国也遵循同样的逻辑。

除了铲除火山上野生的食物，詹姆斯·希尔在种植园里修建的厨房也加强了他对口粮——玉米和豆子——的控制力。圣安娜的一部分种植园主允许工人自己做饭，但对希尔来说，中央厨房是他保证种植园顺利运营的关键所在。买下德内克庄园以后，希尔第一时间着手做的事不仅仅是挖洞、修建咖啡苗圃，还包括修建新的厨房。在他将这片土地变成繁荣种植园的计划中，修建新的厨房是关键的一步。[27]种植园的厨房是希尔在圣安娜火山上建立的咖啡工厂的引擎室，和任何一间引擎室一样，这些厨房里配备了精密的“仪表”，可以测量、记录轰鸣的工厂整体的运转情况。

厨房本身相当简陋：一间配有热源的房子，地上挖了水沟，石灰水把玉米分解成能做饼的玉米粉，剩余的废水顺着水沟流到外面。仅有的设备是做玉米饼的烤盘和煮豆子的罐子。玉米饼是手工做的，厨子用手把面团整理成合适的尺寸和形状，至于搅豆子的工具，什么都可以，只要干净就行，因为希尔最不愿意看到，他花钱买来的劳动力因为吃了厨房提供的口粮而损伤了身体。[28]

尽管这些厨房如此简陋，它们却能帮助希尔看清种植园里发生的每一件事。如果厨房运营良好，厨子准备的食物量应该正好符合种植园完成的工作量。因为玉米和豆子一成不变，易于计量，所以跟踪它们的消耗量不是什么难事。要是简报上记录的数字和实际消耗量有出入，希尔会亲自检查出问题的厨房，或者派监工伊莱亚斯·德里昂过去，看看厨子到底制作了多少食物。因为他知道，替他干活的人肯定都很饿——他们会吃光每一份口粮——所以希尔可以通过提供食物的厨房跟踪他们。他可以清点原材料和口粮的数量，再看看有多少工人，完成了多少工作，确保这几个数字同步平衡，以此维护良好的生产秩序。

希尔之所以能跟踪厨子制作的口粮数量，是因为他总是在国际市场上伺机买入低价的食物，再通过中央分配系统把它送到各家种植园里。从火车站运来的玉米和豆子被存放在三门加工厂里，然后根据需求送往不同的种植园。[29]进入种植园以后，这些食物会被锁进粮仓内部的铁箱子，里面还会撒上二硫化碳，这是一种有毒的杀虫剂。[30]粮仓和厨房都由厨子看管，这个职位专属于女人。

希尔在火山上建立了阿波罗式的生产体系，在这套体系中，厨房和掌管厨房的厨子占据着重要的地位，不仅因为他们控制着食物和工作的关系，还有一个原因是，为饥饿的人提供食物的厨房是社交生活的中心。而作为社交活动的中心，厨房是信息的枢纽，也是通往种植园这个小世界的大门。要是希尔想在自己的种植园里找某个人，或者某件东西，他会先去厨房看看。[31]希尔认为，如果他和副手想从厨房获取重要的信息，最有效的办法是私下里和厨娘聊聊。在任何需要询问的场合，男性管理人员的体力总能带来便利，支撑这一逻辑的仍是性别文化的力量。为了奖励厨娘的忠诚，他会给她们发放全年的工资，哪怕种植园并不是时时都有活干。

除了集中烹饪、分配食物，希尔还试图控制制作食物的所有原料，哪怕有的原料根本没法锁起来。比如说，厨子会用石灰处理玉米，然后再把玉米磨成糊、做成面团、烤制成饼，但石灰也是一种重要的农业物资。挖地施肥的时候，工人们会把石灰撒在地上，再用土把它盖起来，咖啡树的根会酸化土壤，而石灰可以中和土壤的酸性。为了杜绝工人们私自做饭进食的可能性，希尔试图通过严格的管理手段控制石灰在种植园里的运输过程，但有的经理并不重视这件事，他们把石灰随便堆在任何人都拿得到的地方。这个问题在德内克尤其严重，因为这家种植园没有常驻的经理，佩德罗·博拉尼奥斯和妻子一起住在隔壁的圣罗莎。所以希尔另想了一个办法来保护自己的石灰，以免它们被工人偷回去做饭。他让伊莱亚斯·德里昂把石灰堆放成一座座微型“火山”，然后在每座“火山”上撒一层黑土。火山锥圆润的形状，石灰与黑土鲜明的颜色对比，这两种特征共同组成了一套防盗系统。它代表着种植园主心目中的理想世界：谁也别想从这些火山里偷走任何东西。[32]

15　咖啡时期的爱情

要是有可能的话，詹姆斯·希尔肯定愿意雇人用铜板、锌板和木框打造一个能把圣安娜火山整个罩起来的大盒子，再雇更多的人穿着实验室大褂站在盒子外面，记录盒子里的工人摄入和消耗的能量，近距离观察他们的工作，定时给他们发放分量精确的口粮。可惜世界上没有火山那么大的热量计，所以除了简单计算消耗的口粮和完成的任务，希尔又发展出了一些方法和技术，让他能以严苛的标准衡量工人的工作，确保他的命令得到了落实。

首先，希尔会衡量工作本身，通过每项工作在土地上留下的痕迹判断它需要消耗多少体力。有的工作适合用任务模式来衡量，比如说挖洞；但某些比较精细的工作衡量起来很难，其中包括那些计时的工种，它们需要另一套更完善的标准。希尔向亚瑟·鲁尔解释说，如果某位“工人”以计时的方式犁地，他希望这个工人在翻土时能挖到18英寸左右的深度。作为演示，希尔将他“结实的手杖”扎进柔软的泥土，让它直挺挺地立在那里。如果达不到这样的深度，那“只能算挠痒痒，不算正经犁地”，这样干活的工人会遭到训斥。[1]

监督工人干活的时候，希尔还会观察他们的呼吸。如果他听到有人一边干活一边聊天——或者更糟糕，一边干活一边笑闹——他就知道，这些人肯定不够努力，因为他们没喘粗气，于是他会把这些工人调去干计件的工作，让他们证明自己配得上那份口粮。

最后还有第三种更微妙的标准，它牵涉希尔对工作本身、圣安娜火山的大气条件以及人体呼吸和代谢机制的了解。工人开始干活以后，希尔认为他们会在半小时内开始发热。如果看到某位工人干了半小时的活还没脱夹克，希尔就会把他调去干计件的工作。希尔知道，这个人可以再努力一点，这是他通过汗水做出的判断。[2]

就算希尔可以通过这些方式来监督工人，对他来说，这项工作还是比监管口粮难得多。这是管理最严格的种植园与实验室热量计的关键区别之一。一般来说，种植园的工人肯定没有A.W.史密斯那么守规矩。除此以外，工人的数量比监工多得多，而且监工不是超然客观的存在，有时候他们也不值得信任。

在战后的扩张时期，有一天，詹姆斯·希尔出门巡视工作进展的时候，他远远看到，一棵牛油果树茂盛的树冠耸立在一排生长了一年的咖啡树苗上方。看到这棵老树，希尔有些生气，但他并不意外。他在其他地方见过同样的情形，生长多年的大树上结满了成熟的水果，果子多得随时可能压断树枝，砸伤下面的咖啡树。他还在别的地方见过，地面上长满了黑莓灌木和番茄，它们抢走了原本属于咖啡树的肥料。这绝不符合他设想的错综复杂的阿波罗式咖啡生产秩序。在希尔看来，种植园里的可食用植物代表着浪费、无序和损失——他仿佛看到，自己的土地和劳动力等资源变成了咖啡以外的东西。[3] 他下过命令，要求砍掉所有果树，但还是有果树违反他的命令幸存了下来，他觉得自己知道问题出在哪里：为了保护某些长在偏僻角落的果树，给自己保留一点食物，工人们贿赂了经理。[4]

把圣安娜火山改造成咖啡工厂的阿波罗工程需要的不仅仅是砍掉果树、在地里种植有毒的植物。有些规矩只有执行了才能产生效果，而执行这些规矩需要规范人际关系，用一种新的、公事公办的态度压制那些古老得多的社群团结模式和亲密关系。

在土地私有化和咖啡兴起之前，萨尔瓦多人依靠自己拥有的土地获得食物和资源：那些土地属于特定的印第安社群，属于某个村庄、某个镇子、某个自治市，或者某个家庭。土地的所有权意味着食物。后来，公有土地变成了私人的财产和种植园，虽然这样的转变没有立即切断旧日的社会关系和根深蒂固的分享习惯，但它抹杀了这类行为的合法性。

随着咖啡在萨尔瓦多的兴起，资源都集中在种植园里，所以种植园成了满足人们需求的地方。需要工作的时候，人们会求亲靠友。需要水的时候，人们愿意走远路去找熟人，让他们从种植园的厨房里弄点水喝。需要找个地方睡觉的时候，人们会问那些住在种植园里的亲友，能不能在他们的小房子里挤挤。随着咖啡种植园占据的土地、雇用的人手越来越多，在萨尔瓦多的乡村地区，人们——甚至包括种植园体系以外的人——的基本需求和个人欲望越来越服从于种植园主的规矩和纪律。

但从某些方面来说，种植园主的规矩和纪律也越来越服从于工人的需求和欲望。

佩德罗·博拉尼奥斯在德内克简报里报告的数字表明，肯定有什么地方出了问题。博拉尼奥斯声称，他手下的女工一天能给30个洞施肥，比希尔预计的25个洞多了20%。博拉尼奥斯本来想凸显自己的功劳，但他的老板却看出了问题——希尔觉得这些数字好得不像真的，所以他从办公桌后面站起来，亲自调查了一番。

来到德内克以后，希尔发现，佩德罗·博拉尼奥斯雇了不少女工来施肥，其中有些女孩还不到10岁。他觉得这些女孩可以通过工作自己赚口粮，而不必分享父母的份额。分享食物是成年人保护孩子最重要的方式之一，不光是他们自己的孩子，还包括亲友的后代。厨子认识的孩子往往吃得很好。经理和他们的老婆认识的孩子也吃得不错。希尔安排孩子的时候总是着眼于家族事业的繁荣，他知道手下人会用这种方式疼爱、保护孩子，也知道自己无力约束这种形式的爱，所以他试图从中获益，比如说，他经常雇用厨子和经理的孩子来做信使。

但工作和口粮并不是简单的兑换关系。在德内克检查自己分配给佩德罗·博拉尼奥斯的工作时，希尔偶然看见，一位年轻女性放下锄头，离开了女人们为咖啡树苗预埋绿肥的区域。被希尔拦下来以后，她说自己是在执行监工的命令，但希尔从这个故事里听到了谎言。他认识女人所说的那个监工，佩德罗·博拉尼奥斯的这位手下还是个孩子，他太年轻了，可能不适合干监督年轻女性的工作。他还留着孩子气的发型，头发一直垂到脸上。希尔猜测，这位年轻女性可能在这位监工或者其他什么人心中占据着特殊的地位，她的某些举止告诉他，她自己也知道这件事。[5]

父母对孩子的爱是一回事，但种植园容不下男女之爱，因为它会破坏饥饿、工作和食物的关系。从德内克回来以后，希尔开始怀疑，佩德罗·博拉尼奥斯肯定是被某些陷入爱河的人骗了。[6]

在火山上，把工人们联系在一起的纽带不仅仅是需求和爱，还有愉悦。一起工作的人会在工作以外的场合见面。他们会聚在一起，打牌、喝酒、聊天。从种植园主的角度来看，问题在于工人们通过这些活动建立的关系会延伸到工作时间里，如果工人和工人之间、经理和他们本应监督的工人之间建立了某种默契，这无疑会增加管理的难度。

萨尔瓦多种植园的管理层里有不少外国人：例如失宠的德国农业专家沃勒斯和西班牙监工弗洛伦蒂诺·迪亚兹。从理论上说，雇用外国经理的好处之一是情绪的疏离，他们出生在另一个地方，在另一种语言和文化环境中长大——很多外国经理的长相也和本地人相去甚远——这种差异造成的同理心缺失会让人——举个例子——决定吊死另一个人。

同样地，希尔种植园的管理人员肯定大部分是萨尔瓦多人，而不是外国人；在日常生活中，经理和工人之间的分野其实不是那么分明。所以希尔采取了一些措施来巩固和鼓励这种有用的情绪疏离。物色经理的时候，希尔找的是那些不用暴力手段的人，同样地，他也尽量雇用那些来自远方的经理，希望借此规避既有的社会关系。如果做不到这一点，希尔就会试着教导经理，让他们学会冷漠，少跟工人交往，免得他们拉不下面子，干不好管理工作。[7]

因为希尔手下的经理都是男性，所以他特别担心他们和女工扯上什么关系。众所周知，在种植园周围晃悠的女人都不是省油的灯：她们喜欢揩油，爱吃白食，完全就是累赘。希尔在自己的某座厨房里发现了一群这样的女人：磨玉米的厨娘，经理的老婆，再加上两个总在不同的种植园里晃悠、求人帮忙的女人。从一家种植园游荡到另一家的女人往往背着靠性爱换取优待的名声，她们也常常带来麻烦。

饥饿、工作和咖啡组成了一套动态平衡的体系，希尔在三门加工厂发布的命令通过这套体系落实到种植园里，而经理们的个人和家庭生活削弱了这套体系的力量，因为除了咖啡，他们还会关心别的东西。一位经理把母亲接到希尔的种植园里和自己一起生活，结果她刚站稳脚跟就开始颐指气使，要人服侍，仿佛这家种植园是她家的。另一名经理坚持把厨房里的肥缺给了自己的两个小姨子和她们的家人。希尔还发现，他的另一家种植园里住着几个在别家工作的女人，她们向种植园的经理支付房租，这位经理靠着不属于自己的房子当起了房东。

希尔知道，他对性爱的掌控力十分有限。他默认手下的经理有机会用食物和恩惠换取性爱——在贫穷饥饿的群体中，手握关键资源的男人总是享有这种特权。希尔只能用开除来威胁那些甘于堕落的人，并希望这样的威胁能保护他的种植园，赶走破坏生产的家伙，留下真正干活的人和真正有用的东西。[8]

在规训手下的经理遵守规则的过程中，希尔遇到的困难——被迫不断重复同样的命令让他感到挫败，被迫反复重申自己心目中的常识让他怒火中烧——证明了这些经理所处的位置相当微妙。他们难以平衡自己的特权地位和丈夫、儿子、爱人、朋友、同胞的身份，也不愿意眼睁睁看着老板把自己在乎的人当成“他的工人”。

问题在于，佩德罗·博拉尼奥斯到底是被手下耍了，还是他耍了希尔——都不是什么好事儿，但后者更糟。

博拉尼奥斯在德内克刚刚表现出失职的迹象时，希尔还愿意相信他的清白。即使是他也很难追踪博拉尼奥斯的所有工作，所以他才会单独请了一批木匠，让他们在德内克修建新的厨房。刚在佩德罗·博拉尼奥斯的简报里看到不好的苗头时，希尔的第一反应是朝着乐观的方向去理解，因为这个男人以前的工作表现很好。[9]

但希尔的耐心很快就被磨光了。在战后忙碌的收购和扩张中，佩德罗·博拉尼奥斯掌管的土地总面积达到了350英亩以上，比希尔手下的任何一名经理都多，他手下的工人也是最多的——有一段时间，他管理的工人数量占希尔麾下所有种植园工人总数的1/3。虽然博拉尼奥斯接受的训练和他自己的判断力足以让他明白，该如何振兴德内克，他的智力也足以计算出该如何达到这一目标，但在这片广阔土地上的某个地方，在这家庄园的数百名工人中间，他拐错了一个弯。他的确找到了人手来德内克挖洞，但接下来却迷失了方向。

有一天，希尔去德内克检查工作，却没找到佩德罗·博拉尼奥斯在哪儿。他去问博拉尼奥斯的妻子，她说他跟施肥的女工待在一起。可施肥的女工说，他去了苗圃那边。结果希尔在苗圃里也没看到他。于是希尔停下脚步，吹了三次口哨，然后开始等待。希尔等了十五分钟，周围的女工每次踩到咖啡树苗，他都会心疼得一哆嗦。然后他走到工人们种植咖啡的地方，又等了一会儿。最后他去附近三家比较小的种植园里找了一圈，但谁也不知道佩德罗·博拉尼奥斯去了哪里。[10]

行踪不明必然引发怀疑。希尔开始更密切地监视佩德罗·博拉尼奥斯，然后他得出结论，博拉尼奥斯做得不好的正是这方面的工作：在岗。某次去博拉尼奥斯管理的一家种植园时，希尔碰巧看到一些柴火堆在路边。从远处看，这些柴火堆得挺好，等到靠近以后他才发现，它们的堆放方式就像博拉尼奥斯的职业生涯：中间是空的。佩德罗·博拉尼奥斯有能力吸引工人来种植园工作，却不能监督他们好好干活。希尔开始怀疑，这两件事密不可分——博拉尼奥斯之所以总能招到足够的人手，正是因为他允许工人偷工减料，而且还替他们遮掩。[11]

佩德罗的弟弟安尼康·博拉尼奥斯的问题出在其他地方。安尼康管理的是希尔手里另一家名叫阿尤特佩克的种植园，他没别的毛病，就是慢。安尼康跟不上时间表，更糟糕的是，他似乎对此并不在乎。[12]在安尼康的管理下，阿尤特佩克发展得特别慢，看起来简直像在倒退。[13]慢慢地，在这家庄园里，疏漏和问题变成了常态而非特例，希尔调侃说，不如给它改个名字，叫作“迟到”。[14]

有时候希尔会根据某家种植园的问题给它命名，有时候他又会用名字表达他对这家种植园的希望。当他终于准备好给德内克重新命名的时候，希尔选择了一个兼顾现实和希望的名字：“圣伊西德罗”，他是农场工人的守护神。这正是种植园需要的东西——优秀的工人，或者奇迹。

有时候希尔的教导的确有用。

博拉尼奥斯兄弟失去了老板的宠信，与此同时，希尔手下资历最老的员工——埃杜维赫斯·梅迪纳，展现的能力足以解释他为什么能干这么多年。梅迪纳管理着另一家正在扩张的种植园，它名叫瑞瑟瓦；他的职责是监督工人挖洞，让他们在准备种植咖啡的土地上撒石灰。撒石灰的工作总是由女工来干，她们的日薪大约是10美分。石灰里的腐蚀性化合物会中和土壤里的酸，但女工把手伸进袋子抓取石灰的时候，这种化合物会烧伤她们的手掌，造成皮肤剥落；她们在地里行走的时候，撒在地上的石灰也会烧伤她们的赤脚，导致脱皮。女人不想继续被烧伤，至少不想为这么点工资被烧伤，所以她们要求加薪到每天15美分。

无论是手脚脱皮还是15美分的工资，这些事希尔一概不想听。如果女工烧伤了自己，那一定是因为她们往石灰里掺的水不够多。如果现在水比较紧缺，那就应该提前启动这项工作。前一阵子水源充足，工资也比较低廉，经理们绝不会遇到眼下这些抱怨和困难。

埃杜维赫斯·梅迪纳经常因为工资的问题和工人发生争执，希尔常为这事儿骂他，但这次他想了个好主意。女工们拒绝按往常的价钱工作，石灰堆成了小山，路过的人谁都能抓上一把，再把它换成食物。就在这时候，梅迪纳提出了一个解决方案，不花什么钱，但需要时间。这位经验丰富的经理将目光投向了一支后备的劳工大军，希尔的庄园不太需要这些人，但他们特别适合干轻活儿：梅迪纳决定雇用孩子来撒石灰，他们愿意接受被自己的母亲嫌弃的工资水平。

詹姆斯·希尔可能希望自己的种植园能像热量计一样运转：封闭的隔间里只有为他工作以换取食物的人，监管者始终和这个小世界保持一定距离，昼夜不停地监视、管理劳工。但归根结底，种植园和热量计毫无相似之处。希尔的“工人”所做的事情，待在热量计里的人根本做不到；那些受试者与世隔绝，只能透过玻璃笼子的窗户往外看，放眼望去，只能看到把自己送进笼子的人，他们根本不可能像种植园里的劳工一样生活。劳工要想办法喂饱自己的孩子，和邻居分享水，帮家人找工作、给他们提供落脚的地方；劳工会互相扶持，凭借爱和性的纽带拥有彼此，这足以打破希尔每次提及“我的工人”时表现出来的一切尽在掌握的幻想。他们所做的事情清晰地展现了人与机器的分野。他们会拒绝工作，他们会在意彼此，他们可以决定自己如何生活。他们越来越在意彼此，这样的道德观逐渐发展成了一种政治。

16 关于咖啡的真相

1905年，30出头的威廉·H.乌克斯斯开始着手写一本书。他花了一年时间四处奔波，收集资料。回到纽约的家里以后，他又翻遍了附近的图书馆和博物馆。如果某些地方没法亲身前往，他就派助手过去；乌克斯的研究助理在欧洲收集信息，尤其是伦敦和阿姆斯特丹。做了7年的研究以后，乌克斯这才开始组织他收集到的材料，而且新的资料还在源源不断地涌来。6年后，他开始动笔。如果在写作中遇到新的问题，他会花好几个月时间努力解答。经过4年的写作，年近50的乌克斯在1922年的春天写下了最后一笔。6月，这本《咖啡全书》被送到了印刷商手里。

这本书由茶叶与咖啡贸易杂志公司出版，这家机构每个月还会出版一份简报，它是咖啡行业的两家专业性刊物之一。另一份专业刊物是纽约咖啡烘焙商杰贝兹·伯恩斯于1878年创办的《香料磨坊》。乌克斯刚开始工作时是《香料磨坊》的一名记者，1902年，他升职成了主编。1904年，他离开这家刊物，接管了《茶叶与咖啡贸易》杂志。《香料磨坊》主要关注杂货业，而《茶叶与咖啡贸易》更看重国际贸易。[1]撰写《咖啡全书》期间，乌克斯每个月还要撰写、编辑、出版一份相同主题的杂志。

除了专业性刊物，咖啡很少出现在其他文字资料里，这和它在美国人生活中占据的重要地位毫不相称。乌克斯在前言中写道，《咖啡全书》是40多年来美国出版的第一本以咖啡为主题的严肃书籍：再往前数就是弗朗西斯·比迪·瑟伯在1881年出版的《从种植园到咖啡杯》，以及更古老的，小罗伯特·休伊特出版于1872年的《咖啡的历史、栽培和使用》。乌克斯说得很谦虚。事实上，他的著作堪称前无古人。这是一本近800页的鸿篇巨制，每页分为两栏，印刷的字体很小，另有17幅彩图、500幅黑白插图、100张肖像，还有30张地图、表格和图表。除了这些方面，最让乌克斯引以为傲的是他编写的《咖啡年表》，里面列出了492个具有历史意义的重要日期；还有《全世界种植的主要咖啡种类参考全表》和《咖啡参考书目》，这份书目收录了1380条信息，作为索引之前的最后一个部分，参考书目本身就占据了28页的篇幅，每页分为三栏。

威廉·H. 乌克斯了解咖啡的方方面面，但咖啡的某些方面——包括最重要的一些方面——似乎仍然充满谜团。《咖啡全书》里有两章署着查尔斯·W. 特里格的名字。乌克斯委托特里格来撰写《咖啡豆的化学》和《咖啡饮料的药理学》。因为这两章内容复杂、难度高，同时牵涉各方利益，所以需要权威的专家坐镇。

特里格是一位接受过正规训练的化学工程师。从职业的角度来说，他可能是美国最权威的速溶咖啡专家。1901年，借鉴日本可溶性茶粉技术生产的可溶咖啡在水牛城的泛美博览会上首次公开亮相，第一种大规模零售的速溶咖啡产品拥有一个听起来相当凶猛的品牌名字：红E（Red E）。它的支持者包括铁路公司、制糖业和胜家缝纫机公司的高管，这些利益集团的存在意味着咖啡饮料已经在美国经济中占据了相当重要的地位。特里格在匹兹堡的梅隆研究所完成了他的学术研究。1922年，《咖啡全书》付梓时，特里格是底特律金咖啡产品公司的首席化学家。他在这家公司研发的两种产品特别适合美国的工业城市：其中一种是速溶产品，名叫“分钟咖啡”；另一种是基于咖啡的软饮料，名叫“咖啡劲饮”。[2]

特里格在他为《咖啡全书》撰写的章节中谈到了自己的研究在整个产业中的定位。“咖啡生意牵涉甚广，”他写道，“咖啡与普通人日常生活的关系也很紧密，相比之下，我们对咖啡化学成分和生理作用的准确认识少得惊人。”[3]这里的“惊人”肯定不是什么褒义词。“按照文学作品里的描述，咖啡既是‘救命的仙丹’，又是毒药……这是一种可悲的状态，”特里格继续写道，“不利于正确的知识在大众消费领域的广泛传播。”[4]特里格没说的是，这种状态有利于其他一些事情。

美国声音最大的反咖啡人士可能是C. W. 波斯特，他是一位谷物大亨，一位卫道士，也是一位曾经的神经衰弱患者。在19世纪的美国，神经衰弱是一种常见病。这种病的典型症状是疲惫，患者因疲惫而衰弱，甚至只能卧床休息。1890年，波斯特的病情一度恶化，当时他已经三十好几了，而且正处于人生低谷。为了治病，他去了密歇根州巴特尔克里克市约翰·哈维·凯洛格的疗养院。凯洛格坚决反对咖啡，他认为茶和咖啡“对美国人的健康造成了严重威胁”。美国神经衰弱大流行背后更深的恐惧是，这个国家可能因此变得衰弱。凯洛格认为，咖啡成瘾吸走了美国人的活力，导致他们提前衰老。凯洛格的疗养院早餐供应的是他申请了专利的综合谷物和所谓的"焦糖咖啡"，这种饮料实际上是用面包皮、麸皮和糖浆做的。

对大部分神经衰弱患者来说，疗养院是他们吸收太阳疗愈力量的地方。除此以外，波斯特也吸收了凯洛格的想法。到了1892年，波斯特已经基本康复，他甚至在巴特尔克里克自己开了家疗养院，并将它命名为"拉维塔客栈"。为了供应疗养院的物资，波斯特开始制作自己的强化食品，其中包括他在1895年研发的咖啡代用品"波斯特姆"。很快他开始向杂货商推销这种混合饮料，波斯特带着便携式的炉子从一家商店赶往另一家商店，每到一站就停下来煮一壶波斯特姆。这种饮料需要煮20分钟，足够他完成一次推销。"只要烹煮得当，"波斯特宣称，"波斯特姆会呈现出类似咖啡的深褐色，而且它的风味也很像那些比较温和的爪哇咖啡品牌。"更重要的是他的健康声明："它会让你的血恢复鲜红的颜色。"为了筹集启动资金，将波斯特姆推向大众市场，波斯特做出了这样的承诺。

和前辈凯洛格一样，为了推广自己用烘焙谷物和糖浆制作的混合饮料，波斯特把咖啡描绘成了毒药。他通过广告警告喝咖啡的人，要他们小心"咖啡心脏病""咖啡神经痛""脑疲劳"以及眼盲、溃疡、脑组织衰变、消化不良、工作时间减少、低能量、贫困、卑微和瘫痪。到1902年，波斯特——他自己也有喝咖啡的习惯——已经赚了100万美元。1905年，波斯特的女儿马乔里举行了一场奢华的婚礼，威廉·H. 乌克斯在《茶叶与咖啡贸易》杂志上写了一篇尖锐的社论，哀叹"美国公众的轻信"——他们是这场婚礼背后的金主。[5]

"讲述关于咖啡的真相"——这是威廉·H. 乌克斯交给查尔

斯·特里格的任务，这意味着用科学粉碎波斯特的宣传。[6]“咖啡的摄入总会带来刺激，”特里格在《咖啡全书》中写道，“它作用于神经系统……提升思维活跃度，加速感知力，从而让人们的想法变得更加准确清晰；它降低了脑力工作的难度，而且没有证据表明它可能留下抑郁的后续反应。肌肉会更有力地收缩，这增强了它们的工作能力，却不会带来任何削弱工作能力的副作用。”讲完咖啡的好处以后，特里格又列出了各种针对咖啡的指控，并一一驳斥：失眠，衰弱，痛风，以及成瘾。[7]他承认，的确有一些人说服了自己相信咖啡有害，其中包括1%到3%“特别紧张”的美国人——例如，C. W. 波斯特这样的神经衰弱患者。“所以，”特里格合情合理地总结说，“如果你不介意自己属于不正常的少数群体，也不是因为误信了某些谬论才觉得咖啡有害，那你要么选择少喝咖啡，要么别管这事。”[8]

但是，关于咖啡的科学仍有一个特里格无法解决的核心问题。反驳波斯特的时候，他引用了多个实验的结论，它们都说喝咖啡能“提升工作能力”。不过，虽然咖啡的这种效果显而易见，但它背后的原因依然成谜：现有的实验并不能确切地解释，喝咖啡为什么会提升工作能力。尽管特里格很想澄清前人提出的“喝咖啡影响人体系统”的各种自相矛盾、“可悲可叹”的说法，但他的确无法解释咖啡、人体、能量和工作之间的确切关系。[9]虽然威廉·H. 乌克斯把大多数科学问题交给了特里格，但他在殚精竭虑的研究中总结出了一个自认为正确的解释。乌克斯在前言中写道，咖啡是“人类能量和效率的配套品”，它是“我们所知的最适合人体这台机器的润滑剂”。[10]

今天，咖啡因最了不起的地方在于它的普及度。绝大多数美国人——可能有80%——每天都会摄入咖啡因，“无论从哪个角度来说，它都是世界上最流行的药物……全世界唯一一种突破了阻力和反对、几乎在任何地方都能自由买到的影响精神的成瘾性物质。它不受管控，不需要执照，以片剂和胶囊的形式在柜台里销售，甚至可以添加到儿童饮料里”。[11]但在两个世纪前，咖啡因刚刚被发现的时候，和“普及”这个词一点都不沾边。恰恰相反，它是一扇展现大自然精妙性和复杂性的窗口。

作为拿破仑时代欧洲最著名的知识分子，约翰·沃尔夫冈·冯·歌德临终前大概会在脑海中看到联结整个世界的无形纽带。他反对笛卡儿“精神和身体彼此独立”的观点，也不认同牛顿的理念：宇宙可以分割成独立的部分，每个部分都能与其他部分隔绝开来单独分析。恰恰相反，为了证明自己“万物皆有联系”的设想，歌德一直在寻找证据，寻找“各部分协同工作”的具体案例。[12]他在谈话中告诉一位朋友：“我们在自然界里看不到完全独立的东西，每种事物必然和前面、旁边、下面或上面的其他事物有所联系。”[13]他的思考指明了科学前进的方向。1847年，德国医生赫尔曼·冯·亥姆霍兹描述了能量守恒定律，但他将这个想法归功于歌德。[14]

1819年，70岁的歌德将一盒来自摩卡港的咖啡豆交给了一位他觉得“很有前途”的熟人——一位名叫弗里德利布·伦格的医生。歌德曾经很爱喝咖啡，他希望这位年轻人能弄清楚这些咖啡豆的成分，它们如何起效，对人体有何影响，它们和外部更广阔的世界之间存在什么看不见的联系。咖啡对人体有什么影响，会产生什么效果，当时人们对这方面的问题所知甚少：它扰乱了流传几个世纪的以体液系统为基础的医学思想，而现代医学几乎还没起步——比如说，路易斯·巴斯德甚至还没出生。

伦格接受了歌德的挑战。经过几个月的研究，他分离出了一种生物碱，或者说一种植物碱基，并将之命名为“咖啡因”（Kaffeine）——这个合成词结合了德语的“咖啡”和后缀-ine，这个拉丁词根意思是“具有某种事物的特性”。[15]有一段时间，人们对“咖啡因”这个术语的使用范围控制得十分严格。1827年，研究者从茶叶中分离出了一种类似的生物碱，它被称为“茶素”；哪怕科学家已经证明了它的化学结构和咖啡因完全一致，“茶素”这个名字依然被保留了下来。现在人们认为，植物体内的咖啡因既是对付有害生物的杀虫剂，又是激励有益生物的奖品。[16]接下来，伦格将在商业化学领域度过一段成功的职业生涯。他做了许多里程碑式的研究，其中包括利用煤焦油合成蓝色染料的开创性工作。这个过程产生的副产品可以用来给纺织厂的布料染色，于是全世界的靛蓝生产者，包括萨尔瓦多在内，不得不转向其他经济作物。[17]

针对咖啡的化学分析让人们得以从新的角度看待这种饮料的效果。咖啡含有三种“活性成分”，或者说三个“原因”。除了咖啡因，另外两种分别是咖啡焦油（咖啡的香气和风味都来自这种精油）和咖啡酸（这种重要的酸也会影响风味）。这些发现为咖啡建立了一个稳固的定义，在越来越重视替代品和纯度的食品工业里，这件事意义重大。一位咖啡商写道，“这些元素各自拥有不同的力量和美德，它们共同营造出了咖啡的效果”；在这三种“活性成分”的共同作用下，咖啡成了一种“独特”的商品。[18]没有这些成分就不能叫咖啡。

不过，尽管这三种“活性成分”定义了咖啡，但它们如何作用于人体，又会产生什么影响，这些问题仍没有得到确切的解答。咖啡因的作用到底是什么？它如何实现这些作用？“咖啡会影响膈和太阳神经丛，并通过无法测量的方式扩散到脑部，从而逃过所有分析，”1839年，奥诺雷·德·巴尔扎克这样写道，“但我们可以推测，神经系统的液体在我们的身体里找到了这种物质释放出来的电流，或者刺激这种物质释放出电流，并帮助它完成传导。”[19]多年来，咖啡背后的科学原理既明确又模糊。根据一位研究者的计算，在伦格发现咖啡因之后的100多年里，以咖啡为主题的科学论文有700多篇——这些论文的作者包括“化学家、生理学家、心理学家、营养学家、医生和食品检验员，事实上，任何与食物和饮食的制备、分析或影响沾边的学科都有人研究咖啡”。[20]其中有232篇论文专注于讨论咖啡对人体的影响。正如查尔斯·W. 特里格所哀叹的，他们的发现往往互相矛盾得厉害。

哪怕W. O. 阿特沃特的热量计能让研究者以前所未有的精度测量人体的运作，但它还是没法深入研究咖啡的效果。虽然德国人在研究工人饮食时曾试图将咖啡对劳动力的贡献纳入考量，但阿特沃特仍然决定将咖啡和茶与其他食物区分开来 '除了一杯咖啡包含的少量卡路里——来自脂肪，或者说精油，他并未考虑咖啡因对人体的其他影响。阿特沃特研究的是“普通人，例如机修工或散工，在完成大量手工劳动的情况下维持一天生活”需要多少食物，他知道很多受试者有喝咖啡的习惯，但为了“简化计算”，他在最后统计能量的时候选择将咖啡排除在外。[21]“茶和咖啡，”他写道，“不是我们通常所说的食物”——“进入人体后能形成组织或提供能量，或者兼具两种效果的材料。”[22]他知道咖啡会对身体产生某种影响，尤其是影响呼吸和新陈代谢——“它有激励的作用，有时候可能还有助于消化”——

但他无法用卡路里的形式衡量这种影响，所以它看起来十分可疑。“对我们中的大部分人来说，不喝茶或咖啡可能更好。”阿特沃特总结说。他在实验室里也坚持了这一原则。[23]为了理解身体自然遵循的规律，A. W. 史密斯在热量计里苦读德语物理论文的时候只有水和牛奶可以喝。

和阿特沃特一样，镀金时代另一位研究人体运作机制的先驱弗雷德里克·温斯洛·泰勒对咖啡的看法也很保守。在19、20世纪之交的那些年里，在工厂机械化、照明人工化、时间标准化的浪潮中，人体运作的生理极限似乎成了通往无限生产力的最后一大障碍、一个亟待解决的紧迫问题。在始于19世纪80年代的关于时间和动作的著名研究中，泰勒分析了工人的动作，希望为他们设计一种完成给定工作的最高效的方式，从而缓解疲劳，最大化每个工作日的产出，尽可能地降低生产成本。无论是出于个人习惯还是在他招牌式的“科学管理”系统，泰勒都很重视一致性、稳定性和清醒性，他认为这是个人提高“自身力量”利用效率的关键所在。所以他会回避所有种类的兴奋剂和麻醉品，包括酒精、烟草和咖啡，因为他担心这些东西会破坏基本的生理机能，导致效率低下。[24]

自相矛盾的观点和说法给咖啡的名声蒙上了一层阴霾，咖啡也不能很好地契合阿特沃特和泰勒对人体机械式的理解。所以，这两位对美国工作和劳动的量化研究影响最大的人，和凯洛格、波斯特——他们俩对美国的早餐影响最大——一样不喜欢咖啡。

咖啡与健康、能量和工作的关系如此复杂，但巴西的种植园主觉得自己能解决这个问题。1918年3月，欧洲、非洲和亚洲的战火仍在燃烧时，这些种植园主凑了100万美元，加上美国咖啡烘焙商凑的15万美元，在纽约建立了咖啡业联合宣传委员会。[25]这个委员会旨在提升咖啡的市场需求，继而提高其价格；为了完成这个目标，他们需要大力宣传复辟时期的英国雇主、下东区血汗工厂的工人、胜家缝纫机公司的高管、查尔斯·特里格、威廉·H. 乌克斯、巴尔扎克和其他很多人早已凭直觉相信，哪怕很难找到证据来证明的事实：咖啡是工作的福音。

咖啡业联合宣传委员会把大部分种子基金交给了费城的广告代理商N. W. 艾尔公司，他们负责运营《好管家》《星期六晚邮报》等多家杂志的广告，这些刊物每个月会被送到1300多万名读者手里。[26]他们的广告强调了巴西“对人类的莫大贡献”，特别是对“活跃、阳刚”的美国。“作为一个国家，我们需要能让身体和头脑高效运转的食物”，咖啡完成了这个任务：“数百万能量十足的健康美国人最爱的饮料……帮助男人和女人忍受寒冷，熬过艰苦的工作。”[27]另一些广告展示了咖啡对“杂货商”“机修工”和“高管”日常活力的贡献，一位高管表示，自从他养成每天下午喝一杯咖啡的习惯以后，现在他“从四点到五点干的活比以前整个下午干的还多”。[28]

除了杂志广告，咖啡委员会还出版了自己的刊物：他们的《时事通讯》每个月会送到美国各地的2.7万名从业者手里；从1919到1925年，他们印制了6本宣传册，总印量多达150万份，这些小册子流向了美国的学校和家庭。其中一本宣传册名为《咖啡有助于提升工厂效率》，它讲述了咖啡给克利夫兰的W. S. 泰勒公司带来的变化。

1918年，与公司同名的创始人去世后的第二年，W. S. 泰勒公司启动了一项实验。他们将苏必利尔大道金属加工部门的一个房间改造成了咖啡厨房，在午餐时间“为雇员提供咖啡，这些咖啡是市场上能买到的最高级的货色，上面漂着真正的奶油，同样是克利夫兰能买到的质量最好的产品，而且分文不收，完全免费”。泰勒公司不是第一家向员工发放咖啡的工厂，但这项服务“没有得到应得的赞赏”。该公司的助理财务总监E. P. 迪斯布罗解释说，免费的咖啡很难被视作一种奖励或“福利”。[29]他说，恰恰相反，“任何一家不遵循这些原则的工厂都无法发挥最大的潜能”。（19世纪末，完成所有工作所需的能量都来自太阳的观念被人们广泛接受以后，大家就习惯了用“植物”［plant］这个词来称呼工厂[30]）

在泰勒工厂里，迪斯布罗统计过数据。他知道公司为咖啡花了多少钱：大约200美元的启动资金，其中大部分用于购买3台35加仑的过滤器，然后是日常的支出，每天20美元左右。这20美元足以购买22磅咖啡和6加仑奶油，再加上“制作、供应咖啡的女工的薪水”。这么多咖啡够500名男工喝——他们每个人花25美分换了一个1品脱的白色搪瓷马克杯，如果不在泰勒公司干了，他们可以把杯子还回去，换回25美分。马克杯的容量“相当于早餐的2大杯咖啡”，这意味着泰勒公司每天午餐时间大约供应1000杯咖啡，每杯的成本差不多是2美分。平均成本之所以这么“高”，是因为“公司尽己所能购买最好的咖啡，并佐以不限量的纯奶油”。迪斯布罗坚持认为，哪怕发放免费咖啡消耗了这么多成本，这项举措依然“提升了工厂的劳动效率，换来了回报”。

就连公司的助理财务总监迪斯布罗也无法量化免费咖啡换来的回报。迪斯布罗没法“用美元和美分衡量这份投资的收益”，也不相信提供咖啡能直接增加总产量。但咖啡有助于“保持产品的完美水准”，帮助公司预防一天中随着“工人体力和脑力”的下降而产生的问题。除了其他金属制品，泰勒公司还生产挤压木浆制纸所需的金属丝网。“如果一位工人因为疲惫和虚弱忽略了产品的一处瑕疵，那他不光会破坏W. S. 泰勒公司的名誉和诚信，还会影响买到瑕疵品的造纸商，以及被这个产品缺陷影响的每一个人。”泰勒工厂之所以供应咖啡，是因为高管们认为，“它会刺激消化器官，让人一整天都保持‘健康’”，喝了咖啡的工人整个下午都能“维持早上建立的更稳定的标准”。这是一项复杂的计算，通过巧妙的设计利用咖啡对抗疲劳，让人类的脑力和体力不受时间影响。

咖啡的品质也有影响。“你永远不可能通过廉价或者掺假的咖啡维持生产水准。”迪斯布罗警告那些试图模仿泰勒公司的工厂经理。“咖啡品质的重要性怎么强调都不为过，这类似一个机械学问题。在我看来，给工人提供劣质咖啡是一件很蠢的事情，就像用劣质的机油润滑一台非常精密的机器。”[31]

虽然有的人坚信咖啡“有助于提升工厂效率”，但他们的信念背后没有坚实的证据支撑，这正是咖啡业联合宣传委员会的第三个工作重点。除了广告和宣传册，咖啡业联合宣传委员会还拨了大约4万美元给塞缪尔·C. 普雷斯科特，他是麻省理工学院（MIT）生物系一位杰出的成员。和现在一样，当时MIT的科研工作与商业利益关系密切，普雷斯科特和大客户一直合作愉快，后来他还当上了理学院的院长。1914年，他在哥斯达黎加建立了联合果品公司的第一间香蕉研究实验室。[32]

为了完成委员会的嘱托，普雷斯科特在剑桥配置了一间“咖啡研究实验室”。他的简报分为两个部分。首先，他打算“尽可能增加我们对这种饮料的化学和生理作用的认识，因为它在世界范围内占据着重要的地位”。其次，他还准备“告知管家、餐馆经理和其他任何需要制作这种饮料的人，该如何烹制才能激发它最浓郁的香气和风味”。[33]研究第二个问题的方法主要是每天煮咖啡，然后请实验室里的人和学校里的朋友试喝。煮了三年咖啡以后，普雷斯科特归纳出了一套经过MIT认证的适合大众的“完美”咖啡配方：现磨的咖啡，比沸点低几度的水，加上泡咖啡的玻璃器皿。[34]

对咖啡业联合宣传委员会来说，幸运的是，普雷斯科特对咖啡“生理作用”的挖掘更加大胆。他审阅了几百篇论文，“最终确定，没有任何一组研究人员采取过足够广阔的视角来完成这项工作”。[35]所以，任何对咖啡抱有敌意的人都能找到“研究咖啡对人体负面影响”的文章，与此同时，要是你想寻求支持，那你大可以去读那些说咖啡是全世界“最有价值的饮料”的文章：“一种能够迅速扩散的兴奋剂……（它）支撑着……系统恰如其分的力量，激发衰退中的能量，提升耐力”——哪怕它“绝不是一种食物”。[36]普雷斯科特的贡献在于，他拓宽了人们看待咖啡的“视角”，于是就连那些负面的东西——尤其是咖啡与食物、卡路里和能量的暧昧关系——似乎也开始变得正面起来。

普雷斯科特的核心见解来自哥伦比亚大学教育学院教授H. L. 霍林沃斯的工作。1911年，霍林沃斯开创了为服务美国商业而改进科学方法的先河。霍林沃斯服务的“美国商业”是可口可乐公司，当时他们遭到了哈维·华盛顿·威利的起诉。威利是美国农业部化学管理局的局长，也是《纯净食品与药品法案》的主要起草人。他对咖啡没有意见——事实上，他盛赞咖啡是“美国的国民饮料”——但他认为，如果父母知道自己的孩子通过饮用可口可乐摄入了咖啡因，那他们肯定会勃然大怒。1909年，应威利的要求，政府特工拦下了一辆装着40大桶、20小桶可口可乐糖浆的卡车。这批货原本是从亚特兰大的工厂送往查特努加一家灌装厂的。两年后，“美国诉40大桶、20小桶可口可乐案”开庭审理。根据《纯净食品与药品法案》，可口可乐公司被起诉是因为他们出售的饮料不仅贴错了标签——这种汽水既不“可口”也不“可乐”——而且里面添加的咖啡因有损健康。[37]

为了证明自己的正当性，政府传召了“一些宗教原教旨主义者，他们认为，饮用可口可乐会让……女生做出不检点的行为，诱使男生学会手淫”。[38]为了自辩，可口可乐公司想委托科学家做一项关于咖啡因的研究。H. L. 霍林沃斯在哥伦比亚大学念博士时的导师、心理学家詹姆斯·麦基恩·卡特尔拒绝了这项委托，但霍林沃斯需要钱——而且无论如何，他后来写道，他“当时还没有需要维护的尊严”。[39]

关于咖啡因的作用已经有了一套清晰的假说。早前的试验——包括查尔斯·特里格在《咖啡全书》里考察过的那些——已经发现，喝了咖啡以后，人体的神经活动会在15到25分钟后开始明显加速。基于这些发现，此前的所有研究得出了同样的结论：“咖啡因会刺激肌肉的工作能力。”但这些实验的样本规模都很小，实验条件控制得也不够严格，最重要的是，研究者对观察到的刺激效果做出的解释仍停留在猜测的层面上。[40]为了得到严谨的实验结果，霍林沃斯在曼哈顿租了一套6个房间的公寓，并挑选了16名受试者，10男6女，他们主要是研究生和大学工作人员的妻子；他要求这些受试者戒掉其他所有刺激性饮料，包括啤酒，并在40天的试验周期里保持规律的进食和睡眠时间；然后，他开始给他们做认知和运动测试。认知测试类似办公室的工作：说颜色，说反义词，做加法，做编辑，测试反应时间。而运动测试就像生产线：握住一根金属棍子，让它稳定地停留在一个洞里，但不能接触洞壁；尽可能快地用这根金属棍在金属盘子里敲400下；尽可能快地将金属棍插进3个洞中的某一个，重复100次，这个动作需要用左手完成，右手已经敲累了。与此同时，其中一名女性受试者被安排了另一套实验流程。这反映了美国工作场所的劳动分工。她的任务是用打字机打印一份维多利亚时代艺术批评家约翰·罗斯金的作品《芝麻与百合》。这本书的主题正是男人和女人独特的能力和职责。

霍林沃斯“十分清楚”——哪怕相当痛苦——“由商业公司资助的调查得出的结论容易遭到质疑”，所以他的实验是双盲的：受试者和研究者都不知道哪些受试者属于实验组，哪些属于对照组。第一周，所有受试者都没有摄入咖啡因。接下来的第二周，他们都吃了蒸发干燥的奶粉。然后研究者才开始投放咖啡因。

为期40天的实验结束时，查特努加的庭审进行得很顺利，但霍林沃斯从纽约带来了好消息。咖啡因提升了受试者在每一项运动测试中的表现，而且这种提升在他们摄入咖啡因以后很快就会出现。认知测试的正面效果出现得晚一点，但持续时间更长。霍林沃斯说不清的只有一件事：这到底是为什么？“我们清晰地看到了（咖啡因带来的）工作能力的提升”，他在总结中写道，“药效”十分显著。“但这种提升是否来自新引入的能量，还是因为药物激发了既有的能量，或者它提升了身体利用能量的效率，又或者它解除了对次级传入神经冲动的抑制，再或者它削弱了疲惫感，从而提升了个人的表现水平，似乎谁也说不清。”[41]

结果霍林沃斯的证词完全没有影响庭审的结果。联邦法官判定，由于咖啡因是可口可乐原始配方的一部分，所以它不算添加剂。恰恰相反，它是这种饮料的“精华”所在：“可以说，如果去除了咖啡因，这种产品就失去了一种精华的元素，无法再为消费者提供……饮用它的时候获得的最具特色的效果。”[42]诉讼被驳回了。但霍林沃斯的发现的确对咖啡业产生了重大的影响。

为巴西-美国咖啡业联合宣传委员会工作时，塞缪尔·普雷斯科特抓住了霍林沃斯关于咖啡因“药效”的证据，并把它当成了理解咖啡“生理作用”的钥匙。普雷斯科特提出，咖啡不是一种食品，而是一种更好的东西，因为它能提供食物的一部分正面效果，同时避开了某些负面作用。这正是咖啡因的好处：“它是已知最有用的一种兴奋剂，因为它只需要使用相对较小的剂量就能迅速起效，而且合理的使用并不会造成麻痹或抑郁的后果。”换句话说，W. O. 阿特沃特利用热量计研究的是身体将食物转化为功的过程，而咖啡真正的价值在于，它不受消化和新陈代谢过程和时间的影响。恰恰相反，咖啡的刺激效果绕过了正常的新陈代谢过程，直接作用于身体。它是一种即时的能量形式——一种工作的灵药。

普雷斯科特总结说，咖啡“通过肌肉更有力的收缩提升了人们从事体力劳动的能力，又通过增强脑力加速了认知过程，继而提升了人们长时间从事脑力劳动的能力”。[43]既然咖啡能增强肌肉和大脑的工作能力，却不会带来任何副作用，那么普雷斯科特实际上是在说，咖啡为体力和脑力劳动提供的能量不是由既有的其他形式的能量转化而来的。这意味着被咖啡影响的人体不再遵循主宰全宇宙的热力学定律——描述能量与功、摄入与消耗的定律。

除了对研究咖啡的科学文献做出新颖的解释，普雷斯科特也为咖啡业联合宣传委员会做了一项新实验。首先，他的MIT团队从咖啡中分离出了咖啡因，并将它干燥后形成的晶体溶解在水里，制成过饱和溶液。然后，科学家将橡胶导管插进30只兔子的食管，把咖啡因溶液倒进它们的胃里，直至这些兔子死亡。根据普雷斯科特的计算，如果把咖啡因对兔子的致死剂量换算到人身上，那相当于一个体重154磅的人喝下150到200杯普通咖啡。

为了确认纯咖啡因溶液并未影响实验结果，普雷斯科特的团队用新煮的咖啡重复了这项试验，他们用的是上等的中度烘焙巴西咖啡。结果研究者发现，兔子的胃太小，根本装不下那么多咖啡，于是他们把咖啡浓缩了一下，又试了一次。第二批兔子的致死剂量没有第一批那么稳定。普雷斯科特总结说，以饮料的形式摄入咖啡似乎能保护它的饮用者，削弱咖啡因可能的负面影响。

巴西-美国咖啡业联合宣传委员会希望重启战后萧条的咖啡市场。对他们来说，普雷斯科特的研究带来的回报体现在1923年的广告宣传中："看看这位著名科学家对咖啡的评价""关于咖啡的真相""咖啡带来舒适和灵感""证据终于来了！""咖啡是一种安全的饮料，你值得拥有"。完整的报告被送往全国各地的医生手里。[44]

事实证明，美国人很容易被煽动起来，去探索咖啡摄入量的安全上限。战争结束后的几年里，挑战"人体机器"阈值的喝咖啡大赛成了最新的"体育锻炼"潮流。1926年，来自明尼苏达州弗格斯福尔斯的理发店服务员格斯·康斯托克创造了一个看起来不可能打破的纪录：他在10小时里喝掉了62杯咖啡。可是接下来，得克萨斯州阿马里洛的H. A. 斯崔蒂只花9小时就喝掉了71杯，激得康斯托克再次出手。

1927年1月11日上午7点，康斯托克坐在弗格斯福尔斯市卡达兹酒店的大堂里，喝下了第一口咖啡。一小时内他喝光了18杯。中午时分，一位医生检查了他的身体，并宣布一切无恙，只是体温略有升高。两小时后，在人群的欢呼声中，已经痛饮了7小时的康斯托克喝掉了第85杯咖啡。“他喝得很费劲。”《纽约时报》这样写道，但他看起来像一个英雄。[45]

17　美国灵药

世界大战结束后，尽管美国的咖啡消费量有所增长，但咖啡的价格并未攀升到萨尔瓦多的很多人期待的高位。1921年，始于20世纪初的慢性衰退已经进入第三个10年。这场衰退不光让小农场主和阿尔贝托·德内克这样不够谨慎的种植园主失去了自己的产业，让詹姆斯·希尔这样成功的种植园主遭到了经济上的挑战，也让萨尔瓦多政府陷入了近乎破产的境地，因为他们的大部分财政收入来自咖啡的出口关税。加税无异于鼓励政变，艾泽塔兄弟的命运证明了这一点，于是政府只能削减支出。英国和美国公司修建铁路和其他设施的费用被延期支付，政府官员的薪水也停止了发放。国内外的账单都已超期，萨尔瓦多政府看起来似乎很快就会倒台，但美国国务院不想看到这样的结果。[1]

大战进行期间和战争刚结束时，和旧金山的咖啡进口商一样，美国银行家侵占了原本由英国和欧洲银行主宰的拉丁美洲国家，包括萨尔瓦多在内。[2]美国国务院十分鼓励这些新业务，他们希望借此巩固美国在西半球的势力，掐灭欧洲帝国主义在战后卷土重来的可能性。除此以外，他们还担心，墨西哥革命——这场始于1910年的革命最初是一场反对独裁统治者牟取暴利的叛乱，而到了1917年，新政府颁布了一部对外国商业不那么友好的新宪法——的精神会席卷整个拉丁美洲。1917年，俄国十月革命以后，这方面的威胁又冠上了布尔什维克主义的名头。1921年，萨尔瓦多政府请求一位债主——迈纳·C. 基思，联合果品公司的创始人之一，中美洲国际铁路公司的负责人——帮他们安排一笔八位数的银行贷款，以偿还该国既有的债务，并为新的铁路建设和经济发展计划提供资金。考虑到当时的局势，华盛顿认为这是一个好消息。

但华尔街不太欢迎这个计划。纽约的银行家近距离观察了下曼哈顿咖啡交易所近年来的市场动荡，所以他们合情合理地认为，中美洲的咖啡生意风险很高。面对银行家的疑虑，基思转而求助于国务院。按照他的说辞，这笔贷款实际上是一个投资机会。他促使华盛顿迅速与萨尔瓦多政府交换了一份照会——无须国会批准——授权国务卿指定一名海关督察，以监督萨尔瓦多的国际贸易（同时优先扣除一定百分比的关税来偿还贷款），并规定贷款人和萨尔瓦多政府之间的任何纠纷都将交由美国最高法院的首席大法官裁决。现在，他为萨尔瓦多筹谋的贷款得到了美国政府两个部门的支持，于是基思带着提案回到了华尔街。[3]

这类安排已有前例。战后，美国国务院为好几个拉丁美洲政府的“条件贷款”提供了支持，萨尔瓦多的合同只是其中之一。在联邦政府的担保下，美国的银行用贷款支撑起了得到美国看重的拉丁美洲政府。作为回报，拉丁美洲人被迫接受了一些条件和限制，包括接受美国国务院指派顾问监督本国经济，很多时候还包括影响深远的经济改革。不言而喻的隐藏条件是，拖欠贷款将引来美国的军事干预。[4]国务院不承认这个条件，但美国已经在海地、多米尼加共和国、尼加拉瓜、古巴和波多黎各部署了军队，构成了事实上的政策声明。

这些“条件贷款”结合了华尔街的财富与华盛顿的力量和权威。它们的设计者是普林斯顿大学经济学家埃德温·甘末尔，人称“钱医生”。在20世纪的拉丁美洲打响这块招牌以前，1903年，甘末尔曾在菲律宾工作；1917年，他去了墨西哥；1919年，又到了危地马拉。根据《纽约时报》1928年的报道，他擅长用“美国良药”治疗“生病的国家”。[5]20世纪20年代，甘末尔和他的学生联合政府与银行业的盟友，为五个拉丁美洲国家安排了贷款，其中包括萨尔瓦多。[6]这些贷款都捆绑了强制性的经济监管与改革。

“钱医生”这个绰号十分贴切。甘末尔治疗“生病国家”的方式与他在卫斯理上大学时看到的生理学和营养学实验如出一辙。1895年秋天，他走进了康涅狄格的校园，正是这时候，W. O. 阿特沃特开始用热量计做试验。1896年3月28日，星期六，第一年的大学生活即将结束的时候，甘末尔拜访了阿特沃特的实验室，亲眼见证了A. W. 史密斯创纪录的热量计定量供给试验，并通过阿特沃特事先安装的电话系统跟史密斯聊了几句。[7]

同一天，甘末尔在学校里听了美国邮政总长威廉·L. 威尔逊以“政治是一种责任”为题的演讲。当上政府高官以前，威尔逊是西弗吉尼亚州的一位民主党国会议员。和南方的很多民主党人一样，他是自由贸易的坚定支持者。1894年，美国经济正值寒冬之际，威尔逊提出了一项颇受争议的关税提案。他希望降低进口关税以刺激对外贸易和美国的出口，同时在战后首次开征所得税，以此弥补政府损失的财政收入。根据他的提案，超过4000美元的收入需要缴纳2%的所得税，这只会影响所有人口中最富裕的1/10，却足以引发精英阶层的咒骂。

威尔逊憎恨的正是他们狭隘的利己主义。“解决经济和财政问题需要足够的英雄主义，就像我们的先辈在战场上展现出来的那样。”威尔逊在卫斯理演讲时表示，“目前我们的财政系统左支右绌……大学生、受过教育的人和商人必须挺身而出。他们不能袖手旁观。”[8]这一年来，甘末尔一直是个勤奋而平庸的学生。敷衍了事的日记机械地记录下他在书桌前花费的时间。但威尔逊“完美”的演讲打动了他，第二天，他前往米德尔敦的W. O. 阿特沃特家，拜访了这位邮政总长。[9]

在经济学家的职业生涯中，甘末尔回应威尔逊对责任的召唤，以阿特沃特热量计的逻辑为基础，他发展出了一套国际金融治理系统。他为拉丁美洲政府开出的“美国良药”分为债务、纪律和出口三个部分：贷款资金的注入配以自上而下的改革，涉及的范围从货币和经济政策到刑法，包罗万象，所有措施都是为了增加出口产值。[10]他的理念是，通过好的政府和优秀的管理手段，有效地将注入国家经济的资金引向最高效、最有生产力的部门。甘末尔和他的顾问在贷款合同中写下的条件总是包括任命一名海关督察，他通常是甘末尔的一位美国同道；这位督察与他所监督的国家之间的关系正如身穿实验室大褂的热量计监督员与里面的受试者。[11]在他职业生涯的早期，甘末尔甚至试图统一西半球的货币单位——财务领域的卡路里——以便摸清一个国家经济输入和输出之间的关系，促进半球贸易。[12]

这是严谨的热量计思维：加大投入，确保它得到正确的运用，以求获得更多产出。甘末尔开出的药方与他在卫斯理见过的热量计如出一辙，这绝不仅仅是一种巧合。进入大学一年以后，他开始学习一些经济学课程。这门新学科的基础理念鼓励对金融和政治感兴趣的学生把热量计视为完美的世界模型。

在经济学历史上的绝大部分时间里，这门学科从属于另一个更大的研究领域：道德哲学。[13]道德哲学的基础是伦理，而不是方程式和定律。它探究的是如何使用、分配特定社会里的资源，综合考虑习俗、地区和文化，力求给出面面俱到的答案。人们常常用“价值”指代价格，物品则是“货物”，这都是道德哲学留下的传统。

大约1870年以后，随着经济学被重新定义为一门精确的科学，为求客观，各种特殊的考虑失去了原来的价值，于是这门学科中涉及背景和伦理的方面基本淡出了人们的视野。新成形的能量的概念以及随之而来的热力学定律是促成这一转变的关键。[14]作为这门学科的奠基人之一，英国经济学家阿尔弗雷德·马歇尔总结说，新经济学研究的是“人类的日常生活事务”。人们常常引用这个短语来证明，生活就像一门生意——它的基本原则是利用资源创造财富并“满足……欲望”。[15]但也有人认为，另一种解读可能更接近这句话的本意。经济学变成了一门以一系列通用定律为基础的“客观”科学。经济学家开始把生意当成一种生命来研究——仿佛它和人体遵循同样的运转机制。

科学经济学家通过热力学来认识人体。“生命似乎只是一种特殊的能量形式，它表现为热、电和机械力。”1874年，威廉·斯坦利·杰文斯这样写道。作为曼彻斯特大学的逻辑学与道德哲学教授，杰文斯是数理经济学的先驱，他最广为人知的成果可能是“太阳黑子决定商业周期”的理论。“等我们弄清大脑的微妙机制以后，那一天或许就会到来。”杰文斯写道，“既然没有生命的物质运动遵循客观的铁律，我们难道不能推而广之，用这些铁律分析人类内心的微妙感受？……这样一来，我们自诩的自由意志就成了一种幻觉，道德责任也出于虚构，所谓灵魂不过是物质能量的一种奇怪的表现形式。”以科学的名义将所有“存在的谜团”拆解成各种形式的能量，杰文斯对此抱有疑虑，部分是因为他看到了这股潮流下一步的走向。在唯物主义的“未来宗教”里，人类意志实际上被塑造成了一种“虚无”。[16]在新的科学经济学里，“日常生活事务”是一种机械化的产业。

科学经济学家借用热力学的视角，将人体看作一种基于能量的机械装置，由此写出了诠释人类行为的新定律。过去的经济学一直没能解决这个问题，背后自有原因。人类随时都在打破、违反各种定律，早期的经济学理念考虑到了这些“非理性”、叛逆、偶发事件和意外出现的可能性，并留出了对冲的余量。但能量科学确立了人体必然遵从的热力学定律，在19世纪最后的几十年里，这些定律又被翻译成了如今人们所说的新古典经济学的基本原理。[17]其中第一条原理是工作的绝对必然性。

人们常说，新古典经济学没有核心的生产理论——雇主如何独力或联手整合自己的业务和权益，以驱使雇员工作，新古典经济学没有兴趣解释这方面的问题。从某种意义上说，科学经济学家不需要问人们工作的动力来自哪里，而只要把人体放到热力学中去理解，便自然会看到答案：人们工作的动力来自自己。身体的运作机制让他们别无选择。想要活下去，就必须工作、吃饭，这是一个环环相扣的过程。将这个原理推而广之，吃的需求被重新塑造成了消费欲——以求边际效用最大化。这个类比很好理解：科学经济学里的效用相当于物理学里的能量——它是无所不在的力，是每个动作的媒介，是所有结果的原因，是每个人都需要的东西，也是不可违背的规律。[18]在新古典经济学的世界里，人被贬低成了在消费需求的驱动下完成生产的机器。

现实生活没有这么简单。詹姆斯·希尔和全世界的雇主努力制造饥饿，以迫使雇员工作。与此同时，政府聘用的经济学家的职责是制定政策，将这个学科的定律移植到现实中。热量计把工作当作人体的一种天然机能来研究，同样地，埃德温·甘末尔的“条件贷款”把出口当作健康经济体的天然产品。要实现这套理论，需要的是控制：从国家层面上抹除外部世界，摒弃其他选择，将不能创造价值的进食行为和其他活动扼杀在摇篮中——因为这些生活方式不能在国际市场上直接转化为现金。这就是督察员的工作，也是伴随贷款而来的改革方向。

萨尔瓦多的贷款获得美国政府的认可以后，美国银行家开始看好迈纳·基思的提案。1922年，纽约的查塔姆菲尼克斯国家银行和信托公司向萨尔瓦多提供了600万美元的贷款，这笔资金的来源是收益率8%的债券。因为这笔交易获得了包括咖啡出口税在内的海关关税担保，所以它让银行、债券持有者和贷款担保人——美国政府——得以分享詹姆斯·希尔和其他种植园主的成功，也让迈纳·基思赚得盆满钵满，它的利润多得让国务院都觉得有些“过分”。但埃德温·甘末尔表示，协议条款是公平的，所以不用改动。[19]在谈判桌的另一头，除了现金，萨尔瓦多还得到了美国派来的新的海关督察和新的农业部长，他们的精锐警察部队——国民警卫队，也迎来了新总监。

对于美国提出的派遣海关督察的条件，萨尔瓦多的精英起初还有些犹豫。从传统上说，萨尔瓦多政府的财务由本国的银行家负责安排——用一位驻萨尔瓦多的美国外交官的话来说，他们“腐蚀了这个国家的政府”——尤其是圣安娜西部银行的本杰明·布卢姆，他们憎恨竞争。[20]但萨尔瓦多国会批准了这笔贷款，因为他们需要支付到期的账单，修建高速公路和铁路，好为咖啡种植园开拓此前无法染指的新土地。[21]

查塔姆菲尼克斯国家银行选中了威廉·W. 伦威克来担任海关督察，这项任命得到了美国国务院的批准。伦威克的新工作有点像“占领区高级专员”，他需要向银行和国务院报告萨尔瓦多经济的日常运转。[22]伦威克统计的财政收入主要来自咖啡的出口关税，税率是每磅2美分，或者说大约每袋2美元。

事实证明，接待伦威克其实没有很多萨尔瓦多人预想的那么麻烦。他不是什么“衣着寒酸、满脸丧气的外国人，仿佛他在家拿到的薪水只有现在你们这个小国被迫支付给他的1/10”——拉丁美洲人很快就会开始厌恶这样的外来者。恰恰相反，伦威克是一个“瘦削、活泼、精明”的年轻美国人，“一个想做点事情的进取者”。[23]他为人低调，举止专业，毫不倨傲。他雇用萨尔瓦多人来为自己工作，而且把他们训练得很好。[24]大部分下午他都待在乡村俱乐部里，他会在高尔夫球场找个安静的角落练习击球，他的球打得很好。他和妻子交的朋友既有萨尔瓦多人，也有侨民。他的时间相当灵活自由，他甚至和埃德温·甘末尔一起去过智利，并在甘末尔于当地实施全面经济改革时担任关税征缴问题的专家顾问。[25]伦威克还贡献出自己的时间，免费为萨尔瓦多政府充当经济顾问。他的工作干得十分出色，所以萨尔瓦多人才会不断给他加担子。[26]

除了能干的威廉·W. 伦威克，拿到贷款的萨尔瓦多政府还雇用了其他美国人。1923年9月，来自加利福尼亚州的农业顾问弗雷德里克·W. 泰勒搬进了萨尔瓦多国家宫殿的一间办公室，他的职责是从根本上加强这个国家的出口经济。

这一年春天，泰勒在洛杉矶的家里得到了这份工作邀请，他立刻觉得这是他职业生涯的巅峰。艾奥瓦州是泰勒的家乡，小时候他一直在家中的苗圃里干活。年轻时他在商业化农业领域一路高升，终于在1901年当上了水牛城泛美博览会的食品、林业和园艺展区主管兼特许权主任。这个职位赋予了他向詹姆斯·希尔的圆粒咖啡豆颁发银奖的权力。水牛城的博览会非常成功，所以1904年，泰勒又被任命为圣路易斯世界博览会（路易斯安那购地博览会）的农业和园艺部门负责人。

博览会的工作经验将泰勒的职业生涯送入了国际轨道。1911年，他被任命为菲律宾农业主管。埃德温·甘末尔年轻时也在这个国家工作过。泰勒一到菲律宾就立即发现了一个关键的农业和社会问题。大米是这个国家的主要粮食作物，虽然菲律宾群岛非常适合种植水稻，但实际上他们进口了大量大米。菲律宾“某些省份……完全不种粮食作物”，所以他们的口粮完全依赖于市场。由此带来的隐忧令人不安，也不利于美国的统治，美西战争和美菲战争结束后，新的法规还没有制定完成。泰勒的解决方案是增加25%的大米产量。除了缓解食品供应的压力，他还致力于提高主要出口商品的产量：马尼拉麻、椰子和糖。

从菲律宾回来以后，泰勒接受了一份合同，为投资于热带的私营美国公司担任农业顾问。1920年，他去了一趟萨尔瓦多，替纽约的一家橡胶公司查看土地。他在萨尔瓦多停留了很长一段时间，足以给这个国家的精英留下印象。1923年春，来自美国的贷款到账之前，泰勒在萨尔瓦多的联系人跟他通了个气，告诉他这笔贷款的条件之一是农业改革。[27]他们邀请泰勒在国家宫殿开设一间办公室，着手为萨尔瓦多的农业奠定一个“科学的”基础——这意味着重塑该国的农业图景，提高他们偿还贷款的能力，哪怕咖啡的价格始终低迷，甚至进一步下跌。[28]

泰勒热情地回应了这份邀请，虽然他对咖啡其实一无所知；作为当时萨尔瓦多最重要的农作物，1921年，咖啡占据了该国出口总量的80%，而且这个比例还在上升。[29]泰勒的确在水牛城给詹姆斯·希尔和其他人颁过奖，但他的评判标准基于咖啡豆的外观，而不是咖啡栽培知识，他的职业生涯中完全没有这方面的经验。尽管菲律宾种过咖啡，也有潜力继续种植，但咖啡从来不是美国在那个国家考虑的重点。

无论如何，泰勒相信，菲律宾的工作经验（他“极大地提升了当地的整体效率”）足以让他胜任萨尔瓦多的职位。他提出的薪水要求是每年1万美元，并报销所有费用——这个数字低于他正常的薪资水平，泰勒解释说，这是考虑到“我非常愿意接受这份工作，因为我很清楚该怎么做，这将为你们的国家带来莫大的价值，对此我乐见其成”。[30]8月，泰勒从洛杉矶扬帆启程。

泰勒刚到萨尔瓦多的日子熟悉得令人安心。他特别喜欢国家宫殿2楼的新办公室。“旁边配了私人休息室，桌上有电话，所有东西都是能买到的最好的。”落脚后不久，他在给家人的信里写道。[31]安顿下来以后，泰勒开始审视这个国家。他发现，咖啡和第二大作物糖的情况还算不错。但其他所有农产品都差得远，包括玉米、豆子、大米、马、牛和猪，这也在意料之中："毫无疑问，因为咖啡和糖的种植者都是大地主，他们承担得起栽培优良作物的成本；与此同时，其他农产品的生产者主要是小农场主，他们既不会挑选种子，也没有现代的耕种工具，就连配种都找不到优秀的雄畜。"[32]部分问题在于他们缺乏科学训练，包括精英阶层在内。泰勒在美国招募人手组建团队，他尤其青睐加利福尼亚大学的毕业生。[33]

在萨尔瓦多待了差不多一年以后，泰勒告诉美国一家农业杂志的编辑，他"觉得这项工作非常有趣。从很多方面来说，这和我在菲律宾做过的事情十分相似"。他解释说，但"涉及的作物不太一样"。[34]涉及的作物之所以不一样，部分是因为萨尔瓦多政府对增加粮食产量不感兴趣，而粮食是泰勒在菲律宾的主要政绩。萨尔瓦多人希望增加的是出口产值，因为只有出口商品才能带来海关关税的增长，从而保证他们按期偿还贷款。他们最希望的是培植第二种主力出口作物，这样一来，就算咖啡出了问题——就像19世纪末菲律宾的咖啡树叶开始长斑一样，这个国家曾是重要的咖啡产区——他们仍能付清账单。泰勒的工作是为萨尔瓦多打造以出口和关税需求为核心的农业经济。[35]二级出口作物的多样性让单一栽培成了一种合理的策略。

在泰勒的监管下，萨尔瓦多没有种植咖啡的乡村变成了培育出口商品的实验室。他从夏威夷进口了菠萝和椰子种子，从加利福尼亚州引进了一批牛，又从"产糖大国弄来了最上等、最赚钱的品种的种子"，他继续与哈维·费尔斯通保持信件往来，探讨在萨尔瓦多建立橡胶种植园的可能性，就像费尔斯通在墨西哥恰帕斯做过的那样。黄麻被排除在外，因为印度出产的黄麻非常便宜，但另一种用途广泛的热带纤维灰叶剑麻的产量出现了大幅增长，泰勒还认为，"菲律宾群岛出产的马尼拉麻看起来很有前途，值得一试”。[36]实际上，泰勒把萨尔瓦多的乡村变成了环太平洋经济作物的展馆。

但是，这些新作物都是小打小闹，要在“科学的基础”上重塑萨尔瓦多的出口经济，棉花才是泰勒计划的关键所在。他从加利福尼亚州运来了200吨阿卡拉棉花种子——这种棉花在加利福尼亚州的因皮里尔河谷长得很好——够种2万英亩土地，其中大部分土地位于低洼的海滨，那里太热，没法种咖啡。[37]在他的帮助下，圣安娜的西部银行——本杰明·布卢姆掌管的这家银行是萨尔瓦多最大的咖啡投资者——学会了如何资助棉花生意，地主们也学会了种棉花。[38]赴任第一年，泰勒收到了近5万英亩种植棉花的申请，他批准了这些申请，并设法弄来了更多种子。[39]“这个国家至少有一打实力最强的大地主跟我谈过棉花的事，”他向家里报告，“这里的人对棉花很感兴趣。”[40]

并不是所有的早期种植都能结出果实，但无论如何，截至目前，棉花是泰勒对萨尔瓦多农业最重要的贡献。波旁咖啡顺着火山向下扩张，进入海拔更低、温度更高的地区；与此同时，棉花也从海边低洼的平原出发，侵入内陆和山区。这两种作物相向而行，挤压了食品的生产，尤其是萨尔瓦多最重要的粮食作物——玉米。[41]泰勒在萨尔瓦多任职期间，从1922到1926年，玉米的价格涨了一倍，豆子的价格涨了一倍还多，大米的价格涨到了原来的3倍。这个国家进口的食物开始变得越来越多。[42]

尽管泰勒工作得十分辛苦——他常常觉得自己一个人干的活顶得上一个团队——他的努力也的确让当地的图景出现了明显的变化，但他在萨尔瓦多的日子过得没有威廉·W. 伦威克那么自在。地主们抱怨泰勒的工作不够系统化，没有制定一套明确的棉花栽培指南。咖啡种植园主抱怨他从农业部抢走了原本属于咖啡的资源——比如说，詹姆斯·希尔上次在巴西研究了一阵子咖啡，但农业部没有出版他的研究成果。[43] 泰勒试图申请萨尔瓦多俱乐部——该国首屈一指的社交会所——的会员资格，却被投了反对票。[44] 有一次他去参加一场邀请了上千名宾客的豪门婚礼，但他觉得这“令人痛苦”，于是他提前退场了。[45]

被社交圈排斥，泰勒对此通常一笑而过。但他还发现自己成了当地人抗议示威的目标，这就没那么容易一笑置之了。“有的人对美国抱着很强的敌意，”1927年新年伊始，他写信告诉家人，“周日那天，反美运动的同情者在宫殿前举行了一场集会，大部分人相当年轻，差不多是高中生的年纪。他们人很多，可能有2000人，他们大声吵嚷，挥舞着攻击扬基佬的横幅。”[46] 泰勒知道，中美洲和加勒比流域的反美情绪日益高涨。他还知道，在萨尔瓦多，来自美国的贷款是个敏感点，但他不太理解问题出在哪里。“我们之所以会来，完全是应他们的邀请，”他写道，“来做一些他们自己想做却做不到的事。”[47]

最重要的是，泰勒想家了。他的妻子玛丽安带着孩子留在洛杉矶，她第一次来萨尔瓦多的时候，他提前两个月就开始策划。[48] 一家橡胶公司为泰勒提供了一份工作，让他能在1927年的春天回到家里。尽管合同还没到期，泰勒仍抓住了这个机会。他从萨尔瓦多发回电报向妻子报告行程：“11日乘船前往哥伦比亚，哈利路亚。”[49]

弗雷德里克·W. 泰勒的离开并未平息萨尔瓦多愈演愈烈的反美抗议运动。人们的怨恨没有那么浅薄。泰勒的家书反映了20世纪20年代围绕美国外交关系展开的激烈辩论的核心问题。美国在外国事务，尤其是拉丁美洲事务中扮演的积极角色到底是提高还是损害了美国在世界上的地位？美国是在推行帝国主义吗？长期以来，这个国家一直痛苦地试图将自己在美洲的行为与欧洲传统的征服与殖民区分开来。

这是个奇怪的问题，尤其是考虑到近20年前的美西战争结束后，美国的确在西半球和太平洋地区获得了几个殖民地。但这个问题的核心其实不是殖民地，而是美国和其他没有正式被它统治的地区之间的关系，尤其是拉丁美洲，这里是美国国际力量和财富的战略基地。“洋基佬”的手伸得越来越长，管得越来越多。从1914到1930年，美国在拉丁美洲的总投资翻了3倍以上，从15亿美元增加到了50亿美元。[50]美国对尼加拉瓜的军事占领——早在“一战”前便已实施——可能是这个问题最明确的证据，而且绝不是唯一的证据。除了尼加拉瓜，美国海军陆战队还曾多次占领海地。拖欠了一次贷款以后，多米尼加共和国的经济控制权落入了美国之手，破产的海关也被美国接管。美国公司，尤其是联合果品公司，让加勒比海西岸的几个国家变成了“香蕉共和国”。现在他们又带来了贷款项目。

除了泰勒的农业改革，萨尔瓦多拿到的贷款还为基础设施的改善提供了资金，包括铺设城市街道、修建公路，好把出口的货物更高效地运往海边，以及升级警力。1923年，也就是贷款协议敲定的那年，美国在华盛顿召开了一场讨论中美洲事务的大会。他们敦促各与会国签署了一项协议，拒绝承认任何靠武力夺权的政府，并呼吁各国加强宪兵建设——这两项措施都是为了支持友好的政权。作为贷款合同的一部分，和尼加拉瓜一样，萨尔瓦多也签字同意让本国的国民警卫队接受美国军队的训练。[51]接下来的1924年，手里有了钱的萨尔瓦多政府决定扩大国民警卫队的规模，给想要延期服役的老兵提供经济鼓励，用金钱奖励他们执行任务时的“英雄之举”。[52]但并不是所有萨尔瓦多人都能从这些计划中受益。

从1923到1931年，“钱医生”埃德温·甘末尔也监督了发放给哥伦比亚、厄瓜多尔、玻利维亚、智利、秘鲁、墨西哥、危地马拉的贷款和这几个国家的经济改革。[53]塞缪尔·盖伊·英曼是一位在拉丁美洲有着丰富经验的传教士兼历史学家，他认为甘末尔的“条件贷款”——哪怕算上丰厚的回报——激起了广泛的民怨，这笔账很不划算。1924年7月，英曼在《大西洋月刊》上发表了一篇题为《帝国主义美国》的文章，从道德和战略两个层面反对“美元外交”。“在拉丁美洲的20个共和国里，”英曼写道，“现在有11个国家的金融政策被北美所控制……在这些南方国家里，有4个国家的经济和财政生活通过大额贷款和特许权与美国紧密地联系在一起，这为美国的资本家提供了特殊的便利。”他预测说，由此带来的“怨恨和敌意”将削弱美国在国际上的地位，进而引发美国的衰落。“继续推行这种‘美元外交’意味着我们的国家必将走向毁灭，埃及、罗马、西班牙和德国的衰落也是出于同样的原因。”英曼预言道，“以及其他所有用物质财富而非对正义的追求来衡量自身伟大程度的国家。”[54]

英曼的悲观预测激起了利益集团愤怒的回应。拉丁美洲国家的民族主义领导人满怀骄傲地反驳了他对美国优势地位的描述。致力于促进西半球合作的泛美联盟主席坚称，美洲各国的联系比以前任何时候都更紧密。作为萨尔瓦多贷款的投资人之一，德裔美国银行家F. J. 利斯曼给《大西洋月刊》写了两封抗议信，还给国务院送了一份副本，他特别反对英曼对美国金融顾问的悲观看法。[55]

对“帝国主义美国”最全面的反驳可能来自美国国务院，来自萨姆纳·威尔斯的一份异议声明。威尔斯在国务院和华尔街都工作过，但他绝不是什么帝国主义恶霸。恰恰相反，1922年，他曾经暂时退出国务院，因为他担心美国军队正在成为美国商业利益的附庸。威尔斯和英曼有很多共同的担忧，但他还是不赞成英曼的核心观点。《美国是在推行帝国主义吗？》，威尔斯给英曼的这封回信刊登在1924年9月的《大西洋月刊》上。英曼描述了一个贪婪的美国，威尔斯反对这种解读，他提出，美国的“美元外交”得到了“有责任心的绝大多数追求建设和产出的拉丁美洲人的欢迎”。英曼预言了美国海外力量的衰落，作为反驳，威尔斯坚称，商业活动的增加会产生积极的效果。“这几乎是不言自明的公理，”他乐观地总结说，“国家之间的商业联系越紧密，大家就越能理解、感知彼此互补的优势和共同的需求。”[56]

就算威尔斯说得没错，咖啡市场的变化也将为这套理论带来考验。

18　咖啡问题

从银行家的角度来看，迈纳·基思为萨尔瓦多安排贷款的时机恰到好处。1921年，基思刚开始撮合这笔生意的时候，国际咖啡价格大约是每磅10美分，它已经在这个价位盘桓了近1/4个世纪。等到1923年贷款开始发放的时候，咖啡的价格已经涨到了13美分以上。1924年的价格最高涨到过17美分。1925年，国际市场平均价格达到了每磅22美分。[1]以这样的价钱，美国债券持有者可以稳稳当当地拿到8%的投资回报。1896年，詹姆斯·希尔的三门加工厂开张。从那年起，一直困扰咖啡市场的慢性衰退结束了。

对希尔来说，涨价也是一个喜讯，如今他生产的咖啡比以往任何时候都多。1923年，距离他买下德内克的土地，任命佩德罗·博拉尼奥斯管理这家庄园并开始种植波旁咖啡已经过去了3年，但被希尔更名为“圣伊西德罗”的这家种植园仍然没有能卖钱的收成。可是到了1924年，随着咖啡价格开始上涨，希尔终于有了第一批收获：近6000磅可供出口的咖啡豆。第二年，他收获了10 000磅。1926年，他的收获达到了17 000磅。1920年，曾由资深经理埃杜维赫斯·梅迪纳管理的瑞瑟瓦种植园产出的咖啡豆只有1000磅——6年后，希尔收获了这个数的10倍。[2]1926年，希尔以每磅25美分的价格卖掉了一大批咖啡——超过300万磅——进入咖啡行业30年以来，他的债务第一次近乎清零。希尔开始感觉到了“某种程度的自由”，他知道，这应该归功于他的“巴西朋友”。[3]

希尔说的不是巴西-美国咖啡业联合宣传委员会斥资百万美元在美国做的推广。更深入的科研、更具煽动性的广告和工厂咖啡消费的增长都不是价格暴涨的真正原因。实际上这是圣保罗种植园主的功劳，他们从1906年开始推行的价格控制计划迎来了复兴。当时他们从一个由银行家和商人组成的国际财团手里借了1.25亿美元来购买自己的咖啡，并把它存放在纽约和欧洲的仓库里，等待价格上涨。巴西人和支持他们的金融家说这是“限价”策略。它的效果可能好得有点过头，所以才会被美国人斥为垄断。

1911年，国际咖啡价格已经翻了一番。内布拉斯加参议员G. W. 诺里斯呼吁联邦政府发起调查，他宣称，“咖啡托拉斯”让美国人每年多花了3500万美元。一年后，美国司法部长对借钱给圣保罗种植园主的美、英、德、法、比利时银行家组成的辛迪加提起了诉讼——因为种植园主和巴西政府都不归美国管。诺里斯参议员觉得行政部门迟迟未能采取行动是出于外交方面的考虑。为了反对垄断，1913年，他推动了一项法案。从此以后，执行机构有权没收价格被操纵的咖啡。[4]在美国受挫以后，咖啡托拉斯将战场转移到了巴西。

1914年，世界大战的爆发冻结了国际金融业，由此近乎彻底地排除了对市场的大规模干扰；可是战争结束后，巴西种植园主换了一套手法卷土重来。1922年，巴西-美国咖啡业联合宣传委员会努力推动美国咖啡消费的同时，圣保罗州成立了咖啡永久保卫研究所。两年后的1924年，这个“咖啡保卫”计划扩展到了巴西全国：他们在美国立法者鞭长莫及的地方建立了11个仓库，足以储存350万袋咖啡，或者说大约5亿磅。[5]到1926年，国际咖啡价格又翻了一番，打破了一个世纪以来的纪录。[6]对拉丁美洲的种植园主来说，巴西的咖啡保卫战回应了他们的祈祷——但在美国商务部长赫伯特·胡佛眼里，这是一场灾难。

鉴于他应对大萧条的措施，赫伯特·胡佛在美国的历史教科书上一直是个面对危机无能为力、对人们的苦难无动于衷的人。从很多角度来说，胡佛背上这样的名声是件颇具讽刺意味的怪事。要知道，入主白宫以前，他曾是蜚声国际的"伟大的人道主义者"——这个头衔很大程度上来自他在全球各地抗击饥饿的履历。

胡佛是斯坦福大学的第一批学生之一，当时他学的是地质学。1895年，大学毕业后，胡佛当上了一名采矿工程师。这份收入颇丰的职业引领他辗转于美国西部及太平洋海域的大洋洲和亚洲各地。复杂的采矿工作——从地下提取原本无法触及的资源以供社会使用——为他的政治生涯提供了蓝本。无论是在商界还是在政界，胡佛始终秉持着进步时代特有的坚定信念：只要我们精心制订计划、合理运用专业知识，就一定能让世界变得更好。"这是一个伟大的职业。"他在回忆录里这样评价工程学，"看着虚幻的想象在科学的帮助下变成纸面上的计划，这个过程十分迷人。接下来它还会变成实实在在的石头、金属或能量，带来工作机会和家园，提高人们生活水平，让人们过得更舒适。这就是工程师的至高追求。"[7]

1914年，战争在欧洲爆发后，胡佛进入了公共领域。他被任命为比利时救济委员会主席。为了打击德国的士气，英国发起了封锁，而胡佛的任务是给那些被封锁所累的平民送去价值10亿美元的食品和其他补给。“我个人不相信食品封锁，”他在回忆录里解释说，“虽然盟军对这件武器信心十足，但我不相信它能起多大作用。我不相信让女人和孩子挨饿的策略。最重要的是，我不相信下一代发育不良的身体和扭曲的思想能为文明的重建奠定坚实的基础。”[8] 1917年，美国参战后，胡佛当上了美国食品管理局的局长，负责平衡这个国家的基本需要和战争的迫切需求。和平到来以后，他又成了欧洲救济和复兴管理局局长，他的职责是为遭受了近5年战乱之苦的中欧地区分配食物和其他应急补给。

哪怕严格来说，抗击饥饿已经不是他的工作，胡佛依然没有放弃斗争。1921年，他被沃伦·哈定总统任命为商务部长。这年夏天，胡佛在一篇报道中读到，一场饥荒正在横扫欧洲东部。他发起了一项为期两年的大规模救济行动，每天为1100万人提供食物，数百万人因此免于饿死。[9]

对于那些轻视生活水平和社会福利等重大问题的资本家，胡佛毫不留情。1925年，再次被任命为商务部长——现在他的上司是卡尔文·柯立芝——的胡佛成功地领导了一场阻击大英帝国控制全球供应、人为推高橡胶价格的行动。

咖啡和橡胶不一样。咖啡生产国不属于那些以垄断形式统治遥远殖民地的全球性帝国，而是拥有独立政治选区和经济重心的主权国家。但咖啡和橡胶也有共同点，用胡佛的话来说，它是“政府大规模干预商业行为的另一个例子……它对国际贸易和关系的威胁正在不断增长”。[10] 胡佛说，美国的咖啡消费者不会仅仅因为自己是一个“一无所有的国家”——他指的是咖啡——的公民就“乖乖坐着接受惩罚”。[11]

胡佛的办公室被美国烘焙商抗议巴西咖啡“保卫战”的信淹没了，他很快采取了行动。他派了代表去巴西，试图通过谈判终止保卫计划，并发起了国会听证会。他制订了一个咖啡联合抵制计划，并——就像他在处理橡胶问题时花大力气做过的那样——开始调查美国在美西战争中获得的岛屿殖民地，考虑在这里生产本国咖啡的可能性，自从被美国统治以后，这些岛屿的咖啡产业就“被允许衰退”了。[12]

巴西的咖啡“保卫战”让美国人重新产生了在本国生产咖啡的想法。1906年，巴西的第一轮限价刚刚开始，波多黎各的咖啡种植者就请求美国国会对咖啡开征进口关税，以促进波多黎各、夏威夷等地的咖啡生产。类似的关税保护政策曾让波多黎各的糖产量增长了4倍，咖啡种植者希望得到同样的待遇，以证明自己可以干得同样出色：“哪怕每磅只收5美分的税”也会带来改变。[13]

20年后，随着巴西咖啡“保卫战”的进行，市场价格一路飙升，这样的可能性开始显得更加诱人，甚至颇为合理。1926年年初，威廉·H. 乌克斯写信给赫伯特·胡佛，再次提起了“在美国的旗帜下”——波多黎各、夏威夷、维尔京群岛以及菲律宾的殖民地——和美国占领的其他地区（包括海地和古巴）生产咖啡的可能性。[14]为《咖啡全书》收集资料的时候，乌克斯亲自去过菲律宾，当地的美国农业官员告诉他，“仅棉兰老岛就有足够的土地”为全世界供应咖啡。[15]对拉丁美洲来说，这是个不愉快的前景，所以在拉丁美洲咖啡种植园主心里，胡佛带来了“恐惧”。[16]

胡佛之所以急于打破巴西的限价，不仅因为他从道德层面反对贪婪、垄断和对市场的政治干预。橡胶和咖啡都真切地反映了美式生活对美国疆界以外的热带原料资源的依赖。橡胶是伟大的美国汽车产业走向世界市场的瓶颈。而咖啡，除了“对工厂效率的贡献”，它已经成为美国经济另一个关键部门从外部广阔世界吸取养分的重要节点。自从世界大战爆发以后，美国杂货业就一直完全围绕咖啡运转。

在美国最早的杂货店里，购物意味着聊天。典型的杂货店是一间500平方英尺左右的屋子，房东通常是店主本人，共同的语言、文化、传统和口味让这家小店成了社区的一部分。19世纪下半叶，随着城市的扩张，原来的中心市场无法再覆盖整个城区，综合了干货、肉类和乳制品等不同品类农产品的杂货店应运而生。在一两个店员的协助下，店主在柜台后面为顾客提供服务：聆听、推销、挑选、分割、称重、包装、计数、打包、找零。[17]

社区杂货店主服务的顾客人数相对较少——步行距离内一定比例的人口——所以他们依赖于周转率最高的货物带来的稳定利润，尤其是咖啡。对这些小店主来说，卖咖啡能赚钱意味着零售价和批发价之间有足够的利润空间，这样才能覆盖做生意的成本——等待顾客走进店里、送货上门、接受赊账，这都是成本。大部分店主通过推销散装咖啡来增加利润，因为散装咖啡的批发价低于包装咖啡，而且可以随意混合、稀释，这让店主得以尽可能地满足顾客的偏好，提供不同价格档次的商品。“一战”爆发前，对社区杂货店主来说，这种高额利润不是什么问题，因为他们基本上不需要在价格上和同行竞争。[18]

战争期间，情况发生了变化。随着食品价格的上涨，面对成千上万家集中管理、垂直整合的新型连锁店，独立的小杂货店主很容易在竞争中失利。很多情况下，连锁店会瞄准小杂货店贩卖咖啡的利润，靠低价抢生意，最善此道的连锁店是咖啡业的巨头，大西洋与太平洋茶叶公司——A & P。

1863年，A & P只是下曼哈顿众多茶叶店之中的一家，但早在这时候，它就把“大”字写进了自己的招牌。[19]当时，茶叶是一门“适合有野心的杂货商全力投入的”好生意，历史学家理查德·特德洛阐述过背后的原因。茶叶种植园和美国的商店相距遥远，从传统上说，很多生意牵涉到将产品从某个地方送往另一个地方的过程，这意味着茶叶的零售价通常很高。A & P通过垂直整合获得了优势，这家公司集茶叶的进口、烘焙、批发和零售业务于一身，他们的价格往往比其他杂货商低1/3。

茶叶生意的成功促进了公司门店的增长。20世纪初，A & P共有200家门店，到1914年，他们的店铺增加到了650家。这些早期的连锁店与独立的社区杂货店十分相似。客户服务是他们的立足之本：记录订单、打包货物、接受赊账、送货上门。但在1914年以后，A & P发展出了一种名叫“经济商店”的新型店铺，它的目标是在战时的通货膨胀中尽可能地压低商品价格。经济商店诞生以后，A & P公司扩张得更快了：从1914年的650家店到1915年的1500家，再到1916年的3250家，1923年的9300家，直至1930年的近16 000家。[20]

随着A & P的扩张，茶叶价格一路下跌，但咖啡价格开始起飞。出于和茶叶同样的原因，咖啡也是一门好生意——因为从传统上说，它是一种高利润产品。咖啡甚至比茶叶更好，因为19世纪下半叶，这种饮料越来越流行，受众比茶叶多得多。1908年，A & P在泽西城开办了自己的咖啡烘焙厂。10年后，正在朝经济商店转型的A & P在巴西桑托斯成立了一家国际分支机构——美国咖啡公司，来为自己的烘焙厂每年进口上百万磅咖啡。到了1921年，A & P每年的咖啡零售量超过了

4000万磅，它也成为全世界最大的咖啡公司——最大的进口商、烘焙商和零售商。

咖啡是A & P扩张的工具。经济商店从根本上消灭了小杂货店，部分原因在于它抢走了后者的咖啡生意。在A & P的主持下，经济商店的布局和设计以低成本、低价格为导向，“地方小，租金低”“设施简单”。[21]这些店每周补货两次，单店营业额至少是个体杂货店的4倍。为了加快定期盘存的速度，A & P制定了标准的布局，在货架上划出了每种商品的位置。经济商店只收现金，不赊账，也不送货。通过这些死板的规定，经济商店将人手压缩到了最低限度，一家店通常只需要一位经理和一名理货员。顾客自己服务自己。

这种以经济为导向的店面也塑造了A & P出售的食物。商店的规模变小，商品的包装也随之缩小，于是顾客只能增加购物的频率。[22]经济商店还会鼓动顾客购买利润最高的商品。这是一种古老而成功的零售法则，但A & P走出了一条新路。个体杂货店主以朋友的身份说服顾客，而自助式经济商店的法宝是限制选择。经济商店只销售A & P自有的三个咖啡品牌：“8点钟”是最便宜、最受欢迎的牌子，它可能也是全世界卖得最好的咖啡；“红圈”的价格算是中等；“波卡”是最高级的品牌，它的名字彰显了自己的出身：哥伦比亚波哥大和卡塔赫纳附近的咖啡产区。没有魔法咖啡罐，没有琳琅满目的货架，也没有专门标明每种咖啡各自的含量，取而代之的是贴在A & P咖啡包装袋上的小标签。到1930年，为了供应旗下近16 000家店铺的货源，A & P每年要通过纽约和新奥尔良进口1亿磅以上的咖啡豆，然后送到全国各地的7家工厂进行烘焙、研磨和包装。[23]没有谁卖掉的咖啡能比A & P多，也没有谁能比他们卖得更便宜。

从“一战”结束到大萧条开始之间的10年里，其他连锁杂货店也开始冒头，包括西夫韦、克罗格和国家茶叶公司。一些连锁店开始进口、烘焙、包装自己的咖啡品牌，就像西夫韦在1926年被投资银行美林证券公司接管后所做的那样。[24]这样一来，到1929年，小型社区杂货店已经损失了大约一半的咖啡生意，个体杂货店的顾客平均只有41%会购买咖啡。[25]从20世纪中叶到20世纪末，随着咖啡价格一路上涨，就连那些依然忠于社区商店的顾客也开始去连锁店买咖啡，这样可以节约1/10的购物成本。

A & P和其他连锁店的廉价品牌严重依赖巴西咖啡，所以他们激烈反对巴西的咖啡保卫计划。作为A & P公司的咖啡进口和烘焙业务总监，贝伦特·弗里尔想尽办法试图说服赫伯特·胡佛，美国公民不应该每年向巴西支付2亿美元的“咖啡税”——这是价格控制计划强加给他们的净成本。[26]虽然A & P的高管很反感巴西的咖啡“保卫战”，因为这增加了他们购买原材料的成本，但限价计划实际上有利于这些大型连锁企业，因为他们卖的咖啡，成本和售价比谁都低。谁也不会比个体杂货店主和小型咖啡烘焙商更清楚这件事，他们曾一而再，再而三地反对A & P的垄断。[27]但他们的抗议收效甚微，因为A & P和巴西不一样，这家公司可以利用自己的市场支配力替美国消费者压价——商务部长赫伯特·胡佛打心底里认可这样的垄断。[28]

胡佛办公室收到了无数封请愿信，要求商务部长采取措施，压制被巴西的咖啡保卫计划推高的价格。与此同时，也有同样多的信要求他停止压价。

第二种信通常来自咖啡进口商，作为一个群体，他们和这件事休戚相关。当然，A & P也是进口商——事实上，这家公司是美国最大的咖啡进口商——但他们和其他进口商不一样。A & P进口咖啡是为了自己加工，然后直接卖给终端顾客，就像杂货商所做的那样。在国际事务上，A & P代表的是杂货店主的看法——种植园那头的价格越低，店里的零售价就越低。从另一个方面来说，大部分咖啡进口商从詹姆斯·希尔这样的种植园主和加工厂主手里收购咖啡，再卖给西尔斯兄弟这样的烘焙商，从中获取一定比例的利润，所以国际市场上涨的价格总有一部分会落进他们的腰包。但是，如果说这种显而易见的经济利益为美国咖啡进口商提供了给商务部长办公室写请愿信的强烈动机，那么这些写信的人还提出了令人信服的理由，来说明压低价格会带来更深层的风险。

太平洋海岸的进口商发出的声音最大。这批人有很大一部分生意是在中美洲做的，对于咖啡的价格问题，他们提供了新的独特视角。

如果所有咖啡喝起来的味道都一样，那谁也无法战胜A & P。但A & P咖啡生意的大本营在巴西。价格低廉、品质相对较低的巴西咖啡主要种植在平坦低洼的地区，那里完全没有树木遮阴，劳动纪律往往也比中美洲松弛，A & P的商业模式以此为基础。所以零售市场还有高品质的温和咖啡存在的空间，这种来自中美洲和哥伦比亚的咖啡以“香甜的味道”著称。咖啡保卫战推高了巴西咖啡的价格，中美洲咖啡的价格也水涨船高，所以詹姆斯·希尔才会那么感激他的“巴西朋友”。但这样的高价不一定会损害那些在中美洲采购高品质温和咖啡的烘焙商和进口商的利益。

事实恰恰相反，以旧金山的西尔斯兄弟为例，面对连锁杂货店和A & P经济商店的崛起，他们的应对策略是提高咖啡的价格，以彰显独特的品质。1912年，西尔斯兄弟出售的咖啡有23种，最便宜的是每磅18美分的“皇家”，最贵的是每磅33美分的“迷人东印度蒂明戈”。每种咖啡研磨的粗细度分为四个等级——粗磨、精磨、磨粉和整粒——包装容量从1磅的真空罐装到150磅的铁桶装，不一而足。总体而言，西尔斯兄弟为顾客提供了近一千种选择，价格、重量任君挑选。[29]除了咖啡，西尔斯兄弟还出售茶叶和香料，从传统上说，这两种进口商品与咖啡密不可分。

迫于经济连锁店带来的压力，西尔斯兄弟梳理优化了自己的生意。1914年，他们不再生产添加了菊苣或谷物的综合咖啡，而开始“只卖香甜的上等咖啡”。[30]两年后，他们关掉了香料和萃取部门，后来又在1923年的春天关闭了茶叶部门。[31]他们先是不再生产低价的综合咖啡，然后砍掉了散装咖啡生产线，最后只留下真空包装的高端产品线，也就是后来大名鼎鼎的“红罐”咖啡。[32]1926年，西尔斯公司开了一家新的烘焙包装厂，它的“设计和建造都围绕着一个目标：生产真空罐装的高端烘焙咖啡”。[33]西尔斯兄弟是A & P的反面，他们的生意关注的是高品质，而不是低价格。

随着西尔斯兄弟和旧金山其他烘焙商——包括福尔格在内——把品质当作生意的核心，他们的品牌越来越紧密地与那些标榜自己不同于巴西的咖啡产区捆绑到了一起。“这次试一试来自中美洲的咖啡吧。”巴西的咖啡保卫计划还在引领价格继续上涨，福尔格在广告里劝告。“不管顶着哪个品牌的名字，进入美国的咖啡有70%来自同一个普通的产地——这赋予了它们同样普通的味道。福尔格咖啡与众不同的风味来自大自然本身。因为它生长在另一个地方——中美洲的火山高地。”[34]

巴西咖啡以价格见长，中美洲咖啡胜在品质。按照广告里的说法，二者之间的区别来自“大自然本身”。但为了说服胡佛接受咖啡价格的上涨，中美洲咖啡的经纪人讲了一个复杂得多的故事。进口商当仁不让地承担起了向胡佛和美国咖啡消费者介绍“另一个地方”的任务，那就是中美洲的“火山高地”。他们详细描绘了咖啡种植园的工作和生活条件，然后提出，胡佛应该停止行动，不要再试图压低被巴西人抬高的价格——只要这位著名的人道主义者能看看中美洲正在发生的事情，只要好心善良的美国咖啡消费者能看到当地的生活状况，他们就不得不承认，哪怕咖啡的价格已经翻了一番还多，现在它依然处于令人震惊的、不公平的甚至危险的低位。

该怎样才能让美国的咖啡消费者——以及他们在政府里的代表——超越收银机和家庭预算的层面，把咖啡的价格放到更大的框架下去衡量？该怎样才能拓宽他们局限于国内的狭隘视角，让他们站到国际甚至全球的高度去考虑，去计算？

第一批以“品质”为卖点的进口商试图将中美洲的种植园主与巴西的垄断同行区分开来。1925年，旧金山商人J. H. 波尔希默斯——他是爱德华·波尔希默斯的兄弟兼合伙人，詹姆斯·希尔的孩子在旧金山一直由爱德华照看——在写给赫伯特·胡佛的信里解释说：“回顾过去75年来我们跟中美洲和墨西哥做咖啡生意的历史，种植园主通常过得相当艰难。”

为了抵消巴西种植园主在很多人心里留下的巧取豪夺的印象，波尔希默斯以詹姆斯·希尔为蓝本刻画了另一种形象。中美洲的“种植园主往往来自人口过剩的欧洲国家，”他解释说，“这些人手里当然没有启动资金，否则他们就不用抛弃家乡的舒适生活跑到热带去了。他们在丛林里披荆斩棘，和印第安人一起干活，在不利于健康的气候下捕捉一切可能的机会……除了多年的辛苦工作，他们还得经历火山爆发和种种原因造成的生意失败，譬如被革命切断资金来源或者扼杀出口的可能性，或者歉收，又或者低廉的价格。”根据波尔希默斯的描述，种植园主的生活里充满了问题：“劳工问题、农学问题、运输问题、健康问题、家庭问题、政治问题”，再加上在一个新的地区做一门“残酷的”生意所需要面对的其他生活难题。

但种植园主的问题不是关键。波尔希默斯提到了不久前的墨西哥革命和俄国的布尔什维克革命，然后指出，咖啡价格的上涨来得正是时候，“因为劳工们坚持要分享繁荣”。他观察到，这其实不是什么坏事：如果那些“拿着比美国工人低的薪水在咖啡种植园里工作的灵魂”能多赚点钱，他们就能购买更多美国的产品。[35]美国和拉丁美洲的经济联系如此紧密，前者的繁荣依赖于后者的昌盛。高价的咖啡对消费者来说也是一笔划算的买卖。

波尔希默斯的信在赫伯特·胡佛的办公室里引发了一场争论，因为它触及了美国媒体所说的“咖啡问题”的本质：廉价的咖啡背后隐藏着什么代价？这些代价最终又将由谁承担？[36]拉丁美洲种植园里糟糕的生活和工作条件对美国人的生活有什么影响？或者反过来说，对咖啡来说，什么样的价格才算“好”，甚至“正确”——什么样的价格才能让咖啡种植园里的工人过上好日子，让他们有钱购买美国的产品？这个观点并不新颖——一个世纪前的英国废奴主义者就描绘过，得到解放的奴隶将成为英国产品更好的消费者——但依然诱人，不光是因为墨西哥和俄国的革命，也因为中美洲的反美情绪正在日益高涨。

胡佛和他的团队权衡利弊的同时，其他进口商直接向美国公众发出了呼吁。在这一点上我们有理由认为，美国的消费者的确应该上一课。萨姆纳·威尔斯说得没错，美国在中美洲日益增长的经济利益点燃了人们对美洲“其他”国家的好奇心。随着来自“丛林”的货物填满了“每一家杂货店”，无论是从浪漫角度还是从战略角度来说，中美洲都成了美国人关注的重点。[37]一批令人印象深刻的游记开始冒头，它们的标题很好地体现了这种冒险和征服的融合：《中美洲的吉卜赛生活》《中美洲的彩虹国家》《北美洲的南方领土》。

最后一本书的作者是乔治·帕尔默·普特南，他的祖父是纽约出版公司“G. P. 普特南之子”的创始人，他也继承了祖父的名字。1912年，普特南带着他的新婚妻子——绘儿乐蜡笔公司的女继承人多萝西·宾尼，去中美洲旅行。他们的蜜月刚好赶上了巴拿马运河建设的最后阶段，这条运河让中美洲和美国的联系变得更加紧密。“对美国来说，”普特南写道，“这条运河实际上意味着对中美洲的二次发现。”和最早那批征服者一样，普特南发现的正是他想找的东西。他草拟了一份报告，并将这件“愉快的热带旅行留下的纪念品”献给了妻子。1913年，运河落成的前一年，普特南的家族公司出版了这本书。[38]

对普特南来说，中美洲是一幢有待修缮的房子：“一片我们知之甚少的土地，有闪闪发光的可能性，有独特的问题，也有重大的责任。”[39]这些可能性、问题和责任都是美国的财产：可能性发出的金色光芒照亮了独特的问题，而居高临下的责任感充盈在普特南——以及其他类似的——游记的字里行间。正是出于这个原因，他难以深入中美洲生活的核心，哪怕他亲自去了当地，但他看待当地事物的视角仍是美国式的。

普特南到达萨尔瓦多的时候是1月，咖啡收获季刚刚过去了一半，他去杜埃尼亚斯家的咖啡种植园和加工厂转了转，一代人以后，这个家族会和希尔家结亲。在种植园里，女人和孩子以“大约15美分的日薪”被雇来检查、分类刚刚加工好的咖啡豆。“除了这份丰厚的工资，每个工人每天能吃两餐：中午和晚上各一餐。奢侈的早餐被省略掉了。”他写道。

> 这些印第安人每天能吃两餐，每人每餐能拿到两张玉米饼，以及不限量的黑豆，或者说“盆豆”，只要充当容器的玉米饼能堆得下。考虑到玉米饼的直径大约有5英寸，有兴趣的读者只要算一算，就能轻松了解每个人能分到多少烂兮兮的豆子。
>
> 准备这些餐食的厨子都是上了年纪的女人。厨房是一间黑洞洞的屋子，只能透过门和开向庭院的一扇窗户通风。石头台面顺着一面墙延伸，台面上开了四五个烧木炭的灶眼，看起来就像铁匠的锻炉。火上摆着粗糙的烤架，上面烤着许多玉米饼。这种饼子就像我们美国人吃的烤饼，只是更难嚼一点。没有哪个食客会不喜欢这种韧性十足的无盐面团；装生面团的陶罐被看管得很严，仿佛暗示着狂热的爱好者连这都不会放过！
>
> 当然，豆子在厨房里占据的分量也不小，所有人都眼巴巴地盯着小炉子上面热气腾腾的锅子。“玉米饼和豆子！”相信我，没有哪个老饕还会提出别的要求！……吃饭的人排队进屋领取属于自己的那份口粮，每个人都会被贴上一张标签，所以“重复领

> 取”基本不可能成功。离开房间的时候，他们一只手拿着食物，另一只手抓着一大把准备撒在豆子上的盐。盐的用量相当可观。平均来说，本地人吃一碟豆子至少要配一大汤匙盐，前提是他有足够的运气弄到这么多盐。[40]

以美国人的视角观察中美洲，普特南忽视了食欲和需求之间的区别，品尝生面团和饥不择食的区别，意犹未尽和饭不够吃的区别；对他来说，盐只是一种调味品，但对在种植园的烈日下工作，喝水严格受控，饮食——用最文明的话说——单调，又渴又饿的人来说，盐是一种不可或缺的矿物质。总的来说，普特南觉得萨尔瓦多是个“值得一游的地方”。[41]

进口商的财富与咖啡问题休戚相关，所以他们试图教育美国人，该如何看待中美洲种植园的生活。E. A. 卡尔是W. R. 格雷西公司的咖啡业务负责人，也是旧金山生咖啡协会的副会长。他提出，尽管巴西发起了咖啡“保卫战”，但咖啡的价格也只是回升到了多年来主宰市场的“生死线”以上，美国人应该进一步提价。“如果生产咖啡的工人拿的薪水和我们差不多，那么烘焙后的咖啡可能要卖到每磅1.5美元。”1925年，卡尔这样告诉旧金山家庭主妇联盟，当时咖啡的零售价只有这个数的1/3。“我认为，考虑到咖啡生产国的情况，他们不可能再继续抵抗这种时代精神：工人希望得到体面的薪水。”[42]

卡尔描绘了咖啡饮用者和生产者云泥之别的生活。“我们这些经常去咖啡生产国出差的人都很清楚，很多地方的工人和他们的家人穿着面粉袋做的衣服，吃的是玉米和香蕉。”他写道，“我们相信，开明的……购买咖啡的公众不想为了压低咖啡的价格而让生产国的工人沦落到近乎奴隶的境地。但毫无疑问，要让咖啡的价格保持以前那么低的水平，除此以外别无他法。”[43]

1926年5月初，被美国占领了15年的尼加拉瓜爆发了内战，咖啡问题开始变得更加紧迫。叛军领袖奥古斯托·塞萨尔·桑地诺向美国和美国的代理人一手扶持的保守派“卖国”总统宣战。E. A. 卡尔和其他进口商指出，“生产国劳工的命运”取决于咖啡问题，而劳工的命运又会影响美国在世界上的地位和美国人日常的物质享受。[44]局面似乎变得越来越清晰：咖啡消费者要么接受更高的价格，要么承受付出更高代价的风险。

接下来的1927年，纽约出版商阿尔弗雷德·A. 克诺夫重新出版了一本以咖啡为主题的经典小说。那时候美国没几个人读过这本书，但克诺夫想改变这一局面，因为当时的局势赋予了它新的意义。1860年，《马格斯·哈弗拉尔》在阿姆斯特丹首次出版，人们常常称赞它是荷兰最伟大的小说。它记录了殖民时期爪哇特有的种植制度造成的“伤害”——这项制度要求每个爪哇家庭生产一定数量的咖啡，或者其他出口商品。主角马格斯·哈弗拉尔被塑造成了爪哇最后一个诚实的荷兰人，他是作者的代言人。这本书的作者是一位名叫爱德华·道维斯·戴克尔的公务员，但他出书时用的是笔名——“穆尔塔图里”（Multatuli），这个拉丁词语的意思是“我一直在受苦”。1838年，18岁的戴克尔来到了爪哇，他为这座岛屿的殖民政府工作了近20年，直到最后被无礼地解雇。他的书与其说是小说，不如说是揭秘。他写这本书就是为了报复。

戴克尔原本想写的是咖啡种植园版的《汤姆叔叔的小屋》。但是，尽管哈里特·比彻·斯托于1852年出版的这本控诉美国奴隶制的小说有力地证明了展示比讲述更有力量，情绪比长句更具感染力，戴克尔还是努力解释了爪哇的问题到底出在哪里。在殖民地官员的命令下，当地的“酋长”把他们的民众出卖给了荷兰帝国的政府。酋长和官僚日渐发福，爪哇的普通民众却深受饥饿之苦。“仅仅几年前，还有整片地区的人大面积死于饥荒，”戴克尔写道，“母亲卖掉孩子来换取食物。有的母亲吃掉了自己的孩子。”[45]

这两本书的区别不仅仅在于说教的方式。斯托写书是为了结束奴隶制度，而戴克尔写书是为了维护荷兰的统治。他认为自己的小说能说服政府改变对爪哇的统治方式，否则他们就有可能被起义推翻，失去这块殖民地。[46]

克诺夫委托D. H. 劳伦斯为新版的《马格斯·哈弗拉尔》撰写序言，这本书出版于欧洲帝国主义最强盛的年代，他希望劳伦斯能把它放到当时的历史背景中去介绍。劳伦斯写道，戴克尔敲响的警钟远远超越了荷兰帝国的年代，甚至直到今天仍有回响。从这个角度来说，戴克尔比斯托厉害：奴隶制的废除让《汤姆叔叔的小屋》成了一个“过时的故事”，但依然存在的帝国主义让《马格斯·哈弗拉尔》直到今天仍有现实意义。作者心中沸腾的怨恨——他恨的是腐败的殖民地政府，是贩卖血泪产品的商人，是从饥饿者身上吸血的剥削阶级——使得这本书历久弥新。《马格斯·哈弗拉尔》是“一剂药”，劳伦斯承认，但我们需要这剂药，因为“社会性的便秘”正处于“最糟糕的时刻”。[47]

在为《纽约时报》撰写的新版《马格斯·哈弗拉尔》书评中，

专栏作家西蒙·斯特伦斯基表达了相同的观点：现在正当其时。“荷兰政府与爪哇土著的矛盾超越了时间和地域。”斯特伦斯基提起了1926年发生在爪哇岛西部的一场共产主义起义，“70年前德克尔发现的其实是白人在扮演统治者时面临的共同问题。”如果把这本书投射到中美洲，读者其实可以把克诺夫版的《马格斯·哈弗拉尔》看作帝国统治的实物教材，尤其是考虑到，德克尔最终成功了。他的书引发了抗议的浪潮。1870年，种植制度被废除了，而爪哇一直留在了荷兰手里。但作为一位在俄国出生的布尔什维克革命的批评者，斯特伦斯基没有完全被这个类比说服：“说起白人的‘帝国主义’和‘剥削’，”他写道，“你很容易落入陈词滥调的窠臼……实际的问题比这复杂得多。”[48]

让农业顾问弗雷德里克·W. 泰勒迫不及待逃离萨尔瓦多的正是这些复杂的问题，在赫伯特·胡佛的办公室里引发争议的也是这些问题，E. A. 卡尔试图向主妇联盟解释的还是这些问题——正是为了弄清这些问题，亚瑟·鲁尔才会来到中美洲。“关于中美洲的革命，人们已经说得太多，”1928年，鲁尔写道，“但对这些田园牧歌式的国家来说，真正的悲剧来自工业革命。其他西方国家早在差不多一个世纪以前就度过了这个阶段，现在他们没有人可以责怪，而且无论双方怀有多大的善意都无法阻止这一过程。”[49]

鲁尔拜访三门加工厂的时候，詹姆斯·希尔是大家公认的这方面问题的专家。咖啡问题在美国掀起了广泛的讨论。趁着这个时机，威廉·H. 乌克斯在《茶叶与咖啡贸易》杂志上增加了对中美洲种植园情况的报道。他开始以《本刊通讯》为题定期刊登希尔寄来的文章，其中有些文章署的是真名，有的以“种植园主”为笔名，还有一些是匿名的。

1927年4月，希尔的报道十分悲观。这年的咖啡产量很低，收获季持续的时间也是他从业30年来最短的一年。他的咖啡树结出的果子还不到前一年的一半。从当时的迹象来看，下一年的情况也不容乐观：“先知们”预测，1927年将是有史以来最干旱的一年。考虑到咖啡“需要100英寸以上的降雨量，”希尔解释说：“干旱的年份是我们最不愿意看到的。”同样麻烦的还有新的劳工问题。“我们最不能降的就是工人的薪水，”希尔抱怨道，“只要一提这茬，他们就会走掉。”很多工人在修路的项目上找到了工作，这些项目的资金来自美国为萨尔瓦多提供的贷款。而且有迹象表明，当时工人们想寻求的不仅仅是更高的工资。“整个中美洲似乎都被社会主义的理念感染了。”希尔写道。他希望咖啡的价格能够继续增长，好让他们渡过这个难关；但他担心，事与愿违的概率可能更大。

已经可以看到的是，“所有迹象表明，危机迫在眉睫”，希尔继续写道，“很多汽车大幅降价出售，哪怕有的车才买了一年，而且没怎么开。土地的价格一路下跌。有的人发现，咖啡价格下降加上前一年惨淡的收成，使得他们无法满足家庭的期望，于是只能低价出售自己的房子。”不过，种植园主从过往的经验中学会了该如何熬过难关。“这里的人们，”希尔解释说，“一旦面临威胁，就会离开市区的住宅，住回种植园里，吃地里长出来的食物，穿旧衣服。他们会龟缩起来，等到局面重新明朗化。这里的人没有什么必须维持的排场，没钱就不花；所以艰难的日子总会过去，并且不会留下任何可见的影响。”[50]

来到圣安娜的时候，亚瑟·鲁尔希望进一步了解劳工的骚动。他们在三门加工厂里漫步。希尔告诉鲁尔，他从“手下的工人”那里听到了越来越多的反对意见。“以前他们的工资比现在低，干的活儿比现在多，”希尔抱怨道，“只要这些人愿意，他们完全可以干两倍的活儿。但他们生来就懒，只要东西够吃，就什么都不在乎。通过减少工作量，他们变相增加了薪水……如今你很难让工人打着赤脚在干燥的地面上干活……他们会抱怨石头地板太烫，咖啡豆硌脚！”

10年前，推翻沙皇政府独裁统治的那场革命刚刚开始的时候，鲁尔在俄国待过一段时间。1917年5月，他出版了一本和这段经历有关的书。6个月后，布尔什维克站起来夺取了政权，鲁尔跟希尔聊起了这个话题。“布尔什维克主义？噢，是的，”希尔回答说，“有这回事。工人们会在星期天举行集会，而且他们表现得特别激动。他们会说：‘树下的洞是我们挖的！野草是我们清理的！树枝是我们修剪的！咖啡是我们摘的！所以这些咖啡是谁挣来的？……是我们！’”这里似乎有个小误会——鲁尔听到的是“谁挣来的”（earn），但希尔说的很可能是曼彻斯特口音的“属于谁”（own）。希尔知道，“他手下的工人”越来越觉得自己才是土地的主人。“你知道吗，他们甚至会讨论自己最喜欢哪块地，”他继续说道，“只因为他们喜欢那里的气候，或者觉得那片树长得更好，产量更高。”希尔总结道：“没错，这些事早晚会变成大麻烦。”[51]

1928年，亚瑟·鲁尔的书《中美洲》出版了。卷首插图是一张正在冒烟的火山照片。

同一年的5月，詹姆斯·希尔带着妻子洛拉和几个女儿去巴黎避暑。经过纽约的时候，他在《茶叶与咖啡贸易》杂志的办公室里跟威

廉 · H. 乌克斯聊了一会儿。希尔的精神很好，因为他去年的预言基本没有实现。乌克斯把他们的谈话整理成了一篇头条文章，题目是《萨尔瓦多情况良好》。巴西的咖啡"保卫战"还在继续，欧洲买家更愿意为萨尔瓦多咖啡支付高价。希尔觉得，强劲的市场走势"至少还会持续一年"。他希望"烘焙商同人能找到合适的价值点，由此确定一个……让大家都能过上体面生活的价格"。[52]

当时总统候选人赫伯特 · 胡佛的想法和希尔基本相同。胡佛已经放弃了打压咖啡的价格，因为他理解了"咖啡价格一旦暴跌，最受伤的是巴西的竞争对手"，其中包括中美洲出产温和咖啡的国家。[53]

19　吃的天堂

认识米格尔·马莫尔的人都说，他来到这个世界上就是为了制造麻烦。1905年7月4日，马莫尔出生在圣萨尔瓦多城外的伊洛潘戈湖附近；甚至早在出生之前，他就已经开始制造麻烦了：由于未婚先孕，他的母亲桑托斯刚怀上他就被赶出了家门。然后人们发现，米格尔·马莫尔长得很丑，于是桑托斯的耻辱又翻了一番。[1]

桑托斯给儿子讲过他小时候的事，她说母子俩之所以能活下来，是因为有人跟他们分享食物。饥饿难挨的清晨，桑托斯会在自己的炉子下面点燃一簇小火苗，然后跪在炉前祈祷。最后肯定会有一位邻居过来串门："桑托斯，我这里有一点剩下的玉米面团，你要不要拿去做几个饼？"如果她怎么都弄不到吃的，他们会去附近的农场偷果子、钓鱼、翻捡垃圾。回首往事的时候，米格尔·马莫尔总结说，饥饿的童年给他带来了好处——这些艰辛解释了"我们穷人为什么皮糙肉厚"。但身在其中的时候，他做梦都想过上另一种生活。看着鸟儿从头顶的高空中划过，他想象自己能飞去墨西哥，那是他心目中的世界尽头。[2]

1916年，11岁的米格尔·马莫尔去湖边当了一名渔夫。起初他跟着一群用毒药和炸药捕鱼的人工作，"干了一整晚的活以后，他们会给他两三条鱼做报酬”。后来米格尔的搭档变成了他沉默粗鲁，总是喝得醉醺醺的继父。迫于饥饿，米格尔的母亲嫁给了他。捕了两年鱼以后，米格尔·马莫尔“决定不再当好孩子”。他去国民警卫队的军营里当了一名童仆，后来他加入了这支队伍，并得到了一支步枪和50发子弹。没过多久，马莫尔开始觉得自己的队友都是勒索犯、虐待狂。他不禁开始思考，“继续待在警卫队里是不是一件正确的事情”。母亲不希望他去种植园工作，他也付不起教师培训的学费，所以他找了个人拜师学艺。这个男人教给他的不光是做鞋的手艺，还有看待世界的方式。[3]

马莫尔和他的师父费利佩·安古洛在鞋厂里一起读报。1919年，萨尔瓦多的媒体“全都在抨击发生在遥远国度的一场革命”，但老鞋匠告诉他，不要相信他读到的这些东西，其实俄国发生的事情距离萨尔瓦多没有那么遥远，所以这些媒体才会群情激愤。在费利佩·安古洛手下干活，米格尔·马莫尔从小形成的“主要偏见”以及“他对世界的基本理解”，“全都遭到了毁灭性的冲击”。他开始思考，“人最了不起的能力是奋斗的能力……为了自由和每个人的幸福”。与此同时，他开始觉得，那些种植园主——自从1894年，艾泽塔兄弟被推翻以后，他们就成了萨尔瓦多的统治阶级——把这个国家“当成种植园来管理”，这是一件值得奋斗抗争的事。[4]

“一战”结束后，马莫尔以政治组织者的身份展开了斗争，反对咖啡种植园主组建的政府，但这场斗争以一次失败的选举而告终。接下来，他去了圣萨尔瓦多的人民大学上学，1924年——美国向萨尔瓦多贷款的第二年——工会联盟创办了这所免费的学校。在经济学、法学和政治科学的课堂上，马莫尔学会了把美国视为萨尔瓦多最大的抵押债权持有人和“我们的人民最主要的敌人”。求学期间，他也开始把奥古斯托·塞萨尔·桑地诺——尼加拉瓜反美战争的领袖——视为象征萨尔瓦多可能出路的“人形化身”。[5]

支持人民大学的工会认为，他们可以向桑地诺学习。1928年，他们选了几位代表去尼加拉瓜追随他。其中一位代表安静、严肃、皮肤黝黑，他是马莫尔在人民大学认识的熟人——35岁的阿古斯丁·法拉本多·马蒂。大家都叫他“黑鬼”。

马蒂的肤色掩盖了他的家庭财富。[6]虽然马蒂的父亲生来是个穷人，但他自己在海滨高地上攒下了两家农场，总面积差不多有5平方英里。不过马蒂在年轻时就拒绝了过地主的生活，开始奋起反抗资本主义和帝国主义，为穷困的工人而战。

被选中去尼加拉瓜追随桑地诺的时候，马蒂常常在人民大学附近活动；他曾在萨尔瓦多国立大学学习法律，但经过一系列的选择和放逐，最终他离开了这所学校。1920年2月，马蒂因为组织策划一场反对邻国危地马拉独裁专政的示威游行而被捕，他的学生生涯也从此结束了。他们的组织里有不少人出身于萨尔瓦多的精英阶层，这些人都被拎到了萨尔瓦多总统豪尔赫·梅伦德斯面前听课。梅伦德斯总统警告了这群小家伙，然后把他们都放了，但这个组织的头目却被送进了岛上的一座监狱，他的父亲只是个无名之辈。于是马蒂质问总统，既然大家犯的罪都一样，得到的惩罚为什么不一样。作为回答，梅伦德斯把马蒂赶出了萨尔瓦多。马蒂遭到了流放，也被法学院开除了。

流放期间，马蒂在工作中学习。他进过工厂，下过工地，还在危地马拉的农场里干过。1925年，马蒂违反禁令回到萨尔瓦多，开始和创建人民大学的工会联盟组织一起工作。3年后，工会联盟派他去尼加拉瓜追随桑地诺。

去见桑地诺的曲折旅途中，马蒂去了一趟纽约。他在这里联系上了全美反帝国主义者联盟，他们的办公室在联合广场。这个组织正在领导反对美国占领尼加拉瓜的抗议活动，这也是对桑地诺的一种支持，他同父异母的兄弟索克拉特斯是布鲁克林的一名木匠。离开纽约后，马蒂一路向南，经过古巴、牙买加、伯利兹、危地马拉、洪都拉斯，最终进入尼加拉瓜。1928年6月22日，他和桑地诺接上了头。当时桑地诺领导的运动正节节失利，但马蒂觉得十分振奋。他写信给一位朋友："现在，我们反抗中美洲侵略者的战争正式开始了。尼加拉瓜的美洲解放运动已经启动，我们有理由期待，这片大陆所有被压迫国家的联合行动必将扫除美帝国主义最后的余毒。"[7]他的眼光远远超越了尼加拉瓜的国境线。

马蒂的胆魄让他成了桑地诺最信任的助手之一。1929年，奥古斯托·塞萨尔·桑地诺和他新的私人秘书阿古斯丁·法拉本多·马蒂从尼加拉瓜出发，取道萨尔瓦多和危地马拉北上墨西哥，为重整队伍的计划寻求支持和补给。但他们在墨西哥吵了一架，因为桑地诺的终极目标和马蒂不一样。桑地诺只关注尼加拉瓜的问题，对国际共产主义没什么兴趣。他想要的是国家的解放，而不是社会革命。马蒂试图说服他，各国的联合行动会产生协同作用，但在1929年年底，他们还是因为这个问题而分道扬镳。

1930年5月，马蒂回到萨尔瓦多的时候，他拥有的威望不仅来自他在桑地诺的组织中担任的职位，也因为他比桑地诺更左。凭借这些资历，马蒂成为一场旨在颠覆萨尔瓦多经济、政治和社会的新兴运动的领袖。他不在的那段时间里，萨尔瓦多有一群人一直在努力抗争，现在，他将这些人注重实际的理想主义融入了自己的革命愿景。马蒂不在的时候，他们的组织——包括米格尔·马莫尔在内——取得了三个关键进展。1930年3月，因为觉得工会的力量有限，他们成立了萨尔瓦多共产党。除此以外，他们还建立了一个国际赤色济难会的分会，来从事人道主义工作。最后，他们开始走出首都，进入西部的咖啡产区，世界性的大萧条带来的经济危机让那里的情况雪上加霜。[8]

世界性的大萧条完成了赫伯特·胡佛未竟的目标——迎头阻击巴西的咖啡“保卫战”。从1929到1933年年初，在胡佛担任总统的4年里，国际咖啡价格下跌了60%以上，从每磅20多美分跌到不足10美分，一举吞噬了过去10年的利润。由于价格下跌，萨尔瓦多社会的所有阶层都遭到了挤压，但程度不尽相同。外国进口商付给萨尔瓦多出口商和加工厂主的价格变低了，于是加工厂主削减了付给种植园主的预付款；靠预付款支付工人工资的种植园主因此减少了雇用的人手，降低了工资。工人已经习惯了被迫工作却填不饱肚子，但他们没法再挤压别人。

总体来说，农村地区的失业率可能高达40%。[9]咖啡种植园的数据可能更高。安东尼奥·弗洛雷斯·托雷斯在圣安娜近郊拥有一家大型种植园。1927年春天，弗洛雷斯·托雷斯平均每周雇用45个人来给新树挖洞、清理老树周围的野草、为下一批收成做准备。到了1931年的春天，他平均每周雇的人只有19个。[10]还在坚持生产咖啡的人都在尽力压缩成本。由于咖啡价格下降，种植园主也相应地压低了工资——降幅通常介于50%到60%之间，有时候甚至高达75%。[11]

对咖啡行业的从业者来说，渡过难关的办法没有詹姆斯·希尔描述的种植园主应急计划那么简单——只需要封闭城里的房子，回到乡下，穿旧衣服，吃地里长的食物，直到危机过去。事实上，如今的工人根本吃不到地里的食物。

萨尔瓦多咖啡经济在20世纪20年代的蓬勃发展反而加剧了30年代的危机。这是半个世纪以来的第三次市场暴跌。[12]市场的波动完成了从土地私有化开始启动的进程：种植咖啡的土地集中到了那些最有能力斥巨资经营种植园的人手里。“在此之前，”1929年，驻萨尔瓦多的美国领事报告说，“所有种植园的规模都很有限，因此他们的产量也很少。”但情况已经变了：“通过不断购买小片的土地，一些个人和公司建立了大型种植园。他们采用了大规模的生产方式和现代的运输手段，改进了劳工的住房条件，并引入了高效的组织和会计系统。”[13]萨尔瓦多记者阿尔贝托·马斯费雷尔证实了美国报告的主要内容。“大约45年前，这个国家的土地分散在萨尔瓦多的民众手里，”1929年，他在自己供职的《祖国》报上写道，“但是现在，这些土地落入了寥寥几个人之手。”[14]失去土地的人常常背井离乡，另找地方落脚：“私人庄园边缘、政府的土地、公路和高速公路两旁，甚至包括萨尔瓦多首都市内纵横交错的河床上。”[15]有的流浪者每年会回到种植园帮忙收获咖啡，以维持他们在外面的基本生活。

随着土地变得越来越集中，收获季种植园主对工人的需求也越来越大。“大规模生产方式”和“高效的组织和会计系统”带来的后果之一是产量的增加：1929年之前的20年里，咖啡的年出口量几乎翻了一番。[16]同一段时间里，来自咖啡的财政收入增加到了原来的3倍。[17]但咖啡挤走了其他所有东西，地里只剩下这一种作物。马斯费雷尔对这方面问题的理解比美国领事更深，因为他看到了“高效的组织”对这片土地和土地上的人们到底意味着什么。

19世纪，萨尔瓦多的土地上“种着许多枝繁叶茂的橘树和芒果树，沉甸甸的果实把树枝都压弯了”。[18]但马斯费雷尔眼睁睁看着咖啡取代了橘子、芒果、香蕉、丝兰和其他所有东西。“这里不再有危机，”他观察到，“取而代之的是慢性的疾病和地方性的饥饿……曾经人人都能摘的野果和野菜已经不复存在，就连人工种植的平价水果都没有。今天的萨尔瓦多只有咖啡庄园，这些庄园只种咖啡。”坚韧的波旁咖啡树既不怕高温也不怕贫瘠的土壤，它们占领了一片又一片新的土地。“咖啡业对土地的侵蚀令人心惊，”马斯费雷尔写道，“它已经占领了所有的高地，现在又开始向着低处的山谷蔓延。咖啡取代了玉米、大米和豆子。它扩张的方式就像征服者，四处散播饥饿和悲惨。”[19]

和米格尔·马莫尔、法拉本多·马蒂一样，阿尔贝托·马斯费雷尔想解决饥饿和悲惨的问题。[20]1868年，马斯费雷尔出生在萨尔瓦多。9岁之前，他一直和母亲一起生活。但是后来，妈妈把他送到了严厉的父亲和新继母身边。他们俩又把他远远地打发去了危地马拉的寄宿学校。马斯费雷尔一有能力就从学校里逃了出来。他十几岁就在出口热时期的中美洲游荡，走的路线和几年后的詹姆斯·希尔十分相似：他先去了洪都拉斯和尼加拉瓜，然后是危地马拉和哥斯达黎加。但希尔是为了寻找商业机会，马斯费雷尔却走到哪里都看到苦难。他开始相信，中美洲人民生活在“半野蛮半暴政”的社会里，因为他们彼此孤立，为了生存各自挣扎，只顾着满足自己的基本需求，没有精力互相帮助，更别说建立政治组织。他走上记者的职业生涯是为了让萨尔瓦多人看到真实的萨尔瓦多，看到自救的路径。“只要正义还没有对每个人一视同仁，”1928年，马斯费雷尔写道，“我们就没有安全可言。”[21]

马斯费雷尔对正义的认识源自一个观念：他认为萨尔瓦多这个国家是一个活的生命体。在这个问题上，他的想法继承了欧洲活力论的传统，但这套哲学的基本理念——生命是一种不同于其他所有现象的独特现象，这为人类的事业赋予了一种特殊的属性——在能量和热力学被发现以后就不再流行了。为了对抗那些急于把认知和想象力贬低成另一种微不足道的机械过程的人（例如，W. O. 阿特沃特），20世纪的活力论拥护者——包括法国哲学家亨利·柏格森在内——着重强调“思维能量”或“精神能量”的特殊本质。对活力论者来说，宇宙的最小公分母是“生命”，而不是能量。“时间、心脏、想法、肌肉和神经、韧带和骨头、血和汗，统统被工作吞噬，”马斯费雷尔写道，“个体的一部分被转化成了整体的生命。”[22]将“生命”抬高到一个特殊的地位，是呼吁人类尊严、培养同理心和个体之间归属感的一种方式。

尊严和同理心是马斯费雷尔改革派政治理念的核心。这套理念落到实处，就是所谓的“关键底线”计划。这个计划首先“承认萨尔瓦多人的生存状况令人绝望”，所以他们追求的头两个目标是“诚实、健康、公平付酬的工作”和“营养、卫生、充足的食物”。然后是“干净、不潮湿、空气质量良好、充足的住所”“足量的饮用水”“干净、合身、质量好的衣物”“环境卫生和得到医疗服务的渠道”“能够轻松而平等地获得及时的正义……免费、有效的初等教育……（以及）充足的休息和娱乐”。这就是马斯费雷尔列出的生活基本需求目录，也是他为普及正义、拯救祖国开出的药方。[23]

马斯费雷尔列出的关键底线源于观察和经验，但他的政治理念就没这么接地气了。他提出，国家的任务是保证全社会“道德、文化和身体的健康”。这样一来，“充足的食物、住所和衣物”自然成了“一个国家对人民的责任”。马斯费雷尔希望咖啡种植园主和他们的政府能听从他的想法，从新的角度审视国内的情况，放弃一部分他们原本认为属于自己的权益。“Dar（给予）是一个神圣的词语，”1928年，他写道，“它既包含了创造的谜团，又拥有自身的标准。”他引用了神智学家安妮·贝赞特的话：“给予是生命的法则。”他谴责那些“以支票簿为灵魂，账本为良知”的人。1929年，借助“关键底线”计划的平台，马斯费雷尔成立了一个政党：活力党。活力党的旗帜和标语上印着他们的党徽，那是一轮太阳，“向外放射光芒”，加上几个大写字母——V. P. T.（vida para todos），“为了所有人的生活”。[24]

面对世界性萧条的危机，萨尔瓦多咖啡种植园主想出了巧取豪夺的新路子，即把阳光和雨水据为己有的新策略。随着波旁咖啡从山上向下扩张，棉花从海滨平原向上攀爬，许多能吃的作物被铲掉埋进了地里，但仍有一些“漏网之鱼”，现在种植园主决定彻底消灭它们。米格尔·马莫尔听说，有的种植园主在种了口粮作物的地里放火，驱赶牛群践踏玉米地。这些举动制造出了更多被饥饿驱赶着去找工作的绝望的人。[25]

随着萨尔瓦多种植园情况的恶化，两股政治反对派势力以新的方式走到了一起，其中一股势力专注于抵抗“美帝国主义”，另一股的重点是反对劳工剥削。[26] 马莫尔在这两个方面都颇有心得。整合了自己的经验以后，他渐渐看穿了萨尔瓦多“艰辛生活平静的表面”，感觉到“一股巨大的力量，只要有一个出口，就会转化为反抗不公和悲惨的积极行动”；米格尔·马莫尔的工作重心也渐渐变成了“打破传统、恐惧和怀疑铸成的硬壳”，让孤军奋战的工人们团结到一起。[27]他干起了组织工作。

因为马莫尔以前当过渔夫，所以他从渔夫入手。他知道他们需要什么：首先是靠近水体的权利。那些种植园主用栅栏把湖岸和河岸围了起来，因为他们觉得湖泊和河流也是自己的财产。他沿着岸边前进，跟周围种植园的人们取得了联系。每次走进种植园，马莫尔就会扔掉正装衬衫和皮带，换上工装，用麻绳系裤子。跟咖啡工人说话的时候，马莫尔和他志同道合的组织者会用种植园里的人能听懂的话来推动罢工，争取“每天的口粮里有更大的玉米饼，一年到头都有更多豆子，吃饭的时候有咖啡”，更好的工作条件，更好的生活条件。[28]马莫尔成功地和工人打成了一片，这提升了他在萨尔瓦多左派中的地位。

1930年6月初，就在法拉本多·马蒂和桑地诺分道扬镳、回到萨尔瓦多的几天以后，马莫尔被推选为萨尔瓦多共产党的代表，去莫斯科参加赤色职工国际的第五届代表大会。他有一千个理由不想去。他从没出过国，他的母亲生病了，他有组织工作要做，他从没见过海，他担心一个农民的想法经不起国际大会的检验。一位组织者同僚痛斥他是个浑蛋，于是马莫尔终于找到了勇气。

他登上了一艘开往汉堡的“比一幢房子还大”的德国蒸汽船。在潮湿的汉堡，马莫尔被秘密送上了一艘苏联货船，由几艘潜艇护送前往列宁格勒。作为斯大林快速工业化五年计划的重点城市，战后的列宁格勒看起来贫穷、肮脏、遍地泥泞。初次体验共产主义生活就看到这样的场景实在令人失望，但马莫尔觉得他看到了熟悉的东西：码头上排满了钓鱼的人，但他们手里的鱼竿却纹丝不动。在周围的农村里，以农业合作化为名的搬迁导致大量农民被捕，饥荒四处蔓延。马莫尔从列宁格勒出发，乘坐火车前往莫斯科。

马莫尔希望自己的演讲能把莫斯科的听众带到萨尔瓦多的咖啡种植园里。他想凭借翔实的细节把这个国家的问题摆到他们眼前，让他们和他一样真切地感受到那种可能性。他向来自世界各地的代表介绍了吉罗拉家种植园里的日常生活，这位地主是詹姆斯·希尔在圣安娜的邻居。马莫尔提到，工人们穿着破烂的衣服，从天蒙蒙亮干到太阳落山，只为了换取每天15美分的薪水，还有玉米饼和豆子组成的口粮。他的演讲给与会代表“留下了深刻的印象”。[29]

接下来的几天里，马莫尔在大会上和来自拉丁美洲其他国家的代表展开了交流。他们共同描绘了一条拉丁美洲的革命路径：“没收被政府偷走、被（种植园主）侵占的土地……重新分配给农民，把外国公司收归国有……银行国有化，刺激工业发展，等等。”他们勾画的蓝图基于列宁主义者的理念，在“虽然小但很受欢迎的共产党”领导下，广大群众“可以掀起一场革命”。[30]以此为基础，马莫尔带着一套行动计划回到了萨尔瓦多。

不过，回家以后，马莫尔发现，有两件事发生了变化。首先，萨尔瓦多左翼阵营的规模在短短几个月内翻了一番。他们在工业和农业领域获得了新的进展。拉康斯坦西亚酿造厂成立了一个新的工会，这家工厂的主人是詹姆斯·希尔的朋友兼姻亲拉斐尔·梅萨·阿亚；与此同时，在农村地区，工会已经吸收了多达80 000名农业工人。[31]第二个变化是，法拉本多·马蒂当上了人道主义组织国际赤色济难会萨尔瓦多分会的会长。在这个位置上，他凭借一个“叛教者”的黑暗魅力引领大家面对越来越黑暗的日子。

随着萨尔瓦多工人组织规模和势力的扩大，他们引起了更多注意。咖啡种植园主催促政府采取措施对付“外来的煽动者”。出于对西半球布尔什维克主义趋势的警惕，美国也催促萨尔瓦多官员出力镇压。[32] 1930年8月，萨尔瓦多政府封禁了马克思主义者的宣传集会和印刷品，国民警卫队逮捕了600名反对禁令的农业工人。10月，针对商店、个人或政府的示威也被禁止了。这项新禁令也激发了反对的浪潮，抗议和镇压成了圣安娜火山周围的主旋律。11月，国民警卫队被调往圣安娜镇压一场示威游行。12月，警卫队在这座城市里杀死了8名抗议者。通过一系列突然袭击，他们一共逮捕了1200人，其中包括马蒂。11月27日，他在圣安娜被捕。

逮捕马蒂的人眼光过于狭隘，看不到事物的两面性。对他们来说，政治意味着清洗。他们不想让马蒂留在监狱里，留在圣安娜，留在圣萨尔瓦多，留在这个国家的任何地方，所以他们要求他离开。12月19日，马蒂在监狱里被关了三个星期以后，一位政府官员带着笔、墨水和纸走进了他的牢房，要求他写信申请一本没有回国签证的护照。“我的回应是，”后来马蒂回忆道，“叫他带着那堆东西从我的牢房里滚出去。”[33]官员离开了，马蒂留了下来。

半夜里，几名监狱看守把马蒂拖出牢房，架到车上，送去了海边。然后，马蒂被塞进了一艘来自加利福尼亚州的蒸汽船“委内瑞拉号”。船长收了钱，答应把马蒂送到安全的距离以外。马蒂被锁在甲板下的船舱里，蒸汽船沿着海岸线一路向北，经过危地马拉和墨西哥，来到了洛杉矶西南方向的港口——加利福尼亚州的圣佩德罗。在圣佩德罗上岸以后，马蒂受到了当地左派的欢迎；但被移民官员扣押了两周以后，他又再次被送上“委内瑞拉号”，掉头向南返程。这次马蒂还是被锁在船舱里，直到这艘船在萨尔瓦多的拉利伯塔德下锚，船长才让他上岸。刚踏上祖国的土地，马蒂很快就被警察抓了起来。他们的新计划是把他送去秘鲁。走到半路上，马蒂下定了决心，宁可逃亡也不愿意被流放。1931年2月底，他在尼加拉瓜跳下船，偷偷溜回了祖国。[34]

在马蒂被流放的两个月里，政治局面发生了变化。1月，萨尔瓦多人选出了一位新总统：阿图罗·阿劳约。阿劳约出身于咖啡种植园主家庭，但他和以前的总统不太一样。阿劳约年轻时曾在英国学习工程学，还在曼彻斯特的港口城市利物浦的工厂里工作过。那时候他住在一位店员家里，这位房东也是英国工党的一名官员。后来阿劳约回到萨尔瓦多，开始参与家里的咖啡生意；但他的管理方式不是把种植园当成蒸汽驱动的工厂，而是当作一个微型福利国家。他花了很多钱为自己的工人提供住房、医疗服务和教育。[35]

阿图罗·阿劳约的社会改革理念脱胎自阿尔贝托·马斯费雷尔。马斯费雷尔的活力党拒绝参加1931年1月的总统选举，于是阿劳约把“关键底线”的理念融入了自己的平台。他选择了一位军人来充当自己的竞选搭档。这位军人是马克西米利亚诺·埃尔南德斯·马丁内斯将军，他和马斯费雷尔拥有共同的神智主义信仰。马斯费雷尔支持阿劳约参选，并为他的“慷慨和良心”做了担保。虽然在1931年的萨尔瓦多，“关键底线”应该是个受欢迎的变化，但阿劳约的胜利多少有些出人意料。[36]

阿劳约当选后，人们似乎看到了一点改革的希望，但这份希望十分渺茫，因为他领导的这个国家背负着几百万美元的债务，国际咖啡市场崩溃以后，他们根本无力还债。事实上，萨尔瓦多所有人都反对美国的贷款。左派学生和工人反对的是贷款附加的控制条件。咖啡种植园主和加工厂主缴的出口税要拿去还债，所以他们中的很多人——包括安吉尔·吉罗拉在内，米格尔·马莫尔在莫斯科描述过他的种植园——建议阿劳约延期还款。银行家——包括西部银行行长本杰明·布卢姆在内——表示同意，萨尔瓦多政府的财政事务曾经由他们负责，现在这个角色已经被美国人篡夺。

仍然乐观的似乎只有新总统一个人。“财政状况，”就任后不久，阿劳约宣布，“的确糟糕，但幸运的是，还没糟糕到令人绝望的地步。我们仰仗的是国家的生命力，通过对能量的应用——充足的现金流、和平和秩序——我们完全能获得正常的生产力。”[37]阿劳约对萨尔瓦多“生命力”的看重源自阿尔贝托·马斯费雷尔的活力论。从另一方面来说，这位总统认为能量等同于现金流，这和美国的经济思维不谋而合，“钱医生”埃德温·甘末尔和他的同事提倡的正是这样的经济学原理。

除了总统，萨尔瓦多至少还有一位当权者对经济抱有乐观的看法：海关督察威廉·W. 伦威克。1930年年底，伦威克回顾了萨尔瓦多的状况，评估了这个国家的还款能力。他向纽约报告称，虽然这个国家的整体经济的确陷入了瘫痪，但整体经济并不是我们考虑的重点所在。偿还贷款的关键在于咖啡的出口，而咖啡出口的关键在于种植园主迫使人们工作的能力。从这个角度来说，萨尔瓦多的“经济情况”“非常完美”。[38]

完美的经济情况源于低廉的生产成本，而低廉的生产成本源于种植园的情况。伦威克非常理解这种节省背后的含义。为了推动这个国家的金融进步，他还在报告里给自己的雇主——查塔姆菲尼克斯国家银行，萨尔瓦多主要的债权人——提了几条建议。第一条建议是从海关税收里“专门留出一部分，用于支付该国11月和12月的军费，如果有可能的话，还应该为来年1月预留部分军费。我已经向总统建议过这件事，他向我保证会办妥”。只要军队能发饷，“平静”也许就能维持下去，劳动成本也许就能保持低廉，这笔贷款也许就能还上。[39]

阿图罗·阿劳约之所以能赢得选举，是因为他得到了贫困工人的强力支持，其中包括被他描述的和谐社会触动的农业工人。所以当阿劳约也开始用暴力推行命令时，他的支持者对此深感讶异。几周前他才坐进总统办公室，几天前他还在描绘“和平和秩序”对生产力的重要性，但在1931年3月初，阿劳约开始派遣国民警卫队镇压示威游行，维护咖啡经济。[40]他甚至推动立法机构通过了一项法律，赋予了警察和军队利用暴力镇压公众示威的额外权力。[41]这些措施葬送了改革的希望，迫使壮大后的萨尔瓦多左派势力转而寻求其他方式来实现他们的政治诉求。

从尼加拉瓜跳船溜回萨尔瓦多以后，法拉本多·马蒂回到了圣萨尔瓦多和圣安娜之间的火山高地，这里是咖啡产区的心脏。[42]据说3月22日，他曾出现在圣安娜示威者与军队的冲突现场。4月初，他在圣萨尔瓦多的国家宫殿外领导了一场游行。5月3日，他再次被抓起来，关进了监狱。[43]

马蒂的朋友米格尔·马莫尔说他是一位“天生的斗士，从不动摇”，“他的侵略性足以给任何人带来麻烦，他之所以拥有这种精神，是因为他清楚地认识到了是什么让我们蒙羞”。[44]在监狱里，他开始绝食。刚开始的6天，政府向公众隐瞒了马蒂绝食的事情，但这条新闻很快出现在了报纸上。他的数百名支持者发起了集会，要求政府放人。[45]

阿劳约总统看到了这场正在进行的殉难活动，他担心自己会被钉在十字架上。“政府很清楚现在的情况，”绝食开始一周后，5月12日，美国驻萨尔瓦多的一位高级外交官向华盛顿报告说，“据我所知，政府觉得让马蒂饿死自己将会是一个错误，所以他们会采取措施，避免局面走到这步……马蒂是个聪明人，对这个国家的某些人来说，他并不是没有吸引力，毫无疑问，他渴望获得类似桑地诺的地位。”[46]一周后，这位美国外交官又写了一份报告。因为马蒂“仍在坚持绝食……他会被安排强制进食，这也可以理解”。[47]这位外交官在描述“强制进食”的时候使用了被动语态。对一个以饥饿为本的经济体来说，这种镇压手段颇具讽刺意味。

5月20日，绝食的第15天，马蒂从监狱被送往医院。5月31日，阿劳约总统下令释放马蒂，这次他可以自由地选择去向。经过26天的绝食，他被搀扶着走出了医院。支持者在门口为他送上了一杯橙汁。马蒂朝报纸的摄影师摆出了一个姿势，然后人们抬起他消瘦的身体，簇拥着他离开了医院。身体恢复以后，马蒂回到了咖啡产区，他的工作是将饥饿转化为潜在的力量。[48]

咖啡兴起的那段时间里，萨尔瓦多的乡间流传着一个几乎人人都信以为真的故事。故事里有一条棕色巨蟒，名叫红尾蚺，在乡村地区十分常见。据说红尾蚺不会伤人，但有一种情况例外。故事中说，它会盘在母亲带着吃奶婴儿居住的房子的屋檐上，懒洋洋地绕着屋顶的柱子爬，直到所有人都睡着。然后，到了夜里，它会离开房顶，游到母亲和孩子之间，吮吸母亲的乳房。如果哪个孩子长得特别瘦弱，人们就会说："他妈妈的奶肯定被红尾蚺偷喝了。"这个故事很好地解释了萨尔瓦多农村的孩子为什么长成那样，就连那些上过大学的富人也把它当成真事，口口相传，虽然他们自己的孩子绝不会被红尾蚺偷去乳汁。[49]

萨尔瓦多的革命运动诞生于城市的学生、商人和产业工人之中，随后在圣萨尔瓦多和圣安娜之间的咖啡产区里发展壮大。这里的咖啡生产环境有利于革命的组织者。千万年的大雨冲刷着柔软的火山土壤，在山坡上留下了深深的沟壑。这些沟壑成了人们集会的地方。夜幕降临，米格尔·马莫尔、法拉本多·马蒂和他们的组织者同僚在隐蔽的山洞里和工人碰头。海螺的号声是集会的暗号，系在树上的油灯和红旗标出了集会的地点。孩子们在会场周围放哨，一旦发现警察或者国民警卫队的身影，他们就会摇响手里的小铃。[50]

有时候只有几十个工人聚集在沟里，有时候来参加集会的多达三四百人。他们尽可能地自带食物："一堆堆玉米饼、咖啡，有时候甚至还有睡觉的垫子，以备不时之需。"马莫尔回忆道。如果有可能的话，组织者还会杀猪宰牛，烤熟了分给大家吃。玉米肉粽端了上来。因为大家一直在挨饿，所以人们说的话总离不开吃的。"我们不能再这样下去了！辛辛苦苦工作，却只能换来几张玉米饼！"这是咖啡产区最有号召力的呼吁，人们“总是报以雷鸣般的喝彩”。[51]

对马莫尔和他的组织者同僚来说，说服农村的集会者——其中大部分是咖啡工人——让他们相信现在的状况有问题，不是一件难事。“不需要煽动，”马莫尔回忆说，“不需要夸张，也不需要着重强调或者翻着花样解释。”无论走到哪里，马莫尔都能看见“极度的悲惨”和“无所不在的、广泛的饥饿”。[52]萨尔瓦多咖啡产区的工人非常了解饥饿，就像他们了解自己和自己孩子的身体一样。他们不再愿意归咎于红尾蚋。“那些饥饿的孩子让人心碎。”一位组织者在工会会议上表示，他是一名电工，“为了他们，我们必须抗争。”[53]

米格尔·马莫尔和他的组织者同僚在圣安娜周围的咖啡产区找到的不仅仅是“真正的饥饿和绝望”。[54]他们还看到，这里的人们习惯将他人的需求纳入自己日常的考虑。咖啡工人遵循一套公共的伦理——分享食物、水和住所，照顾孩子，在工作中彼此照应——土地私有化以后，种植园主的统治也没能打破他们的默契。共产主义组织将这种公共伦理从种植园的层面拓展到了萨尔瓦多国境内的政治空间。

很多工人不识字，所以在种植园里担任监工的参会者常常充当组织者和工人之间的媒介，出于工作需求，他们能读会写。[55]组织者带着手绘的地图和图片在乡间游荡，借助这些工具展开讨论。这些图解释了种植园世界的运作机制和可能的改变路径，图上还有各种问题和答案。他们的地图以美帝国主义为中心：“国家城市银行”“联合果品公司”“国际铁路公司”。制图的符号包括美国国旗、美元、英国国旗、重炮和军舰。它们展示了“美帝国主义取代英帝国主义”，关税收入被抽走，也展示了横跨大洋的电报线路：电报线路传来了美国的报价，乘风破浪的蒸汽船将咖啡送往海外市场，载着士兵和武器的炮艇与它们相向而行。[56]还有一些图描绘了萨尔瓦多的社会结构，资本和资本家画在最上面，接下来是警察和国民警卫队、总统、军队、律师、媒体，最后穷人被压在最底下。

组织者讲完这些地图和图片的含义以后，会议的焦点往往会转移到咖啡经济的日常生活上来，工人们会谈起种植园里的情况。[57]这样的讨论结构蕴藏着内在的因果关系。

组织者也会用画面来表现现行权力以外的可能性。他们会画出自己追求的理想未来——“无产阶级专政”，最上方是生产食物的玉米地和牲畜，其他所有东西都排在谷物和肉的后面。从玉米地和牲畜饲养场开始，资源在经济委员会的调配下流动，进入仓库和商店——它们排在委员会的下一级。其他所有形式的能量——工业能量、军事能量、电能量——都源于人类通过食物吃下去的能量。这幅画同时反映了人们填饱肚子的迫切需求和重新分配土地的“压倒性需求”。早在1927年，詹姆斯·希尔就在自家种植园的集会上听到过这种需求。[58]为了反抗基于饥饿的种植园咖啡生产系统，萨尔瓦多掀起了广受欢迎的共产主义运动。它的核心议题是，如果生而为人意味着挨饿，那么政府的目标应该是供给而不是剥夺，是使人民饱足而不是饥饿。“人民的专政”将颠覆萨尔瓦多现在的局面，将这个国家变成食物的天堂，吃的天堂。

20 红圈里面

工人们以新的方式联合起来应对大萧条的危机，但谁也不知道他们的雇主是不是也能团结起来，这让萨尔瓦多咖啡产业的所有投资者忧心忡忡。“无助的氛围四处弥漫。”1930年1月，萨尔瓦多的一位外交官向华盛顿报告说，最麻烦的是“业内的失败主义情绪”。[1]

事实上，咖啡种植园主不是没有努力。自从1894年推翻了艾泽塔兄弟的统治以后，他们一直享受着对国家政治的事实垄断；现在他们开始意识到，也许正是出于这个原因，他们可能在政治上有些过于自满。1929年年底，仿照加利福尼亚州果农的先例，这些种植园主出资建立了萨尔瓦多咖啡协会，这是第一个代表种植园主利益的正式组织。在同行们眼里，詹姆斯·希尔从一开始就在确定协会议程的过程中扮演了“非常重要”的角色。希尔深入研究过周边的咖啡生产国，并和同行分享了自己的结论：萨尔瓦多的咖啡出口税差不多相当于哥伦比亚的20倍，把咖啡运到港口的费用相当于哥伦比亚的7倍，从萨尔瓦多向国外运输咖啡的费用大约相当于哥伦比亚的2倍——作为温和咖啡的主要生产国，哥伦比亚是萨尔瓦多最大的竞争对手。[2]

1929年12月18日清晨，为了讨论这些问题，咖啡种植园主在这个国家最负盛名的社交场所——萨尔瓦多俱乐部，开了个会。他们决定让希尔牵头，在协会内部仿照10年前巴西的做法再成立一个组织——咖啡保卫学会。为了给学会提供资金，每袋出口的咖啡需要多交一份新税。希尔会用这笔钱资助研究，力图解决萨尔瓦多咖啡的生产、分销和消费问题，包括国内和国外的——就像当年巴西人在美国资助咖啡研究、打广告那样——并设法让萨尔瓦多的总统和相关机构看到学会工作的重要意义。[3]咖啡种植园主通过这些方式将自己的利益组织制度化，他们也由此成为萨尔瓦多一股更“强大的政治力量”，甚至超越了原来的自己。[4]

不过，随着种植园主政治势力的壮大，他们也更清晰地感觉到了自身权威的局限。他们更明确地知道了自己想做什么，也更深入地理解了自己不能做什么。1930年4月，中美洲咖啡生产国的代表在危地马拉城开会，讨论模仿巴西的模式建立一系列仓库，以便把咖啡储存起来，等到价格回升，再“以更有利的条件”卖掉。这次温和咖啡大会还提出，在美国和欧洲给中美洲咖啡打广告，借鉴当年弗雷德里克·温斯洛·泰勒在美国分析工厂的先例，雇用一批专家来分析咖啡种植园和加工厂的情况。[5]但除了提出建议，这次会议没有取得什么实质性成果，也没能让大家结成同业联盟。

萨尔瓦多国内的情况也不是一帆风顺。听说萨尔瓦多搞了个咖啡保卫计划以后，海关督察威廉·W. 伦威克给詹姆斯·希尔和他的同行带来了一些不受欢迎的消息。伦威克告诉他们，根据贷款合同的条款，虽然征收新税是为了资助咖啡保卫学会，但他有权抽取70%的税金。曾经广受赞誉的伦威克现在成了大家攻击的目标。“包含谎言和恶意言辞的文章”出现在报纸上，不利于他的流言在精英圈里流传，萨尔瓦多掀起了一场“制造不友好情绪的运动，流言只是其中一部分”，而当初和伦威克打成一片的也正是这些人。[6]

无论如何，伦威克还得完成手头的工作，它和咖啡的生产和出口息息相关，但这项产业越来越岌岌可危。1931年年初，伦威克得知，萨尔瓦多的警察和军队已经一个月没发工资了。出于警惕，他去美国公使馆跟美国领事和盎格鲁南美银行的一位高管见了一面。两位银行家同意借一小笔75 000美元的贷款给萨尔瓦多政府，帮助他们渡过难关。如果他们能维持财政和社会秩序，那么或许可以考虑更大笔的后续借款。[7]

以前萨尔瓦多的银行很愿意借钱给政府并从中赚取利润，但是现在，他们也无能为力。以前他们可以从欧洲和美国的大银行借款来资助本国的种植园主和政治家，但到了1931年年中，他们连一美分都借不到了。[8]想要筹钱，把咖啡卖给国外几乎是唯一的路子，但随着咖啡价格一再下跌，这条路也不是那么好走。[9]

然后，到了12月2日，刚刚上任8个月零1天的阿图罗·阿劳约总统的统治被推翻了。

第一嫌疑人肯定是副总统。阿劳约的副总统是马克西米利亚诺·埃尔南德斯·马丁内斯将军，除此以外，他还担任着战争部长的职务——或者说担任过，为了给阿劳约的小舅子腾位置，他已经离开了这个职位。除了马丁内斯，这场政变中还有另外几个人冒出来争夺总统的宝座，他们的嫌疑也很大。虽然将军本人不承认自己以任何形式参与了这场让他得以入主总统办公室的阴谋，但他的否认不能完全让人信服。

这并不意味着萨尔瓦多国内有多少人反对这场政变。被罢黜之前，阿劳约的预算赤字已经直逼400万美元。政府没有资金维持基本的运转。警察和军队发不出薪水。阿劳约没能恢复这个国家的活力，他带来的只有更多的暴力和镇压，公众“被他的失败激起了怒火”。来年情况也没有好转的迹象：咖啡的产量正在下降。[10]对萨尔瓦多人来说，真正紧迫的问题肯定比“谁终结了阿劳约令人失望的总统生涯”更重要，那就是马丁内斯将军当上总统以后打算怎么办。

马克西米利亚诺·埃尔南德斯·马丁内斯将军从没见过自己的父亲，所以不同于习俗，他的姓氏来自母亲。但这也许是马丁内斯将军身上最不出奇的事情。他还有一个外号，叫作El Brujo，意思是“巫医”。[11]马丁内斯既是一名军人，也是一位神智学家。他相信心灵感应、转世重生和灵魂的轮回。他四处宣扬牙疼、癌症和心脏病的家庭疗法。为了预防天花的流行，他在首都各处挂起了彩灯。他在广播节目里说，人类其实拥有10种感觉——除了常规的五感，还有生理学家未曾发现的5种感觉：生殖、排尿、排便、渴和饿。他建议选民不要给孩子穿鞋——因为植物和动物都不穿鞋——这样他们才能通过脚心吸收地球的振动。

这些怪癖丝毫没有影响他的政治声望，就连萨尔瓦多的美国债权人也这样认为。对华盛顿来说，最重要的是，马丁内斯不是把国家财政搞得一团糟的阿劳约。但1923年的泛美协议让政治局面变得更加复杂，这份协议的初衷是抑制西半球的革命，但现在它却阻碍了美国正式承认马丁内斯政府。[12]根据泛美协议，美国国务院断绝了与萨尔瓦多的外交关系。[13]

得不到国际社会的承认，马丁内斯转而在国内寻找盟友，他找到了不少人。军队、咖啡种植园主和部分左派都认为马丁内斯也许可以代表自己的利益，尽管他们的利益各不相同。[14]军队已经有一阵子没发饷了，但作为一名军人，马丁内斯将军似乎很可能改变这一局面。咖啡种植园主习惯了自己人当总统，华盛顿方面怀疑他们参与了政变，现在他们急于表现对马丁内斯的忠诚，所以他们借了一笔现金给新政府，以解决政府的燃眉之急。[15]与此同时，左翼阵营的想法分成两派，两派都很乐观，虽然背后的原因截然不同。工人组织的一部分领袖希望能跟新总统谈判，至少他不是咖啡种植园主。从另一方面来说，法拉本多·马蒂认为，马丁内斯的统治可能“更有利于”共产主义组织的发展，因为他的统治会让革命显得更加诱人。[16]

米格尔·马莫尔、法拉本多·马蒂和他们的盟友没等多久就得到了一个试探马丁内斯的机会。政变结束一周后，1931年12月9日，圣安娜火山周围的咖啡工人掀起了一系列规模空前的罢工。这是萨尔瓦多历史上第一次有组织的罢工，他们特意选在咖啡收获季起事。几个月来，组织者在一家家种植园里逡巡，四处散布消息。他们的首要目标是最富裕的种植园主拥有的规模最大的种植园，因为他们想把行动搞得声势浩大，以期掀起全国的罢工浪潮。马莫尔发现，工人们特别欢迎他们的消息，仿佛“那些种植园和大庄园已经属于人民”。[17]

10天的罢工换来了新的希望。为了寻求民众的支持，马丁内斯摆出了愿意谈判的姿态。他在首都和工人领袖见面，向他们保证自己“非常希望通过老板的让步改善工人的物质条件”。在另一个场合，有人听见他说“这块骨头上有蚂蚁”，意思是说现在的劳资关系整个烂透了。[18]这是希望之一。

但与此同时，马丁内斯似乎同样急于安抚咖啡精英。来自圣安娜的咖啡种植园主协会成员逼迫他“付出更大的努力，更有效地保证财产安全，对抗布尔什维克和共产主义者对生产活动造成的……严重威胁”，种植园主开始用每天数千美元的捐款支持萨尔瓦多国民警卫队。[19]雷加拉多家的种植园里有900名工人发起了罢工，要求种植园主提供水源、增加薪水。雷加拉多请求马丁内斯派军队过来，马丁内斯同意了，并且下达了开枪的指令。但警卫队到达种植园以后却和罢工者建立了联系。阿劳约麾下的国民警卫队是无情的刽子手，但是现在，他们似乎变成了调解员。这是希望之二。

还有一些证据表明，种植园主的手段正在软化。在圣萨尔瓦多附近，杜埃尼亚斯6家种植园里的1200名采摘工人通过联合罢工争取到了50%的加薪，采摘一袋咖啡浆果的报酬从20美分涨到了30美分。看到附近其他种植园的工人为争取食物和薪水、减少工作时间和提高童工待遇而掀起的罢工，一位咖啡种植园主向同行发出了呼吁。“雇主们打算怎么办？”他在圣安娜的报纸上写道，“这是一个值得深思的问题。他们是否准备要求政府派遣军队朝这些手无寸铁的土著开枪？这么想的老板肯定是个傻子。如果不能早日认识到暴力手段无法解决问题，情况只会变得越来越糟（对老板来说）。”其他种植园主既没钱偿还自己的抵押贷款，又不愿意为了几乎一文不值的咖啡浆果开战，于是他们直接逃离了种植园，曾经替他们打工的人搬进来接管了他们的产业。[20]

12月19日，美国国务院派了一名特使到萨尔瓦多，评估这个国家动荡的政治局势。这位特使是美国驻哥伦比亚大使杰弗逊·卡弗瑞，他以前在萨尔瓦多工作过。卡弗瑞的任务是调查马丁内斯政权，权衡萨尔瓦多政治回归宪法框架——这样才能得到国际认可——的各种可能性，最理想的办法是说服马丁内斯把总统宝座让给另一位和政变关系没那么明显的将军。[21] 12月22日，卡弗瑞跟马丁内斯见了一面，并告诉他美国无论如何都不会承认他的政权。当时马丁内斯已经得到了萨尔瓦多社会“精英分子”的支持，这些人也想要一个强大稳定的政府；他们的支持让马丁内斯变得更加无畏，哪怕大家觉得他不是特别聪明。他告诉卡弗瑞，美国的立场真是太不幸了，因为根据萨尔瓦多宪法第52条第5款，副总统不能辞职。[22]

圣诞节前，美国驻中美洲的一位武官从萨尔瓦多向华盛顿发回了自己的报告。

> 来到萨尔瓦多的人首先注意到的大概是满街昂贵的汽车……放眼望去，这些价格高昂的汽车跟周围的牛车和赤脚的车夫完全不属于同一个世界……这个国家的一切几乎都掌握在三四十个家族手里。他们的生活堪称奢华，家里有成群的仆佣，孩子被送去欧洲或者美国上学，花起钱来挥金如土……我想，今天萨尔瓦多的局面应该很像革命前的法国、俄国和墨西哥……
>
> 当权者似乎意识到了这样的局面十分危险，他们也相当警惕共产主义的影响。不过他们有一个优势：这里的人民永远不愁填不饱肚子。穷人总能弄到免费的水果和蔬菜，还能偷咖啡庄园的柴火，没准还有小鸡，所以再穷的人也不会走投无路。同样地，由于他们从来不曾拥有过任何东西，所以也没有太强烈的欲望……萨尔瓦多的社会主义或共产主义革命可能会推迟5年，10年，甚至20年，但等它真正到来的那天，肯定会流很多血。[23]

当然，这位武官弄错了一件很重要的事情：在咖啡产区的很多地方，穷人已经不能随意采摘果蔬、偷拿柴火和小鸡了，而且失去土地让他们产生了强烈的“欲望”。

伴随着“对暴力的期待”，圣安娜的人们迎来了1932年。地方选举原本定在1月3日，星期天。但当地官员注意到，罢工的风潮愈演愈烈，所以他们要求军队和警察没收萨尔瓦多共产党的选民登记名册。面对镇压，共产党的官员仍抱有希望。他们的平台呼吁禁止雇用童工，限制工作时间——18岁以下的工人每天工作6小时，18岁以上的女工7小时，男工8小时——给失业者提供食物援助，以及——特别是对种植园的工人来说——“获取食物和住所的权利，哪怕他们没有分配到工作”。种植园的罢工暂时停了下来，好让工人们去投票。考虑到群众的支持如此热烈，共产主义运动的组织者觉得自己没准能拿到近半的票数。选举日那天，投票的人很多，这是个好兆头。[24]

但等到计票的时候，萨尔瓦多第一位共产主义候选人却表现不佳。民意调查报告——尤其是来自咖啡产区的报告——揭露了赤裸裸的舞弊。[25]面对这样的结果，驻萨尔瓦多的英国首席外交官D. J. 罗杰斯却有不同的视角。他认为，考虑到这次选举涉及的利益，真正出人意表的是舞弊手段的克制，“当局如此公正，‘共产主义者’差点儿就赢了”。罗杰斯自己也是一位咖啡种植园主，他很清楚，“红色阵营一直在扩大”，他觉得这应该归咎于他的种植园主同行。[26]为了熬过这场经济危机，很多种植园主选择压低薪资水平，用更少的钱压榨出更多的劳动——罗杰斯知道，这些措施“不聪明”，但还没有其他很多人采用的“更不聪明的权宜之计”那么鲁莽：削减“劳工的食物供应”。根据他自己经营种植园的经验和政治经验，罗杰斯知道，饥饿和选举舞弊共同激发了一种新的“不满”。这两件事促使人们要求“彻底改变这个国家的经济结构”。尤其是圣安娜，这座城市遭到了“全面洗劫”的威胁，于是政府在这里布置了重兵。[27]“最不受欢迎的种植园主的产业所在的地区，”罗杰斯观察到，“局面最不稳定。”[28]

选票被偷走以后，米格尔·马莫尔在选举期间观察到的“热烈支持”被舞弊浇了冷水，由此激起了“更多的暴力和不满”。根据马莫尔的描述，接下来圣安娜火山周围出现了“更激烈的罢工”，政府则报之以“罪恶的恐怖镇压”。[29]在火山北面，手持致命武器的军队与400名罢工者对峙，士兵越过警戒线，花了3天时间追捕那些逃亡到全国各地的人，多达60人在冲突中丧生。[30]

随着暴力的升级，马莫尔提出求见总统，法拉本多·马蒂支持他的想法。起初马丁内斯同意见面，但等到1月8日，两位领袖来到国家宫殿以后，总统却借口牙疼拒绝会谈，他从一扇窗户里伸出头来给别人看，裹在脸上的手帕紧紧捂着他的嘴巴。[31]遭到马丁内斯的拒绝以后，马莫尔和马蒂回到了自己的大本营。

1月10日，马蒂在首都召开紧急会议，讨论革命的可能性。“考虑到革命形势已经成熟”，米格尔·马莫尔也主张起义。马蒂查阅了马克思著作《资本论》的法语译本。他渴望成为人民的领袖，但他越来越担心人民会贸然发动起义，最终惨遭屠杀。[32]对这些以萨尔瓦多人民领袖自居的人来说，领导人民发动革命似乎成了一个关乎“责任”和“荣耀”的问题。[33]他们讨论了整整一夜。

二十世纪二三十年代的萨尔瓦多左翼政治有时候会被蔑称为一种“简化的马克思列宁主义”，或者说共产主义的一个变种，有时候就连最有同情心的历史学家也会秉持这一看法。[34]这种蔑视低估了法拉本多·马蒂、米格尔·马莫尔和他们领导的人民为寻找适合自身困境的解决方案而付出的努力。正如詹姆斯·希尔将曼彻斯特的一部分搬到了圣安娜火山，那些反对咖啡独裁的人也做了同样的事情。他们的政治理念也有一部分来自曼彻斯特，而且同样发轫于能量的概念。

1844年，弗里德里希·恩格斯离开曼彻斯特的时候，他关注的已经不仅仅是贫困工人的生活。取而代之的是，他想弄清自己在城市贫民窟里目睹的贫困与城市工厂创造出来的财富之间的关系。这个更大的经济谜团的核心问题是，他的家族财富和他描述的“工人阶级的情况”之间有何关系。[35]

返回德国的路上，恩格斯在巴黎拜访了一位熟人：卡尔·马克思。他们的谈话改变了恩格斯的计划。[36]接下来的4年里，他们俩在巴黎和布鲁塞尔一起生活、学习、写作，定期返回曼彻斯特做研究，并于1848年出版了《共产党宣言》。接下来的第二年，这两位长期合作者都没钱了，于是恩格斯回到曼彻斯特，在家族工厂里做了一名全职会计。他从自己可观的收入里分出一半，定期寄给马克思，随钱一起寄去的还有他煞费苦心收集的介绍工厂实际运作情况的详细资料。马克思定居在伦敦，全力研究他们俩都很感兴趣的问题：贫困和财富之间有什么关系。[37]

这是一个迷人而复杂的问题，因为它指出了市场逻辑的一个漏洞。在一个自由的市场上，如果一件物品——包括钱在内——和另一件物品发生了交换，那么这两件物品在名义上是等价的，所以它们才能互相交换。但如果交换都是等价的，那么利润以及随利润累积的不平等又来自哪里？正如恩格斯所说，是什么力量使得“卖价总比买价贵”——你带着一件花费了一定成本制造出来的物品来到市场上，然后揣着另一样名义上“等价”实际上却肯定更有价值的物品离开，这中间的差价就是你的利润。马克思提出，利润的来源不是简单的欺骗、勒索和强迫，也不是各个市场之间不同的口味和风尚，实际上，利润来自制造这件物品的过程本身。劳动创造出了高于物品自身成本的额外价值——这种“剩余价值”就是利润的基础。1867年，也就是《资本论》第一卷问世的前一年，马克思告诉恩格斯，他觉得围绕剩余价值所做的工作是他在经济分析领域的最大贡献。恩格斯表示同意。[38]

在此之前，一些著名经济学家——包括亚当·斯密和大卫·李嘉图在内——的研究也提到了劳动力价格和它的真实价值之间的显著区别。但他们只看到，这种差异为利润之谜提供了一个答案。相比之下，马克思却把它当成了一串新问题的起点。[39]剩余价值来自哪里？它是如何被制造出来的？劳动如何创造出高于自身成本的额外价值？这些问题构成了1850年以后马克思在伦敦所做的研究的核心。他在《资本论》中讲述的故事也以此为框架。

恩格斯在曼彻斯特对经济学产生了兴趣，而马克思宣称，1842年在德国目睹的一场争论点燃了他的好奇心，当时他是一家报纸的编辑。那时候，政府颁布了一项新的法律，于是很多农民因为拿了森林里的柴火——甚至包括掉到地上的木头——被抓进监狱关了起来，然后被迫为森林的主人无偿工作。而政府之所以会颁布新法，是因为在农业商业化的过程中，大片的土地被分割成了较小的私有地块，这个阶段从属于另一个更漫长的过程，该过程剥夺了穷人曾经习以为常的权利，把生存的关键资源变成了私人的财产：“不光是燃料，还有牲畜的饲料、房屋的建材、农场的设备以及食物。”森林里这些必需品的存在让农民曾经有底气“拒绝德国资本家在工厂里提供的工作条件和剥削”。[40]但是，随着越来越多的公共资源被圈进私有土地，农民的处境变得越来越艰难，最后只得被迫工作以换取薪水。在伦敦做研究的时候，马克思开始认识到，已经完成的土地和自然资源私有化为剩余价值提供了原始资金：利润是它产生的复利。

马克思在《资本论》里讲述的故事追溯了剩余价值从土地进入工厂，再通过工人身体的劳动进入资本家口袋的过程。这有助于解释，马克思和恩格斯为什么都认为能量的概念和飞速发展的热力学很有前途。他们俩都“深入研究过”迈尔、焦耳、亥姆霍兹、汤姆森和克劳修斯的科学著作，以及介绍生产主义者“能量福音”的通俗作品。在《资本论》第一卷出版之前，马克思听过英国物理学家约翰·丁达尔的一系列讲座。在维多利亚时代的英国，丁达尔是罗伯特·迈尔的主要支持者，他曾在1862年说过：“如果有锤头被举起，轮子被转动，梭子被推动，那它一定是被太阳举起、转动、推动的。”[41]能量的发现开启了一种诱人的可能性：在同样的条件下计算所有的经济收入和产出，凭借经验追踪剩余价值长期被市场掩盖的源头，通过这样的分析建立一个更公正的经济系统。为了反对贫富分化的世界，马克思想象了一个基于另一种原则构建的社会。“各尽所能，按需分配。”他在1875年这样写道。在马克思理想中的公正社会里，货物依据它所包含的劳动来标价，所以“（工人）以某种形式给予社会的劳动”——衡量劳动量的标准不仅是时间，还包括劳动强度——“都能以其他形式等量地拿回来”。[42]

马克思的追随者试图把这些原则转化成一套行得通的会计系统。1880年左右，乌克兰物理学家谢尔盖·波多林斯基提出了“经济热力学”——以能量的术语对价值进行分析。[43] 1882年，马克思注意到了波多林斯基的主张。他写信给恩格斯，询问对方的看法。恩格斯对此很感兴趣，但他觉得这个主意难以置信，因为这样的计算过于复杂，可能有些不切实际，如果不是完全不可能的话。比如说，波多林斯基的模型没有考虑阳光和气温对劳动者的影响。[44]取而代之的是，他把劳动中的身体当作简单的机器，得到多少能量就产出多少价值。“人体不是只需要考虑摩擦和损耗的蒸汽机，”恩格斯写道，“伴随着肌肉的每一次收缩和舒张，神经和肌肉内部总会发生一些化学变化，这些变化不能直接等同于蒸汽机的煤炭……是的，它们造成的外部结果的确相同，但这个过程本身却留出了可观的余量。”[45]正是这些“余量”背后的张力——把人类劳动当成蒸汽机来评价和分析，虽然它肯定不是——让共产主义变得迫在眉睫。

弗拉基米尔·列宁在很大程度上借鉴了恩格斯思想中关乎科学的这个维度。作为俄国布尔什维克党的创始人之一，列宁于1908年在大英图书馆花了一个月时间研究能量的概念以及它在科学界引发的“危机”。他的研究灵感来自1905年俄国那场失败的革命。大规模动员产业工人和农民将沙皇政权推到了崩溃边缘——但还是差了点。结果政府在沙皇的领导下设置了立法机构和总理的职位，但军队扼杀了更大的改变出现的可能性：“穿着制服的农民……强行维护国家秩序，镇压造反的工人、学生和其他农民。”[46]列宁和他的布尔什维克同僚想弄清这是为什么。

这个问题在列宁和亚历山大·波格丹诺夫之间引发了一场激烈的争辩。波格丹诺夫是布尔什维克党的另一位创建人，他认为革命失败的原因是群众没有做好彻底革命的准备，特别是考虑到，他们缺乏社会变革所需的革命意识。这个论断基于波格丹诺夫一贯的看法：他认为社会是自然世界的延伸。这个想法部分源于达尔文，但大部分来自热力学理念。波格丹诺夫阅读的科学书籍让他学会了把能量视为所有现象的基础，无论是自然现象还是社会现象。在这套热力学的模型中，社会的变革需要整个社会做功。意识形态是一种“驱动力”，一种可以转化为功、推动社会变革的能量形式。俄国只是需要更多的驱动力而已。波格丹诺夫建议推行革命文化，直到群众从思想上做好准备。[47]

列宁认为这是一种“拒绝”，是对科学自命不凡的误读。他调侃说，“外部世界……反映了我们的思想‘特性’”——显然，这是戏仿“我们的思想……反映了外部世界能量的转化”。[48]革命不能靠空想来完成，不然的话，只要有足够多的人想革命就行了。资本家当然不会等到工人觉得自己做好了多干活的准备才增加工作量，并提供更多的食物——现实恰好相反。“今天欧洲讨论得最多的主题——这个话题在俄国也有一定热度——是美国工程师弗雷德里克·泰勒的‘系统’……泰勒本人说（这套系统）……（是）‘科学’。”1913年，列宁在《真理报》上写道，“这套‘科学的系统’到底是什么？它的目标是从工人身上榨取3倍的劳动量……他们……无情地攫取了他的所有力量，并以3倍的速度榨干了这位工资奴隶神经系统和身体内的每一滴能量……在资本主义社会里，科学和技术的进步意味着流汗艺术的进步。”[49]列宁预测说，如果资本主义的敌人采用同样激进的方式——

等到“某些像帝国秘密警察一样训练有素、经验丰富的专业人士得以完成组织工作”，革命就会来临。[50]

萨尔瓦多共产党的领袖意识到自己只能通过战斗来获取权力，于是他们写信请求莫斯科提供资金和武器。[51]

火山上的另一些人也在做准备。1月12日，詹姆斯·希尔的长子杰米在圣安娜实践了他在美国学到的知识。10年前，杰米从加利福尼亚州回到了萨尔瓦多，现在他已经31岁了。这些年来，他一直跟在父亲身边工作，见识了20世纪20年代的繁荣和发展。大萧条开始后，他也在咖啡种植园主协会里发挥了领导作用。[52]他的父亲已经60岁了，按照习俗，父亲的位置应该由他继承，杰米·希尔正在努力。

但是现在，这个光明的未来遭到了威胁，于是杰米打开了康涅狄格州纽黑文市温彻斯特连发武器公司的产品目录。他跳过目录里的步枪和手枪，一直翻到了弹药的部分。上学的时候，杰米在课堂上学过，子弹是用软铅做的，弹头被挖成了中空的圆锥，一旦钻进肉里就会像小块的熔岩一样炸开，以求最大限度地破坏身体组织，让中弹者骨折、失血、内脏遭到挤压、休克、失去意识、失去抵抗力，乃至死亡——美国军火商已经开始把这些后果统称为“停止作用”。

“停止作用”解决了美菲战争中出现的一个问题。1898年，菲律宾独立运动结束了西班牙殖民者的统治。为了镇压这场运动，美国士兵来到了菲律宾群岛的战场，但他们担心自己的武器威力不够大。战场报告表明，生活在咖啡产地棉兰老岛附近的穆斯林摩洛人几乎不受标准子弹的影响，这实在令人苦恼。一个人从100码外冲向一群美国士兵，冲锋过程中他中了10枪，等到他终于因为头部中弹而倒地身亡的时候，他和枪手之间的距离已经只有5码了。[53]

1904年，美国军方委托军械官约翰·T. 汤普森和医疗队的少校医生路易斯·拉·加尔德来研究这个问题。不久后汤普森弃军从商，兜售以他的名字命名的新发明——汤普森冲锋枪；但拉·加尔德一直专注于研究如何造成枪伤以及如何治疗枪伤。1914年，他将自己的研究成果总结成了一本400页的著作。“在某些情况下，热武器的停止作用攸关生死。”拉·加尔德写道，“面对野蛮的部落或者狂热的敌人，军人应该设法给自己的士兵配置弹药效果明显的步枪。像摩洛人这样双手各举一把大刀蹦跳着冲锋的狂热分子，连自己中枪了都感觉不到……面对这样的对手，我们必须使用停止作用最强的弹药。”

拉·加尔德和他的团队在芝加哥的饲养场里拿拴在木桩上的牛当靶子，通过实验确定了停止作用很大程度上取决于“子弹的截面积和它在撞击点释放的能量”。他们还发现，不同类型的枪和子弹在这些性能参数上的差异十分明显。效果最好的是软铅制成的“杯状头子弹”——“与丛林里的野蛮人部落和狂热分子作战的部队或许应该装备”这种“反人员弹”。实验表明，这种圆头子弹“一旦击中软骨和关节就很容易膨胀成蘑菇状”，增加子弹停留在目标体内的可能性，并将它携带的“每一粒能量”转化成伤害。[54]

杰米·希尔在温彻斯特目录的第100页找到了他想要的东西。他用红笔在一幅9毫米软头空心弹的图片上画了个规整的圆圈。他知道，这种子弹可以装进他那支半自动的SIG不莱维特·伯格曼步枪里。

“种植园劳工掀起的共产主义暴乱正在稳定升级。”第二天，也就是1932年1月13日，英国领事D. J. 罗杰斯向伦敦的外交大臣汇报了这一情况。情况最严重的是“共和国的西部地区，即圣安娜、阿瓦查潘和松索纳特周围”，罗杰斯报告称，“现在已经不必怀疑，这绝不是一场旨在提高薪水、改善生活条件的劳工运动”。他们真正的目标是“无产阶级全面瓜分土地、财产和政府”。为了达到这个目标，他们打算“杀光地主，占领土地”。

罗杰斯相信“问题主要发生在那些以劳工待遇恶劣著称的庄园”，与此同时，他没有听说任何一家属于英国人的种植园里有人罢工，但这也没法让人安心。恰恰相反，没有出现罢工导致“一些冷漠自私的种植园主产生了幻想：既然他们自己的庄园没遇上麻烦，那就不用跟其他同行联合起来采取措施”。这种态度相当麻烦，因为在罗杰斯看来，“政府的消极应对”不可能从种植园主阶级那里获得任何实质性的支持，“他们自己没法联合起来采取行动，借给前几任政府的钱又打了水漂”。罗杰斯报告称，更重要的是，“军队的饷钱”已经“拖欠了几周”。[55]

法拉本多·马蒂、米格尔·马莫尔和其他组织者确定了起义的具体日期和时间：1月16日午夜。紧接着这个日期被推迟了3天，因为军队里有一些人因为被欠薪而心生去意，他们希望争取到这部分人的支持。3天之后又是3天，于是最新的起义日期定在22日。

一再的拖延让队伍产生了裂痕，起义计划被泄露了出去。一听说走漏了风声，马莫尔立即去见了马蒂，并警告他说，警察已经知道了他落脚的地点，也知道他正在策划什么。听了马莫尔的警告，马蒂被胡须掩盖的嘴角往上弯了弯，他大笑着劝朋友别怕，安心回去就好，还送了马莫尔一袋自制的炸弹。[56]

1月20日，左派发出了武装起义的最后一次号召，组织者借用了他们想要解放的人民的口气发声："我们是工人，他们却说我们是贼……他们偷走了我们的薪水，只付给我们少得可怜的一点点报酬，让我们住在肮脏的公寓或者臭烘烘的营房里，逼迫我们冒着烈日和暴雨没日没夜地干活。我们之所以会被污蔑成贼，是因为我们要求他们付清欠我们的薪水，减少工作时间，降低房租。那些收租的富人几乎拿走了我们的所有收成，偷走了我们的劳动……那些有钱人说，我们没有任何权利，所以我们根本不配开口提要求。"[57]

"共产主义者全面暴动的危险迫在眉睫，他们企图洗劫整座城市。"同一天，1月20日，英国领事罗杰斯给伦敦的外交部发了一封电报。[58]前一天晚上，他报告说："政府军驱散了一大群装备精良的共产主义者，他们带着炸药，准备袭击圣萨尔瓦多。"[59]

到了第二天，局势变得更加危险。"共产主义者做了周详的计划，准备炸毁银行，占领铁路和种植园，屠杀政府官员、军官和妇女，洗劫城镇，建立苏维埃共和国。"罗杰斯疯狂向伦敦报告，"考虑到英国银行与铁路、加拿大电力公司以及其他英国人的生命和财产正面临迫在眉睫的危险，我建议与美国政府磋商可能采取的紧急措施。"[60]

第二天一早，1月22日，星期五，圣安娜火山上方的天空还没完全放亮就被灰尘染黑了。危地马拉国境线上的3座火山同时爆发，浓烟弥漫了一整天，鸟儿在半空中互相碰撞，冰冷的火山灰遮蔽了树木，覆盖了圣安娜周围的地面，有些地方的灰尘有6英寸厚。[61]这是一个清晰的信号，但它到底意味着什么，人们无法达成共识。到了晚上，明亮的鞭炮划破了浓重的黑雾，颤巍巍的螺号声在山坡上、在沟壑间彼此呼应。[62]

与此同时，美国和英国的外交官躲在自己的使馆里呼叫支援。“局势每过一小时就变得更加严峻，”罗杰斯领事向伦敦报告，“英国的铁路被拆毁，电报线路也被切断了。”罗杰斯怀疑，暴乱者企图诱使军队离开首都，然后占领这座城市：“共产主义者随时可能掀起全面暴动，英国人的生命和财产正面临威胁。”[63]美国驻萨尔瓦多公使馆的负责人同意进行支援。“军舰的存在，”他在发给华盛顿的电报中写道，“将产生极强的震慑效果，预防过多的流血事件。”[64]

作为回应，一艘英国巡洋舰——HMS“龙号”——从牙买加出发了，美国海军也从巴拿马“火速”派来了一艘巡洋舰和两艘驱逐舰。但加拿大的两艘驱逐舰“斯基纳号”和“温哥华号”比美国和英国海军的距离更近，当时它们正沿着太平洋海岸从加拿大西面驶向巴拿马运河。[65]

21　完美的午餐

1月22日，星期五，大约晚上8点，加拿大的两艘驱逐舰“斯基纳号”和“温哥华号”的电报员截获了加拿大皇家海军美洲和西印度群岛中队司令官发给渥太华海军参谋长的一份紧急情报。这份情报很快被送到了船上的最高长官维克多·布罗德司令手里，“英国外交部发来信息，表示萨尔瓦多共和国随时可能发生大规模的共产主义起义，英国人的生命和财产正面临威胁”，而且最近的一艘英国军舰HMS“龙号”最快也要5天后才能赶到。[1]

8:30，布罗德司令联系上了渥太华。9:00，两艘驱逐舰掉头驶向萨尔瓦多的阿卡胡特拉港。它们加快了速度，希望能在第二天一早赶到。

不到3小时后，萨尔瓦多种植园主的担心变成了现实。在收获季最忙碌的时刻，5000至7000名工人揭竿而起，试图推翻咖啡生产秩序，“让工人翻身做主”。他们分成了松散配合的小队，手里的武器主要是弯刀。有的革命者是萨尔瓦多共产党党员，但“绝大多数”起义者只是咖啡种植园的工人，他们觉得这样的日子一天都过不下去了。[2]

“在一场革命中，”历史学家C. L. R. 詹姆斯在研究海地的经典著作《黑色的雅阁宾党》中写道，“经过几个世纪不断的缓慢积累，火山终于爆发，喷发的火星在空中留下的亮光和轨迹令人眼花缭乱，但这没有意义，最终只能被归结为无节制的任性和浪漫主义，除非观察者能够始终将它们看作埋藏在土壤深处的某些东西的投影。”[3]

1932年1月，革命像铁轨和电报线路一样席卷了萨尔瓦多咖啡经济的核心区——圣安娜火山。起义者控制了伊萨尔科的市政厅。在最近一次市长选举中代表共产党参选的候选人被他们推上了权力的宝座，逮捕并监禁了14名全市最富有的居民以后，他们转而奔向松索纳特，冲进海关大楼——这幢建筑象征着咖啡的兴起——杀死了4名警卫。在不远处的纳维萨尔科，起义者烧掉了土地私有化以来的所有地契资料，闯进商店抢夺食物，并强迫镇上有头有脸的女人给他们做玉米饼。[4]

还有一些针对个人的袭击。[5]在和三门加工厂一山之隔的华尤阿，数百名起义者举着步枪和弯刀聚集在埃米利奥·雷达埃利的家门外。作为华尤阿的前任市长，雷达埃利拥有一座商店和一家大型咖啡加工厂，他也做咖啡出口生意；为了锁定货源，他会在收获季到来之前向小种植园主预付定金。面对暴徒，雷达埃利握着手枪出现在阳台上。

对于自己目前的处境，他其实不是毫无心理准备。每个靠咖啡获益的人都考虑过这方面的可能性。几个月后，一位种植园主承认，他常常设想一旦真的和工人发生对峙，自己该怎么办。在他的想象中，自己总能化险为夷：“我总觉得自己能一口气干掉10个印第安人，他们有弯刀，我有左轮手枪和50发子弹；面对这些恶人，我绝不会颤抖，因为在我心目中，他们只是一群恭顺的羊羔……”但等到想象中的对峙终于来临，现实却完全不符合他的预想：“我好不容易才逃了出去，200名暴徒在我身后紧追不舍。我只能跳上马背，在崎岖的山路和悬崖间疯跑，冲开一道又一道篱笆，直到安全抵达兄弟家的大庄园。”[6]

埃米利奥·雷达埃利被困在阳台上，无处可逃；他试图靠谈判保命。“你们想要什么？”他朝下面喊道。“钱。”人们这样回答。转身回屋的时候，雷达埃利肯定满怀希望。“等等，我这就去拿。”他向对方保证。人群的耐心只维持到了雷达埃利带着现金回来。他还没来得及把钱交出去，就被迎面飞来的石块砸倒了。人群蜂拥而上，把他踩在脚下。

杀死雷达埃利以后，起义者占领了他统治过的小镇。他们在镇中心的旗杆上升起了一面红旗，要求居民佩戴红丝带，互相称呼“同志”。他们命令那些习惯了养尊处优的女人给自己做玉米饼。他们洗劫了商店，把店里的所有货物搬到市政厅免费发放，并制定了一套分配衣物、毯子、工具和玉米的制度。孩子们的衣兜里装满了糖果。[7]

其实就在这时候，对起义的镇压已经开始。事实上，早在革命爆发之前，政府已经开始抓人了——战斗还没开始，法拉本多·马蒂、米格尔·马莫尔和萨尔瓦多共产党的其他领袖已经被抓进了监狱。起义爆发的消息刚刚传出去，军队和国民警卫队立即从圣萨尔瓦多和圣安娜出发，赶赴周边遭到袭击的小镇。保护大城市的任务交给了一支虽然不正规但装备精良的队伍。遵照一位“杰出的银行家”鲁道夫·杜克的提议，“成年公民配备了步枪和左轮手枪，并获得了一见到共产党人即可击毙的授权”。超过“300名上流家庭出身的年轻人”——用《纽约时报》的话来说，“萨尔瓦多的贵族之花”——“全副武装，以身为饵，去诱捕潜在的暴乱分子”。[8]

第二天一早，1月23日，星期六，加拿大水手在海上醒来，发现自己被火山喷出的灰雾笼罩了，“浓雾让可见度降低到了2.5英里左右，登陆也变得十分困难”。军舰新喷的油漆外蒙上了一层棕色的细沙，需要“花上好几个星期才能彻底清除”。由于可见度太低，“斯基纳号”和“温哥华号”只能放慢速度。直到中午时分，它们才在距离阿卡胡特拉码头大约1英里外的海面上下了锚，比计划时间晚了6小时。两艘船的引擎室分别迎来了两名全副武装的警卫，他们“隐藏在视线外，但会在必要情况下出现”。布罗德司令的副手执行官乘坐一艘摩托艇上岸去查看情况。

执行官坐上一张与起重臂相连的椅子，从摩托艇里被送到了“码头高处的铁栈桥”上，迎接他的是英国副领事H. B. 汤宁。“阿卡胡特拉唯一的白人”汤宁“立即声明，目前港口的局势十分平静，但前一天晚上，这个国家已经陷入了全面的暴乱”。目前这里没有危险，但无论如何，布罗德还是做了准备：他命令两个排的士兵带着两支机枪小队登陆，总兵力可能有一百人；这样一来，在有需要的情况下，他们可以迅速完成部署。确认了港口的安全以后，布罗德司令和一名信号员带着一盏灯、几面信号旗和一支手枪上岸了。

在码头上，布罗德“通过电话联系了圣萨尔瓦多的英国领事D. J.罗杰斯先生。对方表示，局面正在变得越来越严峻，他催促布罗德亲自去首都看看情况”。布罗德计划次日前往首都，并同意让“五名女士登上‘斯基纳号’避难”。她们被安排在军官的船舱里；这五位女士里有四位来自松索纳特，还有一位“在阿卡胡特拉待了几天”。

第二天，布罗德按计划上了岸，在罗杰斯领事的“强烈建议”

下，陪同他前往首都的士官把一挺机枪藏在了随身携带的吊床里。布罗德和他的随从刚登上码头，就听说“首都那边刚刚打过电话，要求立即派遣一支武装力量去保护英国的利益”。布罗德回了个电话，表示“除非罗杰斯领事以私人名义亲自请求，否则我什么都不会做”。挂断电话以后，他等了一会儿。罗杰斯一直没有回话，于是布罗德和他的随从准备在2:00离开阿卡胡特拉，去圣萨尔瓦多面见这位领事。

他们钻进了一辆1919年款的奥夫兰多牌房车。这辆车经过改装，可以在铁轨上行驶，每小时差不多能跑45英里。在松索纳特的换乘站——右转去首都，左转去圣安娜——司机拒绝继续前进，“他听信了朋友的话，觉得自己肯定没法活着穿过危险区”。幸运的是，他们“找到了另一位甘冒风险的司机”。

提心吊胆地开了3.5个小时以后，他们来到了圣萨尔瓦多。半路上，一行人在亚美尼亚村歇了歇脚，布罗德终于接通了罗杰斯的电话。在此之前，罗杰斯已经给阿卡胡特拉港回了电话，以私人名义请求“立即派遣一支武装力量前往圣萨尔瓦多，保护英国人的生命和财产”。现在，他又向布罗德重申了这一请求，于是布罗德命令一个排的士兵和两支机枪小队上岸。士兵们在一小时内登上了码头，当时是4:30。但没过多久，罗杰斯那边传来了自相矛盾的消息：“军队不得登陆，除非得到进一步指示。”于是这个排和机关枪小队只能坐摩托艇往回走。但他们刚刚回到船上，5:00，罗杰斯又打来了电话：“请立即派遣军队登陆。”士兵们再次回到码头上，整队准备前往火车站坐车增援首都，结果却被英国副领事拦了下来。马丁内斯总统颁布了命令：“外国军队在任何情况下都不得登陆。”被困在码头上的加拿大水手开始装填沙袋，如果他们获准前往首都，这些沙袋可以用来掩护火车车厢。

直到傍晚5∶45左右，那辆老奥夫兰多抵达圣萨尔瓦多，布罗德司令才听说了罗杰斯造成的混乱，这时候太阳已经落山了。他惊讶地发现，罗杰斯没有得到萨尔瓦多政府的批准就请求他的军队登陆，但听说这件事得到了美国的认可，他又松了口气。考虑到美国和英国都没有承认马丁内斯的政权，这种做法“从程序上说显然是对的”。罗杰斯领事解释说，他之所以发出请求，是因为马丁内斯无法“绝对确保”英国人的生命和财产安全——英国人的生命和财产当然包括希尔一家，以及他家的种植园和三门加工厂。听了罗杰斯的解释以后，布罗德命令手下留在码头上，他准备亲自跟总统谈谈。

马丁内斯总统立即在国家宫殿里接见了布罗德，罗杰斯为他们充当翻译。马丁内斯依然拒绝“外国军队登陆，并强硬地表示，目前的局势完全在他的掌控之中”。布罗德向总统保证，他们只是想帮点忙。马丁内斯表示感谢，并再次拒绝了他们的好意。布罗德回答说，“考虑到目前的情况，他必须坚持立即对英国的所有利益进行全面的保护”。马丁内斯毫不犹豫地答应了他的要求，并很快为“英国的所有财产”和藏在英国公使馆里的“各位英国难民”安排了武装警卫。[9]布罗德的坚持“大大加强了总统的立场”，他对此感到满意，于是他命令手下撤离阿卡胡特拉码头，回到船上。但布罗德听说，圣萨尔瓦多仍有零星的暴乱，如果连夜从首都返回海边，“这段行程的风险相当大”，于是他和随行的士官决定留在城里过夜。

马丁内斯已经在首都实施了宵禁。9点以后，圣萨尔瓦多的街头悄无人烟，只有“大约500名志愿者……他们是中等地主家庭里选拔出来的年轻人”。布罗德的行李里藏着一挺机枪，整个晚上，他都能听见

“零星的枪声”。第二天一早，1月25日，星期一，他离开首都回到了船上；这一周他准备留在阿卡胡特拉港外的海面上，观察马丁内斯总统是否真能掌控局面。

当天晚些时候，美国海军也赶到了，他们从巴拿马出发，以25节的超快航速赶了过来。美国军官已经制订了“最大化利用既有力量”的行动计划，但等到他们上岸以后，萨尔瓦多方面甚至不允许他们离开阿卡胡特拉码头去跟港口司令谈话，于是他们只得回到船上。星期二和星期三，根据布罗德的观察，“没有发生什么重要的事情”。铁路交通和电话线路都能正常使用，萨尔瓦多军队和国民警卫队已经掌握了主动权，他们“正在全面清理叛乱者”。

星期四，布罗德去了一家英国种植园，与他同行的是这座庄园的“共有人”——帕莱恩先生。帕莱恩报告了“多起袭击”，布罗德想亲自调查一下情况。他看到工人“在苍蝇和脏水的包围下工作”，与此同时，有的人藏在附近的灌木丛里，看起来不怀好意。布罗德得出结论，这里没有严重的威胁，但他看到了问题。

> 平时这座庄园大约会雇150名工人；但在采摘季节里……他们会额外多雇500名工人，其中包括15岁以上的童工和大量女工。这些普通劳工每天的工作时间有时候长达10小时，日薪只有……12美分……除此以外，他们的口粮只有一把豆子、几张“玉米饼”（玉米制成的特别难消化的扁平小蛋糕）和咖啡；每个工人每天的伙食费不超过1美分。
>
> 看来直到不久前，这些底层劳工仍满足于自己的命运，至少他们对恶劣的工作条件没有太大意见——哪怕他们的薪水极低，

> 工作环境极度肮脏，雇主完全不替工人考虑，这样的境遇比奴隶好不了多少。但是，随着一些劳工开始追求个人的进步，他们逐渐意识到了自己悲惨的——事实上也是不公平的——处境。对这些先行者来说，共产主义的原则……具有很强的吸引力，于是他们开始在工人中散播“阶级斗争”的福音。

布罗德能感觉到危险：“摧毁种植园是一件再容易不过的事情，因为它位置偏僻。”

不过他也发现，“关于英国人拥有的种植园遭到袭击的报告……都有相当程度的夸张……情况十分清楚，政府的确有理由宣称自己掌握了局势”。证据就摆在眼前。“铁路沿线能看到很多印第安人的尸体，尤其是在松索纳特周围。”布罗德报告说。至于活人，“几乎每个在外面行动的人都带着一面小白旗，他们不断挥舞手中的小旗，表示自己不是赤色分子”。但他并不清楚“这些白旗是否会影响巡逻的军队，因为有人看到一具尸体的帽子上插着白旗”。

星期五一早，几位萨尔瓦多将军来到阿卡胡特拉港拜访布罗德，并告诉他，“局势恢复了和平，共产主义者被彻底击垮、驱散，他们那边已经死了4800个人”。听到这个消息，布罗德“立即上岸，通过正常渠道核实了这个消息，并表达了他的敬意”。布罗德登陆后，几位将军热情地拥抱了他。“为了证明他们完全有能力保护英国人的生命和财产”，他们邀请布罗德第二天（星期六）一起去乡下转转，“亲眼见证几桩处决”。

第二天，布罗德和三位副手在马丁内斯总统的招待下享用了一顿“完美的午餐”，“非常美味丰盛”。吃完饭以后，他们登上一辆汽车，车上“坐满了全副武装的军官，每块挡泥板上都坐着一个人”。还有一辆拖车，上面“坐满了武装到牙齿的志愿者”。两辆车驶向咖啡产区。布罗德注意到，在他们经过的每一个定居点，起义者袭击的都是同样的目标：存放地契档案的市政厅和“已经逃走的富裕种植园主的住所”，这些地方都遭到了严重的破坏。[10]他看到，一位种植园主的房子“建筑本身原封未动，但两边的财产都被完全摧毁了，尤其是那些具有家庭价值的物品，例如，无价的古老家具和油画”。布罗德听说，那些房子没被毁掉的种植园主“对待工人比别人慷慨得多”。

在松索纳特附近，布罗德和他的副手“看到了5个即将被枪决的印第安人”。其中3名死刑犯“实际上是自己投降的”，布罗德听说，“他们认为，如果死的人够多，活着的人就会受到激励，继续为改善工作条件和更高的工资而战”。对布罗德来说，亲自观看行刑“不是明智之举”，但当他近距离观察被处决者的尸体时，他注意到，“那些死者脸上的表情都很平静……所有被处决的印第安人似乎都乐于牺牲自己的生命，因为他们希望自己的殉难能为下一代争取到更光明的未来”。他还听说了“松索纳特的一个真实故事……有人通知一个年轻的已婚孕妇，说她的丈夫刚刚被军队处决了”，结果她回答说，“她不在乎，因为她肚子里的孩子会为他复仇”。[11]布罗德对此无能为力，当天晚上，加拿大的两艘军舰得到了许可，可以在第二天晚上离开，也就是1月31日，星期天。

在萨尔瓦多停留的最后一天，布罗德醒得很早，他去了一趟首都，告诉英国领事罗杰斯自己要走了；一路上，他看到“铁路旁边有几具新的尸体”。听说军舰即将离开的消息以后，罗杰斯“没有意见”，只有感谢，因为“这两艘驱逐舰的存在为英国的利益提供了极大的帮助”。虽然在加拿大人来了以后，起初罗杰斯并未得到马丁内斯的明确承诺，“但以总统马丁内斯为首……政府里的每一位官员”都展示出了“政府保护英国人生命和财产的能量和决心”。[12]

和罗杰斯的会面结束后，应萨尔瓦多铁路公司英国经理之邀，布罗德和三位副手在圣萨尔瓦多打了一会儿高尔夫球；与此同时，加拿大的50名船员应邀前往内陆参观几英里外的一家糖料种植园。外出活动结束后，当天晚上10:40，“温哥华号”和“斯基纳号”起锚离开了。

根据这周布罗德在萨尔瓦多亲眼看到的一切，他不由得想到，报纸上说得不对。他开始相信，“革命之所以会爆发，完全是因为没有人替那些印第安人考虑”。他认为，这和媒体上广受关注的“布尔什维克”革命不太一样。“那些参加革命的印第安人恐怕都不知道布尔什维克是什么意思，”布罗德在他的事后报告中总结道，“对他们来说，这个词代表的是帮助他们摆脱奴役的组织。”[13]

美国海军走得比加拿大人晚一天，1932年2月1日是他们离开的日子，也是法拉本多·马蒂生命中的最后一天。当时马蒂已经在监狱里待了差不多两周。1月20日一早，最后一次号角还没吹响，距离约定的起义时间还有两天，他已经被捕入狱。[14]

和马蒂一起被捕的还有阿方索·卢纳和马里奥·萨帕塔，这两位年轻人是学生组织的领袖。1月30日，星期六，傍晚6点，他们三人接受了“军事法庭”的审判，罪名是叛国。这样的审判只可能得出一个结果，整个过程花了不到一天时间，1月31日凌晨1点，庭辩结束了。最后一个发言的是马蒂，他扛下了领导这次起义的全部责任，并请求法庭宽大处理两位年轻人。然后他们三个人被送回监狱，度过了一个不眠之夜。马蒂不停地抽烟，萨帕塔来回踱步，卢纳和一位牧师交谈。黎明时分，他们被送回法庭上，接受了死刑判决。

这一天剩下的时间里，三名已被定罪的犯人获准接待访客。他们被迫参加了弥撒。两个年轻人做了告解，但马蒂非但没有忏悔自己的罪孽，反而告诉大家，圣萨尔瓦多周围有1000多枚炸弹，准备战斗到底的起义者更是几倍于此。第二天清晨，三位革命者被装进一辆救护车的车厢，拉到了一片墓地里；行刑者鼓励他们在死前“与上帝交流一番”，他们三人走到一堵墙前面，转过身来面对行刑队。[15]

22　大屠杀

军舰离开后，盈月渐亏，圣安娜火山周围的暗夜充满了焦虑。正如布罗德司令观察到的，暴乱基本得到了控制，但还没有被彻底平息。取而代之的是，它换了一副模样，“向夜间小规模游击战的方向发展”。在这个新的阶段里，咖啡种植园“林木茂盛的山区乡村”地形对起义者十分有利，因为他们熟悉这个地方，所以能在天黑后战斗。[1]每个傍晚太阳落山的时候，镇上的居民都会匆匆赶回家去。[2]

持续的战斗给萨尔瓦多政府出了道难题，他们的弹药“快要用光了”。补充弹药的加急订单早已传到了美国，但更麻烦的问题是，由于咖啡价格过于低廉，收获季被意外打断，而且还要偿还美国的贷款，萨尔瓦多政府已经没钱了。[3]起义刚刚开始，萨尔瓦多的财政部长就向威廉·W. 伦威克发出了预警，“鉴于目前的情况，政府需要更多资金”，但伦威克不打算追加贷款。[4]“正在遭受攻击的政府急需资金来维持自己的武装力量。”1月25日，星期一，英国领事D. J. 罗杰斯在给华盛顿英国公使馆的电报中说道。罗杰斯建议英国外交官与美国国务院出面，安排另一家私人财团为马丁内斯政府提供一笔25万美元左右的贷款。[5]不然的话，罗杰斯表示，“可能会出现非常不幸的局面”。[6]

国际资助到手之前，马丁内斯只能先在国内想想办法。整个国家危在旦夕，在这种情况下还要拨出关税收入偿还美国的贷款，这一举措遭到了萨尔瓦多全社会的反对，但现在只有富人才有能力采取行动，他们用自己的钱影响了马丁内斯对起义的应对措施。早在加拿大和美国海军离开之前，总统已经邀请了一群商人——“其中大部分是咖啡种植园主”——到国家宫殿来开会，他在会上“阐述了萨尔瓦多社会面临的红色威胁”。作为证据，他出示了一些“从阴谋者手里找到的文件”，并请求商人们“提供紧急购买机枪所需的经济援助”。[7]

会议进行到这里，杰米·希尔——他已经成了马丁内斯总统的密友——要求发言。[8]他自信地站起来，“向总统说明了经济形势如此低迷，根本不可能轻松募集到这么多钱，但鉴于国家的根本职责是维护主体的存在，政府可以合情合理地暂停偿还外国贷款”。紧接着，安吉尔·吉罗拉——米格尔·马莫尔在莫斯科描述过这位银行家的种植园——发言支持杰米·希尔的提议。吉罗拉说完以后，“其他与会者一致支持这个观点……要求暂停偿还外债”。与此同时，“很多人要求对共产党人处以极刑”。马丁内斯承诺，他会“用法律毫不留情地惩罚那些革命者”。最后，由于政府“急需资金以支持军事行动……购买武器和弹药补给”，他再次请求“募集购买机枪的资金”。[9]

机枪对起义的镇压如此有效，以至于镇压的举措取代了革命本身留在了历史书上：La Matanza，意思是“大屠杀”。[10]

军队和民兵夺回城镇以后，起义者被赶回了农村，革命力量分散融入了群众之中，那本来也是他们的来处。政府军通常不会费事去分辨，被他们追捕枪杀的人到底是不是起义者。取而代之的是，他们靠外表给人定罪：年龄、性别，还有最重要的，种族。士兵“大量使用机枪”，有的机枪装在卡车上，“无差别地杀死12岁以上的所有男性”。女人和幼童有时候也不能幸免。1月29日，星期五，布罗德司令听说“死了4800个人”，这个数字可能并不离谱。但这只是政府“第一阶段”的应对措施。[11]

加拿大和美国海军离开以后，屠杀进入了新的阶段：它变成了“确凿无疑的种族灭绝”——“专门针对以印第安人自居的人”。[12]身份认同变成了一个陷阱。2月初，马丁内斯政府开始发放身份证，持证人可以在仍未解除封锁的农村地区通行。一位曾在起义中遭到威胁的种植园主答应给在自己的庄园里工作、生活的印第安人发证。500多个人前来领证，但他们刚露面就被围了起来，然后国民警卫队的机枪开火了。纳维萨尔科的市长也干了同样的事情，这座小镇的市政厅曾被起义者付之一炬，2月13日，镇上的中央广场变成了屠宰场，近400名印第安人死于非命。[13]在各个咖啡产区，印第安人的特征被当成了靶子：无论是农业工人的传统工具弯刀，还是农民穿的白色棉质衣裤，都是“印第安特色浓郁的装束”。[14]

印第安人之所以会被判决死刑，根源在于其身份背后的寓意。公共土地的私有化消灭了萨尔瓦多“一潭死水”的生活方式，也为咖啡经济的种族主义奠定了基础；现在，“印第安人”和“共产主义者”作为同义词被判了死刑，种族主义由此再次浮出水面。“没有哪个印第安人跟共产主义运动完全无关，”2月1日，一位种植园主在圣安娜的报纸上写道，“那些原本被我当成忠诚的好人、当成家人来对待的佣工最先举起反旗，投身于邪恶的事业……现在他们看到，自己即将被政府的行动击败、消灭……他们想逃离危险。但这样的惩罚是他们咎由自取。”

这位作者站在种植园主的立场上发声，他的话也是说给种植园主听的："我们希望从根上消灭这场瘟疫，否则它一定会以新的面貌卷土重来……北美就做得很好……他们抢先杀死了印第安人，因为那些土著永远不懂得感恩。我们把他们当成家人来对待，处处为他们考虑，现在你看到了他们的回报！野蛮是他们的本能。"印第安人、佣工、共产主义者、野蛮人：种族是一件镇压阶级斗争的武器。"他们似乎打算消灭印第安人。"目睹了政府的镇压行动以后，一位美国浸礼会传教士这样写道。[15]

与此同时，马丁内斯政府把共产党和赤色济难会的花名册当成了屠杀名单。士兵们带着"一英尺长的名单"——上面写的是那些登记加入共产主义组织或者给组织捐过款的人名——追踪他们，逮捕他们，把他们丢进牢里关上一两天，紧接着"在深夜里把他们提出来……带到某个偏僻的地点，叫他们分散开，然后用机枪朝他们开火"，1932年1月，一位造访萨尔瓦多的华尔街律师这样写道。他之所以知道这套流程，是因为他在萨尔瓦多停留期间加入了"一个治安维持委员会"。[16]

咖啡种植园变成了屠宰场，为了保命，生活在种植园里的人们想尽了办法。很多人逃向远离海岸和咖啡产区的东部，其中一些人穿过国境线进入洪都拉斯，在联合果品公司的香蕉种植园里找到了工作。[17]没逃跑的人试着藏起来。很多家庭在地里挖了洞，让家里的男人藏进去保命。年轻男人脱掉衣服，只穿着内裤坐在泥土里，假装自己还是孩子。还有一些人藏在种植园的房屋和谷仓里，结果被种植园主交给了国民警卫队。[18]一位幸存者说，他去萨尔瓦多附近望弥撒的时候，牧师"会问我们有没有参加共产主义组织。我说没有。但有的人承认了，牧师在他们的名字旁边画了个小叉。后来他们被枪杀了”。[19]

处决一直持续到了2月底，据英国领事罗杰斯统计，死亡的总人数多达12 000人。小股士兵仍在田野间游荡，寻找“漏网之鱼”。[20]即便如此，罗杰斯报告称，很多咖啡种植园主“还是不敢返回自己的庄园，共和国西部的咖啡种植园主捐了大笔款项，要求国民警卫队增加驻扎在当地的兵力”。罗杰斯能理解那些种植园主的恐惧，尽管“印第安人（已经）被残酷的镇压吓住了”，但他还是看到了“危险”。“那些印第安人非常温顺，”罗杰斯向伦敦报告，“但他们也很顽强，而且记性很好。”[21]

历史学家经常猜测，马丁内斯将军的神智主义信仰为他灭绝种族的大屠杀提供了力量。由于马丁内斯信仰灵魂的转世重生，所以他认为杀死蚂蚁是比杀人更大的罪过，因为人会借助一具新的身体重新回到这个世界上。[22]无论马丁内斯是否真的相信这样的奇迹，至少他敏锐地看清了当时的政治和经济环境。他知道，美国密切关注着萨尔瓦多的局势，这个国家高度警惕西半球的布尔什维克主义，他们正在努力镇压尼加拉瓜的民族主义暴乱，更重要的是，他们是萨尔瓦多的债主。他还知道，大英帝国高度关注自己的臣民和投资的安全。最重要的是，作为印第安人的后代——萨尔瓦多以前的总统大多出身于种植园主家庭，马丁内斯的肤色比他们中的很多人黑——马丁内斯知道，现在全世界正在经历一场前所未有的经济和社会危机，就连那些最富有、最强大的政府都遭到了动摇；历史会证明，1932年是这场危机最糟糕的一年，在这样的背景下，稳定的政治，尤其是对布尔什维克主义的镇压，在国际上具有极大的影响力。[23]

杀戮仍在进行，萨尔瓦多政府——可能是马丁内斯本人——开始招募摄影师来记录屠杀的过程。死刑犯沿着墙根排成一排等待拍照。他们的双手被绑在一起，由照片记录下最后的时刻。有的照片拍到他们的尸体挂在树上、躺在路旁，有的照片拍到他们的尸体被绑在车轭上——这样更方便运输——拍到堆不下的尸体从牛车里溢出来，拍到他们的尸体躺在万人坑底。就像为布罗德司令安排的行程和午餐一样，行刑现场和尸体的照片证明了局势完全在政府的掌控之中，就像马丁内斯宣称的那样。在被拍进照片的那一刻，这些死者的任务就完成了。[24]

照片拍摄完毕，大屠杀结束，萨尔瓦多军队开始回撤。留在咖啡产区里维持秩序的是富人出资建立的公民警卫队志愿者小队。他们的第一个任务是埋葬死者。[25]这项任务的工作量如此庞大，按照传统流程根本不可能完成，人们只能改进已经成为本能的古老方式。在国家的指导下，经过科学的研究，他们找到了新的安葬方式。1932年2月的第二周，萨尔瓦多卫生部门下达了一道工作指令：

> 关于目前新的安葬工作所必须采取的卫生措施……以前安葬尸体的墓坑尺寸并不统一，墓坑最长可达30米，宽可达2米，深1.5米～2米。本部门认为，出于健康方面的考虑，有必要统一墓坑尺寸。单个墓坑安葬的尸体数量不得超过50具，这样更有利于分解，对土地的污染也更少。有条件的话，最好采用2立方米的独立墓穴，每个墓穴安葬的尸体不超过8～10具。这条信息对华尤阿、纳维萨尔科和伊萨尔科来说尤其重要。[26]

“到处都是他们挖的大坑，”一位幸存者回忆道，1932年的时候他只有9岁，“被处决者的尸体像甘蔗一样被人拖着扔进坑里。”[27]尽管有了科学的方法和详细的指南，但并不是所有安葬都能按计划完成。

“马莫尔，到院子里来！”1932年1月22日晚上10点左右，第一次被点名的时候，米格尔·马莫尔坐在原地没动，也没吭声。几小时前，他被抓起来关进了圣萨尔瓦多警察总部的顶楼，这间远离起义中心的燠热牢房里关的全是政治犯。一位狱友告诫马莫尔，千万不要出声，因为点名意味着处决。这不是什么难以置信的事情。看守监狱的人把一挺机枪架在三脚架上，枪口对准牢房中央，每隔一会儿，他们就会威胁说要开枪。“死亡近在咫尺的感觉”吸走了马莫尔的所有力气。

但第二次被点名的时候，米格尔·马莫尔回答了，因为他厌倦了害怕：“我在这里，浑蛋！”他把自己的食物分给了留在牢房里的人——“玉米饼、豆子和蛋组成的监狱餐，是狱友的家人想办法从外面送进来的”——走向门口。刚走出牢房，马莫尔的手腕就被扭到身后绑了起来，他被推着走下楼梯，来到黑暗的院子里，他觉得自己的故事大概会在这里结束了。

一辆卡车开进院子停了下来，马莫尔和其他17名囚犯被驱赶着走向卡车的后厢板。车门太高，他自己爬不上去，于是看守抓住他被绑的胳膊把他推了进去。他摔倒在车厢里一个高大帅气的俄国人脚边，这哥们原来在乡下四处转悠、兜售圣人的画像，马莫尔想把头枕在他的腿上歇一会儿。俄国人“非常热情”地用绝对标准但口音浓重的西班牙语回答："躺下来吧，同志，别害羞。"马莫尔躺了下来，卡车离开院子，离开首都，驶向郊外伊洛潘戈湖的方向，那是他出生的地方。

卡车停下来的时候，月亮完全被树挡住了。马莫尔和他的狱友离开车厢，走进了幽深的暗夜。两名犯人被带到卡车前面，在车头灯的光柱里并排站好。负责行刑的官员急促喊完了三个指令。前两名犯人倒下以后，行刑官问接下来谁想死，马莫尔站了出来。

面对行刑队的时候，米格尔·马莫尔只觉得自己运气不错，这里离他出生的村子很近，他的脐带就埋葬在不远的地方。然后，那位高个子俄国人也向前走了一步，他说："我愿意死在马莫尔同志身旁。"两个男人的手在背后相握。由于手腕被绑得太紧，大量血液淤积在手臂里，所以被第一颗子弹击中的时候，马莫尔几乎觉得这是一种解脱。倒下那一刻，他意识到自己正在坠落，但这不是终点。

俄国人苍白的尸体倒在他的身上，马莫尔把自己藏在污血里，尽可能地放浅呼吸。片刻之后，枪声停了下来，他听见行刑的人开着卡车走了，剩下的尸体归挖坟的人处理。当他感觉到周围没人以后，"忍受着巨大的痛苦，怀着重生的信念"，米格尔·马莫尔站了起来。[28]

后来他会发现，以这种方式死里逃生的人不止他一个。由于安葬工作由政府负责，所以很多人不知道自己的家人葬在哪里，但这并不意味着他们不知道家人的下场。在那些流血最多的地区，幸存下来的人都知道，最好别吃猪肉。"当时，在松索纳特、阿瓦查潘的很多地方和圣安娜的一部分地方，"一家报纸报道称，"猪肉声名扫地，几乎变得一文不值……因为猪吃了很多被遗弃的尸体。"[29]马莫尔也听说，"乡下人经常在地里看到手、脚的骨头和颅骨，那场面既可怕又惊悚。偶尔还会看到猪狗之类的家畜叼着腐烂的手或者人的肋骨……秃鹫是那一年萨尔瓦多吃得最好的动物，它们全都长肥了，羽毛从来没有那么油光水滑过，幸运的是，后来也没有过”。米格尔·马莫尔的结论下得太早。[30]

得不到美国和英国的承认，马丁内斯政府不太可能借到足够的钱来还债、发军饷、维持基本支出，尤其是在咖啡价格这么低的情况下。从另一方面来说，马丁内斯一手操办的大屠杀掐断了他的退路，他只能想方设法保住自己的权位，不是为了满足野心，而是为了保命。毋庸置疑，马丁内斯镇压起义的手段赢得了咖啡精英的支持，他们担心自己的性命、家庭和生意，但也有这样的可能性：一旦马丁内斯失势，当时因为恐惧而支持大屠杀的人可能会为了开脱自己而把他送上法庭，让他承担所有罪名。

只要马丁内斯仍然手握大权，就有足够多的人支持他。鼓励他继续执政的请愿书在萨尔瓦多广泛流传。[31]而在国际上，碍于那份旨在抑制中美洲军事政变的协议，他的政权得不到承认，美国和马丁内斯对此都深感失望。大屠杀刚刚开始，美国就认可了马丁内斯的管理能力。1932年1月25日，起义才开始三天，政府就启动了第一阶段的镇压。碍于正式的外交原则，美国无法承认马丁内斯政权，美国国务卿亨利·史汀生对此深感遗憾：“他是总统，是阻挡肮脏的无产阶级革命走向成功的唯一柱石……但在1923年的协议框架下，我们却无法承认他的政权。”[32]大萧条的经济危机导致全球各国的不满情绪抬头，在这样的背景下，1923年的协议和先例变得更加重要，但与此同时，马丁内斯的成就也显得格外难能可贵。[33]

贷款的问题依然没有解决。虽然从外交层面上说，马丁内斯的政府并不合法，但他们的支票依然可以兑现：美国拒绝承认萨尔瓦多政府，但坚持要求对方偿还债务。对马丁内斯来说，要解决这样的困境，唯一的办法是前进。政府、咖啡种植园主和军队在镇压起义期间结成的联盟、达成的默契一直维持了下来。萨尔瓦多成了一个军事独裁国家，咖啡的生产和出口既是这个国家的发展重心，也是维持国家经济的命脉。军事独裁强制推行咖啡生产，咖啡生产又为军事独裁提供了资金。杀戮和咖啡是这个国家的基石。

虽然对萨尔瓦多来说，这可能是维持国家稳定的唯一途径，但国际社会却不认同这套军事独裁。无论如何，以杰米·希尔为首的咖啡种植园主的确推动了马丁内斯暂停偿还美国的贷款。2月22日，马丁内斯赶在默认的最后期限之前恢复了还款。[34]但不到一周后，他再次暂停还款——国家没钱了。

政治上的合法性与金融上的支持息息相关，为了解决这方面的问题，马丁内斯派出了他能找到的最杰出的使者去华盛顿替自己周旋。1月，他要求路易斯·安德森——哥斯达黎加一位杰出的法学家——从宪法的层面上为他的统治寻找法理基础。安德森认为，马丁内斯政权获得了广泛的民众支持，所以他在2月前往华盛顿去游说美国的外交官、国会议员和媒体。[35] 3月，古斯塔沃·格雷罗博士要求谒见国务卿，以询问美国承认马丁内斯的可能性。作为一名萨尔瓦多人，格雷罗曾于1929年和1930年担任国际联盟大会主席，1932年的时候，他是日内瓦常设国际法院的一名法官。亨利·史汀生让格雷罗转告马丁内斯，此事绝无可能。[36]

但马丁内斯并不气馁，因为他已经下定了决心。6月初，圣安娜银行家本杰明·布卢姆造访了华盛顿的国务院，他解释说，自己是代表马丁内斯将军来请求认可的——就算得不到认可，他也希望美国能给出某种承诺，允许马丁内斯继续留任，不干涉此事。布卢姆承认“马丁内斯通过政变上位”，但他强调说：“几个月前，共产主义骚乱爆发的时候，马丁内斯掌控局面的手段堪称完美……而且……他领导的政府运行得很好。”听了布卢姆的请求以后，接待他的美国外交官解释说，美国“并不反对马丁内斯这个人，只是这件事涉及原则。几个月前劳工起义刚刚结束的时候我就跟他说过……能以如此合理的方式掌控局面的人得不到承认，我们深感遗憾，但无论如何，事情就是这样，我们对此无能为力”。[37]

一周后，马丁内斯宣布，他留任的决心“不可动摇”。8月，萨尔瓦多政府偿还了1月“为军事目的”向本地银行借贷的款项。[38]到了10月，马丁内斯显然已经坐稳了总统的位置。“目前看来，（马丁内斯政府）已经稳定了局面，他们应该能平稳度过宪法规定的任期，”驻萨尔瓦多的美国领事预测道，“除非未来发生不利于他们的事件。”谁也不能说这样的事就一定不会发生，但广泛的抵制似乎不太可能。“虽然社会上仍有相当程度的不满，尤其是在底层，但在1月那场所谓的‘共产主义’运动爆发的时候，政府极端暴力的镇压措施已经消灭了这些反对情绪可能带来的危险。”这位外交官写道，“总体来说，负责任的人似乎普遍认为，马丁内斯将军管理国家的方式既诚实又能干，他的治国能力高于中美洲政府的平均水平。”[39]贸易制裁或许可以打破萨尔瓦多的军事-咖啡同盟，但针对咖啡贸易的封锁必然使得这个国家无力偿还由国务院担保的贷款，所以谁也不会认真考虑制裁的可能性。[40]从1931年12月到1932年1月，美国曾试图推动罢免马丁内斯，但到了6个月以后，国务院已经彻底放弃了这个想法。马丁内斯没有得到美国的承认，但却赢得了他们的认可。

所以马丁内斯和种植园主才有机会携手合作，以一种超乎常规的方式解决萨尔瓦多的经济问题：增加咖啡产量。1932年8月，在上一次收获季被一场未遂的革命和种族灭绝的镇压打断了6个月以后，在现代世界史上最严重的全球经济危机局势最糟糕的那一年的年中，一位美国外交官惊讶地发现，“咖啡的种植面积竟然在增长”。[41]这很难说是合理的市场行为。咖啡的销售非常低迷，欧洲的销量尤其萎靡，这导致咖啡价格一降再降，也迫使萨尔瓦多不得不完全依赖于美国市场。[42]但在军事独裁的支持下，萨尔瓦多的咖啡种植园主“选择了扩张”，一路狂奔到底。[43]

这是一个冒险的策略，利润和个人的安全都得不到保障，不是每个种植园主都有这样的资源和“胃口”。但是，虽然在大萧条刚开始的那几年里，希尔的某些邻居选择了放弃种植园，因为比起咖啡，他们更看重自己的积蓄和生命——考虑到价格的暴跌，他们的顾虑不无道理——但看到自己预测过的危险如约而至，詹姆斯·希尔反而壮起了胆子。起义期间，其他种植园主纷纷逃离咖啡产区，回到相对安全的城市住宅里，希尔却反其道而行之。他没有逃跑，1月25日，他来到三门加工厂，埋头于生意和书本之中，白天工作，晚上读书。[44]根据《纽约时报》的报道，5天后，25名起义者冲进了他的工厂——不过在那个时间节点，报道中所谓的袭击往往只是屠杀的借口。[45]杀戮结束后，面对他在圣安娜火山从业40年来见过的最糟糕的市场，已经登上了“萨尔瓦多咖啡之王”宝座的詹姆斯·希尔继续做着他比其他任何人都擅长的事情，而且他还在寻求进一步的扩张。

23 薄利多销

哪怕一无所有，人们还有咖啡。“当时流行的问候是，”歌曲作家伊普·哈伯格向斯特兹·特克尔描述了大萧条初期美国的情况，“你走过的每一个街区，都会有迎面走来的穷人问你：‘能给我10美分吗？’或者‘能给点钱让我买杯咖啡吗？’”[1]哈伯格把这句问候写进了歌词，这首歌成了“大萧条的圣歌”。

当时和现在一样，一杯咖啡或许不是穷人和饥饿者最需要的东西，但却是他们觉得自己有可能得到的东西。在慈善厨房和排队领面包的地方，“几小时的等待能换来一碗通常没加糖和奶的糊糊，还有装在铁皮杯子里的咖啡”。失去了农场的乡村家庭在路边搭起了帐篷，靠“斑豆和黑咖啡”果腹。[2]多萝西·戴回忆道，在曼哈顿下东区的天主教工人之家，“人们走进来，希望得到一件衣服、一双鞋袜或者一件外套，但我们什么都没有，于是我们会说：‘先坐下来喝杯咖啡吧，再来一个三明治。’我们总在不停地煮咖啡”。[3]

每一杯咖啡都是对胡佛总统的嘲弄。作为商务部长，胡佛一直想对抗巴西的咖啡“保卫战”，压低被推高的价格，但没有成功——或者说他选择了放弃。经济危机完成了胡佛未竟的事业，打破了巴西的咖啡保卫计划，正是因为20世纪20年代的高价导致拉丁美洲的咖啡种植面积不断扩大，所以在大萧条最严重的那几年里，人们才有这么多咖啡可以喝。“赫伯特·胡佛先生说，现在该买咖啡了，”1932年是大选年，欧文·柏林在歌词里奚落道，“所以我们再喝一杯咖啡吧，所以我们再吃一块馅饼吧。”归根结底，胡佛懂什么呢？

到了1932年，人们不可能再说服自己相信，已经开始了三年的大萧条会自行消失——这只是经济周期的一个阶段，只要能熬过去，繁荣必将重新到来。似乎只有胡佛自己还抱着这样的幻想。他相信这个国家、这个世界没有发生本质的改变，这一信念限制了他的政策。他坚持认为，美国应该以传统的方式融入全球经济，哪怕这种方式正在迅速过时，但他仍在维护曾经的核心正统：金本位和保护性关税。[4]

这两项承诺束缚了胡佛的手脚。在旧规则的约束下，他否决了一项通过政府支出创造工作机会的计划，它原本应该成为联邦的第一个救助项目——但金本位不允许预算失衡。他命令道格拉斯·麦克阿瑟将军带着六辆坦克去对付绝望的失业老兵，因为他们在华盛顿的泥泞中扎营，要求国会印钱支付一笔原本应该在十多年以后发放的奖金——金本位下货币的供应量是固定的。他不顾一千多名经济学家的反对，兑现了自己在1928年竞选时的核心承诺，签署了《斯姆特—霍利关税法案》，使之在1930年成为一项法律。这项旨在保护美国农民、杜绝国际竞争影响的法律招来了外国政府的报复，他们关闭了自己的市场，不接受美国出口的产品。食物在农场里腐烂，与此同时，饥饿在美国四处蔓延。流动的“失业大军”已经占领了城市，现在农民起义又威胁着美国的乡村。[5]

1932年7月，纽约州州长富兰克林·罗斯福在芝加哥的民主党全国代表大会上接受了本党的总统候选人提名，他承诺当选后会施行“新政”；罗斯福相信，新政将带来美国人民“再需要不过”的两样东西：“工作和安全”。罗斯福提出的带来工作和安全的方式正是被胡佛否决过的那种，他还准备抛弃美国旧经济体系中束手束脚的所谓正统。“共和党的领导人告诉我们，神圣的、不可侵犯的、不可动摇的经济规则必然带来恐慌，”罗斯福说，“但是，就在他们喋喋不休谈论经济规则的时候，男人和女人正在挨饿。我们必须认识到，经济规则不是自然形成的，而是人类制定出来的。”规则可以——而且需要——改变。

罗斯福承诺改变的第一条“经济规则”是关税，但人们在讨论新政那段历史的时候常常忽略这件事。“无数吨印刷的纸张，无数个小时的争论、攻讦和辩护，以及华盛顿和其他每一个州的乐观计划，”在芝加哥，他说道，“共同揭露了一个伟大、简单、水晶般清晰的事实：过去10年来，在共和党的领导下，一个拥有1.2亿人口的国家在自己的边界上竖起了一道带刺的铁丝网，这道名叫‘关税’的铁丝网隔绝了我们与全球其他所有人……我想请他们忘记这段过去，像朋友一样和我们坐到同一张桌子上，一起制订计划，恢复世界贸易。”[6]

在胡佛看来，罗斯福对自由贸易的呼吁不过是“对美国原则的冒犯”，它将动摇“美国体系”的根基。[7]胡佛警告说，一旦撤销关税壁垒，“成百上千座城镇的街道将被荒草掩埋；数百万家农场的田野将被野草侵蚀”。[8]胡佛不允许自己眼睁睁看着这种事情发生，但罗斯福在芝加哥唤醒了无数“被遗忘的”投票者，对他们来说，一个世纪以来基于工业和农业关税保护的美国体系似乎已经不值得去维护。

1934年6月，《互惠贸易协定法》（RTAA）经过签署成为法律，作为罗斯福自由贸易计划的立法关键，这项法案本身没有给进口商品降低哪怕一分钱的关税。它甚至没有废除饱受攻讦的《斯姆特—霍利关税法案》。RTAA的作用比这积极得多。这项法案主要由罗斯福的国务卿科德尔·赫尔的办公室负责起草，赫尔是田纳西的民主党资深参议员，在这个州，自由贸易的历史和种植园的宅院一样古老。RTAA将设定关税税率的权力从立法部门转移到了行政部门。从传统上说，关税税率由国会决定，权衡各国局势、制定经济政策的权力掌握在立法机构手里，而现在，罗斯福总统获得了单方面提高或降低关税的权力，增减税幅度最高可达一半。在这位总统手里，调整关税的权力成了他改善美国国际关系的一件工具——一方面，他可以根据当下对外政策的战略重心重新部署美国的经济；另一方面，和其他国家商谈贸易关系的时候，通往美国消费市场的入场券可以作为谈判的筹码。国际贸易的增长带来了工作和安全，受惠最深的是这个国家龙头产业的从业者，其中包括大规模制造业，在这些行业，美国比很多潜在的贸易伙伴更具优势。[9]

大萧条期间，总统新获得的关税权是一件特别有价值的工具，因为美国需要和其他野心勃勃的帝国争夺全球的市场和资源，尤其是英国、德国、日本和意大利。这些国家采取了和罗斯福大相径庭的恢复策略。英国对殖民地的贸易采取了严格的限制措施；意大利试图实现墨索里尼的愿景，在非洲建立帝国；日本将新征服的土地纳入了“大东亚共荣圈”；德国则宣布自己“独立于世界经济”，并由此建立了一套以物易物的制度：合作伙伴从他们手里拿到的不是现金，而是能换德国货的代币。[10]1934年，德国与巴西和哥伦比亚签订了新的“咖啡换机器”协议以后，国际竞争变得更加激烈。在国务卿赫尔看来，德国“使尽了浑身解数，试图削弱美国和拉丁美洲的贸易关系”。[11]

不过，无论对手采取的策略是紧缩还是扩张，美国的方式和他们都不一样。[12]为了争取拉丁美洲，罗斯福放弃了美国对殖民帝国的渴望，表示尊重独立国家的主权，宣布军事不干预政策，并承诺在各个方面都做一个“好邻居”。海军陆战队从尼加拉瓜和海地撤军，菲律宾的独立也提上了日程。早期的国际经济和社会多边发展项目由美洲开发委员会负责实施，这个委员会的主席是纳尔逊·洛克菲勒。[13]实现睦邻关系的前提是西半球贸易的增长，要达到这个目标，咖啡是重要的“议价工具”。[14]

1898年的美西战争结束后，咖啡的外包生产基地从美国的新殖民地有效地转移到了拉丁美洲，咖啡也因此成为典型的“睦邻产品”——在拉丁美洲必须卖、美国必须买的所有商品中，咖啡是最重要的一种。[15]罗斯福政府从1934年开始致力于沿着咖啡贸易的路线重建美国的国际贸易，因为这是“阻力最小、利润最大的路径”，德国想走的也是这条路。[16]但德国在交易中向拉丁美洲支付的是代币而非现金，而且第三帝国消费咖啡的能力遭到了进口关税的限制，美国走的路和他们完全不一样。1934年，罗斯福政府与巴西和哥伦比亚展开了关税谈判，接下来，总统智囊团口中的“咖啡小国”也加入了谈判；美国承诺对咖啡免征进口税，让咖啡自由进入美国市场，与此同时，欧洲的市场正在萎缩。[17]1934年之后的10年间，美国新签订的29项贸易协议里有一半以上是跟拉丁美洲的共和国签署的，为了配合这些新的协议，商业贸易模式也做出了相应的调整，这巩固了美国在西半球的国际影响力。[18]

启动自由贸易改革之前，罗斯福花了两年时间纠正美国以前的政策；1934年1月，他正式承认了萨尔瓦多总统马克西米利亚诺·埃尔南德斯·马丁内斯将军的合法地位，从而为美国和拉丁美洲其他国家——不仅是萨尔瓦多——签订协议扫清了道路，因为拉丁美洲各国早就承认了马丁内斯政府，这不仅违反了1923年的协议，也是对美国的蔑视，现在，这个问题已经不复存在。长期来看，对马丁内斯的正式承认开启了拉丁美洲政治的“新时代”，在这个新的时代里，“任何意志坚定的领袖都可以夺取大权，并把它紧紧握在手里”。[19]短期来看，萨尔瓦多和整个拉丁美洲的咖啡种植园主退而求其次，把销售咖啡的重心转向了美国，虽然这意味着他们必须接受比德国人低得多的价钱——但至少美国人付的是现金，这正是他们急需的东西。[20]

1932年10月，旧金山西尔斯兄弟工厂生咖啡部门的员工发现，世界咖啡市场发生了“反常的”变化。[21]

早在1929年2月，咖啡价格就开始一路暴跌，甚至比10月美国股市的崩盘还早。到了这一年的11月，跌势“变得更猛”。[22]刚开始的时候，相对于中美洲和哥伦比亚出产的高品质温和咖啡，巴西咖啡的价格跌得更多——在这场经济危机中，持续多年的咖啡“保卫战”也无法继续维持咖啡的价格。[23]所以依赖于巴西咖啡豆的低端品牌在杂货店里的售价也变得格外便宜。因为不想用便宜的巴西豆子，西尔斯兄弟只能举起品质的大旗。他们骄傲地宣称，自己的“品牌值得信赖，可以满足买家对品质最优的咖啡的需求，不受市场波动的影响”。[24]

不过到了1931年，咖啡的价格已经跌到了两年前的一半，巴西想了一个新办法来保卫咖啡。不值钱的咖啡太多，仓库根本堆不下，于是政府开始对每一袋出口的咖啡征税，税金刚好够销毁另一袋咖啡。有的咖啡被装船运到海上倒掉，有的咖啡被堆得像房子一样高，然后烧掉，空气中弥漫着刺鼻的气味。[25]总共有将近7500万袋——大约相当于100亿磅——咖啡被销毁，随着供给端急剧萎缩，市场价格终于开始稳定下来。[26]

温和咖啡的生产国比巴西小得多，而且缺乏统筹协调的能力，所以无法通过控制供给端来左右市场。要满足自身的财务需求——他们的支出不会随着咖啡价格的下跌而减少——唯一的办法是增加销量来弥补损失的利润。萨尔瓦多的种植园主采取的正是这种办法，他们和马丁内斯的军事独裁政府携手合作，在1932年的大屠杀之后努力扩大生产，哪怕销售咖啡的海外渠道正在收窄。所以，就算在巴西咖啡的市场开始反弹以后，温和咖啡的价格仍在继续下跌。西尔斯兄弟之类的高端品牌使用的高品质温和咖啡的价格出乎意料地变得相对便宜了。

这种反常的局面改变了西尔斯兄弟采购咖啡的方式。1932年以后，萨尔瓦多咖啡种植园主越来越依赖美国市场，借助这一变化和惊人的低价带来的优势，西尔斯兄弟开始着手把圣安娜火山变成旧金山烘焙厂的附庸。以新的购买力为杠杆，他们对咖啡种植园主和加工厂主提出了更高的要求，以满足自己的特殊需求，哪怕这意味着生产方必须抛弃成熟的旧工艺。他们希望詹姆斯·希尔能按照他们提出的工艺细节来生产咖啡：豆子应该摊在晒场上晒干，脱壳工序完成后绝不能用烘干机来加工咖啡豆，因为烘干机的热量会造成轻度烘焙的效果，这足以改变咖啡豆的风味，影响西尔斯兄弟旧金山工厂的自动混合、烘焙工序。他们还告诉希尔，检查、分类以后的咖啡豆不用抛光，因为抛光机会带来摩擦，而摩擦产生的热量会逼出部分油脂，所以咖啡豆可能还没运到旧金山就开始发臭了。只要詹姆斯·希尔同意这些条件，西尔斯兄弟就会买下三门加工厂从1933到1934年的所有产品，也就是200万磅以上的咖啡豆，价格是每磅9美分——大约相当于5年前的1/3。[27]

国际市场的反常变化也改变了西尔斯兄弟销售咖啡的方式。1929年，咖啡市场崩盘之前，西尔斯兄弟出品的红罐咖啡1磅的零售价卖到过60美分以上。1931年的零售价只有这个数的一半。过去20年来的大部分时间里，为了标榜自己的品质，西尔斯兄弟一直在努力维持咖啡的零售价，到了1932年，国际市场的价格仍在下跌，他们终于开始对高昂的零售价“宣战”了。[28]“对某些公司来说，下跌的市场意味着毁灭，”销售部门的领导这样写道，但“降价反而为我们打开了新的大门，让我们得以进入新的领域、接触新的用户，从而为将来的生意打下永久的基础”。[29]市场的“反常”变化意味着曾经的“价格壁垒”已经“不复存在”，“购买西尔斯兄弟的用户以及有能力购买它、应该购买它的用户都在稳步增长”。[30]

靠着不断的降价，西尔斯兄弟把他们的零售业务从太平洋海岸扩展到了中西部：芝加哥、底特律、印第安纳波利斯和克利夫兰。与此同时，他们开始制订计划，希望在20世纪30年代末将“西尔斯兄弟的咖啡王国”——他们这样称呼自己的销售区域——扩展到东海岸。这样的扩张离不开1932年以后他们从萨尔瓦多买到的高质低价的咖啡。

想卖掉詹姆斯·希尔和萨尔瓦多其他种植园主提供的咖啡，西尔斯兄弟不仅要开拓新的销售区域——新的州、新的城市、新的小镇——还要开拓新的商店。这些商店开在新的地段，不过更重要的是，它们带来了一种即将改变美国整体生活图景的新的零售方式。

1938年，一个星期六的晚上，穆扎克家的5名成员开着一辆四手汽车行驶在离自家公寓大约3英里的地方，结果被堵在了路上，前面一片红光，看起来像是有房子着火了。穆扎克一家把车停在路边，下车挤进了前方的人群；他们看到“那片明亮的火光”实际上来自“一排红色和白色的泛光灯，它们照亮了一幢现代主义风格的方方正正的白色单层建筑。房子正面75英尺高的玻璃墙上贴满了横幅……一串串三角旗飘在屋顶流畅的线条上方，五彩缤纷的霓虹灯在一座三角形的塔上闪烁”。顺着脚下的公路往前走，穆扎克一家第一次看到了“超级市场的盛大开幕”。

穆扎克一家走进超市以后，“周围的一切终于开始变得真实起来”。孩子们拿到了免费派发的巧克力脆皮雪糕，爸爸得到了香烟，妈妈拿到的是一枝鲜切花。那幢“占地几英亩的巨大建筑里摆满了一堆堆的食物……（还有）上千名顾客挤在里面”。

> 妈妈努力向前走，一位身穿绿色工作服的年轻男子推给她一辆带轮子的奇妙装置，看起来就像缩微版的双层婴儿车，车上放着两个巨大的铁丝篮子。年轻男子快速说道：“您可以把要买的东西放到篮子里，女士。”然后立即把下一辆“婴儿车”推给她身后的另一个女人。
>
> 妈妈推着车子，挣扎着穿过同样碍手碍脚的人群。她的眼睛一下子瞪大了，然后又精明地眯了起来。“看哪，爸爸，”她喊

道，“我的咖啡！只要13美分。要是在施马尔茨家，这款咖啡最低也要卖19美分。也许我应该买一磅。”

爸爸爽快地挥了挥手里的香烟。“也许你应该买两磅，或者三磅。”[31]

这段虚构的情节来自《星期六晚邮报》上的漫画，但它真实地反映了当时美国部分地区正在发生的事情。虚构的穆扎克一家名字古怪、口音奇特，他们代表了来自欧洲南部、中部和东部的第二代和第三代数以百万计的“新移民”，他们正在抛弃社区杂货店和连锁店，转而投向新开的大型超市。[32]

1932年，美国只有不到300家超市。[33]到了1941年，超市的数量已经激增到了10 000家以上，它们的货架上摆着全国1/4的食物。[34]这些“超级商店”的规模是老式食品店——包括简陋的A&P经济商店——的20、30甚至40倍。去超市购物并不是每次都那么有趣，有时候甚至并不愉快——堵车、拥挤的人群，还有不礼貌的店员——但某些美国消费者无法抗拒超市带来的诱惑，尤其是在大萧条的年代。“饥饿年代”还没有完全过去，这些规模巨大、容量惊人的新商店不仅象征着繁荣和富足，还实实在在地影响了人们购物、吃饭、生活和投票的方式。[35]

美国的“超市革命”源于基本零售领域的创新。[36]这些创新之所以能扎下根来，是因为它们迎合了美国和全球经济结构的深层变化。20世纪30年代中期，罗斯福政府一边推动国际自由贸易，一边促进国内的大众消费，超市将罗斯福新政的对内和对外政策翻译成了一种诱人的语言，它的名字叫作富足。不同于早期的杂货店，新“超级商店”的组织原则是以多胜少：“薄利多销”成了新的行业准则。[37]零售商用现代主义的风格、家常的方式和每日特惠给这项直白的准则包上了漂亮的外壳，以此吸引美国的主妇和家庭；虚构的穆扎克一家代表着飞速成长的大众消费阶级，他们是新政最大的受益者。[38]

20世纪30年代全球市场的情况决定了超市的销售准则，咖啡由此成为最受零售商青睐的薄利多销的产品。

低价销售咖啡的不光是超市——连锁店，尤其是A&P的经济商店，也这么干。关键在于超市销售廉价咖啡的方式，以及他们选择的咖啡品类。连锁店节省成本、压低售价的法宝是限制顾客的选择，但在30年代反垄断的政治气候下，连锁商店被斥为卡特尔；部分缘于连锁店的这种操作，他们每开一家新店就要多交一笔惩罚性的税金。相比之下，超市节省成本的方法是扩大规模。新店的庞大体量是低价的关键因素。连锁店和超市都会大批量采购食品制造商的货物，由此赚取高于社区杂货店的差价。但为了控制房租，小规模连锁店会尽量压缩库存空间；相比之下，超市的店面就是他们的库房。库存的食品可以直接摆在货架上，这进一步节省了分销成本。给连锁店供货的时候，生产商可能需要把1万磅货物分散运送到很多家小店里，但面对超市的订单，他们只需要送一趟货就好。

超市零售商节省得最多的是劳动力成本。A&P的经济商店一共有16 000家，就算把人员压缩到最低限度，每家店也至少需要一位经理和一位相对有经验的工人来完成算账、订货和监督工作。要是换成一家超市，哪怕它的规模是经济商店的20倍或者40倍，它也只需要一位经理，最多加上一位助理经理。[39]剩下的员工都是相对不太需要经验的工人。超市的仓库和店面是一体的，所以他们用大量的搬运工取代了连锁店的经理和店员。[40]

不同于社区杂货店的店主和连锁店的店员，新超市的搬运工基本不懂得如何销售食品，但他们也不需要懂。放在超市里的食品会自己推销自己，购物者已经通过别的渠道建立了对这些商品的需求：品牌商花钱做了广告。超市有足够的空间陈列足够多的品牌，无论顾客有着怎样的口味、偏好和预算，他们几乎总能找到适合自己的商品——很多超市售卖的咖啡品牌超过了10个，有时候甚至多达20多个。[41]

从很多方面来说，咖啡都是理想的超市商品。首先，以品质为卖点的品牌通常装在颜色鲜艳的锡罐子里，超市零售商最喜欢这种体积大、重量轻的商品，因为它们可以堆得很“漂亮”。[42]其次，作为一种日常饮料，咖啡一定会出现在消费者每周的购物清单上，所以它很适合充当报纸广告和传单上的特价商品。[43]最重要的是，作为美国人食谱中最不可或缺的品牌商品，咖啡几乎全部来自美国以外的地方。受惠于低迷的国际市场和咖啡生产国的恶劣条件——尤其是种植园主和当地政府强迫工人在这种环境下继续工作的卓越能力——大萧条期间，咖啡在美国卖得格外便宜。尤其是那些以品质为卖点的名牌咖啡，例如西尔斯兄弟的产品，它们主要依赖中美洲的温和咖啡豆，以前的价格相对也比较高。在这些因素的综合作用下，咖啡成了特别适合一次买上两三磅的每周“超值”商品，它存在的目的是吸引顾客走进超市，再从收银台另一头走出去，带着食物回家。如果消费者去的是A&P的经济商店或者街角的市场，那么他们往往不会买这么多东西。换句话说，穆扎克妈妈刚走进超市就看见了“她的咖啡”，这不是什么巧合，而是出自零售商的精心安排。

在新政的推动下，美国家庭生活发生了一些更大的变化，在超市里大批量采购的购物方式也由此变得更加合理——但它只适合一部分人。最早走进超市的顾客几乎都拥有一样东西：汽车。拥有汽车是超市购物的必要条件，因为有了汽车，你才有可能把更多食物带回家——比如说，两三磅“超值”咖啡，而不是以前的一磅。[44]汽车还有助于开发远离中心城区和成熟商业区的相对便宜的地段，那里有足够的空间修建新的大型商店。城市封闭社区的食品店依赖于便利的交通和亲切的环境，但只要附近有“一条方便的高速公路”，超市可以开在任何地方。[45]

购买汽车、建设基础设施、开发房地产，这场超市革命追随经济复苏的脚步席卷了整个美国，尤其是得到新政重点照顾的制造业所在的地区。[46]最早的超市出现在洛杉矶周围和纽约市的郊区，然后它沿着太平洋海岸迅速扩张，朝着北部和东部的大城市蔓延。[47]但在“老南方和中西部的农业区”，超市发展得比较慢。[48]1940年的人口普查表明，美国大约有7500家超市，其中只有1.4%的店面，或者说113家店，位于“东南中部”地区——肯塔基、田纳西、亚拉巴马和密西西比。虽然新英格兰的人口没有东南中部多，但这个区域的超市数量是后者的6倍，加利福尼亚州的超市更是达到了这个数的15倍。[49]追随着经济复苏的脚步，超市一边汲取新政带来的收益，一边将它的核心顾客——尤其是像虚构的穆扎克一家这样的欧洲移民家庭——从民族产业工人阶级转变成了忠于民主党的美国白人大众消费中产阶级。很多非裔、亚裔和西班牙裔的美国人没有搭上这班快车，他们被留在了农业、家庭服务业和美国经济的其他一些部门，完全享受不到这个新福利国家的核心利益：社会保险、劳资集体谈判和最低工资。[50]

与此同时，在新政的支持下，电气化、消费信贷、拥有住房和住房条件的改善也改变了20世纪30年代的美国厨房，使之变得更适合大批量的超市购物方式。[51] 1930年，美国只有8%的家庭拥有电冰箱。到了1940年，这个比例涨到了近50%。[52] 咖啡机的普及率也出现了类似的变化。1932年，用炉子加热渗滤壶仍是家庭烹制咖啡的最主流的方式，超过半数家庭采用这种方法。[53] 到了1939年，用渗滤壶的人变得越来越少，39%的家庭用的是滴滤壶，还有7%的家庭用上了更新式的设备——捷希凯牌电动真空咖啡机。[54]

美国咖啡烘焙商乐于见到这样的变化，因为新方法消耗的豆子更多，煮出来的咖啡也更香醇。沸水能以极快的速度逼出咖啡粉里的油脂，咖啡的香气和风味正是来自这些物质。烹煮的时间越长，咖啡豆被萃取出来的元素就越多。如果使用的工具是普通的锅、咖啡壶或者循环冲泡沸水的渗滤壶，那么哪怕咖啡粉的分量略有不足，也只需要延长烹煮时间就能做出一杯浓咖啡。但这种方法会释放出更多的单宁，让咖啡的口味变得更加苦涩。所以与滴滤壶或者咖啡机做出来的咖啡相比，老式方法烹煮的咖啡通常口感更粗糙；滴滤壶和咖啡机只泡一道水，所以几乎不会释放单宁。在20世纪前1/3的时间里，大部分美国家庭还在用老式的方法烹煮咖啡，尽可能地逼出咖啡粉的风味，这种方式相对而言更加经济。[55] 后来局面发生了变化，咖啡烘焙商，尤其是主打温和咖啡的烘焙商，十分欢迎这样的变化。“毫无疑问，法式滴滤法绝对是最完美的咖啡烹制方式，”西尔斯兄弟的一本宣传册上这样写道，[56]“如果你很在意咖啡的口味，请使用优质的滴滤壶。”[57]

不同的烹制方法也会影响咖啡粉的用量。滴滤壶和咖啡机的烹制时间相对较短，这意味着它们需要消耗更多的咖啡粉才能做出同样浓度的咖啡。[58]西尔斯兄弟通过测试得出结论：要做出一杯口味醇厚的咖啡，捷希凯咖啡机消耗的咖啡粉至少比其他烹制方式多5%。[59]与此类似，滴滤壶的容量最适合一次烹制4到8杯咖啡。如果壶里装的咖啡粉只够做1杯、2杯或者3杯咖啡，那么水往下滴的速度就会太快，做出来的咖啡也会变得寡淡无味。[60]

随着新方法的不断普及，“消费者的头脑陷入了混乱，咖啡业已经很久很久没有遇到过这么麻烦的问题了”。[61]在20世纪前1/4的时间里，《好管家》上介绍咖啡的文章通常是这样的：《适合晚饭后喝的咖啡》《今日咖啡》《关于咖啡的新真相》《咖啡的口味》《冲泡咖啡的多种方法》，以及《儿童不应该饮用咖啡或茶》。[62]到了30年代，新型咖啡机的兴起改变了对话的基调，读者们得到了《完美咖啡绝非出于偶然》的警告，杂志专门邀请业内专家来解释《我眼中的好咖啡！》，《我们在家里为什么喝不到这样的咖啡？》成了老生常谈，甚至有文章宣称《你可以通过咖啡评判女主人》。[63]

家庭的焦虑为某些人提供了指手画脚的机会。根据业内研究的结论，要做出一杯好咖啡，最大的障碍是吝啬。咖啡烘焙商推出了他们的标准配方：每杯咖啡需要“满满1汤匙”咖啡粉。西尔斯兄弟把这个标准又往前推了一步。从1935到1937年，他们在杂货店里布置了展位，免费发放“西尔斯兄弟的咖啡指南”。所谓的“指南”实际上是一个能装2汤匙咖啡粉的塑料量勺，这是一杯咖啡的推荐用量。仅仅第一年他们就在全国送出了近200万个量勺。[64]

大萧条中期，美国从中美洲进口的温和咖啡数量达到了新的高度。旧金山增长最快的是从萨尔瓦多进口的咖啡，这主要应该归功于西尔斯兄弟新增的订单。[65] 反过来说，1936年以后，西尔斯兄弟咖啡的价格降到了有史以来的最低水平，但他们的全国销量却达到了新高，这家公司也成了美国最大的独立咖啡烘焙商，每年差不多能卖掉5000万磅咖啡。[66] “纵观公司历史，我们从来没有为各位消费者先生和女士提供过这么多的价值。”1938年，西尔斯兄弟公司的一位高管这样写道。[67] 同一年，为了供应东海岸的新市场，他们投资了100万美元，开始在新泽西州埃奇沃特市的哈德孙河畔修建一座自带码头的烘焙包装厂。[68]

与此同时，在旧金山，一座海湾大桥在内河码头的西尔斯兄弟工厂上方拔地而起。为了纪念两座新桥落成，这座城市计划在1939年举行一场金门博览会，西尔斯兄弟也准备庆祝一番。他们计划拍摄一部电影来介绍咖啡来自哪里，它如何来到旧金山，如何成为西尔斯兄弟的产品。他们草拟了一份不超过10万美元的预算计划，又在金银岛——旧金山湾中间正在修建的这座人工岛将成为博览会的会场——上预订了最好的位置，并开始勾勒这部被他们命名为《咖啡杯背后》的电影的轮廓。

10年前，西尔斯兄弟拍过一部同名的电影。那部在哥伦比亚拍的老片子以黑白新闻片的风格讲述了咖啡的故事。至于现在这部为金银岛准备的新片，他们打算拍一些更“煽情”的东西：新电影将采用彩色胶片拍摄，故事的背景也会放到最能凸显公司产品特色的地方。

40年前，小鲁本·西尔斯的父亲曾在旧金山引领了杯测和真空包装的风潮，1938年的收获季结束后，小鲁本来到了萨尔瓦多；应詹姆斯·希尔的邀请，他在圣安娜住了一段时间，他很喜欢自己在这里看到的东西。旅行期间，鲁本·西尔斯定制了一双皮靴，希尔借了一笔当地的货币给他付账。回到旧金山以后，鲁本·西尔斯把这笔钱还给了詹姆斯·希尔，一同寄出的还有一张字条，说他打算派摄影师肯·艾伦带着摄像机去一趟圣安娜。

这封信被送到三门加工厂以后，詹姆斯·希尔的次子爱德华多热情地回应了鲁本的请求。“父亲去纽约谈生意了，”爱德华多表示，“但他肯定会同意这件事。”[69]

24 咖啡杯背后

萨尔瓦多的咖啡种植园主有时候会把自己想象成伟大的父亲，经历了1932年的大屠杀以后，营造这样的自我形象显得更加重要。1936年，咖啡种植园主协会会刊《萨尔瓦多咖啡》刊登的一篇社论公然宣称：

> 种植园就像一个小国家，由种植园的主人或者他指派的人统治。在这个小国家里，种植园主、所有为他服务的人和他们各自的亲属共同组成了一个大家庭。工人不仅能拿到薪水，还能免费住在种植园里，随意使用这里的很多东西：木头、水果、饲养牲畜的牧草和其他副产品。出于自身的社会责任，种植园主常常关心这些仆人的福祉，为他们提供超出法律要求的医疗服务，这种情况并不罕见。[1]

种植园确实像一个国家，或者一个由各种关系组成的家庭——这个家庭里的人会互相影响。家庭也确实是萨尔瓦多历史中不可或缺的组成部分。但在这个国家，现实中关于咖啡和家庭的故事和种植园主在杂志上讲述的很不一样。这个故事的重点不是“社会责任”，也不是包容，而是家庭的排他性，尤其是主宰寡头政治的“十四家族”——这些咖啡种植园主、出口商和金融家从1932年的危机中脱颖而出，成为马丁内斯总统的执政伙伴，他们是真正的“国中之国”。[2]十四家族的名单有很多版本，但正如一位历史学家所总结的那样，无论哪个版本的名单都既有本地的名字又有移民的姓氏：“雷加拉多，德·索拉斯，希尔。”[3]十四这个数字大得让人信服，又小得令人害怕。手握大权的家族到底有多少个，是大于、小于还是等于十四，这个众说纷纭的问题其实只是一段历史的学术性注脚，在这段引发人们计数冲动的历史中，一个相对平等、和平的地方沦为了现代世界史上最不平等、最暴力的国家之一。

大屠杀之后，在詹姆斯·希尔的努力下，他的咖啡帝国扩展到了圣安娜火山以外很远的地方，甚至扩展到了萨尔瓦多国境线外的美国。在世界性萧条开始之前的那个繁荣年代，从1925到1930年，希尔平均每年新种8万棵咖啡树。从1930到1935年，他平均每年差不多要种13.7万棵树；1935到1940年，他每年种的树达到了30万棵。[4]从1929到1941年，希尔种植咖啡的面积几乎翻了一番，从1600英亩增加到了3000英亩。[5]随着种植园的扩张，1931年，希尔翻过了60岁的关口，他的健康难免也出了点问题——他的心脏病严重到了威廉·H.乌克斯在《茶叶与咖啡贸易》杂志上专门提到过的程度——于是他的家人开始靠近家族事业的核心。[6]在这个过程中，希尔的三个儿子杰米、爱德华多和费德里科超越了继承人的身份，成为父亲的化身；直到“萨尔瓦多咖啡之王”死去很久以后，詹姆斯·希尔的名字仍在他们身上熠熠生辉。

1932年以后，詹姆斯·希尔还给自己的咖啡生意引入了一个外人，这个人帮助他完成了西尔斯兄弟曾经做过的事情，只是方向正好相反：把旧金山变成三门加工厂的附庸。

在1933年的大萧条中，旧金山仍有一些新公司开张，专注于咖啡进口业务的“奥尔特加和埃米希”就是其中之一。他们在旧金山“生咖啡区”加利福尼亚街的办公室正好位于内河码头旁边。公司的负责人是40岁的保罗·奥尔特加和他的搭档米尔顿·埃米希，但埃米希没干多久。到了1934年，公司开始进口咖啡的第一年，埃米希已经退出了。不过哪怕只剩下一位老板，公司还是继续开了下去，这有一部分应该归功于另一位沉默的合伙人。

出来单干之前，保罗·奥尔特加曾是奥蒂斯麦卡利斯特的员工，他在中美洲游荡，打探种植园主和种植园的情报，为公司采购进口咖啡。在奥尔特加的协助下，奥蒂斯麦卡利斯特发展得很快。这家公司是旧金山最大的进口商之一，而且即将成为美国最大的独立咖啡进口商。1932到1933年的收获季，奥尔特加在中美洲待的时间格外长，当他回到旧金山的时候，新年已经过了。[7]回国后不久，他离开奥蒂斯麦卡利斯特，跟米尔顿·埃米希和詹姆斯·希尔合伙做起了生意。

对奥尔特加来说，这是一笔划算的买卖。1933到1934年的收获季，他只需要配合詹姆斯·希尔，把所有咖啡卖给西尔斯兄弟，就能拿到自己的那份佣金。没过多久，奥尔特加从萨尔瓦多其他种植园主和出口商手里购买的咖啡基本追平了希尔那边的份额。[8]1934年，奥尔特加和埃米希成了旧金山的第六大咖啡进口商，他们进口的咖啡多达109 000袋，换算成重量超过1000万磅，其中75 000袋来自萨尔瓦多。奥尔特加的老雇主奥蒂斯麦卡利斯特落到了第七位，他们从萨尔瓦多进口的咖啡要少得多。第二年，奥尔特加一跃成为太平洋海岸最大的进口商，他从萨尔瓦多进口了165 000袋咖啡，进口的咖啡总量达到了211 000袋。接下来，从1936到1938年，奥尔特加继续高居榜首，他每年从萨尔瓦多进口的咖啡多达233 000袋，其中大部分是詹姆斯·希尔专门供给旧金山市场的产品，希尔将这个品牌命名为——也许是想到了自己的三个儿子——“三冠”。[9]

对詹姆斯·希尔来说，跟保罗·奥尔特加合作在旧金山做生意只是他扩张势力的途径之一，旧金山市场塑造了他生产、销售咖啡的方式，于是他设法在这段关系中获取了更多的控制权。1935年的收获季到来之前，美国市场吸引了希尔的全部注意力，他再次把三个儿子送到了旧金山——现在他们都成年了——去调查当地咖啡烘焙商的“需求”。[10]

同一年，希尔把自己的咖啡生意——J.希尔公司，拆分成了大小不等的几份，分配给了新的合作伙伴：他的妻子和孩子。希尔已经快要65岁了，但他还不打算退休。反过来说，希尔的孩子成了他的合伙人，于是他们更愿意为家族生意的持续发展贡献力量。当年希尔的岳父迪奥尼西奥直接把独立的种植园交给了孩子，但希尔采取了另一种方式。他把公司的股份分成几份，自己拿了22%，他的妻子洛拉分到了20%，每个儿子拿了10%，每个女儿7%。女儿拿得比较少，因为她们可以自由地去乡村俱乐部打高尔夫球，男孩们却得操心生意，父亲希望他们去种植园、加工厂或者办公室里干活。[11]这些股份旨在激励，希尔最本质的想法是，他希望7个孩子每人每年至少能拿到20万磅咖啡的净收益。要是年景好的话，每个人没准能分到30万磅咖啡。整个家族生产的咖啡越多，成本和收入之间的差价越高，他们的股份就越值钱。

希尔之所以愿意这样分配股份，还有一个原因：他希望儿子们能从国家政治的层面为家族的咖啡生意提供保障。作为萨尔瓦多的公民，他的儿子们可以担任公职——这正是他的期望。事实上，在1932年的那场革命和大屠杀中，詹姆斯·希尔本人蹲在三门加工厂里，去见马丁内斯总统的是他的儿子杰米·希尔。当他的父亲拒绝在咖啡种植园主协会里任职的时候，挺身而出的也是杰米·希尔，他先是通过选举当上了协会秘书，后来又做了副会长和会长，最后他当上了萨尔瓦多的农业部部长。[12]

儿子们开始在家族生意中扮演更重要的角色，詹姆斯·希尔自己的工作随之发生了变化。多年来，他的国外旅行一直没什么规律，也很少提前规划，现在，希尔开始每年去一趟美国，他会在夏天造访旧金山，这时候距离收获季还有三四个月。就连1932年的七八月，他也在旧金山的皇宫酒店住了一段时间，哪怕这一年中美洲没几个人去美国。[13]1933年，他"在旧金山待了四个星期，一边谈生意，一边享受生活"，回到圣安娜之前，他还去了芝加哥和纽约。[14]1934年，他再次成为旧金山"受欢迎的客人"。[15]1935年，他先是去了旧金山，然后去了西雅图、波特兰、洛杉矶和纽约。[16]1936年，希尔坐船去了旧金山，然后乘坐火车横跨整个美国来到纽约，半路上还去了一趟匹兹堡，在美国咖啡工业协会的年会上发表了演讲，这个贸易组织以促进咖啡消费为己任。[17]

希尔为匹兹堡的演讲准备了讲稿，但当他站起来的时候，他决定抛弃这份稿子。他觉得自己必须谈谈这次大会的主要议题：拉丁美洲国家贴钱做广告，鼓励美国人喝咖啡。来自哥伦比亚的代表反对这样的补贴，但希尔的角度和他们不一样。希尔表示，每袋咖啡交10美分的税资助美国的推广活动，他个人对此完全没有意见——他还表示，他可以说服萨尔瓦多咖啡种植园主协会的其他成员同意这个方案。[18]然后，希尔读了一篇事先准备好的文章，详细阐述了“热带廉价劳动力的时代已经结束”的观点，并警告称，如果有一天，咖啡种植园主“必须付给工人美国水平的工资”，那么咖啡的价格会暴涨4倍以上。所以，咖啡产业的既得利益者——政府、种植园主、加工厂主、银行家、经纪人、进口商、船运商、烘焙商和零售商——应该联合起来，“稳定局势，以获取更大的收益”——也就是说，大家应该想办法抬高咖啡的价格，向工人支付足够高的工资，不要等到他们自己来争取，不然的话，到时候他们要的可能就不止这么多了。[19]

从国家的层面上说，萨尔瓦多已经开始朝着希尔建议的方向努力。军事独裁和咖啡种植园主的联姻催生了一系列旨在促进咖啡产业发展的国家机构，包括研究机构、教育机构和宣传机构。1935年，萨尔瓦多政府从美国雇了一位咖啡杯测专家，让他给每一船咖啡取样、定级，以西尔斯兄弟和旧金山其他烘焙商的标准塑造这个国家的经济。[20]政府还在圣安娜建立了一所种植园管理人员培训学校，詹姆斯·希尔为这所学校的课程做出了重要贡献，他撰写了很多咖啡农艺学的书籍和小册子，给萨尔瓦多的农业学校做教科书。[21]与此同时，萨尔瓦多咖啡在旧金山的地位正在变得越来越重要，为了巩固这种喜人的趋势，咖啡种植园主协会在纽约设立了一个办公室来推广本国的咖啡，就像哥伦比亚和巴西以前做过的那样。这间办公室由罗伯托·阿吉拉尔负责，1937年1月，阿吉拉尔离开了自己在松索纳特的种植园，扬帆前往纽约城。[22]

阿吉拉尔到达纽约的时机正好，因为他刚刚履职，巴西就再次放弃了销毁过剩咖啡维持价格的措施，转而投向另一种商业模式：尽可能地多卖咖啡，无论价钱如何。市场的这次复苏从一开始就显得相当乏力，随着巴西出口量的增加，咖啡价格再次下跌——直接跌到了20世纪以来的最低水平——咖啡种植园主没有别的出路，只能设法刺激美国的咖啡消费，毕竟这里是全世界最大的开放市场。为了完成这个目标，巴西、哥伦比亚、萨尔瓦多和其他几个国家决定向本国出口的每袋咖啡加征5美分的税金，以资助一个新的国际组织：由罗伯特·阿吉拉尔担任局长的泛美咖啡局。咖啡局很快开始策划第一轮大规模广告推广活动，推广时间定在1938年的夏天。早在20世纪20年代，巴西—美国联合委员会就曾试图推广一种饮料，但它的流行度始终没有达到市场人员的预期，现在，泛美咖啡局打算重新向美国咖啡消费者介绍这种饮料，他们的推广活动也因此被命名为“冰咖啡周”。[23]

萨尔瓦多投入了大笔资金来推进美国的咖啡消费，再考虑到通过旧金山进入美国的萨尔瓦多咖啡正在稳步增长，于是圣安娜成了《咖啡杯背后》最理想的拍摄地点，这部电影是西尔斯兄弟为1939年的金门博览会准备的。

西尔斯兄弟的上一部电影同样由肯·艾伦执导。1938年10月，艾伦乘坐约翰逊航运公司的蒸汽船“波特兰号”离开了旧金山，上船的时候，他有点感冒。生病似乎是个坏兆头，但“波特兰号”在“很热”的萨尔瓦多靠岸以后，咖啡种植园主协会的代表如约出现在港口，在他们的带领下，艾伦和他的助手，再加上他们的摄像机、胶片和福特旅行车，顺利通过了海关。

虽然天气真的很热，而且“进出咖啡产区的每一个城镇都得接受……警察的问话，这项措施虽然烦人但的确有必要”，艾伦依然十分乐观。西尔斯兄弟在萨尔瓦多选择的拍摄伙伴都是“很愿意配合”的咖啡种植园主，他们“想尽办法满足我的需求”，艾伦向旧金山发回了这样的报告。种植园主安排了一名向导带领他参观这个国家，艾伦已经想到了一个合适的主题。反差将成为这个故事的主旋律，在写给老板的信里，艾伦描述道：“大体想法如下：小小的萨尔瓦多共和国坐落在中美洲的高山上，全世界最上等的咖啡有很大一部分是通过这个国家的现代公路运出去的。火山环绕的山坡上覆盖着树木的浓荫，咖啡树几乎一直长到了山顶，但是，这个国家充满了奇怪的反差。凯迪拉克和牛车并驾齐驱，诸如此类的事情还有很多。”[24]牛车和凯迪拉克的区别为萨尔瓦多和旧金山的咖啡故事搭建了框架。

但这个计划有几个出乎意料的缺陷。首先，所谓的“现代公路”其实没那么现代。有时候艾伦和他的助手不得不下车，靠人力把他们那辆福特推过崎岖的地段。第二个问题是，哪怕在城市里，蹲在三脚架和摄像机后面的艾伦也常常发现，面对镜头，萨尔瓦多人显得十分不安。“大部分当地人会蹲下去。”艾伦报告说，剩下的人“像雕塑一样直愣愣地站在镜头前面”。[25]

在首都拍了几天以后，艾伦来到了咖啡产区的心脏地带，他发现这里的种植园主非常配合他的工作。起初他们提供的帮助跟10年前艾伦在哥伦比亚拍电影时经历过的一模一样。在圣安娜的种植园里转了一圈以后，他报告说，“一切都和我预期的一样”，这不是什么好事。“他们给我安排了好几次长达12小时的行程，每位（种植园的）主人都非得带我参观他的全部产业。”艾伦一门心思想拍反差强烈的故事，但他现在看不到各部分的素材和整体的关系。“幸运的是，”他报告说，“咖啡协会的会长对这部电影很感兴趣，所以只要我有需求，他总是乐意帮忙……现在我们拍到了一些可用的素材。”[26]

这些“可用的素材”是艾伦和种植园主一起布置出来的。艾伦来到萨尔瓦多的时候，收获季刚刚开始，但他想拍摄咖啡的完整生命周期，从种植咖啡树到咖啡豆脱壳。咖啡种植园主协会为他安排好了一切，他们甚至专门修了一片苗圃，好让艾伦拍摄工人播种、培育树苗的过程。关于咖啡加工厂的镜头，艾伦“计划在圣安娜拍摄希尔先生的晒场，因为它们非常漂亮”。

即使他们拍的只是临时搭建的种植园场景，艾伦依然体会到了咖啡种植园主日常生活和工作中的紧张情绪。修建苗圃“很费时间”，艾伦向旧金山抱怨，他根本没那么多时间。咖啡树也不配合他的工作——咖啡浆果至少还要一个星期才能完全成熟。然后，就在艾伦觉得自己可以开始拍摄种植园的时候，突然下起了雨，专门为他修建的苗圃也被冲坏了。小鲁本·西尔斯的另一位朋友米格尔·杜埃尼亚斯在自己的种植园里重新为艾伦修建了苗圃。艾伦抓住“日出前的短暂时间疯狂拍摄”。[27]

艾伦拍不到想要的素材时，种植园主总会设法替他安排。他发现，摄像机根本无法穿透成熟的咖啡种植园里丛生的杂草，庄园里的光线太差，他根本看不清镜头前的东西，而且到处都是蜘蛛：“每棵（树）上都有几十只……你时不时总会拍死几只。”另外，艾伦还抱怨说，圣安娜的所有东西都覆盖着一层厚厚的灰尘，这削弱了镜头的感染力，素材里的咖啡树看起来就像“灌木丛”。但种植园主又一次解决了问题：“我们叮嘱工人留出几棵树不要采摘——然后我们打算把它们冲洗一下，这样你就能看到树上结的果子了。”艾伦把摄像机架在种植园之间的公路上，只拍庄园外围的咖啡树，冲洗过的成熟咖啡浆果红得发亮。

种植园主还为这部电影提供了演员，让他们表演种植园里的工作，哪怕不合时令：挖洞，在苗圃里播种，把树苗从地里挖出来，再换个地方种下去，收获浆果，在加工厂里处理咖啡豆。艾伦报告称，为了给电影增色，种植园主还“安排了一段印第安舞蹈素材”。他们给一群工人穿上传统服饰，让他们排列成行，好让镜头拍到背景里圣安娜火山高耸的山峰。艾伦蹲在摄像机后面，拍下了这群跳舞的工人。

真实的种植园最重要的任务是生产咖啡，而不是生产电影，真实的收获工作和拍电影很不一样，但合作和管理的方式却同样严格。

结满果实的咖啡树看起来和圣诞树颇为相似：深绿色的树叶掩映着一串串红得发亮的浆果。收获季会一步步稳定地走向高潮，然后迅速谢幕。咖啡的利润和时间息息相关，尤其是在中美洲。在产量高、价格低的巴西种植园里，采摘咖啡的工人可以稳步向前推进：用手掌或者拇指和食指圈住一根树枝，一次性捋下所有的树叶、小枝丫和浆果，让它们掉进一个筛子，或者直接掉到地上。这种粗放的采摘方式十分省时，但它会损伤咖啡树，而且摘下来的果子成熟度不尽相同。[28]巴西的种植园承担得起这种程度的损伤，那里的咖啡树多得让人不知道怎么办才好，但萨尔瓦多的情况很不一样，这个国家适合种植咖啡的优质土地一直十分稀缺，所以他们更重视品质而非产量。在萨尔瓦多这样的温和咖啡生产国，大家都很重视品质，而衡量品质的标准是

“香甜的风味”，所以成熟度是种植园生产咖啡的关键所在。

哪怕在每年短暂的成熟期内，同一棵树甚至同一根树枝上的浆果成熟度也不尽相同，所以对成熟度的重视要求采摘咖啡的工人必须兼具细心和速度。这两个同样重要的要求贯穿了每个收获季的每时每刻。树上的浆果成熟后，种植园主最迫切的任务是督促工人快速、精确地完成工作。这意味着采摘工必须挨个检查种植园里的每一根树枝，摘下完全成熟的浆果，再走向下一棵树，如此周而复始，这种选择性的多轮采摘需要灵巧的手法：一只手固定树枝，另一只手用拇指和食指（可能再加上中指）圈住一两枚成熟的红色浆果，快速转动手腕把它摘下来，丢进背在肩上、系在腰间的篮子或者麻布袋里。[29]詹姆斯·希尔希望每一位采摘工在每天10小时（早上6点到下午5点，中午有1小时的午饭时间）的工作时间里能以这种标准的手法采集20 000枚浆果。以这样的速度，每位工人花费6天时间采摘的浆果能生产出一袋——大约135磅——可供出口的咖啡豆。[30]

整个收获季里，随着时间的推移，每天成熟的浆果越来越多，希尔雇的采摘工也越来越多——最多的时候有5000人，相当于平时的10倍。为了管理多出来的几千名工人，包括大量来自全国各地的移民劳工，希尔也增加了监工和管理人员的数量：每20名工人配备1名监工。除了工人，收获季还需要雇用额外的书办、信使、送水的小孩、厨子以及几十名卡车司机和装卸工，每个工作日结束后，他们负责将数十万磅新采摘的咖啡送到火山脚下的三门加工厂。

从第一批成熟的浆果运送下山开始，詹姆斯·希尔会把工厂的工作时间延长到深夜，比如说11点，甚至更晚，因为他发现，工人们晚上的工作效率是白天的两倍以上，可能是因为大家都盼着能赶在下一个工作日开始之前躺到床上睡一会儿。[31] 三门加工厂的几百名工人依次完成脱壳的所有工序，最后将半成品咖啡豆送到另外几百名负责检查、分类的清洁工手里，然后这些咖啡豆会被装进麻袋，运往海外。

这些季节性的工人身后跟着一串小贩和卖艺人，只要有人领工资的地方就有他们的摊位。为了监督所有人——包括经理在内——的动向，希尔会在收获季额外雇一批安保人员，另外还有数量不明的眼线。

即便如此，在成熟的咖啡树林里，再严密的监督措施也做不到万无一失，因为无论你朝哪个方向看，能见度最多只有10英尺左右。采摘工可能把一袋浆果藏进树林或者埋到地下，等到晚上再回来取；或者时不时抓一把浆果塞进藏在衣服下面的口袋里；又或者趁着别人称重、算工钱的时候偷摘浆果，这样的可能性始终存在。[32] 大部分偷窃行为发生在傍晚，采摘速度放慢、人们开始称重的时候；尤其是6点以后，玉米饼和豆子都进了工人的肚子，太阳也落山了，所以希尔告诫手下的经理，离开咖啡林之前必须确认其他人已经走光了——但这不过是另一条不可能落实的规矩。[33]

除了多雇管理人员和安保人员，希尔还会用食物引导人们在他需要的时间去往他需要的地方。他把早餐和晚餐分别安排在工作日开始和结束的时候。饥饿的工人必须按时上下班，不然就没饭吃。[34]

为了在收获季吸引工人，有的种植园主会花钱安排娱乐活动，最常见的是晚上的木偶表演或者嘉年华，这也能降低工作时间以外的管理难度。至于希尔，他要求手下的经理不得克扣口粮，每个工人必须得到应得的分量：10盎司用来做饼的玉米，5盎司豆子，再加上1杯咖啡，一日三餐的总成本是6美分。[35] 根据他的指示，经理们还会给跟着家长来上工的孩子分配半份口粮——哪怕希尔不想让14岁以下的孩子参与采摘，因为怕他们损伤咖啡树。[36]他还要求经理定期检查种植园的厨房，确保所有食物干净卫生。[37]希尔希望通过这些标准将自己的种植园和周围的其他庄园区分开来，让工人们都知道，这里吃得比较好，待遇也比较好，发工资爽快，既不拖欠也不克扣。[38]这样的名声在火山上传得越远，希尔吸引来的工人就越多，工人干起活来也越仔细。[39]等到收获季结束，他会解雇大批工人，不留一个闲人。

种植园主真实的生活中充满了这样的算计和焦虑、平庸、紧迫，没有尽头，任何一部电影都不会告诉你，这才是让工人生产出咖啡的关键所在。等到大萧条结束、第二次世界大战开始的时候，希尔和圣安娜火山上的其他种植园主已经把这套技艺磨炼到了登峰造极的地步——和世界上其他任何一个咖啡产区的种植园主一样娴熟。“萨尔瓦多顽固地追求自我发展，这一点和美国十分相似，”1941年，美国农业专家查尔斯·莫罗·威尔逊在这个国家转了一圈以后写道，“开动脑筋、充分规划，将沉睡的自然资源转化为更丰富的货物和资产，满足白人的生活方式和需求，这个印第安国家相对成功地完成了这样的转变。”[40]

1939年2月初，距离金门博览会在金银岛开幕只有10天时间，肯·艾伦还没有完成《咖啡杯背后》的剪辑工作。他面临的挑战在于，如何将萨尔瓦多的素材和旧金山西尔斯兄弟工厂的素材拼接到一起，他的老板很紧张这部电影的首映。“别忘了多放几个红色成熟咖啡浆果的镜头——尤其是装在篮子里的浆果，”一位高管写信告诫艾伦，当时他还在洛杉矶忙着配色，“我们的咖啡罐就是红色的，这当然很重要。”[41]这部电影之所以要拍成彩色的，就是为了突出红色，它是这个“反差故事”的精髓所在。艾伦拍摄的素材里充满了红色——浆果是红的，摘咖啡的女工嘴唇是红的，咖啡罐也是红的——鲜艳的红色浸透了整部电影。

“咖啡是美国人最爱的饮料。”电影的开场白来自西尔斯兄弟公司的高管卡罗尔·威尔逊，他衣冠楚楚地端坐在一张完美无瑕的办公桌后面，“作为全世界最大的咖啡消费市场，美国人每年要喝掉近600亿杯咖啡。你有没有想过，这些咖啡来自哪里？在进入你的杯子之前，它们经历过什么？欢迎来到咖啡王国，听我们讲述咖啡杯背后的故事。”镜头淡出，随后重新聚焦到一张中美洲的地图上面，圣安娜城的位置被重点标了出来：“在遥远的南方，中美洲的高山上……耸立着一座座火山山峰，在这片壮丽的热带风光中……充满欢乐和笑声的咖啡收获季开始了”——镜头切向火山脚下跳舞的印第安人。

电影展示了收获季圣安娜的咖啡种植园和加工厂以后，舞台回到了海湾大桥脚下内河码头旁的西尔斯兄弟工厂：生咖啡部门和杯测室；传送带上印着进口商标志——O & E，旧金山奥尔特加和埃米希公司——的麻袋依次穿过框架，进入滚烫的巨型烘焙机；鲜红的罐子滚进真空封装机，又从另一头滚出来。这个故事不仅关乎反差，也关乎连续和合作——它讲述的是“咖啡种植者和烘焙商如何联手将真正的咖啡带来的愉悦送到你的餐桌上”。[42]

《咖啡杯背后》在金银岛首映后的10周内，超过90 000人观看了这部时长40分钟的电影，这是一个“惊人的”数字。[43]西尔斯兄弟公司的办公室收到的评论表明，这笔钱花得值。“星期六去看展览的时候，我有幸在你们的展位上看到了那部名叫《咖啡杯背后》的电影，”旧金山的维多利亚·帕格尼尼写道，“这个故事真的非常有趣。我从来没喝过西尔斯兄弟的咖啡，但你们的电影吸引了我，今天我第一次买了你们的咖啡。”[44]奥克兰的乔治·古德曼想和午餐俱乐部的朋友们分享这部电影。“看这部电影之前，我从来没有想过，制作这种美味的饮料原来是一件如此耗时费力的事情。”他写道，“现在我明白了，西尔斯兄弟咖啡是完美的，我很欣赏你们的产品。”[45]

25　战争

“盛产咖啡的萨尔瓦多既没有印第安人也不够浪漫。”1947年，《纽约时报》记者亚瑟·古德弗伦德这样写道。当时他正开着车沿着中美洲地峡在泛美公路上一路南行，他此行的任务是调查西半球的睦邻政策以及欧洲和日本战场的胜利对当地的影响。

在这场战争中，拉丁美洲为盟军提供了关键的支持：搓绳子的大麻、制作弹药的锡、生产奎宁的金鸡纳树皮都来自这里，还有最重要的咖啡。从1941到1945年，在美国进口的所有商品中，咖啡占据的比例高达10%，这些进口的咖啡大部分被送到了战略“防御区”，或者成了士兵的口粮。[1]西尔斯兄弟拿到了政府的一份合同，需要供应1800万磅真空包装的咖啡，20磅装的罐子漆成了军队标志性的黄褐色。[2]部署在海外的美国士兵每人每年要喝掉32.5磅以上的咖啡豆，比内战时翻了一番。[3]

在美国主导的战后秩序形成的过程中，拉丁美洲也处于核心地位。从1945到1948年，面向世界的睦邻政策成了美国获取全球力量的制度基础。美洲国家组织、北大西洋公约组织、世界银行、世界货币基金组织、关税与贸易总协定、联合国：这些战后的贸易与合作计划以三四十年代罗斯福政府在拉丁美洲率先施行的经济、外交策略和制度为基础，它们将美国送上了全球超级力量的宝座。[4]从经济的角度来说，新的国际秩序把很多商品变成了“咖啡”：美国以低廉的价格大量进口这些商品，出产这类商品的地方变得越来越多；为了迎合美国的消费市场，当地人民日常的工作和生活被精心而准确地改造成了现在的样子。

但是，尽管拉丁美洲为“美国世纪”的到来做出了极大的贡献，但他们却没有得到类似马歇尔计划的援助。虽然在大萧条和战争期间，美国的确做出了支持拉丁美洲工业发展的承诺，但这份承诺一直没有兑现。取而代之的是，为了帮助欧洲和亚洲走向复兴，他们希望拉丁美洲国家继续专注于出口型农业——咖啡和其他老牌热带作物可以重新在国际市场上售卖，价格也会相应地上涨。咖啡价格的回升固然值得欢迎，但过去20年的紧张记忆还没有淡去，就连那些在咖啡领域投资最多的国家和家庭也在寻找更广阔的出路。[5]经历了咖啡市场半个世纪的动荡和持续15年的经济危机以后，拉丁美洲人想要更多的东西——他们想要工业化，以及为工业化提供资金的贷款、贸易政策和社会项目。

在萨尔瓦多，亚瑟·古德弗伦德报告了他开车沿着泛美公路行驶时透过车窗看到的东西：“汽油每加仑43美分，比危地马拉城便宜10美分……拉克鲁扎迪拉，路边有人在卖全城最棒的玉米饼……镇上最好的3家寄宿公寓是卡萨斯·克拉克、鄂博霍尔泽和杜恩纳，它们每个月的食宿费是60到70美元……气温宜人，中午有80华氏度，晚上会降到60华氏度……美国大使约翰·西蒙斯和夫人卡罗琳热情地接待了我——亲自把邮件送到公民住处的外交官恐怕仅此一家……萨尔瓦多俱乐部名流云集，屋顶花园的舞会衣香鬓影，地下室的保龄球馆为球友提供了打出高分的环境。”[6]

尽管人们对战后的经济秩序普遍感到不满，但在1948年的春天，萨尔瓦多俱乐部里依然洋溢着喜庆的气氛，咖啡种植园主们聚集在这里，向他们中的一员致以敬意。随着欧洲市场的重新开放，温和咖啡涨到了每磅30美分左右的历史高价，差不多相当于1940年的4倍。而且人们有理由认为，这样的繁荣会持续下去，因为美国的咖啡消费量也达到了新的高度——人均年消费近20磅咖啡，相当于詹姆斯·希尔出生的那个年代的3倍以上。[7]

大战结束后，为了促进自身利益，中美洲和墨西哥的咖啡种植园主成立了一个组织；6个月前，1947年9月，趁着收获季还没开始，他们在墨西哥的福廷德拉斯弗洛雷斯举行了第二届年会。这座城市坐落在“英国路”边上，大约60年前，正是这条铁路把希尔从韦拉克鲁斯的港口送到了墨西哥城。作为年会议程的一部分，种植园主们讨论了大奖应该颁发给谁，一位候选人从与会的8个成员国里脱颖而出。

所以，时隔6个月，等到这一年的收获季结束以后，白发苍苍的詹姆斯·希尔坐在了萨尔瓦多俱乐部宴会厅的舞台上。希尔穿着深蓝色西装和白色衬衫，厚厚的领带打了个整齐的温莎结，他就这样坐在台上，听其他种植园主赞扬他一生的经历和成就。他们表彰了他对咖啡的贡献，他的加工厂的成长和发展，以及他在萨尔瓦多为科学栽培法的普及所做的工作，尤其是土壤的整备和遮阴树木的选择。他们盛赞了他为圣安娜的种植园管理人员培训学校做出的贡献，他在农业经济学问题上的权威地位，尤其是他将波旁咖啡引入萨尔瓦多的功绩，“正是这一举措让我们的国家成为如今的咖啡生产强国”——总产量仅次于巴西和哥伦比亚，每英亩的产量甚至高于这两个国家。他们之所以称颂詹姆斯·希尔，除了上述成就，还因为在其他种植园主眼里，希尔是真正的萨尔瓦多之子，他把这个国家改造成了自己的家乡。[8]

听完颁奖辞以后，詹姆斯·希尔从椅子里站起来接受了奖项。凭借6英尺的身高，希尔可以俯视台上的绝大多数人，包括他47岁的儿子杰米。今晚杰米穿着一套灰色西装，架在鼻梁上的金属圆框眼镜和父亲的几乎一模一样。当时杰米既是萨尔瓦多的农业部部长，也是咖啡种植园主协会的会长；进入中年以后，他一心扑在家族生意上面，就连父亲都会拿他的心无旁骛开玩笑。和台上的人们一一握手并接受了奖项以后，詹姆斯·希尔转身把奖杯交给儿子，然后转过身来面对台下的人群。希尔动情地回忆了自己在萨尔瓦多的生活，语气里满怀感激之情——但他没有忘记，当年他第一次在种植园的角落里种下波旁咖啡的时候，圣安娜所有的种植园主和银行家都觉得他疯了，说他不光会毁掉自己的生意，还会连累大家。[9]

那一年晚些时候，詹姆斯·希尔的血压升到了正常值的两倍，收缩压高达240。他的医生给他开了处方，要求他卧床休息一周，并取消和洛拉一起去智利和巴西的旅行计划。理想情况下，如果希尔的血压能降下来，他们或许可以去迈阿密换换环境。

发现希尔的健康情况没有好转以后，医生第一时间把他送上了开往洛杉矶的客船，让他去圣芭芭拉的三星诊所就诊，那里的医生是治疗循环系统疾病的先驱。但在20世纪中叶，面对高血压，就连圣芭芭拉的医生也束手无策。当时人们认为，高血压是中风或心力衰竭的先兆。他们还认为，这种疾病的首要原因是精神和心理因素，所以病人应该尽量避免繁重的脑力劳动，给自己减压，多休息。[10]以米饭和水果为主的饮食也是最有效的治疗手段之一。[11]

住院一年以后，1950年12月，詹姆斯·希尔依然沉疴未愈，以至于他无法在年底的咖啡收获季高峰期出现在圣安娜火山上，这是半个世纪以来的第一次。希尔家族种植园里的近4000名工人已经采摘、处理了100万磅可供出口的咖啡。收获季刚刚过去一半，希尔希望这一年的总收成至少能达到这个数的2倍。1950年的确是个好年景，但没有好到超乎预期的程度，这也不会是希尔家的种植园收成最多的一年。收获工作进行得很顺利，真正的问题是这些收成的出路。截至目前，希尔和他的儿子们连一磅咖啡都没卖出去。装咖啡的麻袋堆在港口里，全世界都在等美国那边的消息。

夏天爆发的朝鲜战争让咖啡的价格几乎翻了一番，达到了每磅50美分以上。但是接下来，到了秋天，数十万中国志愿军进入朝鲜，迫使美国和联合国军队灰头土脸地退到了北纬38度线——战前的边界——以南。希尔觉得美国大大低估了苏联传播共产主义的决心，他很想听听，杜鲁门总统在1951年1月8日的国情咨文演讲中会说些什么。

但希尔看不到这场战争的结果了。他不会活着看到，20世纪下半叶，始于朝鲜的这场战争如何蔓延到其他地方，并在30年后传入萨尔瓦多。他不会看到，这场战争如何唤醒了旧日的冲突，哪怕他曾预言过这一天的到来；也不会看到，20世纪80年代的美国政府如何评价苏联在萨尔瓦多扮演的角色；他不会看到，未来这场源于过去的战争将如何影响他的家人，哪怕在他们得救以后，它依然以一种迂回的方式影响了他一手建立的“咖啡王朝”。

取而代之的是，1951年5月底，过完80岁生日两周以后，希尔再次乘船前往加利福尼亚州。这次他换了一本新的萨尔瓦多外交护照，随行人员包括他的妻子洛拉、长子杰米、他的医生——一位心脏病专家——和这位年轻医生的妻子。6月13日，一个天气温和的星期四，希尔一行抵达了旧金山，带着一大堆行李——4个箱子、14个袋子，还有4个盒子——在联合广场的圣弗朗西斯酒店登记入住。[12]这次他们准备住很久。

两个半月以后，1951年8月29日，星期二，詹姆斯·希尔在圆石滩的家里突发心脏病，当时陪在他身边的是幼女朱莉娅·希尔·奥沙利文。希尔在旧金山的斯坦福-莱恩医院溘然长逝，将大权留给了长子杰米——他自己也有一个14岁的名叫杰米的儿子。[13]

“战争，战争，一切都是因为这场战争。”1951年，美国的一位雇主抱怨道。第二次世界大战完成了拉丁美洲和美国的咖啡推广者30年来的夙愿：重塑美国的工作日，让咖啡时间像“第七局中场休息①和香蕉船”一样成了美式生活的一部分。一位国会议员描述了战后华盛顿特区的情景：“就像学校里的课间休息。男孩和女孩像消防演习一样飞快地跑出去喝咖啡。”正如《时代》杂志所说，“文员、秘书、低级管理人员和销售员姑娘们”已经把咖啡时间视为“美国上班族不可剥夺的权利”。[14]

战争改变了劳动力，由此重塑了美国的工作日。随着越来越多的军队奔赴海外，争夺雇员的竞争变得越来越激烈，雇主不得不随机

① 在美国和加拿大的棒球比赛中，“第七局中场休息”是一项悠久的传统。第七局比赛进行到一半的时候，球员们可以短暂地休息一会儿，观众也可以站起来活动一下，购买小吃和饮料。

应变。丹佛市中心的洛斯维格瓦姆纺织厂专门生产优质领带，他们的“每一根线都是用上等的初剪羊毛手工织成的”。战争爆发前，厂主菲尔·格雷内茨一直雇用年轻的男性来操作他的20台织机。这些织机十分“原始”，需要的工作强度很大，织工必须用力踩动脚踏板，同时来回推动穿线的梭子。很多领带色彩鲜艳、图案复杂，所以织一条领带往往需要很多梭子。这份工作需要体力、协调性和持续的专注，不管谁干上几小时都会累得够呛。

年轻的工人离开工厂去参军以后，格雷内茨开始雇用年纪比较大的男人，结果他发现，他们无法按照他的标准完成工作。为了取代这些工人，格雷内茨又雇了一批中年女工。她们的手倒是足够灵巧，但每天下班的时候，她们的脸上总是写满了疲惫，直到第二天一早来上班的时候仍无法恢复。没过多久，这些女工就都“累坏了”，格雷内茨不知道该怎么办。他召集全公司的人开会讨论这个问题，结果员工们提出了一个出乎意料的建议：每天上午和下午各休息一次，每次15分钟，同时提供咖啡。[15]

“休息”不一定意味着“咖啡”，反之亦然。一位历史学家研究了20世纪最初的10年里水牛城工业界的情况。巴卡洛工厂——后来的巴卡躺椅厂——安排了休息时间，但想喝咖啡的员工只能自己带。附近的拉金肥皂厂倒是提供免费的咖啡，但没有专门安排喝咖啡的休息时间。[16]

当时世界各地的工业组织基本采用同样的现代管理方式。“一战”期间，英国的军需大臣和内政部开始研究军工厂里工人的工作效率。在一项实验中，他们要求工人在上午和下午分别暂停工作10分钟，待在机器旁边“喝点茶，吃点东西”。尽管他们发现，这样的“茶歇”能够“有效增加产出”，但它没有被纳入标准的框架。取而代之的是，“通常只有在加班的时候才会给工人安排茶歇”。[17]

虽然早在20世纪20年代，咖啡“有助于提高工厂效率”的说法就开始在美国流传，但这距离“咖啡时间”的普及还有好几步。在克利夫兰的泰勒金属加工厂里，“咖啡厨房”只在午餐时间提供咖啡，没有人建议把这项服务扩展到一天中的其他时间。20世纪20年代，N. W. 艾尔公司为巴西-美国咖啡委员会制作的一则广告提到：“在一天中任务最重的时候停下来喝一杯令人愉悦的咖啡，这绝对值得。无论是在办公室里还是在家里，它都是一剂兴奋剂——咖啡会带给你好心情，让你在一天中剩下的时间里保持清醒的头脑。养成这样的习惯吧：每当时针指到4点的时候，喝一杯开胃提神的咖啡。”[18]其他促销广告提议把咖啡当成“第四餐”，或者“在下午安排一小时的咖啡时间……心理学家已经确认，下午4点是大脑能量最低的垃圾时间”。[19]实验证明了咖啡的提神效果只需要几分钟就能发挥出来，所以下午的“垃圾时间”特别适合来一杯咖啡，让你顺利应对一天中剩下的工作。

尽管业内人士做出了这么多努力，但推动咖啡时间向制度化迈出最后一步的实际上是劳动人民自己。战争期间，员工习惯了在休息时间喝咖啡，等到战争结束以后，他们也不肯放弃这项权利，哪怕雇主不再安排专门的休息时间。“偷喝咖啡”成了战后工厂和办公室的日常，根据《福布斯》的报道，这种行为“让生产计划显得十分可笑”。[20]打断正常工作喝一杯咖啡的习惯一直维持了下来，直到雇主们不再试图阻止这件事；“咖啡时间”成了工作日的标准配置，这个诞生于20世纪50年代初的词组反映了一种新的共识：喝咖啡的休息时间是一个美好工作日的自然组成部分。

雇主的认可让咖啡时间成为“上班族的国家制度”。一项调查研究了1000多家在工作日安排了10分钟或15分钟咖啡时间的公司，结果发现：“82%的公司员工疲惫程度有所缓解；75%的公司员工士气更高；62%的公司产出有所增加；32%的公司事故变少了；21%的公司劳工流失率降低了。”根据纽约互惠人寿保险公司的计算，“送到员工办公桌上的咖啡”为他们节省了“每年13万美元的综合劳动力成本”。[21]对美国的公司来说，咖啡是一笔划算的买卖：免费发放的咖啡增加了员工的产出，所以公司非但没有损失，还有赚头。1952年，拉丁美洲咖啡生产国资助的泛美咖啡局启动了新一轮的广告宣传活动，从此以后，“咖啡时间”这个短语在美式英语中稳稳地占据了一席之地：“给自己来一段咖啡时间……享受咖啡带来的一切！”

咖啡时间的出现反映了美式生活中更大的变化。雇主和雇员的激烈冲突是20世纪上半叶——尤其是大萧条那几年——的重头戏，到了50年代左右，繁荣解决了“劳工问题”。“如今的加利福尼亚州没有真正的无产阶级，”1954年，历史学家兼经济学教授洛克威尔·D.亨特写道，“工作日通常控制在8小时的标准以内，越来越多的人享受到了每周5天的工作制。但除了这些因素，最重要的是工人的福利——保险、医疗补助、带薪假期、退休金，以及其他福利，包括半上午的‘咖啡时间’。”[22]社会学家大卫·里斯曼表示，半个世纪以来，一周的工作时间缩短了近50%：“从亨利·詹姆斯时代的64小时缩减到了我们今天的40小时，这还没有减去半上午的咖啡时间和其他隐形的社交时间，它们都被算进了工作时间里。”[23]咖啡时间到底应该算作休息时间还是工作时间？在洛斯维格瓦姆纺织厂，这个问题正是麻烦的根源。

在员工的建议下，菲尔·格雷内茨辟出一间休息室，在里面放了一张桌子、几把椅子、一台咖啡机、一壶茶和其他必需的设备，并安排了上下午各15分钟的休息时间。没过多久，格雷内茨注意到，工人们的确发生了变化。曾经表现得最差的4名女工现在成了最优秀的工人。这些中年女工在6.5个小时内完成的工作比以前那批老年男工8小时干的还多。得到鼓舞的格雷内茨决定把咖啡时间固化为强制性的制度。他觉得这两段15分钟的咖啡时间不应该算在工作日里——工厂强制要求员工离开工位，以“确保他们能放松下来”——所以他不愿意付这半小时的工资。但是，由于这半小时无薪的休息时间穿插在工作日的中间，这导致洛斯维格瓦姆纺织厂的工资降到了1938年颁布的《公平劳动标准法》规定的最低工资水平以下，所以在1955年，美国劳工部对格雷内茨提起了诉讼。争论的焦点在于，从法律的层面上说，咖啡时间到底算不算工作日的一部分——工人是否应该得到这部分时间的薪水。再往深一层说，真正的问题是，咖啡和人体的工作能力之间有何关系。

根据格雷内茨在法庭上的陈述，他观察到了员工的巨大变化。咖啡时间如此有效，以至于他把它写进了新的劳动合同：在每天两段各15分钟的休息时间里，工人可以做自己想做的任何事情，除了工作。对格雷内茨来说，这一规定无疑证明了咖啡时间是休息时间而非工作时间，所以它不应受到法定工资和工时的约束。作为回答，劳工部引用了1940年的一项规定，“20分钟内的短暂休息时间应该作为工作时间付酬”，因为“它提升了员工的效率”，所以有利于雇主。政府方面的律师引用了判例来支持自己的论点，“如果休息时间与工作时间有关，且有利于雇主”，那么它应该被算作工作时间，并得到相应的报酬。最后，关于咖啡时间和工作之间的关系，初审法庭支持了格雷内茨的说法：咖啡时间不是工作时间，所以雇主不应该为此付酬。劳工部提出了上诉。[24]

上诉案由丹佛的第十巡回法庭审理，主审人是阿尔弗雷德·P.默拉法官。默拉来自俄克拉何马州。13岁那年他离家出走，跳上了一列火车；被乘警踢下车以后，他在一个家庭农场里找了份工作来换取食宿。默拉靠着半工半读念完了高中，然后在俄克拉何马大学念完了法律。大学毕业后，他在俄克拉何马州盛产石油的新型城市塞米诺尔创建了一家律师事务所，专门替工人索要补偿。[25]

默拉的法庭表示，维格瓦姆案十分重要，因为“咖啡时间”正在“迅速成为雇佣关系中人们普遍接受的一部分”。这桩案子也很棘手，因为休息和工作的关系不仅牵涉雇主有多大的权力干涉员工工作的内容和方式，也关系到人体能力和极限的问题。根据法庭的看法，问题的关键在于，本案所涉及的休息时间是否“具有足够的长度，并满足一定的条件，使得员工可以自由决定它的用途和去向”，除此以外最重要的是，“这段空闲时间到底更有利于员工还是更有利于雇主”。换句话说，重要的是工人们在这段休息时间里干了什么——咖啡成了争议的焦点。

在这两个问题上，默拉的法庭都不同意初审法庭和格雷内茨的意见。这份判决指出，尽管从技术层面上说，洛斯维格瓦姆的织工的确可以随心所欲地利用这段休息时间，但在实践层面上，工作场所本身的特性约束了他们的自由。厂方要求员工离开工位，但这间工厂位于三楼，整幢楼没有电梯，所以在这15分钟的时间里，他们除了卫生间和休息区以外根本无处可去。更重要的是，关于咖啡时间有利于谁的问题，默拉的法庭也不同意初审法庭的看法。法庭认为，虽然这样的休息肯定有利于工人，但它们至少“同样有利于雇主”——如果不是更多的话——“因为它们提升了效率，带来了更大的产出，这部分增加的产出是激励雇主安排此类休息时间的重要原因，甚至是最主要的原因。”事实上，格雷内茨把咖啡时间变成了强制的规定——他更希望员工利用这段咖啡时间去休息，而不是继续工作。他给员工的时间足够喝一杯咖啡，但不够做其他事。

基于上述原因，默拉的法庭推翻了初审判决。咖啡时间和工作的关系“十分紧密”，因此它们应该被算作工作时间来付酬。生理学家和老板们在实践中发现的原理——咖啡能赋予人体额外的工作能力，与进食、消化的过程和时间跨度无关，这似乎意味着有一些东西可能不受能量和热力学定律的约束——就这样变成了法律。

美国人在法庭上争论咖啡时间的时候，拉丁美洲的咖啡产业也被放到了显微镜下研究。研究者来自联合国的两个部门：一个是粮食及农业组织，另一个是阿根廷经济学家劳尔·普雷维什领导的拉丁美洲经济委员会（ECLA）。1950年，普雷维什出版了一本题为《拉丁美洲的经济发展及其主要问题》的著作，随后他被任命为ECLA主席。这本书批判了拉丁美洲地区为“那些伟大的工业中心”提供食品和原料的历史角色。普雷维什解释了出口农产品换取工业品的策略如何让拉丁美洲陷入慢性贫困，并由此阐明了推动工业化的重要性。在联合国里，他的任务是弄清楚该怎么做——如何实现拉丁美洲的工业化，最终实现“分享技术进步成果，逐步提高大众生活水平”的目标。[26]这个项目十分重要，因为经历了近80年“日益紧密的全球互联”以后，人们发现，世界分成了3个不稳定的部分：第一世界、第二世界和第三世界。[27]

按照普雷维什的设想，拉丁美洲的工业化发展不需要彻底抛弃传统的农产品生产。他提出，为了获取工业化所需的“海量”资金，拉丁美洲各国必须继续发展出口和贸易。[28]作为拉丁美洲最重要的出口商品，咖啡是普雷维什实现计划的重要工具。联合国研究项目的重点是弄清如何更有效率地生产咖啡，好让出口的咖啡为工业化提供资金。他们选择了3个研究地点：第一个是萨尔瓦多，这个国家的咖啡经济集约化程度最高；然后是哥伦比亚，它是小农场生产模式的典范；最后是巴西，作为全世界最大的咖啡生产国，巴西种植园的规模和毛收益冠绝全球。

种植园主习惯用金钱衡量自己的成就：利润等于销售额减去成本，包括工资在内；截至1954年，萨尔瓦多的平均工资水平已经达到了每天50美分，另外还得算上充作口粮的玉米饼、豆子和盐。但联合国考虑的是经济资源的有效利用，所以在衡量咖啡生产成本的时候，他们更愿意使用的单位不是钱，而是“物理支出”：可供出口的咖啡在生产过程中消耗的所有物质资源——包括人力、畜力、机械和化学物质——被整合成了一个简单的通用单位，以便于分析。从某种角度来说，你也可以把它看作一个能量单位：生产1磅咖啡耗费的“工时”。美国的雇主感兴趣的是喝咖啡能增加多少产出，而拉丁美洲面临的挑战在于，如何衡量生产咖啡消耗的资源。

1954年10月，联合国的分析人员在萨尔瓦多率先开展了这项工作。这个国家面积小，种植园之间的距离比较近，很适合测试新的研究方法，最早使用这套方法的是北卡罗来纳州的烟草农场。考虑到美国中央情报局（CIA）和联合果品公司刚刚联手推翻了危地马拉总统哈科沃·阿本斯的统治，这项研究又被赋予了更重要的意义。华盛顿认为，锐意改革的阿本斯看起来像个共产主义者。他们希望借助咖啡产业生产效率的提高促进工业化发展，从而预防其他地方出现类似的问题。

研究者在圣安娜火山周围的咖啡产区安顿下来，开始清点咖啡种植园里所有的工作：照顾苗圃，挖洞，除草，收获，还有加工厂里的工作——包括装船之前的全部工序。把所有工作消耗的工时加起来，再除以咖啡的总产量，研究者最终得出结论：总体而言，在萨尔瓦多，3个工时的工作可以生产出1千克生咖啡，或者说大约2磅经过烘焙的咖啡。[29]

联合国通过调查确定了生产咖啡消耗的工时，而美国联邦法庭上的证词阐明了咖啡与工作之间的关系，如果把这两件事结合起来看，我们就有可能大致估算出咖啡的人工成本与产出之间的关系。以联合国在萨尔瓦多计算的数据为基础：3个工时可以生产1千克生咖啡，或者约2磅烘焙后的咖啡，因为咖啡在烘焙过程中会损失一部分重量。接下来我们用最铺张的咖啡配方来算——比如说，按照西尔斯兄弟的咖啡指南——1磅咖啡豆大约能煮40杯咖啡，足够让洛斯维格瓦姆纺织厂菲尔·格雷内茨手下的20名织工每个人喝2杯。考虑到这家工厂每天安排两次咖啡时间，所以我们可以合理地推测，他们每天大约消耗1磅咖啡豆。

格雷内茨在证词中提到，咖啡时间让他雇用的女工在6.5个小时内完成了以前8个小时的工作——他的工厂里共有20名工人，所以每天能节省30个工时。萨尔瓦多人花费1.5个工时生产出来的1磅咖啡在洛斯维格瓦姆纺织厂里能换30个工时。萨尔瓦多人为生产咖啡付出的劳动在美国换来了20倍的产出。如果以货币成本计算，二者之间的差距更大。1954年，萨尔瓦多1.5个工时的工资成本大约是6美分，而美国同一年的最低工资标准是每小时75美分，30个工时价值22.5美元。

生产咖啡消耗的金钱、时间和能量成本都很低，与此同时，以同样的标准来衡量，这些咖啡在消费端创造出了远高于成本的价值，两组数字之间的巨大差异来自詹姆斯·希尔和其他种植园主的不懈努力。他们在圣安娜火山上建立咖啡加工厂，迫使工人劳作，以这种方式驾驭、积聚了巨大的力量。尽管他们取得了如此辉煌的成就，但这些成就背负着原罪，它们背后隐藏着日复一日的苦难，正是出于这个原因，1/4个世纪以后，萨尔瓦多爆发了50年来的第二次革命。

26　前世今生

25年后，杰米·希尔戴着手铐、蒙着眼罩躺在飞速行驶的货车车厢里，他情不自禁地想到，如果自己死掉会不会更好。一年前的1978年，他失去了家族企业掌门人的位置，因为他的父亲老杰米突然觉得，打高尔夫球、喝威士忌都没什么意思。然后，杰米和妻子罗克珊娜分居了，他开始疏远她的家人和他们共同的朋友。在那些会被绑匪要求为他支付赎金的人眼里，他到底值多少钱，杰米对此毫无把握。[1]

两小时以后，卡车停了下来。空气中的气味和无声的氛围告诉杰米·希尔，他们到了乡下。绑匪把他从小货车上拖下来塞进一辆吉普车，然后再次出发了。在路上又颠簸了一小时以后，吉普车停在了圣安娜火山脚下的一幢小房子前面。这里是查尔丘阿帕，这座小镇距离三门加工厂大约有10英里，镇上住着很多希尔家咖啡种植园的老员工。因为蒙着眼罩，杰米·希尔不知道自己身在何方。绑匪把他从吉普车里拽了出来，推着他走进屋里，然后摘掉了他的眼罩。这个壁橱大小的房间里有张帆布床。在这间牢房里，杰米·希尔有生以来第一次发现，自己孤身一人。[2]

绑架杰米·希尔的萨尔瓦多人民革命军是这个国家的五个左翼组

织之一，他们共同的目标是反抗十四家族和军事独裁。眼下的冲突和半个世纪前的革命一脉相承，对称得可怕。

1932年的大屠杀以后，随着共产党的选民名册变成了缉捕名单，萨尔瓦多左派潜入了地下。在恐怖的杀戮下，就连那些仍在活动的组织者也开始互相隔绝，彼此提防。[3]很多人逃到了国外，其中包括米格尔·马莫尔。与此同时，冷战和1948年以后美国在中美洲资助的反共措施加强了军事独裁与咖啡种植园主的联盟。

1959年，菲德尔·卡斯特罗领导的古巴革命取得了奇迹般的胜利，从那以后，萨尔瓦多的左派开始重新浮出水面。卡斯特罗带来的影响一半是鼓舞，一半是愤怒。他成了拉丁美洲劳动人民可能出路的重要象征，但他的胜利也凸显了美国方面的压力和关注。1961年，新当选的美国总统约翰·F.肯尼迪宣称，拉丁美洲是“全世界最危险的地区”。[4]美国旨在消灭共产主义的新援助计划为工业化提供了期待已久的支持，也让萨尔瓦多的工人阶级产生了更高的期望。但回应这些期望的却是“少量让步和大量镇压”，这是20世纪拉丁美洲独裁政权的经典“配方”。[5]

有时候你甚至很难分清这二者之间的区别。萨尔瓦多政府和它的大部分公民之间存在巨大的鸿沟，所以哪怕他们制定政策的初衷是让步，结果却往往事与愿违，反而加重了人民的苦难。1965年通过的一项农业工人最低工资法案出乎意料地造成了大规模的失业。[6]健康和社会发展项目改善了生活水平，尤其是城市人民的生活水平，继而导致了人口暴涨；1950年以后的25年里，萨尔瓦多的人口从200万左右飙升到了400万人。这样的人口激增加剧了资源的稀缺，从而给劳动人民造成了更大的经济压力。[7]到了1980年，这个国家超过一半的耕地掌握在不到2%的人手里。[8]与此同时，政府开始强力镇压愈演愈烈的政治抗议，学生示威者被抓进了监狱或者更糟，国立大学也被关闭了。[9]萨尔瓦多的现实生活与古巴象征的可能性形成了鲜明的对比。

如政府所愿，革命的问题被搁置多年。虽然全世界都看到了1932年那场大屠杀的主要过程，但在一切结束后，为了维护政府的合法性和咖啡种植园主的声誉，从官方记录中抹除这场屠杀成了一件至关重要的事情。作为一项政策，“针对这些事件的公开讨论遭到抑制，档案被束之高阁，文件要么被摧毁，要么遗失了，或者被盗，当时的很多目击证人要么被放逐或灭口，要么缄口不言”。[10]哪怕只是谈论革命也可能招来致命的后果。无论如何，20世纪70年代初，一些左翼组织渐渐下定了决心，他们认为有必要再次尝试用暴力手段改变自己的国家。

绑架杰米·希尔的人民革命军就是其中之一。1972年，一群年轻的激进人士创建了这个组织，其中很多人和教会有关；他们专注于军事行动，坚信哪怕没有群众的广泛参与，一小群意志坚定的斗士也可以完成革命。[11]为了筹措革命资金，人民革命军开始绑架萨尔瓦多精英阶层的成员，要求他们的家人支付赎金。

和1932年大屠杀之前的情况一样，萨尔瓦多政府以不断升级的镇压应对左派的军事威胁。1975年，数千名学生在圣安娜和圣萨尔瓦多集会，抗议政府斥资3000万美元举办环球小姐选美大赛的计划，国民警卫队开枪镇压，37名抗议者因此丧生。军队有权逮捕任何涉嫌从事“颠覆”活动的人。[12]寡头出资秘密建立了准军事化的“敢死队”，这支右翼队伍主要由兼职的国民警卫队队员和士兵组成。[13]最臭名昭著的敢死队是罗伯托·达布松少校领导的“白色战士联盟”，70年代初，达布松曾在华盛顿特区的国际警察学院接受过训练。虽然这些敢死队某些方面的行为十分隐秘，比如说，他们常在夜色的掩护下行动，用面罩遮住自己的脸，但他们十分享受自己的雷霆手段和凌驾于法律之上的地位，等到太阳升起，他们会肆无忌惮地向所有人展示自己的杰作。“有时候那些尸体没有头，或者没有脸，他们的特征被霰弹枪或者蓄电池的酸液彻底抹掉了。”美国记者马克·丹纳报告称，但“尸体胸口或背部的割痕很可能是”实施暗杀的组织留下的记号。[14]

选举政治也和1932年大屠杀之前的情况十分相似。1977年，右派通过镇压选民和舞弊窃取了总统大选的胜利，聚集在首都抗议大选结果的50名示威者惨遭杀害。然后在1979年7月，仿佛是为了证明历史的确会重演，尼加拉瓜一个以奥古斯托·塞萨尔·桑地诺为名的左翼组织发动了一场群众起义，推翻了自桑地诺失败后掌权了半个世纪的军事独裁政府。尼加拉瓜的桑地诺分子获得胜利以后，萨尔瓦多的保守强硬派加大了镇压的力度，做好了战斗的准备。右翼中更温和的一个派别，包括许多年轻军官在内，开始密谋推翻强硬派，并试图与左派谈判，希望借此避免内战。

1979年10月15日的政变推翻了自1932年1月的政变后统治了萨尔瓦多半个世纪的军事政权，但在行动的过程中，政变者自己分裂成了两个派别。其中一派控制了政府，主张推行和解政策：土地改革、社会福利和人权。另一派控制了军队，打算继续镇压左翼组织，尤其是人民革命军。[15]政变后的第二天，35人在圣萨尔瓦多贫穷的郊区遇害，次日又有40人遇害。10月29日，在首都的一次集会中，75人惨遭杀害。到了万圣节，也就是杰米·希尔被绑架的那天，哪怕政府已经成立了一个人权委员会来调查绑架和失踪事件，仍有7名抗议者被警察杀害。[16]政变者自身的分歧使得谁也无法预测下一步会发生什么。

在牢房里度过的第一个晚上，杰米吞掉了绑匪提供的药丸，睡得很沉。第二天早上他醒来的时候，发现世界上最熟悉的东西都变得无比陌生。绑匪花了几个月时间深入了解他，研究他的日常规律和习惯，拍摄他在圣萨尔瓦多生活时的照片，调查他的家庭财务情况。现在，他们拍了杰米举着报纸的照片，以证明他还活着。他们要求杰米写下家庭成员的详细情况，以便讨价还价，他们还让他写下了家里的财务情况。然后，他们给他提供了一顿丰盛的午餐，包括鱼、蔬菜、玉米饼和水果。杰米开始阅读《东方快车谋杀案》。某些时候他让自己相信他能活着回家。但绑匪告诉他，这得看他的家人和政府对他们要求的赎金做何反应，于是杰米·希尔失去了信心。[17]

两周后的11月中旬，人民革命军提出了800万美元的赎金。作为家族咖啡生意的负责人、得克萨斯农工大学和沃顿商学院的毕业生，杰米的弟弟哈罗德·希尔主持了这次谈判。几周的电话和信件来往没有达成任何共识。12月初，哈罗德·希尔拜访了圣萨尔瓦多的大主教奥斯卡·罗梅罗，请求对方出手干预。

如果真有人能解决这件事，那肯定是罗梅罗。在萨尔瓦多的天主教教会担任大主教的3年时间里，他成了这个国家最有权势的人之一，这多少有些出人意料。1977年，罗梅罗刚刚升任大主教的时候，萨尔瓦多的政治寡头额手称庆，他们觉得这位神父会成为政府的坚定盟友。但没过多久，人们就清楚地发现，事实可能正好相反。罗梅罗本来就十分支持和自己一起生活、工作的贫困同胞的斗争，1977年，他的一位牧师同人惨遭杀害，从此以后，罗梅罗彻底成为激进派，并开始推动教会涉入政治事务。每个星期天的上午，他会通过教会的广播电台布道，呼吁“人民的解放”，这档节目在萨尔瓦多的乡村地区覆盖了近3/4的家庭。1978年，罗梅罗被提名为诺贝尔和平奖候选人，提名人包括美国国会的23名议员。1979年5月，他前往梵蒂冈，请求新任教皇若望·保禄二世提供帮助，结束萨尔瓦多的贫穷和暴力。[18]

听了哈罗德·希尔的请求以后，罗梅罗大主教在12月16日的降临节弥撒上为杰米·希尔乞命：“以这个家庭的名义，以所有被绑架者的家庭的名义，我请求你们，就像教皇在爱尔兰所做的那样，如果需要的话，我愿意跪下来请求你们，将自由还给他们，还给我们的兄弟姐妹，从而让这些可爱的家庭重新恢复宁静。”[19]杰米·希尔做梦都想回家过圣诞节，和家人一起围坐在圣诞树旁，但直到假期结束，他依然没有等到好消息。时间变成了一种折磨。对杰米来说，牢房里的每一小时都是那么漫长，但每过一天，他离生命的尽头又近了一步。

1980年1月初，绑匪告诉杰米·希尔的家人，如果他们的要求不能在当月16日以前得到满足，他们就准备撕票。此时正值收获季，但暴力让萨尔瓦多的经济陷入了混乱。希尔家族声称自己无法抵押、售卖资产来筹措现金，所以他们请求绑匪宽限一段时间。最后时限到来的那天，杰米·希尔已分居的妻子罗克珊娜拜访了罗梅罗大主教，两天以后，她通过全国性电视台公开为丈夫乞命。

两个月后的3月，希尔家族同意了绑匪的要求：400万美元的现金，外加两个条件。[20]第一个条件是把希尔家的装甲奔驰车移交给人民革命军；第二个条件是，希尔家族替革命者出钱，在全世界最大的几家报纸上刊登他们的故事。

3月12日，一份整版的宣言同时出现在《纽约时报》《华盛顿邮报》和《世界报》上，此外还有委内瑞拉、墨西哥和西班牙的几家报纸。对于刊登在A21版上的这份宣言，《纽约时报》收了16 800美元的广告费，还提前11页登了一段文字作为解释。“作为左翼游击队释放萨尔瓦多一位高管的条件，”报纸上写道，“这位人质的家人为今天本报刊登的一份长篇政治宣言支付了版面费。”因为没有坚持一贯的准则，报社广告部门的发言人向公众致歉：“正常情况下，我们会检查广告，删除可能冒犯读者的内容，还会要求对方就事实性内容提交证据或文件。”但在这件事上，这位发言人解释说，《纽约时报》“别无选择，只能原文照登，因为这关系到一个人的生命”。[21]

这份密密麻麻的宣言使用的字体和《纽约时报》的常用字体略有区别，它既是一段历史，也是一个预言：“萨尔瓦多的人民正处于一个历史性的关键时刻，他们正在寻求最后的解放。我国目前正在进行的斗争表明，人民有主宰自己命运的权利。”这场斗争不会结束，除非“人民得到了那些原本就应该属于他们的东西：生产咖啡、糖和棉花的巨型种植园，巨大的工厂，银行和寡头的所有财产。这是最好的解决方案，除此以外，任何要求我们忍受贫穷、永远接受压迫的方案都是不可接受的”。通过绑架筹到的钱——从寡头那里“拿回来”的钱——将用于资助“人民对正义与和平的追求”。[22]

3月14日，绑匪把杰米·希尔四个半月以前穿的衣服还给了他，并给了他20美元的现金；他们驱车3小时把他送回圣萨尔瓦多，在城市的边缘让他下了车。杰米从这里搭乘一辆出租车回到了家里。

10天以后，罗梅罗主教在圣萨尔瓦多一家医院的小教堂里做弥撒的时候，被一位藏在红色大众汽车里的枪手透过车窗一枪击中心脏；

后来联合国的调查委员会确认了大部分萨尔瓦多人已经知道的真相：凶手是罗伯托·达布松和他的白色战士联盟。5月11日，右翼敢死队公布了一份暗杀名单，上面列出了138名“共产主义叛徒”。[23] 5月22日，人民革命军和其他4支左翼游击队开始合并，到了10月，这5个组织整合成了一支统一的力量，他们给自己起了个名字，叫作法拉本多·马蒂民族解放阵线，即FMLN。新联盟拥有7000名男女游击队员，另有10万名民兵，绑架为他们提供了数百万美元的资金，其中包括杰米·希尔的赎金。FMLN和萨尔瓦多的军队和敢死队战斗了十几年，美国为右翼阵营提供了600亿美元的援助，平均每天100多万美元。

从越南到中东的道路上，美国的军事史曾在萨尔瓦多拐过一个弯。1979年尼加拉瓜的桑地诺主义革命，再加上伊朗革命和阿富汗战争，这一系列事件促使卡特政府和后来的里根政府采取了对抗中美洲共产主义的立场。从西贡沦陷到巴格达沦陷的几十年里，萨尔瓦多内战是美国规模最大的此类运动。[24] 美国在萨尔瓦多的作战策略是派一小支地面部队去训练萨尔瓦多的军队，让他们自己镇压萨尔瓦多的人民；后来的伊拉克战争延续了这套和越战时期截然不同的战略。12年的时间里，萨尔瓦多的乡村再次变成了无垠的坟场，多达75 000人葬身于此。“在萨尔瓦多，活着是意外，”战争期间，调查了当地人权情况以后，一个美洲跨国委员会总结道，“死亡才是注定的。”[25] 为了逃避暴力，100万萨尔瓦多人——这个国家1/5的人口，无论贫富——逃离了家园，其中很多人前往美国寻求庇护。精英阶层聚集在迈阿密，与此同时，旧金山、洛杉矶、华盛顿特区和长岛的郊区都出现了萨尔瓦多工人阶级的流亡社区。

内战一直进行到1991年秋天，第一届布什政府告诉萨尔瓦多当局，资助“不可能永远持续下去”。[26]不久后，1992年1月16日，法拉本多·马蒂和米格尔·马莫尔最初为西半球第一场共产主义革命选定的起义日过去60年后，随着和平协议的签署，冷战时代最后的武装冲突宣告结束。

达成和平协议以后，法拉本多·马蒂民族解放阵线开始转型，以确保自己能在和平时期的萨尔瓦多政治和社会领域永远占有一席之地。有的FMLN领袖去了哈佛大学，通过“某种政治入门课程”学习如何建立一个政党。[27]另一些人想从商，部分是为了给以前的战士提供工作岗位。为了寻求帮助，他们给杰米·希尔打了个电话。

接到绑匪的电话以后，杰米·希尔把他们中的5个人请回了家。他们坐在希尔家后阳台遮阴树织成的穹顶下，[28]几位曾经的革命者告诉希尔，他们想开一家建筑公司，并请希尔为他们引荐别的生意人。杰米·希尔很清楚自己被一些朋友视为叛徒，但他还是答应了这群绑架过自己的人，替他们物色一名会计。[29]

20年后，2011年，《纽约客》记者凯勒法·桑尼乘坐飞机来到了萨尔瓦多。纽约正在进行一场咖啡革命，他此行是为了寻找这场革命的源头，根据他的报道：“在纽约数量不多但逐渐增长的咖啡馆里，你可以像点红酒一样点咖啡，指定品种、产区和农场；如果走运的话，你可以用一杯家常红酒的价钱喝到一杯更香醇、更不可思议的滴滤式咖啡，完全不同于大多数人印象中那种苦涩的饮料。也许你会尝到一丝姜饼的味道，或者甜如蜂蜜的后味，又或者像番茄汤那样浓郁、丰富的甜味。也许你还会发现，你再也喝不下以前那些咖啡了。”

桑尼描述的是美国的“第三轮”咖啡革命。引领第一轮革命的是西尔斯兄弟、福杰斯、麦斯威尔等大型超市品牌。第二轮革命的推动者是连锁咖啡店，包括从伯克利起家的皮式咖啡和发源于西雅图的星巴克，它们的发展基于太平洋海岸的高品质温和咖啡贸易。第三轮“重视农民的咖啡运动”以精品烘焙商和潮流咖啡店为主体，在这些店里，“一袋12盎司的咖啡能卖到20美元以上，袋子里还会附赠一段介绍咖啡产地和风味的美文”。[30]萨尔瓦多的内战带来了一个始料未及的后果：圣安娜火山成了一个深受追捧的咖啡产地。

12年的战争削弱了这个国家的咖啡产业，也改变了这个国家的经济。逃避暴力的移民成了萨尔瓦多最主要的出口“商品”，来自美国的汇款也成了这个国家最重要的经济组成部分。但这场战争也为萨尔瓦多的咖啡产业带来了一个好处。作为精英阶层财富和权势的来源与象征，咖啡加工厂和种植园常常成为FMLN袭击的目标。[31]当时中美洲其他地区的种植园主纷纷用“技术化”的全日照高产量速生杂交树种取代了原来的波旁咖啡树，但萨尔瓦多的很多种植园主没有赶上这股潮流，因为他们中有人因为恐惧而放弃了产业，有人暂时停止了对咖啡业的投资，还有人只是因为手下的工人全都跑去闹革命了。在这个过程中，波旁咖啡树——萨尔瓦多最早的适合热带气候的高产量树种——成了传家宝式的珍稀品种。[32]桑尼来到萨尔瓦多的时候，这个国家咖啡的出口量还不到1975年的一半，但高品质咖啡豆的价格涨到了前所未有的高位。

在圣安娜，桑尼结识了艾达·巴特列，她是萨尔瓦多“咖啡王朝”的继承人、弗洛·里达的歌迷、《使命召唤：现代战争2》的在线玩家，也是美国的咖啡名流。巴特列开着一辆四驱版的丰田陆地巡洋舰载着桑尼，去了圣安娜火山上她家的种植园。她戴着一双哈雷驾驶手套，双手紧握方向盘；汽车轰鸣着爬上火山，这里的山坡陡峭得“有时候只能用绳子把采摘工放下去”，在“萨尔瓦多被咖啡统治”的年代，她的曾祖父开着别克走的也是这条路。

巴特列带着“两名武装保镖和一条特别训练有素的德国牧羊犬，它名叫‘酋长’”，她始终忘不掉那些最糟糕的画面。她在迈阿密长大，但20世纪80年代，她回过几趟萨尔瓦多，这让她看到了家人当年逃离的一切。“这事儿听起来很可怕，”她说，“但你的确会习惯在路边看见尸体。”战争结束后，她的父亲努力维持着圣安娜的家族咖啡生意；在纳什维尔勉强开了几年餐馆以后，巴特列决定回到祖国帮助父亲。她对咖啡树几乎一无所知，但凭借天生的直觉，她知道美国消费者想要什么。她“打算用本地的野燕麦超市栽培水果的方式来……栽培咖啡：用有机的方式培育咖啡树，只采摘……拥有健康外表的成熟浆果——让人一看就想吃的那种”。第二年，她生产的“娇宠咖啡”赢得了一场全国性比赛，由此卖到了1磅14美元的价格——当时公开市场的咖啡售价还不到1美元。从那以后，巴特列开始把自己的产品卖给美国的精品烘焙商，包括“反文化”和“树墩城”。

巴特列带领桑尼参观了她的种植园里最主要的两个咖啡品种——波旁和帕卡玛拉。这两个树种各具特征：波旁咖啡树是“芭蕾舞演员——高大，优雅”，巴特列解释说，“帕卡更像体操运动员，个头矮，结实”。帕卡耐受性强，波旁“脾气不好，但产量很高”。她指着几棵波旁树苗，向一名身穿超人迷彩T恤、腰挎双刀的管理人员下达指令：“请用爱和善意照顾它们。”

离开种植园以后，巴特列带着桑尼去了火山脚下她的“本地工厂”——三门加工厂。桑尼跟着巴特列穿过工厂，走进“整间厂里她最喜欢的地方”——杯测室。桑尼写道，三门加工厂的杯测室是“这附近最像一家设施齐全的咖啡馆的地方”，因为“和很多出产咖啡的国家一样，萨尔瓦多……从来没有真正发展出喝咖啡的文化”。生产咖啡的种植园经济决定了萨尔瓦多大多数人付不起这个国家的产品在美国和欧洲卖的价钱。取而代之的是，萨尔瓦多的杂货店里充斥着劣质廉价咖啡豆制造的便宜速溶咖啡，它们通常是越南和巴西出品的进口货，那两个国家靠产量取胜。

在杯测室里，巴特列“最信任的副手”为他们准备了几杯自产的咖啡。他烘焙了几份准备出口的咖啡豆，然后用一台价值数千美元的零售品质的德国磨豆机把它们分别磨成了细粉。接下来他在桌边摆了一排白色咖啡杯，并在每个杯子里分别放入12.5克咖啡粉。巴特列弯下腰深深地闻了闻咖啡粉的气味，然后她的助手给每个杯子分别注入250毫升热水，浸泡了4分钟时间。

三门加工厂的杯测室里也有一台不锈钢的意大利浓缩咖啡机——拉玛佐科牌，价值6500美元——这件工艺品可以帮助巴特列的咖啡走进更广阔的世界，在那个世界里，行家的品鉴评语是最重要的价值指标。4分钟的浸泡结束后，杯测师撇去每杯咖啡表面的浮沫，用勺子蘸取咖啡进行品尝，然后发出响亮的啧啧声，让咖啡在口腔的上颚与空气充分接触。水果味，糖浆般浓郁的甜味，土味，甜味，果汁味。“这批浆果就像裹了一层巧克力。”巴特列说。这是她的独门秘诀：作为一位咖啡生产商，她“擅长消费者的语言”——她能把专业的术语翻译成消费者爱听的话。这是一种弥足珍贵的能力，对J.希尔公司来说，巴特列不仅是一位客户，还是三门加工厂的顾问，得到她认可的豆子可以贴上“艾达·巴特列优选”的标签——从某个角度来说，她继承了J.希尔公司的招牌。“对那些真正用心关注的人来说，”桑尼写道，“咖啡是一种交流的形式——每一杯咖啡都会向你讲述自己的身世，哪怕它的味道不是那么诱人。”

离开之前，桑尼还参观了三门加工厂的其余部分。他穿过主办公区外曾经的玫瑰园，拾级而上，来到那幢古老的白色小楼门前。他走进屋子，爬上了二楼，主卧室凉爽幽暗，与外面炽热的世界形成了强烈的反差。桑尼走到与主卧相连的阳台上，俯瞰下方宽阔的晒场。一个多世纪以来，无数咖啡豆被倒在这片晒场上，在灼热的阳光下晾晒、翻动，然后分类、清洁、装袋，最后装船运往海外。有人在阳台边缘加装了“一套老式的聚光灯和扩音器……看起来十分突兀”。[33]但这些设备不像磨豆机和压缩咖啡机那样吸引桑尼的目光，因为它们看起来像是另一个时代留下的遗迹。战争已经结束，时过境迁。“我们需要制造差异，为我们的咖啡编织一个故事。”2005年，詹姆斯·希尔的曾孙迭戈·利亚赫解释道，“我们已经学会了把农场当成一个有生命的实体，而不仅仅是一台生产机器。”[34]桑尼的视线越过晒场，望向火山上的种植园，他来到圣安娜是为了挖掘咖啡背后更深层的历史，但他没有看到自己想要的东西——“这种饮料已经忘记了自己前世曾是水果”。[35]

两百多年前的19世纪初，某些商品的前世是一个影响深远的问题的核心。当时的人们思考世界经济运作机制的时候，糖是最常被提及的代表性产品，这种商品把相距遥远的地点和人联系在一起，不难看出，这样的联系意味着奴役。从另一个方面来说，奴役本身就是一个广受争议的话题，它直指一个问题的核心：生而为人意味着什么。

如何看待奴役与糖之间的关系，1791年，伦敦书商兼印刷商威廉·福克斯发掘了一种新的视角。他写了一本小册子，然后自己把它印了出来。“通过一系列残酷的实验，”福克斯写道，“我们确认了让一个人痛苦地苟延残喘几年最少需要多少营养物质；在这样的条件下，最严厉的惩罚能从他身上压榨出多少劳动力；以及人体在痛苦和饥饿中承受劳作的极限。”福克斯的这本小册子题为《致大不列颠人民：节制使用西印度的糖和朗姆酒产生的效用》。作为一本优秀的宣传册，它兼顾了理性和感性。感性的一面是，它提出吃糖等于同类相食。与此同时，福克斯站在理性的角度上算了一笔账：“我们对这种商品的消费与它造成的痛苦之间存在必然的联系，每使用一磅糖（考虑到糖是由非洲进口的奴隶生产出来的），我们或许应该被视为吃了两盎司人肉。”如果一个家庭习惯了每周吃5磅糖，那么只要戒糖21个月，他们就能救下一个“被称为奴隶的人”的一条命。[36]

认为糖等同于人肉的不止福克斯一个。[37]他引用了一位法国作家的话：“‘每次看到糖，他就觉得那上面有斑斑点点的血迹，’富兰克林医生……补充说，如果把所有后果全都考虑进来，‘那么沾在糖上的可能不只是一点血迹，你会看到每一颗糖粒都被染得猩红。’”种植园里的奴役将人命转化为糖，你很容易想象出这样的一幕：大量血液通过土壤流进甘蔗秆，经过精炼，漂洋过海，最后被送进吃糖的人嘴里。福克斯的论证让奴役的问题超越了种族差异的层面，将讨论的重心转向了生产端和消费端之间密不可分的经济和生理关系。“购买这样的商品无异于共犯。”福克斯总结道。他提出，不吃糖就等于不参与将人转化为商品的暴力行径，这种做法产生的“效用”和糖带来的甜味孰轻孰重，我们必须做出取舍。[38]从1791到1792年，他的小册子在英国和美国再版了26次，高达25万册的总印数让它成了当时最流行的宣传册，早于托马斯·潘恩那本《人的权利》。[39]福克斯的工作到底有多重要？致力于研究食物和劳动的先锋人类学家西敏司评价道："在那之后不久，英国的（奴隶）贸易就结束了。"[40]

从某个角度来说，19世纪下半叶全球解放事业的胜利使得人们更难看清"商品和人之间的关系"；1985年，西敏司在他那本研究"英国食用糖生产和消费之间关系"的著作《甜与权力》中探讨了这个深刻的主题。[41]奴隶制结束后，资本主义换了一副新的面孔，其核心是采用暴力与技术相结合的手段，迫使人们心甘情愿地工作，以满足自身的基本需求；同时将人类重新定义为一种基于能量的机制，这让雇佣劳动特有的强制和控制手段显得合情合理，进而强化了这些手段。从能量的角度来看，工作成了健康的人体不可避免的天然功能；世界各地的准种植园主和雇主都必须面对一个问题：驱使人们工作的动力是什么？现在，这个问题有了统一的答案。在关于经济、政治和美好社会的辩论中，这个问题曾是所有主要议题的基础；现在，从圣安娜火山的种植园和加工厂到美国及其他地区的银行、工厂和厨房，由生产、交易和消费组成的整套系统围绕能量的概念进行了重组，于是那个曾经至关重要的问题被丢到了一旁。

与此同时，咖啡取代了糖，成为人们思考世界经济运作机制，思考消费者和生产者的关系，思考经济的公平性、平等性和正义性时最常用的商品。和糖一样，咖啡是由那些比较穷、肤色也比较深的非洲人、拉丁美洲人等在热带的种植园里辛勤工作生产出来的，然后它会被送到远方，帮助那些比较富裕、肤色也比较浅的欧洲人和美国人在工厂和办公室里更好地完成工作。不过，对人类和其他任何靠甘甜的乳汁养大的生物来说，糖的吸引力非常基本，几乎出于本能；但咖啡在进入西方的时候遭到了普遍的厌恶和怀疑，它的效果和既有的人体概念存在冲突并不是唯一的原因。[42] 咖啡之所以能在现代的美国大规模普及，成为无可替代的工作提神药，不仅仅因为工业化破坏了昼夜节律和人们习惯的作息模式，也因为能量的概念重新定义了人类。能量是一个灵活的概念，咖啡对人体到底有什么影响，所有说不清的东西都可以推到能量头上——除此以外，它还阻断了生产者和消费者之间的联系。生产咖啡所消耗的能量和消费咖啡所获得的能量不是一回事，彼此之间没有任何关系，所以咖啡的消费者和生产者之间也不存在任何关系，隔开他们的正是将他们联系在一起的东西。从这个角度来看，对于那些别无选择、只能努力工作的人来说，咖啡似乎是天赐的礼物。

事情本来不是这样的。能量是一个关乎联系的概念，在能量的框架下，我们有可能以一种直接而严格的方式将两个人的工作联系到一起。但是，看到这种可能性的同时，我们也发现它背后的计算过于复杂，不具备现实的可行性。评价事物的时候，只考虑成本是不够的——或者说得不偿失——你还得看它的产出。

这样一来，现代世界中就出现了一块无人涉足的黑暗领地。通过某些事物与遥远的人和地点建立联系到底意味着什么？这个问题没有统一的答案。要讨论那些为我们提供基础生活物资的人，我们也没有共同的语言基础。

所以你可以拿起一袋咖啡，接受种植园主描绘的幻想世界；呈现在消费者眼前的信息和地契上的差不多：种植园的名称、种植园主的名字、庄园的位置、当地的海拔、咖啡本身的特点——仿佛袋子里的咖啡是从地里自己长出来的，它没有历史，更不涉及强制工作之类的问题，所以你大可以称颂它的甜美，说它拥有浆果、番茄、可可、核果或者其他什么植物的风味，哪怕早在很久很久以前，为了迫使人们生产咖啡，这些野生植物已被彻底铲除。

但咖啡的消费者不可能完全看不见它的生产者。至少一个世纪前，关于咖啡工人的叙事已经开始出现在美国的新闻报道、广告和流行文化里，通常是为了表明他们的生活和咖啡的消费者很不一样。制定政策、考虑国际治理问题的时候，咖啡工人的生活往往是最受关注的重点议题。但是，由于没有人深入思考“驱使人们工作的动力到底是什么？”这个问题，面对咖啡工人，咖啡的消费者往往只能看到种植园主希望他们看到的一面——仿佛生产咖啡是他们的宿命，仿佛这些“工人”能实现的最高理想无非就是多赚点工资。

作为最先锋的公平贸易产品，所谓的“伦理认证”咖啡也不能解决这个问题。“二战”结束后，为了帮贫困的波多黎各妇女卖针线活儿，一位门诺派传教士提出了“公平贸易”的理念；20世纪80年代，这一理念开始渗入中美洲咖啡的主流零售贸易。为了遏制桑地诺分子，里根政府对尼加拉瓜实施了经济封锁，禁止这个国家的产品进入美国，其中包括咖啡。但同情桑地诺分子的进口商找到了一个漏洞：只要把尼加拉瓜出产的咖啡运到另一个国家去烘焙，就能把它们变成合法的进口产品。对传统的零售商来说，这样做成本太高，但教会组织和专卖店——包括从麻省坎布里奇起家的“公平交易”——出售的在阿姆斯特丹烘焙的“尼加咖啡”1磅能卖7美元，差不多相当于同期平均零售价的2倍。1987年是“公平交易”开始后第一个完整经营的年份，他们不仅卖掉了20 000磅咖啡，还看到了更大的市场潜能。[43]

第二年，荷兰的一个团体采用了这些早期“另类贸易组织”的伦理原则，开始售卖“马格斯·哈弗拉尔”牌咖啡——这个名字出自1860年穆尔塔图里讲述的爪哇饥荒故事——第一个公平贸易咖啡品牌就此问世。“马格斯·哈弗拉尔”的品牌认证确保了他们的咖啡是从合作社手里以高于市价的价格收购来的，他们认为，这样做能让咖啡工人拿到更高的工资。1997年，“马格斯·哈弗拉尔”和欧美其他公平贸易品牌就价格、薪水、社会和环境条件制定了通用的指导方针。1999年，美国进口了约200万磅公平贸易咖啡。如今这个数字已经膨胀了100倍，公平贸易咖啡大约占据了美国5%的消费市场。除此以外，它对消费者文化的影响更是大得多，它让大约一半的美国家庭意识到了全球经济的伦理问题。[44]

公平贸易也有不少批评者。有人提出，所谓的“公平贸易”是富人给穷人制定的规章，它过于看重市场价格，反而忽略了咖啡生产者和消费者之间预期寿命、教育和健康的“严重不平等”，这才是真正重要的问题。[45]有人说，公平贸易主要帮助小农户，而不是最穷的那部分人——种植园里的咖啡工人——而且它的认证价格模式不重视咖啡本身的口感。[46]还有人质疑，公平贸易真正的受益者到底是谁，因为在这套系统里，咖啡的生产者只能拿到终端零售价的1/10，这很难打破长期以来的贫困怪圈，与此同时，营利性的大型跨国公司却利用公平贸易认证的幌子，把自己打扮成了慈善机构。[47]

不过，对公平贸易最致命的批评必然是，它基于以金钱换公平的理念，把伦理提炼成了价格，由此掩盖了一个更本质的问题，这影响的不光是消费者，还有很多业内人士。比如说，里克·佩泽在绿山咖啡当了几十年高管，这家公司是全世界最大的公平贸易咖啡采购商，除此以外，他还是全世界最大的伦理贸易认证机构国际公平贸易标签组织的董事会成员。为了寻找最优质的咖啡豆，烹制出最美味的咖啡，佩泽开始走进咖啡的产地，深入了解种植园、咖啡树和浆果，直到这时候，他才惊讶地发现，生产咖啡的工人一年到头处于慢性饥饿状态，两个收获季之间的那段时间他们更是饿得要死：这段青黄不接的时间被称为los meses flacos，意思是“瘦的月份”。[48]

直到最近，咖啡消费者依然很少注意到咖啡的生产和饥饿之间的关系。[49]截至目前，针对全世界咖啡产区“粮食不安全”问题规模最大的一项研究完成于2005年，它重点关注的是萨尔瓦多、危地马拉、尼加拉瓜和墨西哥。虽然人们普遍认为，比起非洲和亚洲，这几个咖啡产区相对比较繁荣，但在接受调查的近500户家庭中，近2/3的家庭难以满足最基本的粮食需求。另一项研究专门调查了萨尔瓦多西部咖啡产区的情况，结果发现，97%的家庭处于慢性饥饿状态。[50]

饥饿的问题常常被描绘得非常复杂，它牵涉历史、市场、环境等各方面的因素，远远超越了任何一个家庭、种植园甚至政府的层面。[51]但这个问题也可以非常简单。因为咖啡的生产者一直在挨饿，他们只能走一步看一步。食物不够就少吃。钱不够花就少买，改吃更便宜的食物。彻底没钱了就借钱吃饭。要是连钱都借不到，那只能去工作。只要能活下去，什么样的工作条件他们都能接受。问题在于，在瘦的月份里，种植园里的工作撑不起那么多家庭。还有一个问题是，除了咖啡，当地没有别的产业。所以，当工人们发现，就连那些经过了伦理认证的种植园也无法提供符合承诺的工作条件，实际情况比任何人期待的都更糟糕，这到底是为什么，他们自己想出了一个简单的解释："食物全靠你自己去挣，不然只能饿肚子。"[52]在现代社会运作的过程中，再也没有比这更基本的原则了，树立这条原则的过程是一场战争。这是种植园主创造的世界。

在工作和饥饿之间挣扎的人常常背井离乡，去别处追寻更好的生活——1889年的詹姆斯·希尔正是这样做的；19世纪末土地私有化以后，很多萨尔瓦多人也是这样做的；接下来还有20世纪20年代的波旁咖啡热，1932年的大屠杀，20世纪80年代和90年代的内战，直到今天，每一次暴力冲突和环境变化都会导致大量人口流落他乡。自从100多年前咖啡兴起以来，很多萨尔瓦多人只有几个选择：要么进种植园，要么移民，要么革命——要么挨饿干活，要么离开，要么战斗。[53]

从另一个方面来说，有人想创造一个不同的未来：把整个故事倒过来写一遍，将咖啡重新换成食物。为了结束"咖啡王国的饥饿"，美国精品咖啡协会提议取消单一栽培，把咖啡树上方的遮阴树木换成各种果树，并在树荫下的土壤里种植玉米和豆子。[54]与此同时，全世界饥饿的穷人开始团结起来，支持那些保障粮食安全和粮食主权的大胆提案。按照联合国的定义，粮食安全指的是"所有人在任何时候都能够实际获取且在社会和经济层面上有能力负担充足、安全和富有营养的食物，满足其膳食需要和饮食偏好，过上经济和健康的生活"。[55]小农户自己提出的"粮食主权"的概念则更进一步，它要求的不仅是获取充足、多样化、健康食物的人权，还要求生产、分配食物的权利掌握在本地的粮食消费者自己手里。[56]人们已经开始围绕这两条原则构建新的咖啡伦理认证体系，尊重人类的基本需求，让工人先吃饱肚子再干活，而不是利用这种基本需求压榨工人的劳动，还不一定填饱他们的肚子。

思考粮食主权的方向有两个。其中一个是直接指责现代社会的核心秩序，深挖全球化的历史，颠覆国际咖啡经济的根基，切断将咖啡生产者和消费者远距离联系在一起的主要机制。除此以外，还有另一个更具同理心的方向，将粮食主权看作一种和平的人道主义建议：采摘野果，照料番茄和黑莓，种植玉米和豆子，养鸡，打猎，捕鱼，在家做饭，喂养孩子，和邻居分享，招待朋友，随时想吃就吃，然后再去寻找更多食物，如此周而复始。

当初的绑架案过去很多年后，杰米·希尔坐在圣萨尔瓦多阳光明媚的宽敞办公室里和一位作家聊天，这位客人对全球化如何影响人类的话题很感兴趣，尤其是它对家庭的影响。杰米试图描述那次绑架如何让他获得了自由，于是他给客人讲了自己家族的故事。故事从他的祖父从曼彻斯特扬帆驶向萨尔瓦多开始，那时候詹姆斯·希尔还是个年轻人。杰米·希尔回忆了他的祖父如何与一个咖啡家族联姻，如何让萨尔瓦多咖啡走向“工业化”，如何把7个孩子送去加利福尼亚州学习，3个儿子如何回到家乡帮助父亲管理种植园和加工厂，后来他们又是如何把家族生意扩展到了银行业、保险业和制造业。杰米·希尔说，他自己的父亲老杰米是“一个非常好的人”，只是“家长作风严重”，他从来不会问继承了自己名字的儿子，你是谁，你想要什么。

杰米·希尔解释说，自从他被绑架以后，一切都变了。自从绑匪给他的生命标了个价钱并开始讨价还价以后，他就完全丧失了自我感——他不再知道自己是谁。杰米意识到，这辈子他从来没有自己做过决定，他的生活完全在父亲的掌控之下。反过来说，绑架他的那群人都有明确的目标。他们“知道自己做的事情很有意思，他们在为社会的正义而战……他们有饭吃，有地方住，有药品，有衣服穿”。他们拥有自己需要的东西。杰米·希尔回忆道，被囚禁的那几个月里，他愿意交出自己所有的金钱和财产，只要能和家人一起，“住在一个非常简陋的家里”。当他意识到自己想要的东西是无价的，无法通过他习惯的方式获取，他有生以来第一次体会到了“孤独的真正含义”。在牢房里，他手边没有熟悉的资源，只能尽全力设法自救。杰米·希尔相信，他之所以能活过绑匪声称的最后时限，安全回到家里，全靠他在独处中找到的谦卑。

被囚禁了四个半月以后，重获自由的杰米·希尔变成了另一个人。他对自身定位的认知发生了变化，但他还在努力适应新的身份。接下来的几年里，他“谁也不是”——既不是以前的自己，也不完全是他新发现的那个自己。为了逃避生活，他开始不停地酗酒，自怨自艾。不过杰米·希尔开始逐渐意识到，问题不是出在他自己身上。这些问题与他所处的时代和地点紧密相关，萨尔瓦多这个国家和杰米·希尔的同胞也有各自的问题，这所有的问题是一个不可分割的整体。

这样的认知让他稳定下来。杰米·希尔在圣萨尔瓦多开了一家诊所，专门治疗内战带来的成瘾性问题和创伤后应激障碍，他带着女儿亚历山德拉一起工作。杰米发现，从事这份工作，走进公司、学校、贫穷的社区，和人们讨论药物和酒精，讨论如何克服暴力和痛苦，讨论如何建立自尊，“帮助萨尔瓦多的人民获得幸福”，这些事让他自己也成了“有史以来最幸福的人之一”。[57]他坐在圣萨尔瓦多的办公室里，讲述自己的家族故事，好让客人把它写进一本书里，和其他家族的故事一起描摹出一个全球互联的时代，此时此刻，杰米·希尔的内心充满和平，他希望自己的国家也同样如此。

致谢

10年前，詹姆斯·希尔的曾孙迭戈·利亚赫（他自己也是一位声誉卓著的咖啡生产商）第一次用“书”这个词称呼了我正在写的东西。“你正在写一本书。”我们在圣萨尔瓦多见面的第一分钟，他就兴奋地说道。这不是一个疑问句。然后，他邀请我去三门加工厂看他的曾祖父留下的文件。

来到萨尔瓦多的时候，我不认识这里的任何一个人。我不知道自己具体想找什么，更不知道该如何去找。我之所以没有像来时那样两手空空地离开，完全是因为得到了很多人的帮助，哪怕他们没什么理由要帮我。

在我出发之前，阿尔多·劳里亚-圣地亚哥和埃克托尔·林多-富恩特斯拨冗在纽约和我见了一面，为我提供了无价的建议和指导。埃克托尔让我给优秀的线上杂志《灯塔》写一篇文章介绍我的研究。我用英语写了这篇文章，他帮我翻译成了西班牙语，感谢他为我做的背书。

我在萨尔瓦多完整度过的第一天，费德里科·巴里利亚斯和约翰娜·巴特·德·巴里利亚斯邀请我去了他们的家里，用咖啡和点心招待我，和我一起坐在露台上，向我介绍当地的植物、动物、俗语和传说，他们显然下定了决心，要关照我剩下的旅程。他们是真正的朋友。还有奥斯卡·坎波斯·拉腊，无数个清晨和下午，他不知疲惫地陪伴我翻阅满是灰尘、令人窒息的档案，同样重要的是，很多个中午，他无畏地陪我探访了首都大大小小的咖啡店。胡安·弗朗西斯科·阿吉拉尔帮我引荐了每一个我需要拜访的人。后来，吉列尔莫·阿尔瓦雷斯带我去了圣安娜火山的很多地方，如果没有他，我自己肯定去不了。当然，还有希尔家族和马里奥·门多萨，J. 希尔公司和三门加工厂的现任掌门人，我在他们那里度过了不可思议的两天，过去的大门向我轰然敞开。

我在美国的工作同样得到了很多人善良慷慨的帮助。在旧金山漫长的研究之旅中，奥蒂斯麦卡利斯特公司的詹姆斯·埃弗雷特·科希海泽带我去了塔迪奇烧烤餐厅和R & G餐厅。在一个下雨的周日上午，赫布·米尔斯在奥克兰跟我聊起了船运生意和码头工作，他对“雇主”这个词的理解帮助我看清了整件事里最重要的几个问题。哈维·施瓦茨的好奇心让我相信，我做的事情是有价值的。这些旅行为我提供了完美的借口，让我有机会跟尼克和乔伊·奥勒一起吃椒盐螃蟹，他们为我提供住宿，邀请我去家里吃晚餐，开车载着我到处跑。

几年前，在威廉斯堡，鲍勃·格罗斯和亚瑟·奈特教会了我如何当一名学生。在纽约，比尔·克兰德尔和肯·巴伦让我学到了做报告、写作和编辑的技巧。在波特兰，唐娜·卡西迪、乔·孔福尔蒂、肯特·莱登、阿迪斯·卡梅隆和理查德·梅曼给了我一个做历史学家的机会。在坎布里奇，亚历克斯·凯萨、吉姆·克龙彭伯格、斯文·贝克特、斯基普·盖茨、杰克·沃马克和华特·约翰逊帮助我磨炼出了自己的声音。梅·江毅和格雷格·格兰丁出色地履行了职责，在我最需要的时候为我提供了智力支持和专业帮助。

最近，在南佛罗里达大学，弗雷泽・奥塔内利、茱莉亚・欧文和布莱恩・康诺利放下自己手头的事情，在坦帕给了我另一个家。在多伦多大学，我有幸加入了鲍勃・吉布斯主持的长达一年的以食物为主题的讨论。安德莉亚・莫斯特、鲍勃・戴维森、阿米拉・米特迈尔和加布里埃尔・杰克逊让谈话始终保持活跃，丹・本德是一位特别慷慨的导师。

一路上，我得到了尼克・博纳克尔、鲍勃・米勒、亚当・尤因、布莱恩・哈克曼、阿登纳・斯宾加恩、山姆・霍华德、杰森・科兹洛夫斯基、保罗・克雷默、安迪・乌尔班、米歇尔・尼利、大卫・辛格曼和艾琳・柯贝伊的友情支持。希望我有机会经常跟他们中的每一位见面。

刚开始准备写这本书的时候，我得到了查尔斯・沃伦美国历史研究中心、大卫・洛克菲勒拉丁美洲研究中心、美国政治研究中心以及司法、福利和经济项目的财务支持，它们都是哈佛大学的机构；除此以外，为我提供资助的还有多伦多大学的杰克曼人文学院、安德鲁・W. 梅隆基金会和美国学术团体协会。

哈佛大学、罗杰・威廉姆斯大学、南佛罗里达大学、多伦多大学、加利福尼亚大学、加州大学伯克利分校、德雷塞尔大学、芝加哥大学、纽约大学、剑桥大学、阿姆斯特丹大学、马克斯・普朗克科学史研究所、康涅狄格大学古德温–尼尔林环境中心和迪坡斯特兰美洲跨国历史研究所的读者提供了重要的批评、建议和鼓励。劳拉・科雷亚・奥乔亚的翻译提供了无价的帮助。

特别感谢以下各家机构的档案管理员和图书馆员：哈佛商学院

贝克图书馆、史密森学会国立美国历史博物馆档案中心、马里兰大学帕克分校和加利福尼亚州圣布鲁诺的美国国家档案和记录管理局、加利福尼亚州历史学会北贝克研究图书馆、旧金山公共图书馆的丹尼尔·E. 科什兰旧金山历史中心、加利福尼亚大学班克罗夫特图书馆、国际码头和仓储工会执行办公室、萨尔瓦多国家综合档案馆、（缅因州）罗克兰历史学会、英国国家档案馆、（英国）曼彻斯特中央图书馆、洛杉矶加利福尼亚大学查尔斯·E. 扬研究图书馆特殊文献部门、新英格兰大学阿普拉纳尔普图书馆以及普林斯顿大学马德手稿图书馆。

企鹅出版社的斯科特·莫耶斯和安·格多夫给了我机会，让我学习如何写一本书。当我的第一次尝试以失败告终的时候，他们也没有退缩，还给了我鼓励；最终我多花了一倍的时间才完成任务，从那以后，他们一直是我最睿智的顾问。我有幸近距离和克里斯托弗·理查兹一起工作，这是一段愉快的经历，他细致的编辑能力、关键性的洞察力和恰到好处的幽默让我受益良多。文字编辑安妮·戈特利布和制作编辑安娜·贾丁替我改正了1000个错误，为这本书做出了极大的贡献。企鹅出版社英国公司的西蒙·温德尔从全新的角度及时给我提供了另一套敏锐的建议。温迪·斯特拉特曼和劳伦·麦克劳德自始至终都是坚定的化身。

我想把这本书献给我的家人。我的兄弟迈克尔和克里斯托、嫂子让、侄女埃莉诺和埃米琳给了我爱、宽容和幽默。萨曼莎·塞纳维拉特纳给了我不可估量的灵感、爱和快乐。我很高兴地看到，我们的儿子亚瑟继承了她的许多特质。感谢亚瑟的外祖父母乌帕利和苏内塔·塞纳维拉特纳替我们照顾孩子。

尤其感谢我的父亲约翰·塞奇威克和母亲黛博拉·基夫，要是没有他们，我根本不可能写出这本书。在我的成长过程中，我亲眼看到父亲为劳动人民辩护，他对劳工的执着和同理心塑造了我选择的研究课题。我的母亲不知道从哪儿读到了我的论文，她做出的解读和其他任何人都不一样。在我挣扎着试图把这个故事讲出来的过程中，我一次次向他们求助，每一次都得到了回应。哪怕在我觉得自己特别失败的时候，我仍在坚持尝试，这完全是因为他们的帮助。现在，我终于有机会感谢他们，好让他们知道，身为他们的儿子，我是多么幸运和骄傲，相比之下，当初那些哪怕最糟糕的时刻也显得微不足道。

注释

序：咖啡百年

1. Except where otherwise noted, the account of the kidnapping is based on Marvin Galeas, *El oligarca rebelde: Mitos y verdades sobre las 14 familias: La oligarquía* (San Salvador: El Salvador Ebooks, 2015).
2. Henry E. Catto Jr., *Ambassadors at Sea: The High and Low Adventures of a Diplomat* (Austin: University of Texas Press, 2010), 60.
3. Héctor Lindo-Fuentes, *Weak Foundations: The Political Economy of El Salvador in the Nineteenth Century, 1821–1898* (Berkeley: University of California Press, 1991), 1–2.
4. Quoted in E. Bradford Burns, "The Modernization of Underdevelopment: El Salvador, 1858–1931," *Journal of Developing Areas* 18, no. 3 (April 1984), 293.
5. *Pictures of Travel in Far-Off Lands: Central America* (London: T. Nelson and Sons, 1871), 92.
6. E. G. Squier, *The States of Central America* (New York: Harper & Brothers, 1858), 288–90.
7. Squier, *States of Central America*, 314–15.
8. Lindo-Fuentes, *Weak Foundations*, 3.
9. Regina Marchi, "Día de los Muertos, Migration, and Transformation to the United States," in *Celebrating Latino Folklore*, vol. 1, ed. María Herrera-Sobek (Santa Barbara, CA: ABC-Clio, 2012), 414–15.
10. Quoted in W. P. Lawson, "Along the Romantic Coffee Trail to Salvador," *The Spice Mill*, November 1928, 1976–82.
11. United Nations Food and Agriculture Organization, *Coffee in Latin America: Productivity Problems and Future Prospects* (New York: United Nations and FAO, 1958).
12. Ethan B. Kapstein, *Seeds of Stability: Land Reform and U.S. Foreign Policy* (New York: Cambridge University Press, 2017), 188; and William H. Durham, *Scarcity and Survival in Central America: The Ecological Origins of the Soccer War* (Stanford, CA: Stanford University Press, 1979), 7.
13. Interview with Jaime Hill, Perdita Huston Papers [PHP], Series 7, Box 7.3, Unedited Interview Transcripts, El Salvador (Tapes 11–22), Maine Women Writers Collection, University of New England, Portland, Maine.
14. Interview with Jaime Hill, PHP.
15. Quoted in Galeas, *Oligarca rebelde*; for "Coffeeland," see *Behind the Cup* (film, 1938), Box 6, Hills Bros. Coffee, Inc., Records, Archives Center, National Museum of American History, Smithsonian Institution, Washington, DC.
16. Eugene Cunningham, *Gypsying Through Central America* (London: T. Fisher Unwin, 1922), 191–92.
17. Arthur Ruhl, *The Central Americans: Adventures and Impressions Between Mexico and Panama* (New York: Charles Scribner's Sons, 1928), 202.

18. Descriptions of Las Tres Puertas from W. P. Lawson, "Along the Romantic Coffee Trail to Salvador," *The Spice Mill*, November 1928, 1976–82; "coffee king": *The Spice Mill*, December 1929, 2174.
19. For example, Cyrus Townsend Brady, *The Corner in Coffee* (New York: G. W. Dillingham, 1904).
20. Ruhl, *Central Americans*, 190.
21. Peter Radford, "Arthur Brown Ruhl, Rowing and Track Athletics, 1905," Athlos.com, www.athletics-archive.com/books/rowingandtrackathleticsextract.htm.
22. Ruhl, *Central Americans*, 3–5, 19–25, 178–206.
23. Steven C. Topik and Allen Wells, "Commodity Chains in a Global Economy," in *A World Connecting: 1870–1945*, ed. Emily S. Rosenberg (Cambridge, MA: Belknap Press, 2012), 592; "Global, *adj*.," *Oxford English Dictionary*, OED.com.
24. Emily S. Rosenberg, "Introduction," in Rosenberg, *World Connecting*, 3; "Interconnect, *v*.," *Oxford English Dictionary*, OED.com.
25. Jürgen Osterhammel, *The Transformation of the World: A Global History of the Nineteenth Century*, trans. Patrick Camiller (Princeton, NJ: Princeton University Press, 2014), xv.
26. Eugene Anderson, cited in David T. Courtwright, *Forces of Habit: Drugs and the Making of the Modern World* (Cambridge, MA: Harvard University Press, 2001), 19.
27. Benoit Daviron and Stefano Ponte, *The Coffee Paradox: Global Markets, Commodity Trade and the Elusive Promise of Development* (London: Zed Books, 2005), xvi; United Nations Food and Agriculture Organization, *Coffee 2015*, FAO Statistical Pocketbook, www.fao.org/3/a-i4985e.pdf.
28. "Our Collective Coffee Craze Appears to Be Good for Us," Harvard T.H. Chan School of Public Health News, www.hsph.harvard.edu/news/hsph-in-the-news/coffee-health-benefits/.
29. *Fair Trade USA 2016 Almanac*, https://www.fairtradecertified.org/sites/default/files/filemanager/documents/FTUSA_MAN_Almanac2016_EN.pdf.
30. For example, Jeanette M. Fregulia, *A Rich and Tantalizing Brew: A History of How Coffee Connected the World* (Little Rock: University of Arkansas Press, 2019); Catherine M. Tucker, *Coffee Culture: Local Experiences, Global Connections* (New York: Routledge, 2010).
31. Rosenberg, *World Connecting*.
32. Steven C. Topik and Allen Wells, "Introduction: Latin America's Response to International Markets During the Export Boom," in *The Second Conquest of Latin America: Coffee, Henequen, and Oil During the Export Boom, 1850–1930*, ed. Topik and Wells (Austin: University of Texas Press, 1998), 3.
33. Deepak Nayyar, *The South in the World Economy: Past, Present and Future* (New York: United Nations Development Programme, Human Development Report Office, 2013), 1.
34. Topik and Wells, "Commodity Chains," 605.
35. John M. Talbot, *Grounds for Agreement: The Political Economy of the Coffee Commodity Chain* (Lanham, MD: Rowman & Littlefield, 2004), 2.
36. *Coffee 2015*, FAO Statistical Pocketbook; retail sales in the U.S. alone reached nearly $50 billion in 2018: "The Retail Market for Coffee Industry in the U.S.," *IbisWorld*, Industry Market Research Report, August 2018, www.ibisworld.com/industry-trends/specialized-market-research-reports/retail-market-reports/the-retail-market-for-coffee.html.

1 完美的伊斯兰符号

1. Quoted in Markman Ellis, *The Coffee-House: A Cultural History* (London: Weidenfeld & Nicolson, 2004), 12–13.
2. Michel Tuchscherer, "Coffee in the Red Sea Area from the Sixteenth to the Nineteenth Century," in *The Global Coffee Economy in Africa, Asia, and Latin America, 1500–1989*, ed. William Gervase Clarence-Smith and Steven Topik (New York: Cambridge University Press, 2003), 51.
3. Ellis, *The Coffee-House*, 13.
4. Kenneth Pomeranz and Steven Topik, *The World That Trade Created: Society, Culture, and the World Economy, 1400 to the Present*, 3rd ed. (Armonk, NY: M. E. Sharpe, 2013), 95.
5. Ellis, *The Coffee-House*, 15.

6. Ellis, 16–21.
7. Ellis, 1–11.
8. Quoted in William H. Ukers, *All About Coffee* (New York: Tea and Coffee Trade Journal Company, 1922), 38; and Ellis, *The Coffee-House*, 22.
9. Ellis, *The Coffee-House*, 23.
10. Lorraine Boissoneault, "How Coffee, Chocolate and Tea Overturned a 1,500-Year-Old Medical Mindset," Smithsonian.com, May 17, 2017, https://www.smithsonianmag.com/history/how-coffee-chocolate-and-tea-overturned-1500-year-old-medical-mindset-180963339/.
11. Brian Cowan, *The Social Life of Coffee: The Emergence of the British Coffeehouse* (New Haven: Yale University Press, 2005), 47–53.
12. Cowan, 31.
13. As reported by John Houghton, a Fellow of the Royal Society, in his "Discourse of Coffee," *Philosophical Transactions of the Royal Society* 21, no. 256 (September 1699): 311–17; recounted in Ellis, *The Coffee-House*, 26–41.
14. Cowan, *Social Life*, 49; Ellis, *The Coffee-House*, 34–36.
15. For a searchable version, see *The Diary of Samuel Pepys*, www.pepysdiary.com.
16. Jürgen Habermas, *The Structural Transformation of the Public Sphere: An Inquiry into a Category of Bourgeois Society*, trans. Thomas Burger with Frederick Lawrence (Cambridge, MA: MIT Press, 1989), 32–33.
17. Cowan, *Social Life*, 215.
18. Quoted in Habermas, *Public Sphere*, 59.
19. Cowan, *Social Life*, 196–99.
20. Cowan, 44–46.
21. Houghton, "Discourse of Coffee."
22. Cowan, *Social Life*, 27.
23. Ellis, *The Coffee-House*, 123–25.
24. Pomeranz and Topik, *The World That Trade Created*, 90.

2 棉都

1. Eric J. Hobsbawm, *The Age of Revolution: 1789–1848* (1962; reprint, New York: Vintage, 1996), 29.
2. Kimball quoted in Sven Beckert, *Empire of Cotton: A Global History* (New York: Alfred A. Knopf, 2014), 81.
3. Robert H. Kargon, *Science in Victorian Manchester: Enterprise and Expertise* (Baltimore: Johns Hopkins University Press, 1977; reprint, New York: Routledge, 2017), 2.
4. Carlyle quoted in Allen MacDuffie, *Victorian Literature, Energy, and the Ecological Imagination* (New York: Cambridge University Press, 2014), 44.
5. Alexis de Tocqueville, *Journeys to England and Ireland*, trans. George Lawrence and K. P. Mayer, ed. J. P. Mayer (1979; reprint, New Brunswick, NJ: Transaction, 1988; New York: Routledge, 2017), 107–8.
6. Richard D. Altick, *Victorian People and Ideas: A Companion for the Modern Reader of Victorian Literature* (New York: W. W. Norton, 1973), 44.
7. Tocqueville, *Journeys*, 107–8.
8. Stephen Mosley, *The Chimney of the World: A History of Smoke and Pollution in Victorian and Edwardian Manchester* (Cambridge, UK: White Horse Press, 2001; reprint, New York: Routledge, 2008); Robert Angus Smith, *Air and Rain: The Beginnings of a Chemical Climatology* (London: Longmans, Green, 1872), vii.
9. "Manchester and Her Ship Canal," *Journal of the Manchester Geographical Society* 2, no. 1–3 (1886), 60–78; Topik and Wells, "Commodity Chains," 613.
10. For example, Beckert, *Empire of Cotton*, ix–xi.
11. Rosenberg, *World Connecting*.
12. Beckert, *Empire of Cotton*, 178–79.
13. Léon Faucher quoted in Kargon, *Science in Victorian Manchester*, 2.

14. Eric J. Hobsbawm, *Industry and Empire: From 1750 to the Present Day*, rev. updated ed. (New York: New Press, 1999), 65.
15. Friedrich Engels, *The Condition of the Working Class in England in 1844, with Preface Written in 1892*, trans. Florence Kelley Wischnewetzky (London: Swan Sonnenschein, 1892), 48–52.
16. James Hill and Alice Greenway, April 26, 1869, Manchester, England, Marriages and Banns, 1754–1930, Manchester Central Library, Manchester, UK.
17. *Slater's Directory of Manchester and Salford*, 1869, Manchester Central Library, Manchester, UK.
18. Altick, *Victorian People and Ideas*, 41–46.
19. Mary Turner, "A History of Collyhurst, Manchester, to 1900," submitted for a Certificate of Extra-Mural Education, Manchester University, May 1975, Manchester Central Library, Manchester, UK.
20. England Census, 1871 and 1881, Lancashire, Manchester, St. George, Dist. 7; *Slater's Directory*, 1869–1889, Manchester Central Library, Manchester, UK.
21. Hugh D. Hindman, ed., *The World of Child Labor: An Historical and Regional Survey* (Armonk, NY: M. E. Sharpe, 2009; New York: Routledge, 2014), 50.
22. School Diary, St. George's Infants, 1875, Manchester Central Library, Manchester, UK.
23. St. George's Infants School Report of the Diocesan Inspector, 1875, Manchester Central Library, Manchester, UK.
24. James Walvin, *A Child's World: A Social History of English Childhood, 1800–1914* (New York: Penguin, 1982), 77.
25. Michael Sanderson, *Education, Economic Change and Society in England, 1780–1870* (London: Macmillan, 1991; 2nd ed., New York: Cambridge University Press, 1995), 62–63.
26. Interview with Jaime Hill, Perdita Huston Papers.
27. Galeas, *Oligarca rebelde*.
28. T. D. Olverson, *Women Writers and the Dark Side of Late-Victorian Hellenism* (New York: Palgrave Macmillan, 2009), 1–2.
29. Olverson, *Women Writers and the Dark Side*, 3.
30. Galeas, *Oligarca rebelde*.
31. Quoted in Eduardo Galeano, *Open Veins of Latin America: Five Centuries of the Pillage of a Continent*, trans. Cedric Belfrage (New York: Monthly Review Press, 1973; 25th anniv. ed., 1997), 173.
32. Walvin, *Child's World*, 130–33.
33. Robert Louis Stevenson, *Treasure Island* (Boston: Roberts Brothers, 1884), 33, 52.
34. Walvin, *Child's World*.
35. Stevenson, *Treasure Island*, 1.
36. Quoted in Cannon Schmitt, *Darwin and the Memory of the Human: Evolution, Savages, and South America* (New York: Cambridge University Press, 2009), 27.
37. See Robert D. Aguirre, *Informal Empire: Mexico and Central America in Victorian Culture* (Minneapolis: University of Minnesota Press, 2005), 103–34.
38. Henry Morley, "Our Phantom Ship: Central America," *Household Words* 2, no. 48 (February 22, 1851): 516–22.
39. John L. Stephens, *Incidents of Travel in Central America, Chiapas, and Yucatan*, vol. 2 (London: John Murray, 1841), 78, 48; "best-selling": Aguirre, *Informal Empire*, 66.
40. Galeas, *Oligarca rebelde*.
41. Peter K. Andersson, *Streetlife in Late Victorian London: The Constable and the Crowds* (New York: Palgrave Macmillan, 2013), 61.
42. Alex Murray, "'The London Sunday Faded Slow': Time to Spend in the Victorian City," in *The Oxford Handbook of Victorian Literary Culture*, ed. Juliet John (New York: Oxford University Press, 2016), 319–20; Andrew Whitehead, "Red London: Radicals and Socialists in Late-Victorian Clerkenwell," *Socialist History* 18 (2000), 1–31.
43. F. W. Farrar, review of *The Nether World*, *Contemporary Review*, September 1889, 370–71.
44. George Gissing, *The Nether World* (New York: Harper & Brothers, 1889), 14–15.
45. Galeas, *Oligarca rebelde*.

3 持续喷发的状态

1. "Sights in Central America," *New York Times*, December 16, 1888, 13.
2. Leslie Bethell, "Britain and Latin American in Historical Perspective," in *Britain and Latin America: A Changing Relationship*, ed. Victor Bulmer-Thomas (New York: Cambridge University Press, 1989), 1.
3. Steven C. Topik and Allen Wells, "Introduction: Latin America's Response to International Markets During the Export Boom," in Topik and Wells, *Second Conquest of Latin America*, 1.
4. Helen J. Sanborn, *A Winter in Central America and Mexico* (Boston: Lee and Shepard, 1886), 224–25.
5. Sanborn, *Winter in Central America*, 225–26, 228.
6. *Mexico*, prepared by Arthur W. Fergusson, Bulletin no. 9 of the Bureau of the American Republics (Washington, DC: Government Printing Office, 1891), 324.
7. Sanborn, *Winter in Central America*, 228–38.
8. Galeas, *Oligarca rebelde*.
9. "A Trip in San Salvador," *New York Times*, July 6, 1889, 2; Audley Gosling, "Central America and Its Resources," *North American Review* 162, no. 470 (January 1896), 101.
10. "Birth of a Volcano," *San Francisco Chronicle*, June 11, 1889, 6.
11. Alfred Russel Wallace, *The Malay Archipelago: The Land of the Orangu-tan and the Bird of Paradise*, 4th ed. (London: Macmillan, 1872), 286–87.
12. John Wesley Judd, *Volcanoes: What They Are and What They Teach* (New York: D. Appleton, 1881), 8.
13. William Eleroy Curtis, The *Capitals of Spanish America* (New York: Harper & Brothers, 1888), 188.
14. George Ripley and Charles Anderson Dana, eds., *The American Cyclopaedia: A Popular Dictionary of General Knowledge*, vol. 9 (New York: D. Appleton, 1881), 478.
15. E. G. Squier, *Notes on Central America* (New York: Harper & Brothers, 1855), 312.
16. M. M. de Montessus, "Earthquakes in Central America," *Popular Science Monthly* 28 (April 1886), 819.
17. Squier, *Notes on Central America*, 313.
18. Frederick Palmer, *Central America and Its Problems* (New York: Moffat, Yard, 1910), 113.
19. Bureau of American Republics, *Coffee in America: Methods of Production and Facilities for Successful Cultivation in Mexico, the Central American States, Brazil and Other South American Countries, and the West Indies* (Washington, DC: Bureau of the American Republics, 1893), 6.
20. Steven Topik and William Gervase Clarence-Smith, "Introduction: Coffee and Global Development," in Clarence-Smith and Topik, *The Global Coffee Economy*.
21. Many books review coffee's global dispersal. See for example Antony Wild, *Coffee: A Dark History* (New York: W. W. Norton, 2004); Mark Pendergrast, *Uncommon Grounds: The History of Coffee and How It Transformed the World*, rev. ed. (New York: Basic Books, 2010); and Steven Topik, "The Integration of the World Coffee Market," in Clarence-Smith and Topik, *The Global Coffee Economy*, 21–49, which argues for a "messier" story on the margins.
22. Warren Dean, *With Broadax and Firebrand: The Destruction of the Brazilian Atlantic Forest* (Berkeley: University of California Press, 1995), 179.
23. Curtis, *Capitals of Spanish America*, 176.
24. David Browning, *El Salvador: Landscape and Society* (New York: Clarendon / Oxford University Press, 1971), 149.
25. Browning, *El Salvador*, 163–65.
26. Quoted in Lindo-Fuentes, *Weak Foundations*, 134.
27. Lindo-Fuentes, 116.
28. Browning, *El Salvador*, 155; Lindo-Fuentes, *Weak Foundations*, 119.
29. Lindo-Fuentes, *Weak Foundations*, 117–19.
30. C. F. S. Cardoso, "Historia económica del café en Centroamérica (siglo XIX)," *Estudios Sociales Centroamericanos* 4, no. 10 (January 1975): 9–55.
31. Lindo-Fuentes, *Weak Foundations*, 125–31.

32. Browning, *El Salvador*, 157.
33. Browning, 179.
34. Aldo Lauria-Santiago, *An Agrarian Republic: Commercial Agriculture and the Politics of Peasant Communities in El Salvador, 1823–1914* (Pittsburgh: University of Pittsburgh Press, 1999), 136.
35. Quoted in Lauria-Santiago, *Agrarian Republic*, 95.
36. Browning, *El Salvador*, 158; Barrios quoted in Burns, "Modernization of Underdevelopment," 299.
37. For example, Lindo-Fuentes, *Weak Foundations*, 90, 135.
38. Cardoso, "Historia económica del café."
39. Lindo-Fuentes, *Weak Foundations*, 145, 135.
40. Quoted in Browning, *El Salvador*, 173.
41. Browning, 180, 203.
42. Quoted in Browning, 173.
43. Quoted in Lindo-Fuentes, *Weak Foundations*, 135.
44. Lindo-Fuentes, 135.
45. Lindo-Fuentes, 147.
46. Lauria-Santiago, *Agrarian Republic*, 163–221.
47. For a discussion of varying estimates, see Lindo-Fuentes, *Weak Foundations*, 128–31.
48. Quoted in Browning, *El Salvador*, 158.
49. Everett Alan Wilson, "The Crisis of National Integration in El Salvador, 1919–1935" (Ph.D. diss., Stanford University, 1969), 29.
50. Nora Hamilton and Norma Stoltz Chinchilla, "Central American Migration: A Framework for Analysis," in *Challenging Fronteras: Structuring Latina and Latino Lives in the U. S.*, ed. Mary Romero et al. (New York: Routledge, 1997), 84.
51. Browning, *El Salvador*, 216–18; also Rafael Menjívar Larín, *Acumulación originaria y desarrollo del capitalismo en El Salvador* (San José, Costa Rica: EDUCA, 1980).
52. Browning, *El Salvador*, 217.
53. Ana Patricia Alvarenga, "Reshaping the Ethics of Power: A History of Violence in Western Rural El Salvador, 1880–1932" (Ph.D. diss., University of Michigan, Ann Arbor, 1994), 182–84.
54. Browning, *El Salvador*, 217.
55. Robert G. Williams, *States and Social Evolution: Coffee and the Rise of National Governments in Central America* (Chapel Hill: University of North Carolina Press, 1994), 75.
56. Browning, *El Salvador*, 218.
57. Lauria-Santiago, *Agrarian Republic*, 134; Browning, *El Salvador*, 159.
58. Browning, 159.
59. Victor Bulmer Thomas, *The Political Economy of Central America Since 1920* (Cambridge: Cambridge University Press, 1987), 4.
60. Lauria-Santiago, *Agrarian Republic*, 215–18.
61. Williams, *States and Social Evolution*, 75.
62. Lindo-Fuentes, *Weak Foundations*, 135–36.
63. Report of J. Maurice Duke to U.S. Department of State, November 15, 1885, Dispatches from U.S. Consuls in San Salvador, RG 84.4, U.S. National Archives and Records Administration, College Park, MD.
64. Lauria-Santiago, *Agrarian Republic*, 165–66, 150.
65. "A Trip in San Salvador," 2.

4 黄鳝

1. L. E. Elliot, *Central America: New Paths in Ancient Lands* (London: Methuen, 1924; New York: Dodd, Mead, 1925), 114–15.
2. "A Trip in San Salvador," *New York Times*, July 6, 1889, 2.
3. "A Trip in San Salvador," 2.
4. Galeas, *Oligarca rebelde*.

5. Derek Kerr, "The Role of the Coffee Industry in the History of El Salvador, 1840–1906" (master's thesis, University of Calgary, April 1977), 96–97; Stephen J. Nicholas, "The Overseas Marketing Performance of British Industry, 1870–1914," *Economic History Review*, 2nd ser., 37, no. 4 (November 1984): 489–506; Eugene W. Ridings, "Foreign Predominance Among Overseas Traders in Nineteenth-Century Latin America," *Latin American Research Review* 20, no. 2 (1985): 3–27.
6. A. J. Marrison, "Great Britain and Her Rivals in the Latin American Cotton Piece Goods Market, 1880–1914," in *Great Britain and Her World, 1750–1914: Essays in Honour of W. O. Henderson*, ed. Barrie M. Ratcliffe (Manchester, UK: Manchester University Press), 316.
7. W. H. Zimmern, "Lancashire and Latin America," *Geography* 28, no. 2 (June 1943): 53.
8. Nicholas, "Overseas Marketing Performance," 493.
9. J. W. Boddam Whetham, *Across Central America* (London: Hurst and Blackett, 1877), 210–11.
10. Brian William Clapp, *John Owens, Manchester Merchant* (Manchester, UK: Manchester University Press, 1965), 73.
11. Audley Gosling, "Central America and Its Resources," *North American Review* 162, no. 470 (January 1896): 102.
12. Notes of July 5, 1889, and July 12, 1889, and related letters of Charles Sawyer, Consular Records of Salvador, 1889, The National Archives, Kew, Richmond, UK.
13. "Central American Advance," *New York Times*, December 28, 1889, 5.
14. Stanley J. Stein, *Vassouras: A Brazilian Coffee County, 1850–1900: The Roles of Planter and Slave in a Plantation Society* (Princeton, NJ: Princeton University Press, 1985), 230.
15. See Adam Hochschild, *Bury the Chains: Profits and Rebels in the Fight to Free an Empire's Slaves* (New York: Houghton Mifflin, 2005).
16. Stein, *Vassouras*, 294.
17. Warren Dean, *Rio Claro: A Brazilian Plantation System, 1820–1920* (Stanford, CA: Stanford University Press, 1976), 126.
18. Dean, *Rio Claro*, 142.
19. Dean, *Rio Claro*, 88–123.
20. For a survey, see Williams, *States and Social Evolution*.
21. Stein, *Vassouras*, 278.
22. Mario Samper and Radin Fernando, "Historical Statistics of Coffee Production and Trade from 1700 to 1960," in Clarence-Smith and Topik, *The Global Coffee Economy*, 422.
23. M. R. Fernando, "Coffee Cultivation in Java, 1830–1917," in Clarence-Smith and Topik, *The Global Coffee Economy*, 162.
24. Samper and Fernando, "Historical Statistics," 418, 451.
25. "Society in San Salvador," *New York Times*, November 3, 1889, 17.
26. Galeas, *Oligarca rebelde*.
27. "A Trip in San Salvador," 2.
28. "Society in San Salvador."
29. J. H. Vinter to Messrs Otis, McAllister & Co., March 21, 1904, uncollected papers of Otis McAllister, San Francisco [OMC].
30. "El Salvador Coffee Firm Observes 50th Anniversary," *Tea and Coffee Trade Journal*, November 1938, 42.
31. Vinter to Otis, McAllister & Co., March 21, 1904, OMC.
32. Galeas, *Oligarca rebelde*.
33. Vinter to Otis, McAllister & Co., March 14, 1904, OMC.
34. Williams, *States and Social Evolution*, 207; Kerr, "Role of the Coffee Industry," 94–104; D. B. Rae, "So the Ezetas Fell: The Last Upheaval in San Salvador," *San Francisco Chronicle*, July 29, 1894, 10.
35. Lauria-Santiago, *Agrarian Republic*, 126–27.
36. Kerr, "Role of the Coffee Industry," 94–104.
37. James Hill to "Jessie" [K. B. Crewe], March 11, 1949, uncollected papers of J. Hill y Cía., Las Tres Puertas, Santa Ana, El Salvador.

5 西尔斯兄弟

1. Roger L. Grindle, *Quarry and Kiln: The Story of Maine's Lime Industry* (Rockland, ME: Courier-Gazette, 1971).
2. Pendergrast, *Uncommon Grounds*, 117.
3. John Adams quoted in Steven C. Topik and Michelle Craig MacDonald, "Why Americans Drink Coffee: The Boston Tea Party or Brazilian Slavery?," in *Coffee: A Comprehensive Guide to the Bean, the Beverage, and the Industry*, ed. Robert W. Thurston et al. (Lanham, MD: Rowman & Littlefield, 2013), 236; John Adams to Abigail Adams, August 11, 1777, *Adams Papers Digital Edition*, Adams Family Correspondence, vol. 2, www.masshist.org/publications/apde2/view?id=ADMS-04-02-02-0245.
4. Michelle Craig MacDonald, "The Chance of the Moment, Coffee and the New West Indies Commodities Trade," *William and Mary Quarterly*, 3rd ser., 62, no. 3 (July 2005): 441.
5. Jefferson quoted in Topik and MacDonald, "Why Americans Drink Coffee," 237.
6. Pendergrast, *Uncommon Grounds*, 14–15.
7. Quoted in Topik and MacDonald, "Why Americans Drink Coffee," 235.
8. Michael F. Jiménez, "'From Plantation to Cup': Coffee and Capitalism in the United States," in *Coffee, Society, and Power in Latin America*, ed. William Roseberry et al. (Baltimore: Johns Hopkins University Press, 1995), 39.
9. Pendergrast, *Uncommon Grounds*, 43.
10. Topik and MacDonald, "Why Americans Drink Coffee."
11. Topik and Wells, "Commodity Chains in a Global Economy," 783.
12. For statistics, William H. Ukers, *All About Coffee* (New York: Tea and Coffee Trade Journal Company, 1922), 529.
13. Pendergrast, *Uncommon Grounds*, 40, 46.
14. Jon Grinspan, "How Coffee Fueled the Civil War," *New York Times*, July 9, 2014, https://opinionator.blogs.nytimes.com/2014/07/09/how-coffee-fueled-the-civil-war/.
15. Topik and MacDonald, "Why Americans Drink Coffee," 243.
16. "Industrial Topics," *San Francisco Chronicle*, October 21, 1886, 3.
17. "San Francisco's Coffee Trade," *Tea and Coffee Trade Journal*, October 1920, 423.
18. Bureau of American Republics, *Coffee in America*, 31–32.
19. "San Francisco's Coffee Trade," 423.
20. "Industrial Topics," 3.
21. "Industrial Topics," 3.
22. "San Francisco's Coffee Trade," 423.
23. "Industrial Topics," 3.
24. "Improvement in Central American Coffees," *The Spice Mill*, March 1929, 510.
25. Rafael García Escobar, "Romance of Coffee with Observations on Salvador Coffee," *The Spice Mill*, January 1923, 32a–32c.
26. George L. Henderson, *California and the Fictions of Capital* (New York: Oxford University Press, 1998; reprint, Philadelphia: Temple University Press, 2003), xii.
27. Bruce Cumings, *Dominion from Sea to Sea: Pacific Ascendancy and American Power* (New Haven: Yale University Press, 2009), 227–29.
28. Francis Beatty Thurber, *Coffee: From Plantation to Cup* (New York: American Grocer Publishing Assn., 1881), 152.
29. *Otis, McAllister, & Co., San Francisco, California*, n.d. [1956], uncollected papers of Otis McAllister, San Francisco.
30. Rae, "So the Ezetas Fell," 10.

6 阿波罗的符号

1. For example, see bank records in Impuestos sobre la Renta, Banco Salvadoreño, Ministerio de Hacienda, Archivo General de la Nación, San Salvador, El Salvador.
2. Bureau of American Republics, *Coffee in America*, 6.
3. Ruhl, *Central Americans*, 202.

4. Edwin Lester Arnold, *Coffee: Its Cultivation and Profit* (London: W. B. Whittingham, 1886), v.
5. Robert Henry Elliot, *The Experiences of a Planter in the Jungles of Mysore*, vol. 1 (London: Chapman and Hall, 1871), 6.
6. Elliot, *Experiences*, vol. 1, 8–9.
7. J. H. Vinter to Otis, McAllister & Co., December 23, 1905, uncollected papers of Otis McAllister, San Francisco [OMC].
8. Arnold, *Coffee*, 35, vi.
9. Bureau of American Republics, *Coffee in America*.
10. William Roseberry, "La Falta de Brazos: Land and Labor in the Coffee Economies of Nineteenth-Century Latin America," *Theory and Society* 20, no. 3 (June 1991): 351–81.
11. Francis J. A. Darr, "Growing and Selling Coffee," *New York Times*, March 11, 1888, 10.
12. Darr, "Growing and Selling Coffee," 10.
13. Darr, 10.
14. Elliot, *Experiences*, vol. 1, 141.
15. On banks in El Salvador in 1894, see Charles A. Conant, *A History of Modern Banks of Issue: With an Account of the Economic Crises of the Present Century* (New York: G. P. Putnam's Sons, 1896), 428.
16. Vinter to Otis, McAllister & Co., December 16, 1904, OMC.
17. Julie A. Charlip, "At Their Own Risk: Coffee Farmers and Debt in Nicaragua, 1870–1930," in *Identity and Struggle at the Margins of the Nation-State*, ed. Aviva Chomsky and Aldo A. Lauria-Santiago (Durham, NC: Duke University Press, 1998), 113.
18. Vinter to Otis, McAllister & Co., December 16, 1904, OMC; [James Hill], "Remarks from a Planter," in E. A. Kahl, *Coffee Prices—High or Low?*, printed by W. R. Grace & Co., San Francisco, May 26, 1926, Hills Bros. Coffee, Inc., Records, Archives Center, National Museum of American History, Smithsonian Institution, Washington, DC, Series 7, Box 11, Folder 5, [7, 11, 5].
19. Report of J. Maurice Duke to U.S. Department of State, November 15, 1885, Dispatches from U.S. Consuls in San Salvador, RG 84.4, U.S. National Archives and Records Administration, College Park, MD.
20. Darr, "Coffee," 10.
21. On the triskelion and coins, see Barclay V. Head, *A Guide to the Principal Gold and Silver Coins of the Ancients, from circ. B.C. 700 to A.D. 1* (London: Trustees of the British Museum, 1886); *Annual Report of the Board of Regents of the Smithsonian Institution* (Washington, DC: Government Printing Office, 1896), 871–75; on the Victorian view of Apollo, see Yisrael Levin, *Swinburne's Apollo: Myth, Faith, and Victorian Spirituality* (New York: Routledge, 2016), and Ted Underwood, *The Work of the Sun: Literature, Science, and Political Economy, 1760–1860* (New York: Palgrave Macmillan, 2005), 134.
22. Edward L. Youmans, "Preface," in *The Correlation and Conservation of Forces: A Series of Expositions*, ed. Youmans (New York: D. Appleton, 1865), v.

7 制造之神

1. Biographical sketch distilled from Robert Bruce Lindsay, *Julius Robert Mayer: Prophet of Energy* (New York: Pergamon Press, 1973), and Kenneth L. Caneva, *Robert Mayer and the Conservation of Energy* (Princeton, NJ: Princeton University Press, 1993).
2. Robert Hewitt Jr., *Coffee: Its History, Cultivation, and Uses* (New York: D. Appleton, 1872), 56.
3. M. R. Fernando, "Coffee Cultivation in Java 1830–1917," in Clarence-Smith and Topik, *The Global Coffee Economy*, 157–72.
4. Quoted in Caneva, *Robert Mayer*, 7, 241.
5. Julius Robert Mayer, "On the Quantitative and Qualitative Determination of Forces," trans. Robert Bruce Lindsay, in Lindsay, *Julius Robert Mayer*, 59–66.
6. Julius Robert Mayer, "The Motions of Organisms and Their Relation to Metabolism: An Essay in Natural Science," trans. Robert Bruce Lindsay, in Lindsay, *Julius Robert Mayer*, 75–145.

7. Julius Robert Mayer, "On the Forces of Inorganic Nature," trans. Robert Bruce Lindsay, in Lindsay, *Julius Robert Mayer*, 67–74.
8. Caneva, *Robert Mayer*, 30.
9. Lindsay, *Julius Robert Mayer*, 8.
10. Mayer, "Forces of Inorganic Nature," 210.
11. Underwood, *Work of the Sun*, 179.
12. Youmans, *Conservation of Forces*, xiv.
13. Underwood, *Work of the Sun*, 179.
14. Henry John Steffens, *James Prescott Joule and the Concept of Energy* (New York: Science History Publications/USA, 1979), 1–17.
15. Steffens, *James Prescott Joule*, 39.
16. Kargon, *Science in Victorian Manchester*, 52.
17. Faraday and Spencer quoted in Underwood, *Work of the Sun*, 179.
18. Iwan Rhys Morus quoted in MacDuffie, *Victorian Literature*, 17; Underwood, *Work of the Sun*, 181–82.
19. Thomas Carlyle, *Sartor Resartus* (1831; London: J. M. Dent, 1902), 159.
20. Walter E. Houghton, *The Victorian Frame of Mind, 1830–1870* (New Haven: Yale University Press, 1957; reprint, 1953, 1985), 243.
21. MacDuffie, *Victorian Literature*, 37.
22. Anson Rabinbach, *The Human Motor: Energy, Fatigue, and the Origins of Modernity* (New York: Basic Books, 1990), 290.
23. Underwood, *Work of the Sun*, 179–90.
24. Quoted in Underwood, 189, 183.
25. Quoted in Rabinbach, *Human Motor*, 56.
26. Rabinbach, 46; Underwood, *Work of the Sun*, 173.
27. Rabinbach, *Human Motor*, 3.
28. Underwood, *Work of the Sun*, 134, 72.
29. Underwood, 144.

8 工厂

1. James Hill, "Raising Coffee in Salvador," *Tea and Coffee Trade Journal*, December 1936, 424.
2. Based on Report of J. Maurice Duke to U.S. Department of State, November 15, 1885, Dispatches from U.S. Consuls in San Salvador, RG 84.4, U.S. National Archives and Records Administration, College Park, MD; and various reports of J. H. Vinter, 1904–1907, uncollected papers of Otis McAllister, San Francisco.
3. James Hill to Juan F. Rivas, November 1, 1941, uncollected papers of J. Hill y Cía., Las Tres Puertas, Santa Ana, El Salvador.
4. Kara Newman, *The Secret Financial Life of Food: From Commodities Markets to Supermarkets* (New York: Columbia University Press, 2013), 80–83.
5. "History of the Importers' and Grocers' Exchange of New York," in *New York's Great Industries*, ed. Richard Edwards (New York: Historical Publishing Company, 1884), 79.
6. William H. Ukers, *All About Coffee*, 2nd ed. (New York: Tea and Coffee Trade Journal Company, 1935), 364.
7. Topik, "Integration of the World Coffee Market," 40.
8. Ukers, *All About Coffee*, 2nd ed. (1935), 357–62.
9. Ukers, *All About Coffee* (1922), 296.
10. Ukers (1922), 288.
11. John Bodnar, *The Transplanted: A History of Immigrants in Urban America* (Bloomington: Indiana University Press, 1985), 198.
12. Jacob A. Riis, *How the Other Half Lives: Studies Among the Tenements of New York* (New York: Charles Scribner's Sons, 1890).
13. Topik and MacDonald, "Why Americans Drink Coffee," 235.

14. Pan American Union, *Coffee: Extensive Information and Statistics* (Washington, DC: Government Printing Office, 1902), 56–57.
15. Lauria-Santiago, *Agrarian Republic*, 137.

9 走霉运

1. Jeffrey Lesser, *Immigration, Ethnicity, and National Identity in Brazil, 1808 to the Present* (New York: Cambridge University Press, 2013), 96.
2. Mario Samper and Radin Fernando, "Historical Statistics of Coffee Production and Trade from 1700 to 1960," in Clarence-Smith and Topik, *The Global Coffee Economy*, 450–53.
3. Samper and Fernando, "Historical Statistics," 450–53; Williams, *States and Social Evolution*, 265–72.
4. [James Hill], "Remarks from a Planter," in E. A. Kahl, *Coffee Prices—High or Low?*, printed by W. R. Grace & Co., San Francisco, May 26, 1926, Hills Bros. Coffee, Inc., Records, Archives Center, National Museum of American History, Smithsonian Institution, Washington, DC, 7, 11, 5.
5. Quoted in Albert Bushnell Hart, *The Monroe Doctrine: An Interpretation* (Boston: Little, Brown, 1916), 190.
6. G. S. McMillan to Harold Stokes, January 29, 1926, RG 151:351.1, Folder: General File, 1926–1927, U.S. National Archives and Records Administration, College Park, MD.
7. "The Tariff and the Pan American Congress," *Chicago Tribune*, October 7, 1889, 4.
8. "Pan-American Exposition," *New York Times*, November 11, 1900, 14.
9. Robert W. Rydell et al., *Fair America: World's Fairs in the United States* (Washington, DC: Smithsonian Books, 2013); *Official Catalogue and Guide Book to the Pan-American Exposition, Buffalo, N.Y.* (New York: Charles Ehrhart, 1901), 17.
10. Jon Grinspan, "How Coffee Fueled the Civil War," *New York Times*, July 9, 2014, https://opinionator.blogs.nytimes.com/2014/07/09/how-coffee-fueled-the-civil-war/.
11. McKinley quoted in Kevin Phillips, *William McKinley*, The American Presidents Series (New York: Henry Holt, 2003), 116.
12. William McKinley, President's Day Address, September 5, 1901, Miller Center, University of Virginia, Presidential Speeches, www.millercenter.org/the-presidency/presidential-speeches/september-5-1901-speech-buffalo-new-york.
13. Pan American Union, *Coffee: Extensive Information and Statistics*, 45.
14. "Porto Rico Not Prospering Under United States Rule," *New York Times*, October 4, 1903, 27.
15. "Report of the Delegation from Porto Rico (On Behalf of the United States)," in *Proceedings of the International Congress for the Study of the Production and Consumption of Coffee* (Washington, DC: Government Printing Office, 1903), 119–29.
16. Howard Wayne Morgan, *William McKinley and His America* (Kent, OH: Kent State University Press, 2003), 235.
17. Eric Rauchway, *Murdering McKinley: The Making of Theodore Roosevelt's America* (New York: Hill and Wang, 2003), x.
18. "President McKinley and the Pan-American Exposition of 1901: A Tragic Encounter," Library of Congress, www.loc.gov/collections/mckinley-and-the-pan-american-expo-films-1901/articles-and-essays/president-mckinley-and-the-panamerican-exposition-of-1901.
19. Walter LaFeber, *The New Empire: An Interpretation of American Expansion, 1860–1898* (Ithaca, NY: Cornell University Press, 1963).
20. "Porto Rico Not Prospering."
21. "Awards Recommended by Jury on Division IV, Foods and Their Accessories," Box 7, Frederic William Taylor Papers, 1897–1944, UCLA Special Collections, Los Angeles, California.

10 品尝者

1. Thurber, *Plantation to Cup*, 19.
2. "How the DNC Tests Coffee Freshness," *The Spice Mill*, January 1937, 10–11, 16.

3. Ukers, *All About Coffee* (1922), 522.
4. Thurber, *Plantation to Cup*, 18–21.
5. Charles W. Trigg, "The Chemistry of the Coffee Bean," in Ukers, *All About Coffee* (1922), 156.
6. Thurber, *Plantation to Cup*, 19; Ukers, *All About Coffee* (1922), 357.
7. E. A. Kahl, "The Rise of Mild Coffees," *Tea and Coffee Trade Journal*, August 1922, 204.
8. Bureau of American Republics, *Coffee in America*, 31.
9. Thurber, *Plantation to Cup*, 20–21.
10. "The Green Coffee Trade," *Tea and Coffee Trade Journal*, April 1928, 526.
11. "Faber's" [advertisement], *San Francisco Chronicle*, December 21, 1901, 3; L. Lenbenbaum, *San Francisco Chronicle*, August 26, 1901, 3; Pan American Union, *Coffee: Extensive Information and Statistics*, 60–64.
12. J. H. Vinter to Messrs. Otis, McAllister & Co., April 3, 1904, uncollected papers of Otis McAllister, San Francisco [OMC].
13. Vinter to Otis, McAllister & Co., December 16, 1904, OMC.
14. "Coffee Planting in Brazil," *Los Angeles Times*, April 16, 1899, 16.
15. Remarks of Modesto Martinez at the 1930 meeting of the National Coffee Roasters Association, reprinted in "Stenographic Report of Those Portions of Conference Relating to Coffee," *The Spice Mill*, October 1930, 1519.
16. Quoted in Thurber, *Plantation to Cup*, 152.
17. Vinter to Otis, McAllister & Co., September 20, 1904, OMC.
18. Vinter to Otis, McAllister & Co., March 21, 1904, OMC.
19. Vinter to Otis, McAllister & Co. [date illegible, marked #135/376], OMC.
20. Vinter to Otis, McAllister & Co., January 8, 1906, OMC.
21. Vinter to Otis, McAllister & Co., January 8, 1906, OMC.
22. Vinter to Otis, McAllister & Co., January 12, 1906, OMC.
23. Vinter to Otis, McAllister & Co., January 15, 1906, OMC.
24. Vinter to Otis, McAllister & Co., January 21, 1906, OMC.
25. Benjamin J. Older, "Early History of the Pacific Coast Association as Recalled by Its First President," *Tea and Coffee Trade Journal*, June 1936, 19.
26. Ukers, *All About Coffee* (1922), 356–57.
27. Ukers, 488.
28. Oscar Willoughby Riggs, "The Coffee Trade of New York," *Frank Leslie's Popular Monthly* 23 (June 1887): 668.
29. "Coffee Exchange Adopts Contract 'F' for Mild Coffee," *The Spice Mill*, October 1929, 1746.
30. Ukers, *All About Coffee* (1922), 345.
31. Ukers, 341.
32. Kahl, "Rise of Mild Coffees," 204.
33. Hills Bros., Bulletin for Salesmen, San Francisco Division, December 15, 1913, Hills Bros. Coffee, Inc., Records, Archives Center, National Museum of American History, Smithsonian Institution, Washington, DC, 7, 10, 2.

11 特殊的作业

1. Transcript of a Meeting of the Board of Special Inquiry, Angel Island Station, with attachments, in the matter of Frederick Hill, September 11, 1917, in File No. 16502/6-2, U.S. National Archives and Records Administration, Pacific Region, San Bruno, CA [NARA SB].
2. Transcript of a Meeting of the Board of Special Inquiry, Angel Island Station, in the matter of the application of Mauricio & Fermina Avila, September 11, 1917, File no. 16502/5-1 and 5-2, NARA SB.
3. List or Manifest of Alien Passengers for the United States, SS *Acapulco*, Acajutla, El Salvador, July 26, 1912.
4. "Harker History: Manzanita Hall," The Harker School, http://news.harker.org/harker-history-manzanita-hall/.

5. "How Marin Academy Began," *Heads and Tales at Marin Academy*, https://travisma.wordpress.com/2012/09/10/how-marin-academy-began.
6. Carolyn V. Neal, "Montezuma Mountain School for Boys a Rustic Campus for Children of Privilege," *San Jose Mercury News*, August 1985, posted March 18, 2013, www.mercurynews.com/ci_22741079/from-archives-montezuma-mountain-school-boys-rustic-campus/.
7. "Development of San Francisco as a Coffee Port, Part I," *The Spice Mill*, January 1923, 18; "Development of San Francisco as a Coffee Port, Part II," *The Spice Mill*, February 1923, 239; "San Francisco's Coffee Gains," *Tea and Coffee Trade Journal*, March 1922, 327.
8. "First Steamer of the Kosmos Line Arrives," *San Francisco Call*, December 15, 1899, 5.
9. Ukers, *All About Coffee* (1922), 489.
10. "The Green Coffee Trade," *Tea and Coffee Trade Journal*, April 1928, 534.
11. "San Francisco's Coffee Gains," *Tea and Coffee Trade Journal*, March 1922, 327–28.
12. "News from Montezumans," *Boy Builder* 5, no. 8 (January 1920), 13.
13. Walter E. Pittman, "Eugene W. Hilgard, A Confederate Scientist," presented at the Joint Annual Meeting of the North-Central and South-Central Section of the Geological Society of America, April 11–13, 2010, Branson, Missouri.
14. Luther N. Steward Jr., "California Coffee: A Promising Failure," *Southern California Quarterly* 46, no. 3 (September 1964): 259–64.
15. Bruce Cumings, *Dominion from Sea to Sea: Pacific Ascendancy and American Power* (New Haven: Yale University Press, 2009), 219–37; George L. Henderson, *California and the Fictions of Capital* (1998; 2nd ed., Philadelphia: Temple University Press, 2003).
16. Benjamin J. Older, "Early History of the Pacific Coast Association Recalled by Its First President," *Tea and Coffee Trade Journal*, June 1945, 19; James Hill, "El cultivo del café Borbón en El Salvador," *El Café de El Salvador* 18, no. 209 (September 1948), 791–94.
17. Hill, "El cultivo del café Borbón en El Salvador."
18. Felix Choussy, *El café* (San Salvador: Asociación Cafetelera de El Salvador, 1934), 48–62.
19. United Nations Food and Agriculture Organization, *Coffee in Latin America: Productivity Problems and Future Prospects* (New York: United Nations and FAO, 1958), 108–9.
20. Notebook on Agronomy, uncollected papers of J. Hill y Cía., Las Tres Puertas, Santa Ana, El Salvador [JHP].
21. Notebook on Agronomy, JHP.
22. Carey McWilliams, "Foreword [1971]," *Factories in the Field* (1939; reprint, Santa Barbara, CA: Peregrine Publishers, 1971), viii–vix, 3–10.
23. *Report of the College of Agriculture and the Agricultural Experiment Station of the University of California* (Berkeley: University of California Press, 1922), 148.
24. George L. Henderson, *California and the Fictions of Capital* (New York: Oxford University Press, 1998; 2nd ed., Philadelphia: Temple University Press, 2003), 91–96; "In Memoriam, Richard Laban Adams, Agricultural Economics: Berkeley," University of California, texts.cdlib.org/view?docId=hb3r29n8f4&doc.view=frames&chunk.id=div00001&toc.depth=1&toc.id=, last accessed January 10, 2017.
25. David Igler, *Industrial Cowboys: Miller & Lux and the Transformation of the Far West, 1850–1920* (Berkeley: University of California Press, 2001).
26. R. L. Adams, *Farm Management* (New York: McGraw-Hill, 1921), 520–25.
27. *Tea and Coffee Trade Journal*, March 1926, 328.
28. Meeting of the Board of Special Inquiry, Angel Island Station, in the matter of Frederick Hill, September 11, 1917.

12 洞的历史

1. Ordenes Generales para el Trabajo en las Fincas de J. Hill [OT], 22, uncollected papers of J. Hill y Cía., Las Tres Puertas, Santa Ana, El Salvador [JHP].
2. OT 63, JHP.

3. Mario Samper and Radin Fernando, "Historical Statistics of Coffee Production and Trade from 1700 to 1960," in Clarence-Smith and Topik, *The Global Coffee Economy*, 424–27.
4. Samper and Fernando, "Historical Statistics," 455–58.
5. Jeffrey L. Gould and Aldo A. Lauria-Santiago, *To Rise in Darkness: Revolution, Repression, and Memory in El Salvador, 1920–1932* (Durham, NC: Duke University Press, 2008), 7.
6. "Cosechas de café de fincas propias, 1917–1947," JHP.
7. Belarmino Suárez quoted in Wilson, "Crisis of National Integration," 45.
8. OT 20, JHP.
9. OT 119, JHP.
10. E. P. Thompson, "Time, Work-Discipline, and Industrial Capitalism," *Past and Present* 38 (December 1967), 60.
11. OT 22, JHP.
12. OT 90, 89, JHP.
13. José Luis Cabrera Arévalo, *Las controversiales fichas de fincas salvadoreñas: Antecedentes, origen y final* (San Salvador: Universidad Tecnológica de El Salvador, 2009).
14. Ivy Pinchbeck, *Women Workers and the Industrial Revolution, 1750–1850* (1930; reprint, New York: Frank Cass, 1969), 179.
15. Ruhl, *Central Americans*, 203.
16. Report of J. Maurice Duke to U.S. Department of State, November 15, 1885, Dispatches from U.S. Consuls in San Salvador, RG 84.4, U.S. National Archives and Records Administration, College Park, MD.
17. Ruhl, *Central Americans*, 203.
18. OT 78, JHP.
19. James Hill to Jaime and Federico Hill, February 28, 1938, JHP.
20. James Hill to Don Eduardo Guirola, July 12, 1921, JHP.
21. Alvarenga, "Ethics of Power," 90.

13 玻璃笼子

1. "Occupants of the Wesleyan Glass Cage Changed," *Chicago Tribune*, March 24, 1896, 10; "The Wesleyan Calorimeter: Account of the Tests to Which A. W. Smith Was Subjected," *New York Times*, April 5, 1896, 5.
2. "Occupants of the Wesleyan Glass Cage," 10; "Wesleyan Calorimeter," 5.
3. W. O. Atwater, "How Food Nourishes the Body: The Chemistry of Foods and Nutrition, Part II," *Century Illustrated Magazine* 34 (June 1887): 237.
4. James L. Hargrove, "The History of the Calorie in Nutrition," *Journal of Nutrition* 136, no. 12 (December 2006): 2957–61.
5. Hermann von Helmholtz, "On the Interaction of Natural Forces," trans. John Tyndall, *American Journal of Science*, 2nd ser., 24, no. 71 (1857): 189–216.
6. Harold Francis Williamson, *Edward Atkinson: The Biography of an American Liberal, 1827–1905* (Boston: Old Corner Book Store, 1934).
7. Andrew F. Smith, "Wilbur O. Atwater," in *The Oxford Encyclopedia of Food and Drink in America*, ed. Smith, 2nd ed., vol. 2 (New York: Oxford University Press, 2013), 95–96; Nicolas Larchet, "Food Reform Movements," in *Oxford Encyclopedia of Food and Drink in America*, vol. 2, 798–800.
8. Atwater, "How Food Nourishes the Body," 237.
9. "The Wesleyan Calorimeter," 5.
10. "Historical Row: Counting Calories," *Wesleyan University Magazine*, Summer 2004, 60.
11. "Nine Days in a Sealed Box," *Chicago Daily Tribune*, March 21, 1899, 1.
12. "Occupants of the Wesleyan Glass Cage," 10.
13. Youmans, "Preface," in *Conservation of Forces*, v; "Introduction," xli.
14. John Fiske, *Edward Livingston Youmans: The Man and His Work* (Boston: James H. West, 1890).
15. Youmans, "Preface," in *Conservation of Forces*, v.

16. Youmans, "Introduction," in *Conservation of Forces*, xvii.
17. Youmans, "Introduction," xiv.
18. William Carpenter, "On the Correlation of the Physical and Vital Forces," in Youmans, *Conservation of Forces*, 403–6.
19. W. Carpenter, "Physical and Vital Forces," 432.
20. Youmans, "Introduction," xxxii–xxxiii.
21. Youmans, "Introduction," xxxvi–xxxviii.
22. Youmans, "Introduction," xxxi.
23. Ofelia Schutte, *Beyond Nihilism: Nietzsche Without Masks* (Chicago: University of Chicago Press, 1984), 204*n*13.
24. Quoted in R. J. Hollingdale, *Nietzsche: The Man and His Philosophy* (New York: Cambridge University Press, 2001), 226–27.
25. Quoted in Underwood, *Work of the Sun*, 160.
26. M. Norton Wise and Crosbie Smith, "Work and Waste: Political Economy and Natural Philosophy in Nineteenth Century Britain (I)," *History of Science* 27, no. 4 (1989): 263–301.
27. Eric Zencey, "Some Brief Speculations on the Popularity of Entropy as Metaphor," *North American Review* 271, no. 3 (September 1986): 7–10.
28. J. R. Mayer, "Celestial Dynamics," in Youmans, *Conservation of Forces*, 259.
29. MacDuffie, *Victorian Literature*, 66–86.
30. Balfour Stewart and J. Norman Lockyer, "The Sun as a Type of the Material Universe," part 1, *Macmillan's Magazine* 18 (July 1868): 246–57.
31. Atwater, "How Food Nourishes the Body," 237.
32. Smith, "Atwater," 95–96.
33. "Mystery of Body Read Like a Book," *Chicago Tribune*, December 21, 1908, 1.
34. "Science Measures the Energy Stores in Various Foods," *New York Times*, June 26, 1910, SM4.
35. "Mystery of Body," 1.
36. "Mystery of Body," 1.
37. Hargrove, "History of the Calorie."
38. "Mystery of Body," 1.
39. Henry Adams, *The Education of Henry Adams: An Autobiography* (Boston: Houghton Mifflin, 1918), 426.
40. Henry Adams to Edward E. Hale, February 8, 1902, *Letters of Henry Adams*, vol. 5 (Cambridge, MA: Belknap Press, 1982), 336–37.

14 饥饿的种植园

1. Report of J. Maurice Duke to U.S. Department of State, November 15, 1885, Dispatches from U.S. Consuls in San Salvador, RG 84.4, U.S. National Archives and Records Administration, College Park, MD.
2. Report of J. Maurice Duke.
3. Alvarenga, "Ethics of Power," 79.
4. Criminal contra Enecón Godoy por homicidio en Eulalio Ventura, Fondo Judicial, Departamento de Santa Ana, 1930, Box 101, Archivo General de la Nación, San Salvador, El Salvador.
5. Gould and Lauria-Santiago, *To Rise in Darkness*, 200.
6. Alvarenga, "Ethics of Power," 82.
7. Ruhl, *Central Americans*, 203.
8. Ordenes Generales para el Trabajo en las Fincas de J. Hill [OT], 77, uncollected papers of J. Hill y Cía., Las Tres Puertas, Santa Ana, El Salvador [JHP]; OT 85, JHP.
9. Alvarenga, "Ethics of Power," 99–101.
10. Alvarenga, 174–77.
11. Galeas, *Oligarca rebelde*.
12. William R. Fowler Jr., *The Cultural Evolution of Ancient Nahua Civilizations: The Pipil-Nicarao of Central America* (Norman: University of Oklahoma Press, 1989), 85.

13. W. P. Lawson, "Along the Romantic Coffee Trail to Salvador," *The Spice Mill*, November 1928, 1976–82.
14. OT 38, JHP.
15. OT 98, JHP; OT 63, JHP.
16. Daniel Buckles, Bernard Triomphe, and Gustavo Sain, *Cover Crops in Hillside Agriculture: Farmer Innovation with Mucuna* (Ottawa: International Development Research Centre, 1998).
17. Fowler, *Cultural Evolution*, 114–30.
18. William R. Fowler Jr., "'The Living Pay for the Dead': Trade, Exploitation, and Social Change in Early Colonial Izalco, El Salvador," in *Ethnohistory and Archaeology: Approaches to Postcontact Change in the Americas*, ed. J. Daniel Rogers and Samuel M. Wilson (New York: Plenum, 1993), 181–87.
19. Browning, *El Salvador*, 15–87.
20. Jeffrey M. Pilcher, *Planet Taco: A Global History of Mexican Food* (New York: Oxford University Press, 2012), 25.
21. Paula E. Morton, *Tortillas: A Cultural History* (Albuquerque: University of New Mexico, 2014), 12.
22. Browning, *El Salvador*, 7.
23. Pilcher, *Planet Taco*, 24–25.
24. Roberto Cintli Rodríguez, *Our Sacred Maíz Is Our Mother: Indigeneity and Belonging in the Americas* (Tucson: University of Arizona Press, 2014), 114.
25. Pilcher, *Planet Taco*, 26–27.
26. James C. Scott, *Against the Grain: A Deep History of the Earliest States* (New Haven: Yale University Press, 2017), 129–58.
27. OT 85, JHP.
28. OT 4, JHP.
29. OT 86, JHP.
30. OT 43, JHP.
31. OT 36, JHP.
32. OT 2, JHP.

15 咖啡时期的爱情

1. Ruhl, *Central Americans*, 202.
2. Ruhl, 203.
3. Ordenes Generales para el Trabajo en las Fincas de J. Hill [OT], 62, 66, uncollected papers of J. Hill y Cía., Las Tres Puertas, Santa Ana, El Salvador [JHP].
4. OT 66, JHP.
5. OT 78, JHP.
6. OT 92, JHP.
7. OT 70, JHP.
8. "Para agregar al libro de 'ORDENES GENERALES,'" JHP.
9. OT 41, JHP.
10. OT 63, JHP.
11. OT 78, JHP.
12. OT 83, JHP.
13. OT 126, JHP.
14. OT 85, JHP.

16 关于咖啡的真相

1. Ukers, *All About Coffee* (1922), 527.
2. Ukers, 538–39.

3. Charles W. Trigg, "The Chemistry of the Coffee Bean," in Ukers, *All About Coffee*, 155.
4. Charles W. Trigg, "The Pharmacology of the Coffee Drink," in Ukers, *All About Coffee*, 174.
5. Pendergrast, *Uncommon Grounds*, 92–99.
6. Ukers, *All About Coffee* (1935), 489–91.
7. Trigg, "Pharmacology," 176.
8. Trigg, "Pharmacology," 177.
9. Trigg, "Pharmacology," 188, 174.
10. Ukers, *All About Coffee* (1922), xi.
11. Bennett Alan Weinberg and Bonnie K. Bealer, *The World of Caffeine: The Science and Culture of the World's Most Popular Drug* (New York: Routledge, 2002), xi–xii. Estimates of use vary. See for comparison Stephen Cherniske, *Caffeine Blues: Wake Up to the Hidden Dangers of America's #1 Drug* (New York: Grand Central, 1998).
12. Astrida Orle Tantillo, *The Will to Create: Goethe's Philosophy of Nature* (Pittsburgh: University of Pittsburgh Press, 2002), 14.
13. *Conversations of Goethe with Eckermann and Soret*, vol. 1, trans. John Oxenford (London: Smith, Elder, 1850), 265–66.
14. MacDuffie, *Victorian Literature*, 38.
15. Richard L. Myers, *The 100 Most Important Chemical Compounds: A Reference Guide* (Westport, CT: Greenwood Press, 2007), 55–56.
16. Compare Jonathan Pereira, *The Elements of Materia Medica and Therapeutics*, vol. 2, part 2 (1857; reprint, New York: Cambridge University Press, 2014), 551; and Thurber, *Plantation to Cup*, 223.
17. Weinberg and Bealer, *World of Caffeine*, xix.
18. Thurber, *From Plantation to Cup*, 171.
19. Honoré de Balzac, *Treatise on Modern Stimulants*, trans. Kassy Hayden (Cambridge, MA: Wakefield Press, 2018), 20.
20. Samuel C. Prescott, *Report of an Investigation of Coffee* (New York: National Coffee Roasters Association, 1927), 5.
21. W. O. Atwater, "How Food Nourishes the Body: The Chemistry of Foods and Nutrition, II," *Century Illustrated Magazine*, June 1887, 239.
22. W. O. Atwater, "Foods and Beverages: The Chemistry of Foods and Nutrition, VI," *Century Illustrated Magazine*, May 1888, 136; W. O. Atwater, *Methods and Results of Investigations on the Chemistry and Economy of Food* (Washington, DC: Government Printing Office, 1895), 16.
23. Atwater, "Foods and Beverages," 136–37.
24. Frank Barkley Copley, *Frederick W. Taylor: Father of Scientific Management*, vol. 1 (New York: Harper & Brothers, 1923), 83.
25. Ukers, *All About Coffee* (1922), 446.
26. Micol Seigel, *Uneven Encounters: Making Race and Nation in Brazil and the United States* (Durham, NC: Duke University Press, 2009), 13–43.
27. "Your Uncle Sam," N. W. Ayer Advertising Agency Records, Box 28, Folder 2, Archives Center, Smithsonian National Museum of American History, Washington, DC.
28. Quoted in Seigel, *Uneven Encounters*, 24–35.
29. *Coffee as an Aid to Factory Efficiency*, reprinted in *Tea and Coffee Trade Journal*, February 1920, 186–88.
30. "Plant, *n.*," OED.com.
31. *Factory Efficiency*, 186–88.
32. Larry Owens, "Engineering the Perfect Cup of Coffee: Samuel Prescott and the Sanitary Vision at MIT," *Technology and Culture* 45, no. 4 (October 2004), 801.
33. Prescott, *Investigation of Coffee*, 3.
34. Owens, "Perfect Cup," 800.
35. Prescott, *Investigation of Coffee*, 5.

36. Prescott, 10–11.
37. Murray Carpenter, *Caffeinated: How Our Daily Habit Helps, Hurts, and Hooks Us* (New York: Plume, 2015), 81–88.
38. Weinberg and Bealer, *World of Caffeine*, 189.
39. Ludy T. Benjamin, "Pop Psychology: The Man Who Saved Coca-Cola," *Monitor on Psychology* 40, no. 2 (February 2009), 18.
40. H. L. Hollingworth, *The Influence of Caffein on Mental and Motor Efficiency* (New York: Science Press, 1912), 6.
41. Hollingworth, 164–65.
42. Quoted in M. Carpenter, *Caffeinated*, 84.
43. Prescott, *Investigation of Coffee*, 13, 20–22.
44. "During 1929–1930 we've done these things for you," N. W. Ayer Advertising Agency Records, Box 75, Folder 2.
45. See Jiménez, "'From Plantation to Cup,'" 38; "Comstock Record Defines Him as Guzzling Gus," *Daily Journal* (Fergus Falls, MN), February 21, 2009, www.fergusfallsjournal.com/2009/02/comstock-record-defines-him-as-guzzling-gus.

17 美国灵药

1. Dana Gardner Munro, *The United States and the Caribbean Republics, 1921–1933* (Princeton, NJ: Princeton University Press, 1974), 145–46.
2. Paul W. Drake, *The Money Doctor in the Andes: The Kemmerer Missions, 1923–1933* (Durham, NC: Duke University Press, 1989), 13.
3. Emily S. Rosenberg, *Financial Missionaries to the World: The Politics and Culture of Dollar Diplomacy, 1900–1930* (Cambridge, MA: Harvard University Press, 1999), 109–10.
4. Rosenberg, *Financial Missionaries*, 110–11.
5. "Sick Nations Take the American Cure," *New York Times*, December 9, 1928, SM4.
6. Drake, *Money Doctor*, 24.
7. "Historical Row: Counting Calories," *Wesleyan University Magazine*, Summer 2004, 60, http://magazine.blogs.wesleyan.edu/2004/09/20/historical-row-counting-calories/.
8. "The Postmaster General to College Men," *Postal Record* 9, no. 4 (April 1896): 91.
9. *Diaries of Edwin Kemmerer*, Edwin W. Kemmerer Papers, Public Policy Papers, Department of Rare Books and Special Collections, Princeton University Library.
10. See Drake, *Money Doctor*.
11. Rosenberg, *Financial Missionaries*, 102–5.
12. See, for example, Drake, *Money Doctor*.
13. For example, Douglas Vickers, *Economics and Ethics: An Introduction to Theory, Institutions, and Policy* (Westport, CT: Prager, 1997), 5–8.
14. Philip Mirowski, *More Heat than Light: Economics as Social Physics, Physics as Nature's Economics* (New York: Cambridge University Press, 1989), 193–275.
15. Roger E. Backhouse, *The Ordinary Business of Life: A History of Economics from the Ancient World to the Twenty-First Century* (Princeton, NJ: Princeton University Press, 2004), 4.
16. William Stanley Jevons, *The Principles of Science: A Treatise on Logic and Scientific Method*, 2nd ed. (London: Macmillan, 1905), 735–37.
17. Mirowski, *More Heat than Light*.
18. Irving Fisher's table of equivalency or "translations" between mechanics and economics terms, cited in Mirowski, 224.
19. Rosenberg, *Financial Missionaries*, 109–14.
20. Quoted in Munro, *The United States and the Caribbean Republics*, 146–47.
21. "El Salvador Seeks Loan of $2,000,000," *New York Times*, October 18, 1931, 45.
22. W. B. Schott to the Secretary of State, May 6, 1930, RG 84, Records of the Foreign Service Posts of the Department of State, 1862–1958: El Salvador, vol. 106, U.S. National Archives and Records Administration, College Park, MD.
23. Ruhl, *Central Americans*, 187–88.

24. Rosenberg, *Financial Missionaries*, 229.
25. Edwin W. Kemmerer, "The Work of the American Financial Commission in Chile," *Princeton Alumni Weekly* 26, no. 12 (December 16, 1925): 295.
26. Ruhl, *Central Americans*, 188.
27. F. W. Taylor to Family, September 14, 1923, Correspondence, Box 3, Folder 1, Frederic William Taylor Papers, 1897–1944, UCLA Special Collections, Los Angeles, California [FWT].
28. Marcos A. Letona to Carlos Milner, March 21, 1923, Salvador Letters and Reports, FWT.
29. David Browning, *El Salvador: Landscape and Society* (New York: Clarendon Press, 1971), 222.
30. F. W. Taylor to Marcus A. Letona, April 14, 1923, Salvador Letters and Reports, Box 3, Folder 2, FWT.
31. F. W. Taylor to Marian Taylor, n.d. [1923], F. W. Taylor & Family Correspondence, 1923–1927, FWT.
32. Report of the Director General of Agriculture for 1923, Salvador Letters and Reports, Box 3, Folder 2, FWT.
33. F. W. Taylor to Harry Humberstone, April 17, 1926, FWT.
34. "From an Old Farm Congress Friend," *Agricultural Review*, September 1924, collected in Salvador Letters and Reports, FWT.
35. Report of the Director General of Agriculture for 1925, Salvador Letters and Reports, Box 3, Folder 2, FWT.
36. Reports of the Director General of Agriculture for 1924, 1925, and 1926, Salvador Letters and Reports, Box 3, Folder 2, FWT.
37. "From an Old Farm Congress Friend."
38. F. W. Taylor to Marcos Letona, date illegible [1924], Salvador Letters and Reports, Box 3, Folder 2, FWT.
39. Report of the Director General of Agriculture for 1924.
40. F. W. Taylor to My Dear Peoples, October 17, 1923, Correspondence, Box 3, Folder 1, FWT.
41. Gould and Lauria-Santiago, *To Rise in Darkness*, 8.
42. Durham, *Scarcity and Survival*, 36.
43. Marcus Letona to F. W. Taylor, February 14, 1924, Salvador Letters and Reports, Box 3, Folder 2, FWT.
44. Admor. Casino Salvadoreño to F. W. Taylor, n.d., Salvador Letters and Reports, Box 3, Folder 2, FWT.
45. F. W. Taylor to Dear Family, n.d., Correspondence, Box 3, Folder 1, FWT.
46. F. W. Taylor to Dear Family, January 18, 1927, Correspondence, Box 3, Folder 1, FWT.
47. F. W. Taylor to Marion, January 18, 1927, Correspondence, Box 3, Folder 1, FWT.
48. F. W. Taylor to My Dear Wife, September 12, 1924, Box 3, Folder 1, FWT.
49. Telegram from F. W. Taylor, April 1, 1927, Correspondence, Box 3, Folder 1, FWT.
50. Drake, *Money Doctor*, 13.
51. Thomas M. Leonard, "Central American Conference, Washington, 1923," in *Encyclopedia of U.S.–Latin American Relations*, vol. 1, ed. Leonard et al. (Thousand Oaks, CA: CQ Press / SAGE, 2012), 156–57.
52. Alvarenga, "Ethics of Power," 175.
53. Drake, *Money Doctor*, 1.
54. Samuel Guy Inman, "Imperialistic America," *Atlantic Monthly*, July 1924, 107–16.
55. Rosenberg, *Financial Missionaries*, 134.
56. Rosenberg, *Financial Missionaries*, 135–36.

18 咖啡问题

1. Samper and Fernando, "Historical Statistics," 450–53.
2. "Cosechas de las fincas propias, 1922–1926" and "Cosechas de café de fincas propias, 1917–1927," uncollected papers of J. Hill y Cía., Las Tres Puertas, Santa Ana, El Salvador.
3. [James Hill], "Remarks from a Planter," in E. A. Kahl, *Coffee Prices—High or Low?*, printed by W. R. Grace & Co., San Francisco, May 26, 1926, Hills Bros. Coffee, Inc., Records, Archives

Center, National Museum of American History, Smithsonian Institution, Washington, DC [HBC], 7, 11, 5; "Salvador Conditions Good," *Tea and Coffee Trade Journal*, June 1928, 791.

4. Ukers, *All About Coffee* (1935), 460–61.
5. Trygge A. Siqueland, "The Romance of Coffee," *The Spice Mill*, November 1932, 1253–57; Ukers, *All About Coffee* (1935), 462–63.
6. Samper and Fernando, "Historical Statistics," 450–53.
7. Herbert Hoover, *Memoirs: Years of Adventure, 1874–1920* (New York: Macmillan, 1951), 132–33.
8. Hoover, *Memoirs*, 257.
9. Bertrand M. Patenaude, *The Big Show in Bololand: The American Relief Expedition to Soviet Russia in the Famine of 1921* (Stanford, CA: Stanford University Press, 2002).
10. Quoted in Pendergrast, *Uncommon Grounds*, 160.
11. Quoted in Seigel, *Uneven Encounters*, 48.
12. Quoted in Seigel, 51.
13. "Coffee Planters Ask for Tariff," *Chicago Tribune*, December 31, 1908, 6.
14. William H. Ukers to Herbert Hoover, January 19, 1926, RG 151:351.1, Folder: General File, 1926–1927, U.S. National Archives and Records Administration, College Park, MD [NARA CP].
15. G. S. McMillan to H. P. Stokes, January 29, 1926, RG 151:351.1, Folder: General File, 1926–1927, NARA CP.
16. Joseph Brandes, *Herbert Hoover and Economic Diplomacy: Department of Commerce Policy, 1921–1928* (Pittsburgh: University of Pittsburgh Press, 1962), 137.
17. James M. Mayo, *The American Grocery Store: The Business Evolution of an Architectural Space* (Westport, CT: Greenwood Press, 1993), 51–76; Bureau of Foreign and Domestic Commerce, *Merchandising Characteristics of Grocery Store Commodities: General Findings and Specific Results*, Distribution Cost Studies no. 11 (Washington, DC: Government Printing Office, 1932), 25.
18. Bureau of Foreign and Domestic Commerce, *Merchandising Characteristics of Grocery Store Commodities: Dry Groceries*, Distribution Cost Studies no. 13 (Washington, DC: Government Printing Office, 1932), 59–68.
19. Marc Levinson, *The Great A&P and the Struggle for Small Business in America* (New York: Hill and Wang / Farrar, Straus and Giroux, 2011), 19.
20. Richard S. Tedlow, *New and Improved: The Story of Mass Marketing in America* (New York: Basic Books, 1991), 189–94.
21. Godfrey M. Lebhar, *Chain Stores in America, 1859–1950* (New York: Chain Store Publishing, 1952), 25.
22. Waldon Fawcett, "The General Trend to the Small Package," *The Spice Mill*, March 1929, 476, 478.
23. "Importations of Brazil Coffee Through New York—1929," *The Spice Mill*, February 1930, 204. For A&P's move into manufacturing, see Tedlow, *New and Improved*, 210.
24. For an overview, Edwin J. Perkins, *Wall Street to Main Street: Charles Merrill and Middle-Class Investors* (New York: Cambridge University Press, 1999), 109–26; in more detail, "San Francisco and Denver Roasting Plants of the Dwight Edwards Co.," *The Spice Mill*, March 1933, 240.
25. "The Louisville Conference," *Tea and Coffee Trade Journal*, March 1929, 442.
26. Brandes, *Hoover and Economic Diplomacy*, 132.
27. Levinson, *The Great A&P*, 133.
28. Levinson, 96–97.
29. Salesman's Reference Book (1912), HBC 8, 1, 1.
30. B. D. Balart, "Coffee Profits of the Past—Where Are They?," *Tea and Coffee Trade Journal*, May 1937, 270, 315.
31. Hills Bros [HB]., Bulletin for Salesmen, San Francisco Division, April 5, 1923, HBC 7, 10, 12.
32. HB Bulletin for Salesmen, San Francisco Division, August 5, 1914, HBC 7, 10, 3; HB Bulletin for Salesmen, San Francisco Division, September 7, 1916, HBC 7, 10, 5; HB Bulletin for Salesmen, November 19, 1918, HBC 7, 10, 7; HB Correspondence to Salesmen, General Letter 3, December 1918, HBC 7, 10, 7.

33. HB Bulletin for Salesmen, Chicago Division, March 6, 1937, HBC 7, 1, 2.
34. Folgers ad quoted in Seigel, *Uneven Encounters*, 52.
35. J. H. Polhemus to Sec. Herbert Hoover, August 24, 1925, RG 151:351.1, Folder: General File, 1919–1925, NARA CP.
36. Memorandum from Hector Lazo, September 19, 1925, RG 151:351.1, Folder: General File, 1919–1925, NARA CP; "Moves to Reform Brazil Coffee Plan," *New York Times*, November 2, 1930, 17.
37. L. E. Robinson, "Books Worth While," *The Rotarian*, November 1926, 31.
38. George Palmer Putnam, *The Southland of North America: Rambles and Observations in Central America in the Year 1912* (New York: G. P. Putnam's Sons, 1914), 1.
39. Putnam, *Southland*, 1.
40. Putnam, 233–35.
41. Putnam, 114, 194.
42. E. A. Kahl, "If Coffee Labor Went Up," *Tea and Coffee Trade Journal*, January 1925, 45.
43. Kahl, *Coffee Prices—High or Low?*, HBC 7, 11, 5.
44. Kahl, *Coffee Prices*.
45. Multatuli, *Max Havelaar*, trans. W. Siebenhaar (New York: Alfred A. Knopf, 1927), 74.
46. Multatuli, "Introductory Note by Multatuli to the Edition of 1875," *Max Havelaar*, 321–27.
47. D. H. Lawrence, "Introduction," in Multatuli, *Max Havelaar*, 11–15.
48. Simeon Strunsky, "About Books, More or Less: White Man's Burden," *New York Times Book Review*, January 23, 1927, 4.
49. Ruhl, *Central Americans*, 40.
50. [James Hill], "Poor Outlook in Salvador," *Tea and Coffee Trade Journal*, April 1927, 420.
51. Ruhl, *Central Americans*, 203–4.
52. "Salvadoran Conditions Good," *Tea and Coffee Trade Journal*, June 1928, 791.
53. Brandes, *Hoover and Economic Diplomacy*, 137.

19 吃的天堂

1. Miguel Mármol's story is based on Roque Dalton, *Miguel Mármol*, trans. Kathleen Ross and Richard Schaaf (Willimantic, CT: Curbstone Press, 1987), except where noted otherwise.
2. Dalton, *Miguel Mármol*, 53, 47.
3. Dalton, 58, 71.
4. Dalton, 79–80, 109.
5. Dalton, 115.
6. Account of Martí's life based on Thomas P. Anderson, *Matanza: El Salvador's Communist Revolt of 1932* (Lincoln: University of Nebraska Press, 1971), except where noted otherwise.
7. Quoted in Anderson, *Matanza*, 57.
8. Erik Ching, "In Search of the Party: The Communist Party, the Comintern, and the Peasant Rebellion of 1932 in El Salvador," *The Americas* 55, no. 2 (October 1998): 216.
9. Alejandro D. Marroquín, "Estudio sobre la crisis de los años treinta en El Salvador," *Anuario de Estudios Centroamericanos* 3, no. 1 (1977): 122.
10. "Libro de planillas de la Finca de la propiedad de Antonio Flores Torres," [1926–1931], uncollected manuscript. Original in possession of Federico Barillas, Intercorp S.V., San Salvador, El Salvador.
11. Michael McClintock, *The American Connection*, vol. 1: *State Terror and Popular Resistance in El Salvador* (London: Zed Books, 1985), 106; Gould and Lauria-Santiago, *To Rise in Darkness*, 18–20.
12. Gould and Lauria-Santiago, *To Rise in Darkness*, 2–3.
13. Quoted in Héctor Pérez Brignoli, "Indians, Communists, and Peasants: The 1932 Rebellion in El Salvador," in *Coffee, Society, and Power in Latin America*, ed. William Roseberry et al. (Baltimore: Johns Hopkins University Press, 1995), 244–45.
14. Masferrer quoted in Gould and Lauria-Santiago, *To Rise in Darkness*, 301*n*92.
15. Hamilton and Chinchilla, "Central American Migration," 84–85.

16. Robert G. Williams, *States and Social Evolution: Coffee and the Rise of National Governments in Central America* (Chapel Hill: University of North Carolina Press, 1994), Table A-1, 265–74.
17. James Dunkerley, *Power in the Isthmus: A Political History of Modern Central America* (London: Verso, 1988), 59.
18. Quoted in E. Bradford Burns, "The Modernization of Underdevelopment in El Salvador, 1858–1931," *Journal of Developing Areas* 18 (April 1984): 293.
19. Quoted in Wilson, "Crisis of National Integration," 122; see also Karen Racine, "Alberto Masferrer and the Vital Minimum: The Life and Thought of a Salvadoran Journalist, 1868–1932," *The Americas* 54, no. 2 (October 1997): 209–37.
20. Biographical sketch based on Racine, "Vital Minimum."
21. Racine, 216, 209.
22. Racine, 231.
23. Racine, 225–26.
24. Racine, 225–29, 234*n*79.
25. Dalton, *Miguel Mármol*, 224.
26. Gould and Lauria-Santiago, *To Rise in Darkness*, 32–62.
27. Dalton, *Miguel Mármol*, 118.
28. Dalton, 154.
29. Dalton, 194–95.
30. Dalton, 196–97.
31. For La Constancia, Gould and Lauria-Santiago, *To Rise in Darkness*, 55; for agricultural workers, Anderson, *Matanza*, 61.
32. Gould and Lauria-Santiago, 56–57.
33. Quoted in Anderson, *Matanza*, 90.
34. Anderson, *Matanza*, 90–91.
35. Racine, "Vital Minimum," 221.
36. Racine, 234.
37. "The Declaration of the President of the Republic, Engineer Arturo Araujo," enclosed in Dispatch to the Secretary of State, March 11, 1931, RG 84, Records of Foreign Service Posts: El Salvador, vol. 114, U.S. National Archives and Records Administration, College Park, MD [NARA CP].
38. W. W. Renwick to J. T. Monahan, November 7, 1930, RG 84, El Salvador, vol. 106, NARA CP.
39. W. W. Renwick to J. T. Monahan, November 7, 1930, RG 84, El Salvador, vol. 106, NARA CP.
40. Gould and Lauria-Santiago, *To Rise in Darkness*, 91–92.
41. Anderson, *Matanza*, 101–2.
42. Gould and Lauria-Santiago, *To Rise in Darkness*, 92–93.
43. Anderson, *Matanza*, 101–2.
44. Dalton, *Miguel Mármol*, 218.
45. Gould and Lauria-Santiago, *To Rise in Darkness*, 95.
46. Harold D. Finley to the Secretary of State, May 12, 1931, RG 84, El Salvador, vol. 111, NARA CP.
47. Harold D. Finley to Secretary of State, May 20, 1931, RG 84, El Salvador, vol. 111, NARA CP.
48. Anderson, *Matanza*, 102–6.
49. Eugene Cunningham, "Snake Yarns of Costa Rica," *Outing* 80, no. 6 (September 1922): 266.
50. Dalton, *Miguel Mármol*, 216–17.
51. Gould and Lauria-Santiago, *To Rise in Darkness*, 76.
52. Dalton, *Miguel Mármol*, 135.
53. Quoted in Gould and Lauria-Santiago, *To Rise in Darkness*, 76.
54. Dalton, *Miguel Mármol*, 223.
55. Gould and Lauria-Santiago, *To Rise in Darkness*, 73–74.

56. Collected as an appendix to Jorge Schlesinger, *Revolución comunista: Guatemala en peligro . . . ?* (Guatemala City: Editorial Unión Tipográfica Castañeda, Ávila, 1946); two are reproduced and discussed in Gould and Lauria-Santiago, *To Rise in Darkness*, 65–69.
57. Gould and Lauria-Santiago, *To Rise in Darkness*, 67–68.
58. See especially Gould and Lauria-Santiago, 91; and Jeffrey L. Gould, "On the Road to 'El Porvenir': Revolutionary and Counterrevolutionary Violence in El Salvador and Nicaragua," in *A Century of Revolution: Insurgent and Counter-insurgent Violence During Latin America's Long Cold War*, ed. Greg Grandin and Gilbert M. Joseph, 88–120 (Durham, NC: Duke University Press, 2010).

20 红圈里面

1. Schott to the Secretary of State, January 31, 1930, RG 84, Diplomatic Posts: El Salvador, vol. 106, U.S. National Archives and Records Administration, College Park, MD [NARA CP].
2. "Una carta muy importante del consocia señor J. Hill," *El Café de El Salvador*, December 1929, 23.
3. "Fundacíon de la 'Sociedad de Defensa del Café," *El Café de El Salvado*r, February 1930, 5–8.
4. Schott to the Secretary of State, January 20, 1930, RG 84, Diplomatic Posts: El Salvador, vol. 106, NARA CP.
5. "Central American Coffee Countries Hold Congress in Guatemala City," *The Spice Mill*, May 1930, 701.
6. W. W. Renwick, "Memorandum to the American Legation," September 19, 1931, RG 84, Diplomatic Posts: El Salvador, vol. 114, NARA CP.
7. Warren D. Robbins to the Secretary of State, January 3, 1931, RG 84, Records of Foreign Service Posts: El Salvador, vol. 114, NARA CP.
8. Harold D. Finley to the Secretary of State, September 30, 1931, RG 84, Diplomatic Posts: El Salvador, vol. 114, NARA CP.
9. Samper and Fernando, "Historical Statistics," 452.
10. W. J. McCafferty to the Secretary of State, January 16, 1932, RG 84, El Salvador, vol. 116, NARA CP.
11. See, among other sources, Joan Didion, *Salvador* (New York: Simon & Schuster, 1983; reprint, Vintage, 1994), 54; Robert Armstrong and Janet Shenk, *El Salvador: Face of Revolution* (Boston: South End Press, 1982), 26.
12. Kenneth J. Grieb, "The United States and the Rise of General Maximiliano Hernández Martínez," *Journal of Latin American Studies* 3, no. 2 (November 1971): 151.
13. McCafferty to the Secretary of State, January 16, 1932.
14. McCafferty to the Secretary of State, January 16, 1932.
15. Gould and Lauria-Santiago, *To Rise in Darkness*, 139.
16. Dalton, *Miguel Mármol*, 229.
17. Dalton, 233.
18. Gould and Lauria-Santiago, *To Rise in Darkness*, 141–42.
19. Gould and Lauria-Santiago, 143.
20. Gould and Lauria-Santiago, 141–44.
21. Philip F. Dur, "U.S. Diplomacy and the Salvadorean Revolution of 1931," *Journal of Latin American Studies* 30, no. 1 (February 1998): 104–5.
22. McCafferty to the Secretary of State, January 16, 1932; Grieb, "Rise of Martínez," 160; C. B. Curtis to the Secretary of State, December 11, 1931, RG 84, El Salvador, vol. 111, NARA CP.
23. Major A. R. Harris to War Department, December 22, 1931, RG 59, 816.00/828, NARA CP.
24. Gould and Lauria-Santiago, *To Rise in Darkness*, 144–47.
25. Gould and Lauria-Santiago, 151.
26. D. J. Rodgers to Sir John Simon, January 7, 1932, Foreign Office [FO] 813/22, Central American Politics: 1932, The National Archives, Kew, Richmond, UK [TNA].
27. D. J. Rodgers to H. A. Grant Watson, January 12, 1932, FO 813/22, Central American Politics: 1932, TNA.

28. Rodgers to Simon, January 7, 1932.
29. Dalton, *Miguel Mármol*, 237.
30. Gould and Lauria-Santiago, *To Rise in Darkness*, 154.
31. Dalton, *Miguel Mármol*, 238–39.
32. Dalton, 240.
33. Gould and Lauria-Santiago, *To Rise in Darkness*, 160–64.
34. Gould and Lauria-Santiago, 65.
35. Tristram Hunt, *Marx's General: The Revolutionary Life of Friedrich Engels* (New York: Metropolitan / Henry Holt, 2009), 96–98, 123.
36. Hunt, 116.
37. Hunt, 190–99, 235.
38. Friedrich Engels, *Landmarks of Scientific Socialism: "Anti-Duehring,"* trans. and ed. Austin Lewis (1877; Chicago: Charles Kerr, 1907), 225–26; Ernest Mandel, *The Formation of the Economic Thought of Karl Marx, 1843 to* Capital, trans. Brian Pearce (New York: Monthly Review Press, 1971), 83*n*17.
39. David Harvey, "Revolutionary and Counter-Revolutionary Theory in Geography and the Problem of Ghetto Formation," in *The Ways of the World* (New York: Oxford University Press, 2016), 15–16.
40. Peter Linebaugh, "Karl Marx, the Theft of Wood, and Working-Class Composition," in *Stop, Thief! The Commons, Enclosures, and Resistance* (Oakland, CA: PM Press, 2014), 56.
41. Quoted in Underwood, *Work of the Sun*, 7; see also Paul Burkett and John Bellamy Foster, "Metabolism, Energy, and Entropy in Marx's Critique of Political Economy: Beyond the Podolinsky Myth," *Theory and Society* 35, no. 1 (February 2006): 112.
42. Quoted in Jonathan Sperber, *Karl Marx: A Nineteenth-Century Life* (New York: Liveright, 2013), 537–38.
43. Sergei Podolinsky, "Socialism and the Unity of Physical Forces," trans. Angelo Di Salvo and Mark Hudson, *Organization and Environment* 17, no. 1 (March 2004): 61–75.
44. John Bellamy Foster, *Marx's Ecology: Materialism and Nature* (New York: Monthly Review Press, 2000), 166.
45. Quoted in Burkett and Foster, "Metabolism, Energy, and Entropy," 123.
46. Stephen Kotkin, *Stalin*, vol. 1: *Paradoxes of Power, 1878–1928* (New York: Penguin Press, 2014), 87.
47. Quoted in Zenovia A. Sochor, *Revolution and Culture: The Bogdanov-Lenin Controversy* (Ithaca, NY: Cornell University Press, 1988), 72.
48. V. I. Lenin, *Materialism and Empirio-Criticism: Critical Comments on a Reactionary Philosophy* (1927; reprint New York: International Publishers, 1970), 279.
49. V. I. Lenin, "A 'Scientific' System of Sweating," in *Collected Works of Lenin*, vol. 18 (Moscow: Progress Publishers, 1975), 594–95.
50. Quoted in Kotkin, *Stalin*, 79.
51. Ching, "In Search of the Party," 227.
52. See *El Café de El Salvador*, 1929–1932.
53. Louis A. La Garde, *Gunshot Injuries: How They Are Inflicted, Their Complications and Treatment* (New York: William Wood, 1914), 67.
54. La Garde, *Gunshot Injuries*, 62–66, 72–73.
55. D. J. Rodgers to Sir John Simon, January 13, 1932, No. 22, FO 420/283, Further Correspondence Respecting South and Central America, Part 34, Jan-June 1932, TNA.
56. Dalton, *Miguel Mármol*, 244.
57. Gould and Lauria-Santiago, *To Rise in Darkness*, 167–68.
58. Telegram to Foreign Office No. 2, January 20, 1932, FO 813/22, Central American Politics: 1932, TNA.
59. Telegram to Foreign Office No. 1, January 20, 1932, FO 813/22, Central American Politics: 1932, TNA.

60. Telegram to Foreign Office No. 3, January 21, 1932, FO 813/22, Central American Politics: 1932, TNA.
61. "Volcanoes Blanket Guatemalan Towns," *New York Times*, January 23, 1932, 1.
62. Gould and Lauria-Santiago, *To Rise in Darkness*, 170.
63. General Resume of the Proceedings of H.M.C. Ships while at Acajutla, Republic of San Salvador, January 23–31, 1932, reprinted in Leon Zamosc, "The Landing That Never Was: Canadian Marines and the Salvadorean Insurrection of 1932," *Canadian Journal of Latin American and Caribbean Studies* 11, no. 21 (1986): 133.
64. McCafferty quoted in Philip F. Dur, "U.S. Diplomacy and the Salvadorean Revolution of 1931," *Journal of Latin American Studies* 30, no. 1 (February 1998): 111.
65. "Red Revolt Sweeps Cities in Salvador," *New York Times*, January 24, 1932, 1.

21 完美的午餐

1. General Resume of the Proceedings of H.M.C. Ships while at Acajutla, Republic of San Salvador, January 23–31, 1932, reprinted in Leon Zamosc, "The Landing That Never Was: Canadian Marines and the Salvadorean Insurrection of 1932," *Canadian Journal of Latin American and Caribbean Studies* 11, no. 21 (1986): 131–47.
2. Gould and Lauria-Santiago, *To Rise in Darkness*, 170–71.
3. C. L. R. James, *The Black Jacobins: Toussaint L'Ouverture and the San Domingo Revolution* (1938; rev. ed., New York: Random House, 1963), x.
4. Gould and Lauria-Santiago, *To Rise in Darkness*, 174–82.
5. Héctor Lindo-Fuentes et al., *Remembering a Massacre in El Salvador: The Insurrection of 1932, Roque Dalton, and the Politics of Historical Memory* (Albuquerque: University of New Mexico Press, 2007), 41.
6. "A Landowner's Account" (1932), in Appendix, Document 6-1, of Lindo-Fuentes et al., *Remembering a Massacre*, 336.
7. Gould and Lauria-Santiago, *To Rise in Darkness*, 180.
8. "Martial Law Set Up in Salvador Revolt," *New York Times*, January 25, 1932, 10; "Youths Armed in San Salvador," *New York Times*, January 26, 1932, 10.
9. Telegram to Foreign Office No. 8, January 26, 1932, Foreign Office [FO] 813/22, Central American Politics: 1932, The National Archives, Kew, Richmond, UK [TNA].
10. See also Erik Ching, *Authoritarian El Salvador: Politics and the Origins of Military Regimes, 1880–1945* (South Bend, IN: University of Notre Dame Press, 2014), 290.
11. Photographs published in Gould and Lauria-Santiago, *To Rise in Darkness*, 228.
12. D. J. Rodgers to Sir John Simon, February 2, 1932, No. 25, FO 420/283, Further Correspondence Respecting South and Central America, Part 34, Jan-June 1932, TNA.
13. Brodeur's story compiled from documents reprinted in Zamosc, "The Landing That Never Was."
14. On the basis of anecdotal evidence, Anderson, *Matanza*, 125–26, has Martí arrested on the 18th. Dispatches from British diplomats indicate the 19th/20th. See D. J. Rodgers to Sir John Simon, January 22, 1932, No. 22, FO 420/283, Further Correspondence Respecting South and Central America, Part 34, Jan-June 1932, TNA.
15. Anderson, *Matanza*, 179–86.

22 大屠杀

1. Telegram to Foreign Office No. 11, January 28, 1932, Foreign Office [FO] 813/22, Central American Politics: 1932, The National Archives, Kew, Richmond, UK [TNA].
2. D. J. Rodgers to Sir John Simon, January 26, 1932, No. 23, FO 420/283, Further Correspondence Respecting South and Central America, Part 34, Jan-June 1932, TNA.
3. Telegram to Foreign Office No. 9, January 2, 1932, FO 813/22, Central American Politics: 1932, TNA.

4. "Fiscal Representative has received advice . . . ," n.d., FO 813/22, Central American Politics: 1932, TNA.
5. Telegram to Washington, January 25, 1932, FO 813/22, Central American Politics: 1932, TNA.
6. D. J. Rodgers to Sir John Simon, January 30, 1932, No. 24, FO 420/283, Further Correspondence Respecting South and Central America, Part 34, Jan-June 1932, TNA.
7. Enrique Córdova, "General Maximiliano Hernández Martínez" (memoir, 1960s), in Appendix, Document 6-6, of Lindo-Fuentes et al., *Remembering a Massacre*, 353–55.
8. Galeas, *Oligarca rebelde*.
9. Córdova, "General Maximiliano Hernández Martínez," 354–55.
10. Lindo-Fuentes et al., *Remembering a Massacre*, 38.
11. Gould and Lauria-Santiago, *To Rise in Darkness*, 211.
12. Gould and Lauria-Santiago, 221.
13. Gould and Lauria-Santiago, 221–27.
14. Anderson, *Matanza*, 170; Tilley, *Seeing Indians*, 159.
15. Quoted in Tilley, Seeing Indians, 161–63, 164.
16. Quoted in Gould and Lauria-Santiago, *To Rise in Darkness*, 227.
17. Hamilton and Chinchilla, "Central American Migration," 85.
18. Tilley, *Seeing Indians*, 155–56.
19. Quoted in Gould and Lauria-Santiago, *To Rise in Darkness*, 230.
20. Lindo-Fuentes et al., *Remembering a Massacre*, 38.
21. D. J. Rodgers to Sir John Simon, February 25, 1932, No. 33, FO 420/283, Further Correspondence Respecting South and Central America, Part 34, Jan-June 1932, TNA.
22. William Krehm, *Democracies and Tyrannies of the Caribbean in the 1940s* (Toronto: Lugus, 1999), 3–17; Lindo-Fuentes et al., *Remembering a Massacre*, 63; and Roque Dalton, *Historias prohibidas del Pulgarcito* (1974), excerpted as "People, Places, and Events of 1932," in Appendix, Document 3-6, of Lindo-Fuentes et al., *Remembering a Massacre*, 282–83.
23. Tilley, *Seeing Indians*, 143–44.
24. Photographs published in Schlesinger, *Revolución comunista*, and supposedly provided to him by Martínez. Lindo-Fuentes et al., *Remembering a Massacre*, 123 and 368*n*48.
25. Erik Ching, *Authoritarian El Salvador*, 292–93.
26. Lindo-Fuentes et al., *Remembering a Massacre*, 39.
27. Gould and Lauria-Santiago, *To Rise in Darkness*, 213.
28. Dalton, *Miguel Mármol*, 255–61.
29. Gould and Lauria-Santiago, *To Rise in Darkness*, 244.
30. Dalton, *Miguel Mármol*, 308.
31. Grieb, "Rise of Martínez," 165.
32. Stimson quoted in Lindo Fuentes et al., *Remembering a Massacre*, 66.
33. Grieb, "Rise of Martínez," 164.
34. D. J. Rodgers to Sir John Simon, February 25, 1932, No. 33, FO 420/283, Further Correspondence Respecting South and Central America, Part 34, Jan-June 1932, TNA.
35. Grieb, "Rise of Martínez," 165–66.
36. "General Conditions Prevailing in El Salvador, 4/1/32 to 4/30/32," RG 84, Diplomatic Posts: El Salvador, vol. 116, U.S. National Archives and Records Administration, College Park, MD [NARA CP].
37. "Memo of Conversation, Mr. Benjamin Bloom: Recognition of Martínez regime in Salvador," June 2, 1932, RG 84, vol. 118, NARA CP.
38. "General Conditions Prevailing in El Salvador, 8/1/32 to 8/31/32," RG 84, Diplomatic Posts: El Salvador, vol. 116, NARA CP.
39. W. J. McCafferty to the Secretary of State, General Conditions Report for September 1932, October 4, 1932, RG 84, El Salvador, vol. 116, NARA CP.
40. Grieb, "Rise of Martínez," 171.

41. A. E. Carleton, "Trade Policy of El Salvador," August 17, 1932, RG 84, Records of Foreign Service Posts: El Salvador, vol. 116, NARA CP.
42. "General Conditions Prevailing in El Salvador, 2/1/32 to 2/29/32," RG 84, Diplomatic Posts: El Salvador, vol. 116, NARA CP.
43. "General Conditions Prevailing in El Salvador, July 1933," RG 84, Diplomatic Posts: El Salvador, vol. 122, NARA CP.
44. James Hill to Enrique Borja, April 6, 1932, uncollected papers of J. Hill y Cía., Las Tres Puertas, Santa Ana, El Salvador.
45. Gould and Lauria-Santiago, *To Rise in Darkness*, 187, 328–29*n*50.

23 薄利多销

1. Yip Harburg, quoted in Studs Terkel, *Hard Times: An Oral History of the Great Depression* (New York: Pantheon, 1970; reprint, New Press, 2005), 20.
2. Arthur M. Schlesinger Jr., *The Age of Roosevelt*, vol. 1: *The Crisis of the Old Order, 1919–1933* (New York: Houghton Mifflin, 1957; reprint, Mariner / Houghton Mifflin, 2003), 171, 3.
3. Dorothy Day quoted in Terkel, *Hard Times*, 305.
4. On Hoover's strict economic orthodoxy, see David M. Kennedy, *Freedom from Fear: The American People in Depression and War, 1929–1945* (New York: Oxford University Press, 1999), 82.
5. David E. Hamilton, *From New Day to New Deal: American Farm Policy from Hoover to Roosevelt, 1928–1933* (Chapel Hill: University of North Carolina Press, 1991; reprint, 2011).
6. Franklin D. Roosevelt, "Address Accepting the Presidential Nomination at the Democratic National Convention in Chicago," *The American Presidency Project*, https://www.presidency.ucsb.edu/documents/address-accepting-the-presidential-nomination-the-democratic-national-convention-chicago-1.
7. Schlesinger, *Crisis of the Old Order*, 234.
8. Quoted in William E. Leuchtenburg, *Herbert Hoover* (New York: Henry Holt, 2009), 141.
9. Thomas Ferguson, "From Normalcy to New Deal: Industrial Structure, Party Competition, and American Public Policy in the Great Depression," *International Organization* 38, no. 1 (Winter 1984): 41–94.
10. Charles P. Kindleberger, *The World in Depression: 1929–1939* (1973; rev. ed., Berkeley: University of California Press, 1986), 278–80; Dietmar Rothermund, *The Global Impact of the Great Depression, 1929–1939* (New York: Routledge, 1996), 100–105; on Japan, see Yûzô Yamamoto, "Japanese Empire and Colonial Management," and Takafusa Nakamura, "The Age of Turbulence: 1937–1954," in *The Economic History of Japan, 1914–1955: A Dual Structure*, ed. T. Nakamura and Kônosuke Odaka, trans. Noah S. Brannen (New York: Oxford University Press, 2003); on Germany, see Avraham Barkai, *Nazi Economics: Ideology, Theory, and Policy*, trans. Ruth Hadass-Vashitz (New Haven: Yale University Press, 1990), 172–83.
11. Hull quoted in Murray N. Rothbard, "The New Deal and the International Monetary System," in *Watershed of Empire: Essays on New Deal Foreign Policy*, ed. Leonard P. Liggio and James J. Martin (Colorado Springs: Ralph Myles, 1976), 46.
12. David Green, *The Containment of Latin America: A History of the Myths and Realities of the Good Neighbor Policy* (Chicago: Quadrangle Books, 1971).
13. Lloyd C. Gardner, *Economic Aspects of New Deal Diplomacy* (Madison: University of Wisconsin Press, 1964), 194–99.
14. Minutes of the Meeting of the Inter-Departmental Advisory Board on Reciprocity Treaties, July 17, 1933, Records of the Interdepartmental Advisory Board on Reciprocity Treaties: Memoranda and Records of Meetings, RG 353, Box 1, U.S. National Archives and Records Administration, College Park, MD [NARA CP].
15. *Coffee: The Story of a Good Neighbor Product* (New York: Pan-American Coffee Bureau, 1954).
16. Dick Steward, *Trade and Hemisphere: The Good Neighbor Policy and Reciprocal Trade* (Columbia: University of Missouri Press, 1975), 208; Michael A. Butler, *Cautious Visionary: Cordell Hull and Trade Reform, 1933–1937* (Kent, OH: Kent State University Press, 1998), 112.

17. Minutes of the Meeting of 2 July 1934, Records of the Interdepartmental Committee on Trade Agreements, Committee Meeting Minutes, 1934–1961, RG 353.5.7, Box 1, Folder 1, NARA CP.
18. Kindleberger, *World in Depression*, 234.
19. Grieb, "Rise of Martínez," 170–72.
20. "Monthly Economic Report on El Salvador," December 22, 1934, RG 84, Records of Foreign Service Posts: El Salvador, vol. 127, NARA CP; "Sobre la venta del café salvadoreño en Alemania," *El Café de El Salvador*, July 1936, 335–37; "Alemania y el comercio internacional," *El Café de El Salvador*, November 1936, 520.
21. Hills Bros., [HB] Bulletin for Salesmen, Chicago Division, October 10, 1932, Hills Bros. Coffee, Inc., Records, Archives Center, National Museum of American History, Smithsonian Institution, Washington, DC [HBC], 7, 1, 2.
22. "Coffee Prospects in El Salvador," *The Spice Mill*, February 1930, 220.
23. HB Bulletin for Salesmen, San Francisco Division, June 17, 1930, HBC 7, 12, 1.
24. HB Bulletin for Salesmen, San Francisco Division, March 1931, HBC 7, 12, 2.
25. H. E. Jacob, *Coffee: The Epic of a Commodity*, trans. Eden and Cedar Paul (1935; Short Hills, NJ: Burford Books, 1998), 267.
26. Pendergrast, *Uncommon Grounds*, 171.
27. James Hill to Oliva, November 17, 1934, uncollected papers of J. Hill y Cía., Las Tres Puertas, Santa Ana, El Salvador [JHP]; "Cosecha 1933/1934," JHP.
28. HB Bulletin for Salesmen, San Francisco Division, December 21, 1931, HBC 7, 12, 2.
29. HB Bulletin for Salesmen, Chicago Division, January 7, 1933, HBC 7, 1, 2.
30. HB Bulletin for Salesmen, Chicago Division, October 10, 1932, HBC 7, 1, 2.
31. Craig Davidson, "What About Supermarkets?," *Saturday Evening Post*, September 17, 1938, 23.
32. Lizabeth Cohen, *Making a New Deal: Industrial Workers in Chicago, 1919–1939* (New York: Cambridge University Press, 1990), 234–38; Tracey Deutsch, *Building a Housewife's Paradise: Gender, Politics, and American Grocery Stores in the Twentieth Century* (Chapel Hill: University of North Carolina Press, 2010).
33. M. M. Zimmerman, "The Supermarket and the Changing Retail Structure," *Journal of Marketing* 5, no. 4 (April 1941), 402–3; M. M. Zimmerman, *The Super Market: A Revolution in Distribution* (New York: McGraw-Hill, 1955), 131.
34. "Super Markets," *Time*, September 29, 1941.
35. T. H. Watkins, *The Hungry Years: A Narrative History of the Great Depression* (New York: Henry Holt, 1999).
36. Tedlow, *New and Improved*, 226–38; Mayo, *American Grocery Store*, 117–55.
37. Zimmerman, *The Super Market*, 31–68.
38. Deutsch, *Housewife's Paradise*; Adam Mack, "'Speaking of Tomatoes': Supermarkets, the Senses, and Sexual Fantasy in Modern America," *Journal of Social History* 43, no. 4 (Summer 2010), 815–42; Richard Longstreth, *The Drive-In, the Supermarket, and the Transformation of Commercial Space in Los Angeles, 1914–1941* (Cambridge, MA: MIT Press, 1999), 77–126.
39. See Michael Cullen's 1930 business plan, reprinted in Zimmerman, *The Super Market*, 32–35.
40. "Getting the Most out of the Super Market," *Super Market Merchandising*, December 1936, 5.
41. See, for example, "Ralphs Summer Sale" [advertisement], *Los Angeles Times*, July 11, 1932, A3; "The Super Market Aims at Mass Sales of Tea and Coffee," *Tea and Coffee Trade Journal*, June 1937, 330.
42. "How Mass Displays Help Sell Nationally Advertised Brands," *Super Market Merchandising*, December 1937, 1.
43. See "Super Markets and Coffee," *The Spice Mill*, December 1937, 744–45; Harry S. Kantor, *Price Control in the Coffee Industry*, Work Materials No. 55, Trade Practice Studies Section, National Recovery Administration (Washington, DC: National Recovery Administration, 1936), 12, 19–21. For representative promotions and advertisements, see "Ralphs," *Los Angeles Times*, June 7, 1935, 4; "Storewide Christmas Sale" [Safeway], *Los Angeles Times*, December 22, 1937, 7; "Learn About Safeway Coffee Values!," *Los Angeles Times*, November 11, 1938, 4; "33rd Anniversary & Grand Opening Sale" [Vons], *Los Angeles Times*, December 28, 1939, B10.

44. For example, Edward L. Anderson, "Selling Self-Service to the Classes as Well as to the Masses," *Super Market Merchandising*, October 1938, 40.
45. "Super Pledges Community Aid," *Super Market Merchandising*, July 1941, 6.
46. Jane Holtz Kay, *Asphalt Nation: How the Automobile Took Over America, and How We Can Take It Back* (New York: Crown, 1997), 196–207; for Southern California in detail, Scott L. Bottles, *Los Angeles and the Automobile: The Making of the Modern City* (Berkeley: University of California Press, 1987), 175–234.
47. "The Industry in 1941—A Panoramic Review," *Super Market Merchandising*, January 1941, 6–8.
48. "The Present and Future of the Super Market," *Tea and Coffee Trade Journal*, October 1937, 250.
49. "Mapping the Nation's Super Market Growth," *Super Market Merchandising*, February 1941, 22–30.
50. For example, Ira Katznelson, *When Affirmative Action Was White: An Untold History of Racial Inequality in Twentieth-Century America* (New York: W. W. Norton, 2005), 25–79; and David R. Roediger, *Working Toward Whiteness: How America's Immigrants Became White: The Strange Journey from Ellis Island to the Suburbs* (New York: Basic Books, 2005), 199–244.
51. Kenneth T. Jackson, *Crabgrass Frontier: The Suburbanization of the United States* (New York: Oxford University Press, 1985), 190–218; Louis Hyman, *Debtor Nation: A History of America in Red Ink* (Princeton, NJ: Princeton University Press, 2011), 45–97.
52. Matt Novak, "The Great Depression and the Rise of the Refrigerator," *Pacific Standard*, updated June 14, 2017, https://psmag.com/environment/the-rise-of-the-refrigerator-47924.
53. O. Q. Arner, "Coffee Habits Survey No. 4," *Tea and Coffee Trade Journal*, September 1932, 250–51.
54. J. S. Millard, "Coffee Habits Surveyed," *The Spice Mill*, September 1939, 10.
55. Ukers, *All About Coffee* (1922), 723. The discussion of brewing methods is based on Ukers's chapter "Preparation of the Universal Beverage," 693–724.
56. *Coffee: How It's Grown and How to Make It* (1932), HBC 2, 2, 9.
57. *Use the Hills Bros. Coffee Guide for Coffee Economy and Coffee Goodness* (1934), HBC 2, 2, 9.
58. "The Proper Grind for Coffee," *Tea and Coffee Trade Journal*, April 1937, 243.
59. H. G. Hills, "The Correct Grind for Coffee," *Tea and Coffee Trade Journal*, March 1937, 144–45, 170–72.
60. *How to Make Good Coffee* [1940], HBC 2, 2, 9.
61. Hills, "Correct Grind," 144.
62. All articles in *Good Housekeeping*, by dates as noted: T. Coe, "After-dinner Coffee," March 1912, 381–82; W. B. Harris, "Some Coffees of Today," August 1913, 264–68; H. W. Wiley, "Some New Facts About Coffee," October 1917, 144; D. B. Marsh, "Coffee as a Flavor," May 1920, 83; H. Conklin et al., "Coffee Brewing in Variety," November 1922, 79; O. T. Osborne, "Children Should Not Drink Coffee or Tea," October 1924, 284.
63. All articles in *Good Housekeeping*, by dates as noted: P. W. Punnett et al., "Good Cup of Coffee," October 1931, 88–89; "Perfect Coffee Is Not a Matter of Chance," July 1935, 109; B. MacFayden, "What I Call Good Coffee!," April 1938, 82–83; A. N. Clark and P. W. Punnett, "Why Can't We Have Coffee Like This at Home?," September 1940, 89; P. W. Punnett, "You Can Tell a Good Hostess by Her Coffee," December 1941, 168.
64. Hills Bros. Bulletin for Salesmen, San Francisco Division, November 16, 1920, HBC 7, 10, 9.
65. Covington Janin, "Coast's Coffee Importers Buying Larger Quantities from Central America; Takings from Brazil Off," *Wall Street Journal* [Pacific Coast Edition], September 11, 1935; "Receivers of Coffee from Foreign Countries by Sea," *The Spice Mill*, March 1939, 40; "San Francisco News," *The Spice Mill*, February 1941, 35.
66. *The Art of Coffee Making*, HBC 2, 2, 9; Arthur F. Thomas to H. G. Hills, July 3, 1935, HBC 1, 6: HGH 35; HB Bulletin for Salesmen, San Francisco Division, September 10, 1936, HBC 7, 12, 5.
67. HB Bulletin for Salesmen, Los Angeles Division, January 6, 1938, HBC 7, 6, 2.
68. T. Carroll Wilson, "A Chronological Review of Hills Bros. Coffee," HBC 2, 1, 2.
69. Eduardo Hill to Reuben W. Hills Jr., September 30, 1938, HBC 11, 6.

24 咖啡杯背后

1. "Conveniencia de proteger la agricultura," *El Café de El Salvador*, June 1936, 299.
2. Jeffery M. Paige, "Coffee and Power in El Salvador," *Latin American Research Review* 28, no. 3 (1993): 11.
3. Jeffery M. Paige, *Coffee and Power: Revolution and the Rise of Democracy in Central America* (Cambridge, MA: Harvard University Press, 1997), 18–19.
4. "Siembras cafetos de año," n.d. [1945–1946], uncollected papers of J. Hill y Cía., Las Tres Puertas, Santa Ana, El Salvador [JHP].
5. James Hill to Jaime and Federico Hill, October 23, 1941, JHP.
6. *Tea and Coffee Trade Journal*, September 1929, 330.
7. "San Francisco Trade," *Tea and Coffee Trade Journal*, February 1933, 146.
8. For example, Impuestos sobre la Renta, 1939, Soc. Concha G.v. de Regalado y Hijos, Ministerio de Hacienda, Archivo General de la Nación, San Salvador, El Salvador.
9. James Hill to Oliva, November 17, 1934, JHP. For San Francisco import totals, see yearly trade-journal reports, for example, "Receivers of Coffee from Foreign Countries by Sea During 1938," *The Spice Mill*, March 1939.
10. "San Francisco Trade," *Tea and Coffee Trade Journal*, September 1935, 216.
11. Interview with Jaime Hill, Perdita Huston Papers.
12. "Se nombra a don Jaime D. Hill primer vocal de la junta gobierno de la ACDES," *El Café de El Salvador*, August 1932, 53; "Growers of El Salvador Elect," *The Spice Mill*, May 1938, 345.
13. "Viaje de James Hill," JHP; *Tea and Coffee Trade Journal*, September 1932.
14. "San Francisco News," *The Spice Mill*, August 1933, 757.
15. *Tea and Coffee Trade Journal*, July 1934, 45.
16. *Tea and Coffee Trade Journal*, July 1935, 43.
17. *Tea and Coffee Trade Journal*, May 1936, 398.
18. On Brazil and Colombia, "Coffee Industries End Convention," *Pittsburgh Press*, September 24, 1936, 21.
19. J. Hill, "Raising Coffee in Salvador," *Tea and Coffee Trade Journal*, December 1936, 424; "Salvador Grower Speaks," *The Spice Mill*, July 1936, 658.
20. Monthly Economic Report on El Salvador, July 19, 1935, RG 84, vol. 132, U.S. National Archives and Records Administration, College Park, MD [NARA CP].
21. "Diploma al Mérito Agricola Cafetalero," *El Café de El Salvador*, May 1948, 341–42.
22. Monthly Economic Report on El Salvador, November 18, 1935, RG 84, vol. 132, NARA CP; William H. Ukers, *Ten Years of Coffee Progress: The Highlights of Coffee Development During the Decade, 1935–1944* (New York: Pan American Coffee Bureau, 1945), 5; "Pan American Coffee Bureau Activities," *The Spice Mill*, January 1937, 103.
23. "The Coffee Industry Holds Big Convention," *The Spice Mill*, October 1937, 674; "Coffee Campaign Gets Under Way," *The Spice Mill*, May 1938, 262.
24. Allen to Wilson, November 12, 1938, Hills Bros. Coffee, Inc., Records, Archives Center, National Museum of American History, Smithsonian Institution, Washington, DC [HBC], 10, 5, 2.
25. Allen to Wilson, October 31, 1938, HBC 10, 5, 2.
26. Allen to Wilson, October 31, 1938, HBC 10, 5, 2.
27. Allen to Wilson, November 17, 1938, HBC 10, 5, 2.
28. For the "carelessness" of Brazilian production, see Warren Dean, *Rio Claro: A Brazilian Plantation System, 1820–1920* (Stanford, CA: Stanford University Press, 1976), 36–38.
29. Choussy, *El café*, 54.
30. Untitled notes, December 30, 1944, JHP.
31. James Hill to Juan F. Rivas, November 1, 1941, JHP.
32. Alvarenga, "Ethics of Power," 96–97, 176.
33. Ordenes Generales para el Trabajo en las Fincas de J. Hill, 122, JHP.
34. "Ordenes mandadores fincas respecto de corte de café," JHP.
35. "Calculos sobre la manutención diaria de la gente . . . ," November 13, 1944, JHP.
36. "Ordenes mandadores fincas."

37. James Hill to Juan F. Rivas, November 1, 1941, JHP.
38. "Ordenes mandadores fincas."
39. James Hill to Mandador de la Finca, November 9, 1940, JHP; "Ordenes mandadores fincas."
40. Charles Morrow Wilson, *Central America: Challenge and Opportunity* (New York: Henry Holt, 1941), 52.
41. Wilson to Allen, February 8, 1939, HBC 10, 5, 2.
42. "Among the highly interesting novelties . . . ," *Oakland Post Enquirer*, June 20, 1939, HBC 10, 1, 6.
43. Hills Bros. to Joseph C. Harth, May 5, 1939, HBC 10, 6, 2.
44. Victoria Paganini to Hills Bros. Coffee, August 29, 1939, HBC 10, 1, 4.
45. George Goodman to Hills Bros. Coffee, July 18, 1939, HBC 10, 1, 4.

25 战争

1. Pendergrast, *Uncommon Grounds*, 210.
2. H. W. Clark to T. C. Wilson, May 25, 1945, Hills Bros. Coffee, Inc., Records, Archives Center, National Museum of American History, Smithsonian Institution, Washington, DC [HBC], 8, 3, 3; War Department Purchase Order, March 7, 1945, HBC 8, 3, 3; War Department Government's Order and Contractor's Acceptance, June 14, 1945, HBC 8, 3, 3.
3. Michael Haft and Harrison Suarez, "The Marine's Secret Weapon: Coffee," *New York Times*, August 16, 2013, https://atwar.blogs.nytimes.com/2013/08/16/the-marines-secret-weapon-coffee/.
4. Jules R. Benjamin, "The New Deal, Cuba, and the Rise of a Global Foreign Economic Policy," *Business History Review* 51, no. 1 (Spring 1977): 57–78; Carolyn Rhodes, *Reciprocity, U.S. Trade Policy, and the GATT Regime* (Ithaca, NY: Cornell University Press, 1993), 53–78; Claude C. Erb, "Prelude to Point Four: The Institute of Inter-American Affairs," *Diplomatic History* 9, no. 3 (July 1985): 250–67.
5. Green, *Containment of Latin America*, 201–8; Leslie Bethell and Ian Roxborough, "The Postwar Conjuncture in Latin America: Democracy, Labor, and the Left," in *Latin America Between the Second World War and the Cold War, 1944–1948*, ed. Bethell and Ian Roxborough (New York: Cambridge University Press, 1992), 20–22.
6. Arthur Goodfriend, "Latin American Log: El Salvador: Good Roads in a Small Country, Good Food in Its Capital," *New York Times*, May 11, 1947, X15.
7. Samper and Fernando, "Historical Statistics," 453.
8. "Diploma al Mérito Agricola Cafetalero," *El Café de El Salvador*, May 1948, 341–42.
9. "Diploma al Mérito."
10. Mark E. Silverman, "A View from the Millennium: The Practice of Cardiology Circa 1950 and Thereafter," *Journal of American College of Cardiology* 33, no. 5 (1999): 1141–51.
11. Vincent P. Dole et al., "Dietary Treatment of Hypertension: Clinical and Metabolic Studies of Patients on the Rice-Fruit Diet," *Journal of Clinical Investigation* 29, no. 9 (September 1950): 1189–1206.
12. Manifest of In-Bound Passengers (Aliens), SS *Guyana* dep. La Libertad, El Salvador, May 31, 1951, arr. San Francisco, CA, June 13, 1951.
13. "Hill, Noted S.F. Coffee Man, Dies," *San Francisco Call*, August 30, 1951.
14. "The Coffee Hour," *Time*, March 5, 1951.
15. "The Unpaid Coffee Break," *Time*, October 10, 1955; *Mitchell v. Greinetz*, U.S. Court of Appeals, 10th Circuit, July 24, 1956.
16. Susan Stamberg, "Present at the Creation: The Coffee Break," NPR.org, December 2, 2002, http://news.npr.org/programs/morning/features/patc/coffeebreak/index.html.
17. *Bulletin of the U.S. Bureau of Labor Statistics 221: Hours, Fatigue, and Health in British Munition Factories* (Washington, DC: Government Printing Office, April 1917), 10, 29.
18. Illustration in "Publicity Campaign Resumed," *Tea and Coffee Trade Journal*, September 1921, 327.
19. "'Afternoon Coffee Hour' Inaugurated," *The Spice Mill*, February 1929, 194.

20. *Forbes*, December 15, 1952, 20. On "coffee sneak" versus "coffee break," see "Coffee Break," an etymology by Barry Popik, December 26, 2008, www.barrypopik.com/index.php/new_york_city/entry/coffee_break.
21. "Three Cheers for the Coffee Klatsch," *Challenge Magazine*, August 1953, 40.
22. Rockwell D. Hunt, "Changes in California in My Time," *Historical Society of Southern California Quarterly* 36, no. 4 (December 1954): 267–86.
23. David Riesman, "Some Observations on Changes in Leisure Attitudes," *Antioch Review* 12, no. 4 (Winter 1952): 417–36.
24. *Mitchell v. Greinetz*.
25. "Murrah, Alfred Paul (1904–1975)," Oklahoma Historical Society, www.okhistory.org/publications/enc/entry.php?entry=MU010.
26. Raúl Prebisch, *Economic Development in Latin America and Its Principal Problems* (New York: United Nations, 1950), 2.
27. Rosenberg, "Introduction," in Rosenberg, *World Connecting*, 3.
28. Prebisch, *Economic Development*, 5.
29. UN FAO, *Coffee in Latin America*.

26 前世今生

1. Galeas, *Oligarca rebelde*.
2. Compiled from Galeas, *Oligarca rebelde*; interview with Jaime Hill, Perdita Huston Papers [PHP]; "Relato de Jaime Hill, secuestrado por las ERP," Alianza Republicana Nacionalista, August 27, 2010, www.facebook.com/notes/alianza-republicana-nacionalista/relato-de-jaime-hill-secuestrado-por-las-erp-el-perdón-el-resultado-de-la-paz-en/443761842148/; David Ernesto Pérez, "Empresario Jaime Hill . . . ," *La Página*, January 6, 2015.
3. Lindo-Fuentes et al., *Remembering a Massacre*, 195–96.
4. Stephen G. Rabe, *The Most Dangerous Area in the World: John F. Kennedy Confronts Communist Revolution in Latin America* (Chapel Hill: University of North Carolina Press, 1999).
5. Alistair White, *El Salvador* (New York: Praeger, 1973), 95.
6. Tommie Sue Montgomery, *Revolution in El Salvador: From Civil Strife to Civil Peace* (1982; 2nd ed., Boulder, CO: Westview, 1995), 58–59.
7. Durham, *Scarcity and Survival*, 21–30; Russell Crandall, *The Salvador Option: The United States in El Salvador, 1977–1992* (New York: Cambridge University Press, 2016), 22.
8. Crandall, *Salvador Option*, 149.
9. Montgomery, *Revolution in El Salvador*, 48–49.
10. Lindo-Fuentes et al., *Remembering a Massacre*, 5.
11. Montgomery, *Revolution in El Salvador*, 104.
12. Montgomery, 71–73.
13. Crandall, *Salvador Option*, 183–97; Montgomery, *Revolution in El Salvador*, 67.
14. Mark Danner, *The Massacre at El Mozote* (New York: Vintage, 1994), 25–26.
15. Montgomery, *Revolution in El Salvador*, 73–79.
16. "14 Reported Killed in 3 Salvadoran Clashes," *New York Times*, November 1, 1979, A3.
17. Galeas, *Oligarca rebelde*.
18. Romero quoted in Montgomery, *Revolution in El Salvador*, 94–95; more generally, Crandall, *Salvador Option*, 140–43.
19. Oscar Romero, "God Brings the Joy of Salvation to All," December 16, 1979, Romero Trust, www.romerotrust.org.uk/homilies/193/193_pdf.pdf; *Journal d'Oscar Romero*, trans. Maurice Barth (Paris: Éditions Karthala, 1992), 195.
20. Paul Heath Hoeffel, "Eclipse of the Oligarchs," *New York Times*, September 9, 1981. The pseudonymous oligarch "Francisco," the primary source for Hoeffel's story, was Harold Hill.
21. "Family of Salvadoran Pays for Ad at Bidding of His Leftist Captors," *New York Times*, March 12, 1980, A9.

22. "THE PEOPLE'S REVOLUTIONARY ARMY (ERP) OF EL SALVADOR TO ALL NATIONS OF THE WORLD" [advertisement], *New York Times*, March 12, 1980, A21.
23. Montgomery, *Revolution in El Salvador*, 133.
24. Crandall, *Salvador Option*, 1.
25. Inter-American Commission on Human Rights, Annual Report of 1979–1980, quoting the El Salvador Commission on Human Rights, www.cidh.org/annualrep/79.80eng/chap.5c.htm.
26. Quoted in Crandall, *Salvador Option*, 465–66.
27. Crandall, 476.
28. Richard C. Holbrooke, "Foreword," in Perdita Huston, *Families As We Are: Conversations from Around the World* (New York: CUNY Press, 2001), ix–xiii.
29. Mike Edwards, "El Salvador Learns to Live with Peace," *National Geographic* 188, no. 3 (September 1995): 108.
30. Kelefa Sanneh, "Sacred Grounds," *The New Yorker*, November 21, 2011, https://www.newyorker.com/magazine/2011/11/21/sacred-grounds.
31. Elisabeth Jean Wood, *Insurgent Collective Action and Civil War in El Salvador* (New York: Cambridge University Press, 2003), 88.
32. Claudia M. Harner, "Sustainability Analysis of the Coffee Industry in El Salvador," July 1997, Case #706, INCAE Business School, http://www.incae.edu/EN/clacds/publicaciones/pdf/cen706filcorr.pdf.
33. Sanneh, "Sacred Grounds."
34. Roger Cowe, "Brewing Up a Better Deal for Coffee Farmers," *The Guardian*, June 4, 2005, www.theguardian.com/environment/2005/jun/05/fairtrade.ethicalliving.
35. Sanneh, "Sacred Grounds."
36. William Fox, *An Address . . .* [1791], https://archive.org/details/addresstopeopleo1791foxw/page/n2.
37. Sidney Mintz, *Sweetness and Power: The Place of Sugar in Modern History* (New York: Elisabeth Sifton Books / Viking, 1985; reprint, New York: Penguin Books, 1986), 214.
38. Fox, *An Address*.
39. Julie Holcomb, "Blood-Stained Goods: The Transatlantic Boycott of Slave Labor," *Ultimate History Project*, www.ultimatehistoryproject.com/blood-stained-goods.html.
40. Sidney Mintz, "Response," *Food and Foodways* 16, no. 2 (June 2008): 148–58.
41. Mintz, *Sweetness and Power*, 214, 61.
42. Mintz, *Sweetness and Power*, 16.
43. "Nicaraguan Coffee Available," *New York Times*, March 25, 1987; "History of Equal Exchange: A Vision of Fairness to Farmers," www.equalexchange.coop/story.
44. Elizabeth Anne Bennett, "A Short History of Fairtrade Certification Governance," in *The Processes and Practices of Fair Trade: Trust, Ethics, and Governance*, ed. Brigitte Granville and Janet Dine (London: Routledge, 2013); Colleen Haight, "The Problem with Fair Trade Coffee," *Stanford Social Innovation Review*, Summer 2011, www.ssir.org/articles/entry/the_problem_with_fair_trade_coffee.
45. For example, Gavin Fridell, *Fair Trade Coffee: The Prospects and Pitfalls of Market-Driven Social Justice* (Toronto: University of Toronto Press, 2007), 5.
46. See Geoff Watts, "Direct Trade in Coffee," in Thurston et al., *Coffee: A Comprehensive Guide*, 121–27.
47. For example, Ndongo S. Sylla, *The Fair Trade Scandal: Marketing Poverty to Benefit the Rich*, trans. David Clément Leye (Athens: Ohio University Press, 2014); Keith R. Brown, *Buying into Fair Trade: Culture, Morality, and Consumption* (New York: New York University Press, 2013).
48. Rick Peyser, "Hunger in the Coffee Lands," in Thurston et al., *Coffee: A Comprehensive Guide*, 86–91.
49. For example, Daniel Jaffee, *Brewing Justice: Fair Trade Coffee, Sustainability, and Survival* (Berkeley: University of California Press, 2007), 165–98; V. Ernesto Méndez et al., "Effects of Fair Trade and Organic Certifications on Small-Scale Coffee Farmer Households in Central

America and Mexico," *Renewable Agriculture and Food Systems* 25, no. 3 (September 2010): 236–51.

50. Martha Caswell et al., "Food Security and Smallholder Coffee Production: Current Issues and Future Directions," ARLG Policy Brief # 1 (Burlington: University of Vermont, Agroecology and Rural Livelihoods Group, 2012), 5.
51. "A Blueprint to End Hunger in the Coffeelands," *Specialty Coffee Association of America White Paper*, 2013, https://scaa.org/PDF/SCAA-whitepaper-blueprint-end-hunger-coffeelands.pdf.
52. *The Source* (Weather Films, 2016).
53. Hamilton and Chinchilla, "Central American Migration," 84–86. Two studies of the relation of coffee farming to migration: Daniel R. Reichman, *The Broken Village: Coffee, Migration, and Globalization in Honduras* (Ithaca, NY: Cornell University Press, 2011); David Griffith et al., "Losing Labor: Coffee, Migration, and Economic Change in Veracruz," *Culture, Agriculture, Food & Environment* 39, no. 1 (June 2017): 35–42.
54. "A Blueprint to End Hunger."
55. *Trade Reforms and Food Security: Conceptualizing the Linkages* (Rome: Food and Agriculture Organization of the United Nations, 2003), www.fao.org/docrep/005/y4671e/y4671e00.htm#Contents.
56. Hannah Wittman et al., eds., *Food Sovereignty: Connecting Food, Nature, and Community* (Halifax, NS: Fernwood, 2010).
57. Huston, *Families As We Are*, 276–78; interview with Jaime Hill, PHP.

参考文献

Uncollected Manuscripts

Libro de planillas de la Finca de la propiedad de Antonio Flores Torres, 1926–1931, Intercorp, S.V., San Salvador, El Salvador

Papers of J. Hill y Cía., 1902–1950, Las Tres Puertas, Santa Ana, El Salvador

Papers of Otis McAllister, Inc., 1902–1907, San Francisco

Archival Collections

Archives Center, National Museum of American History, Smithsonian Institution, Washington, DC

Hills Bros. Coffee Inc. Records

N. W. Ayer Advertising Agency Records

Archivo General de la Nación, San Salvador, El Salvador

Fondo de Impuestos, Ministerio de Hacienda

Fondo Judicial, Sección Criminal, Departamento de Santa Ana, 1930–1941

Manchester Central Library, Manchester, UK

Marriages and Banns, 1754–1930

School Diary, St. George's Infants, 1875

St. George's Infants School Report of the Diocesan Inspector, 1875

Massachusetts Historical Society, Boston

Adams Papers Digital Edition, http://www.masshist.org/publications/adams-papers/

Miller Center, University of Virginia, Charlottesville

Famous Presidential Speeches, https://millercenter.org/the-presidency/presidential-speeches/

The National Archives, Kew, Richmond, UK

Foreign Office (UK), Embassy and Consular Records of Salvador

Princeton University Library Department of Rare Books and Special Collections, Princeton, New Jersey

Edwin W. Kemmerer Papers

UCLA Library Special Collections, Los Angeles

Frederic William Taylor Papers

University of New England, Portland, Maine

Perdita Huston Papers, Maine Women Writers Collection

U.S. National Archives and Records Administration, College Park, Maryland

Records of the Bureau of Foreign and Domestic Commerce

Records of the Executive Committee on Commercial Policy

Records of the Foreign Service Posts of the Department of State: El Salvador, 1862–1958

Records of the Interdepartmental Advisory Board on Reciprocity Treaties
Records of the Interdepartmental Committee on Cooperation with the American Republics
Records of the Interdepartmental Committee on Trade Agreements
Records of the Office of American Republic Affairs
Records of Tariff Negotiations with Latin American Countries, 1937–1952
U.S. National Archives and Records Administration, San Bruno, California
Records of the Immigration and Naturalization Service

Periodicals

El Café de El Salvador, monthly journal of the Asociación Cafetalera de El Salvador (Coffee Planters Association of El Salvador), published in San Salvador, El Salvador, from 1929.

The Spice Mill, founded in New York 1878 by Jabez Burns, inventor of an early commercial coffee roaster, considered the first U.S. periodical to focus on the coffee trade.

Tea and Coffee Trade Journal, founded in New York in 1901, edited and published by William H. Ukers, author of *All About Coffee*, after 1904.

Published Government Documents

Atwater, W. O. *Methods and Results of Investigations on the Chemistry and Economy of Food*. Washington, DC: Government Printing Office, 1895.

Bureau of American Republics. *Coffee in America: Methods of Production and Facilities for Successful Cultivation in Mexico, the Central American States, Brazil and Other South American Countries, and the West Indies*. Washington, DC: Bureau of the American Republics, 1893.

Bureau of the American Republics. *Mexico*. Prepared by Arthur W. Fergusson. Bulletin no. 9 of the Bureau of the American Republics. Washington, DC: Government Printing Office, 1891.

Bureau of Foreign and Domestic Commerce. *Merchandising Characteristics of Grocery Store Commodities: General Findings and Specific Results*. Washington, DC: Government Printing Office, 1932.

Bureau of Labor Statistics. *Hours, Fatigue, and Health in British Munition Factories*. Washington, DC: Government Printing Office, 1917.

Department of Commerce. *Coffee Consumption in the United Sates, 1920–1965*. Washington, DC: Government Printing Office, 1961.

England Census, 1871 and 1881.

Inter-American Commission on Human Rights. Annual Report of 1979–1980. www.cidh.org/annualrep/79.80eng/chap.5c.htm/.

Mitchell v. Greinetz. U.S. Court of Appeals, 10th Circuit. July, 24, 1956.

Pan-American Union. *Coffee: Extensive Information and Statistics*. Washington, DC: Pan American Union, 1902.

Prebisch, Raúl. *Economic Development in Latin America and Its Principal Problems*. New York: United Nations, 1950.

Proceedings of the International Congress for the Study of the Production and Consumption of Coffee. Washington, DC: Government Printing Office, 1903.

Smithsonian Institution. *Annual Report of the Board of Regents*. Washington, DC: Government Printing Office, 1896.

United Nations Food and Agriculture Organization. *Coffee in Latin America: Productivity Problems and Future Prospects*. New York: United Nations and FAO, 1958.

United Nations Food and Agriculture Organization, *Coffee 2015*. FAO Statistical Pocketbook. www.fao.org/3/a-i4985e.pdf/.

United Nations Food and Agriculture Organization. *Trade Reforms and Food Security: Conceptualizing the Linkages.* Rome: FAO, United Nations, 2013. www.fao.org/docrep/005/y4671e/y4671e00.htm#Contents/.

Film

The Source: The Human Cost Hidden Within a Cup of Coffee. An Investigation by The Weather Channel and Telemundo. Weather Films, 2016.

Books, Articles, Dissertations, Theses, Websites

Adams, Henry. *The Education of Henry Adams: An Autobiography.* Boston: Houghton Mifflin, 1918.

———. *Letters of Henry Adams.* Vol. 5. Cambridge, MA: Belknap Press, 1982.

Adams, R. L. *Farm Management.* New York: McGraw-Hill, 1921.

Aguirre, Robert D. *Informal Empire: Mexico and Central America in Victorian Culture.* Minneapolis: University of Minnesota Press, 2004.

Altick, Richard D. *Victorian People and Ideas: A Companion for the Modern Reader of Victorian Literature.* New York: W. W. Norton, 1973.

Alvarenga, Ana Patricia. "Reshaping the Ethics of Power: A History of Violence in Western Rural El Salvador, 1880–1932." Ph.D. diss., University of Michigan, Ann Arbor, 1994.

Anderson, Thomas P. *Matanza: El Salvador's Communist Revolt of 1932.* Lincoln: University of Nebraska Press, 1971.

Armstrong, Robert, and Janet Shenk. *El Salvador: Face of Revolution.* Boston: South End Press, 1982.

Arnold, Edwin Lester. *Coffee: Its Cultivation and Profit.* London: W. B. Whittingham, 1886.

Arrighi, Giovanni. *The Long Twentieth Century: Money, Power, and the Origins of Our Times.* New York: Verso, 1994.

Atwater, W. O. "How Food Nourishes the Body: The Chemistry of Foods and Nutrition, Part II." *Century Illustrated Magazine* 34 (June 1887): 237–52.

Aubey, Robert T. "Entrepreneurial Formation in El Salvador." *Explorations in Entrepreneurial History* 6, 2nd ser. (1968–1969): 268–85.

Backhouse, Roger E. *The Ordinary Business of Life: A History of Economics from the Ancient World to the Twenty-First Century.* Princeton, NJ: Princeton University Press, 2004.

Badger, Anthony J. *The New Deal: The Depression Years, 1933–1940.* New York: Hill and Wang, 1989; reprint, New York: Ivan R. Dee, 2002.

Balzac, Honoré de. *Treatise on Modern Stimulants.* Translated by Kassy Hayden. Cambridge, MA: Wakefield Press, 2018.

Barkai, Avraham. *Nazi Economics: Ideology, Theory, and Policy.* Translated by Ruth Hadass-Vashitz. New Haven: Yale University Press, 1990.

Baxter, Maurice G. *Henry Clay and the American System.* Lexington: University Press of Kentucky, 1995.

Beckert, Sven. *Empire of Cotton: A Global History.* New York: Alfred A. Knopf, 2014.

Benjamin, Jules R. "The New Deal, Cuba, and the Rise of a Global Foreign Economic Policy." *Business History Review* 51, no. 1 (Spring 1977): 57–78.

Benjamin, Ludy T. "Pop Psychology: The Man Who Saved Coca-Cola." *Monitor on Psychology* 40, no. 2 (February 2009): 18.

Bennett, Elizabeth Anne. "A Short History of Fairtrade Certification Governance." In *The Processes and Practices of Fair Trade: Trust, Ethics, and Governance,* edited by Brigitte Granville and Janet Dine, 43–78. London: Routledge, 2013.

Bernstein, Barton J. "The New Deal: The Conservative Achievements of Liberal Reform." In Bernstein, ed., *Towards A New Past: Dissenting Essays in American History*. New York: Pantheon, 1968.

Bernstein, Michael A. *The Great Depression: Delayed Recovery and Economic Change in America, 1929–1939*. New York: Cambridge University Press, 1987.

Bethell, Leslie. "Britain and Latin American in Historical Perspective." In *Britain and Latin America: A Changing Relationship*. Edited by Victor Bulmer-Thomas. New York: Cambridge University Press, 1989.

———, ed. *The Cambridge History of Latin America*. Vol. 6. Cambridge: Cambridge University Press, 1994.

———, ed. *Latin American Economic History Since 1930*. New York: Cambridge University Press, 1998.

Bethell, Leslie, and Ian Roxborough, eds. *Latin America Between the Second World War and the Cold War, 1944–1948*. New York: Cambridge University Press, 1992.

A Blueprint to End Hunger in the Coffeelands. Specialty Coffee Association of America White Paper. 2013. https://scaa.org/PDF/SCAA-whitepaper-blueprint-end-hunger-coffeelands.pdf/.

Bodnar, John. *The Transplanted: A History of Immigrants in Urban America*. Bloomington: Indiana University Press, 1985.

Boissoneault, Lorraine. "How Coffee, Chocolate and Tea Overturned a 1,500-Year-Old Medical Mindset." Smithsonian.com, May 17, 2017. www.smithsonianmag.com/history/how-coffee-chocolate-and-tea-overturned-1500-year-old-medical-mindset-180963339/.

Bordo, Michael D., Claudia Goldin, and Eugene N. White, eds. *The Defining Moment: The Great Depression and the American Economy in the Twentieth Century*. Chicago: University of Chicago Press, 1998.

Borgwardt, Elizabeth. *A New Deal for the World: America's Vision for Human Rights*. Cambridge, MA: Belknap Press of Harvard University Press, 2005.

Brady, Cyrus Townsend. *The Corner in Coffee*. New York: G. W. Dillingham, 1904.

Brandes, Joseph. *Herbert Hoover and Economic Diplomacy: Department of Commerce Policy, 1921–1928*. Pittsburgh: University of Pittsburgh Press, 1962.

Brinkley, Alan. *The End of Reform: New Deal Liberalism in Recession and War*. New York: Alfred A. Knopf, 1995.

Brown, Keith R. *Buying into Fair Trade: Culture, Morality, and Consumption*. New York: New York University Press, 2013.

Browning, David. *El Salvador: Landscape and Society*. New York: Clarendon Press of Oxford University Press, 1971.

Buckles, Daniel, Bernard Triomphe, and Gustavo Sain. *Cover Crops in Hillside Agriculture: Farmer Innovation with Mucuna*. Ottawa: International Development Research Centre, 1998.

Bulmer-Thomas, Victor. *The Economic History of Latin America Since Independence*. 2nd ed. New York: Cambridge University Press, 2003.

Burkett, Paul, and John Bellamy Foster. "Metabolism, Energy, and Entropy in Marx's Critique of Political Economy: Beyond the Podolinsky Myth." *Theory and Society* 35, no. 1 (February 2006): 109–56.

Burns, E. Bradford. "The Modernization of Underdevelopment: El Salvador, 1858–1931." *The Journal of Developing Areas* 18, no. 3 (April 1984): 293–316.

Butler, Michael A. *Cautious Visionary: Cordell Hull and Trade Reform*. Kent, OH: Kent State University Press, 1998.

Cabrera Arévalo, José Luis. *Las controversiales fichas de fincas salvadoreñas: Antecedentes, origen y final*. San Salvador: Universidad Tecnológica de El Salvador, 2009.

Caneva, Kenneth L. *Robert Mayer and the Conservation of Energy*. Princeton, NJ: Princeton University Press, 1993.

Cardoso, C. F. S. "Historia económica del café en Centroamérica, siglo XIX." *Estudios Sociales Centroamericanos* 4, no. 10 (January 1975): 9–55.

Carlyle, Thomas. *Sartor Resartus*. 1831; London: J. M. Dent, 1902.

Carpenter, Murray. *Caffeinated: How Our Daily Habit Helps, Hurts, and Hooks Us*. New York: Penguin, 2014.

Caswell, Martha, V. Ernesto Méndez, and Christopher M. Bacon. *Food Security and Smallholder Coffee Production: Current Issues and Future Directions*. ARLG Policy Brief #1. Burlington: University of Vermont, 2012.

Catto, Henry E., Jr. *Ambassadors at Sea: The High and Low Adventures of a Diplomat*. Austin: University of Texas Press, 2010.

Charlip, Julie A. "At Their Own Risk: Coffee Farmers and Debt in Nicaragua, 1870–1930." In *Identity and Struggle at the Margins of the Nation-State*, edited by Aviva Chomsky and Aldo A. Lauria-Santiago, 94–121. Durham, NC: Duke University Press, 1998.

Ching, Erik. *Authoritarian El Salvador: Politics and the Origins of Military Regimes, 1880–1945*. South Bend, IN: University of Notre Dame Press, 2014.

———. "In Search of the Party: The Communist Party, the Comintern, and the Peasant Rebellion of 1932 in El Salvador." *The Americas* 55, no. 2 (October 1998): 204–39.

Ching, Erik, with Carlos Gregorio López Bernal and Virginia Tilley. *Las masas, la matanza, y el martinato en El Salvador: Ensayos sobre 1932*. San Salvador: UCA Editores, 2007.

Ching, Erik, and Virginia Tilley. "Indians, the Military, and the Rebellion of 1932 in El Salvador." *Journal of Latin American Studies* 30, no. 1 (February 1998): 121–56.

Choussy, Félix. *El café*. San Salvador: Asociación Cafetalera de El Salvador, 1934.

Clarence-Smith, William Gervase, and Steven Topik, eds. *The Global Coffee Economy in Africa, Asia, and Latin America, 1500–1989*. New York: Cambridge University Press, 2003.

Coatsworth, John H. *Central America and the United States: The Clients and the Colossus*. New York: Twayne, 1994.

Coffee: The Story of a Good Neighbor Product. New York: Pan-American Coffee Bureau, 1954.

Cohen, Lizabeth. *A Consumers' Republic: The Politics of Mass Consumption in Postwar America*. New York: Random House, 2003.

———. *Making a New Deal: Industrial Workers in Chicago, 1919–1939*. New York: Cambridge University Press, 1990.

Cole, Wayne S. *Roosevelt and the Isolationists, 1932–45*. Lincoln: University of Nebraska Press, 1983.

Conant, Charles A. *A History of Modern Banks of Issue: With an Account of the Economic Crises of the Present Century*. New York: G. P. Putnam's Sons, 1896.

Coopersmith, Jennifer. *Energy, the Subtle Concept: The Discovery of Feynman's Blocks from Leibniz to Einstein*. Rev. ed. New York: Oxford University Press, 2015.

Copley, Frank Barkley. *Frederick W. Taylor: Father of Scientific Management*. Vol. 1. New York: Harper & Brothers, 1923.

Courtwright, David T. *Forces of Habit: Drugs and the Making of the Modern World*. Cambridge, MA: Harvard University Press, 2001.

Cowan, Brian. *The Social Life of Coffee: The Emergence of the British Coffeehouse*. New Haven: Yale University Press, 2005.

Cowe, Roger. "Brewing Up a Better Deal for Coffee Farmers." *The Guardian*, June 4, 2005. www.theguardian.com/environment/2005/jun/05/fairtrade.ethicalliving.

Crandall, Russell. *The Salvador Option: The United States in El Salvador, 1977–1992*. New York: Cambridge University Press, 2016.

Culbertson, William Smith. *Reciprocity: A National Policy for Foreign Trade*. New York: McGraw-Hill, 1937.

Cumings, Bruce. *Dominion from Sea to Sea: Pacific Ascendancy and American Power*. New Haven: Yale University Press, 2009.

Cunningham, Eugene. *Gypsying Through Central America*. London: T. Fisher Unwin, 1922.

———. "Snake Yarns of Costa Rica." *Outing* 80, no. 6 (September 1922): 266.

Curtis, William Eleroy. *The Capitals of Spanish America*. New York: Harper & Brothers, 1888.

Dallek, Robert. *Franklin D. Roosevelt and American Foreign Policy, 1932–1945*. New York: Oxford University Press, 1979.

Dalton, Roque. *Miguel Mármol*. Translated by Kathleen Ross and Richard Schaaf. Willimantic, CT: Curbstone Press, 1987.

Danner, Mark. *The Massacre at El Mozote*. New York: Vintage, 1994.

Daviron, Benoit, and Stefano Ponte. *The Coffee Paradox: Global Markets, Commodity Trade, and the Elusive Promise of Development*. London and New York: Zed Books, 2005.

Dean, Warren. *Rio Claro: A Brazilian Plantation System, 1820–1920*. Stanford, CA: Stanford University Press, 1976.

———. *With Broadax and Firebrand: The Destruction of the Brazilian Atlantic Forest*. Berkeley: University of California Press, 1995.

Deutsch, Tracey. *Building a Housewife's Paradise: Gender, Politics, and American Grocery Stores in the Twentieth Century*. Chapel Hill: University of North Carolina Press, 2010.

Didion, Joan. *Salvador*. New York: Simon & Schuster, 1983; reprint, Vintage, 1994.

Dietz, James. *The Economic History of Puerto Rico: Institutional Change and Capitalist Development*. Princeton, NJ: Princeton University Press, 1987.

Dion, Michelle. "The Political Origins of Social Security in Mexico During the Cárdenas and Ávila Camacho Administrations." *Mexican Studies / Estudios Mexicanos* 21, no. 1 (Winter 2005): 59–95.

Drake, Paul W. *The Money Doctor in the Andes: The Kemmerer Missions, 1923–1933*. Durham, NC: Duke University Press, 1989.

Dunkerley, James. *Power in the Isthmus: A Political History of Modern Central America*. London: Verso, 1988.

Dur, Philip F. "U.S. Diplomacy and the Salvadorean Revolution of 1931." *Journal of Latin American Studies* 30, no. 1 (February 1998): 95–119.

Durham, William H. *Scarcity and Survival in Central America: The Ecological Origins of the Soccer War*. Stanford, CA: Stanford University Press, 1979.

Eckes, Alfred E., Jr. *Opening America's Market: U.S. Foreign Trade Policy Since 1776*. Chapel Hill: University of North Carolina Press, 1995.

Edwards, Mike. "El Salvador Learns to Live with Peace." *National Geographic* 188, no. 3 (September 1995): 108–31.

Eichengreen, Barry. *Globalizing Capital: A History of the International Monetary System*. 2nd ed. Princeton, NJ: Princeton University Press, 2008.

———. *Golden Fetters: The Gold Standard and the Great Depression*. New York: Oxford University Press, 1992.

Ekbladh, David. *The Great American Mission: Modernization and the Construction of an American World Order*. Princeton, NJ: Princeton University Press, 2009.

Eliot, L. E. *Central America: New Paths in Ancient Lands*. London: Methuen, 1924.

Elliot, Robert Henry. *The Experiences of a Planter in the Jungles of Mysore*. Vol. 1. London: Chapman and Hall, 1871.

Ellis, Markman. *The Coffee-House: A Cultural History*. London: Weidenfeld & Nicolson, 2004.

Engels, Friedrich. *The Condition of the Working Class in England in 1844, with Preface Written in 1892*. Translated by Florence Kelley Wischnewetzky. London: Swan Sonnenschein, 1892.

———. *Landmarks of Scientific Socialism: "Anti-Duehring."* Translated and edited by Austin Lewis. 1877; Chicago: Charles Kerr, 1907.

Erb, Claude C. "Prelude to Point Four: The Institute of Inter-American Affairs." *Diplomatic History* 9, no. 3 (July 1985): 250–67.

Fair Trade USA 2016 Almanac. www.fairtradecertified.org/sites/default/files/filemanager/documents/FTUSA_MAN_Almanac2016_EN.pdf/.

Farrar, F. W. "The Nether World." *Contemporary Review*, September 1889.

Ferguson, Thomas. "From Normalcy to New Deal: Industrial Structure, Party Competition, and American Public Policy in the Great Depression." *International Organization* 38, no. 1 (Winter 1984): 41–94.

Foster, John Bellamy. *Marx's Ecology: Materialism and Nature*. New York: Monthly Review Press, 2000.

Fowler, William R., Jr. *The Cultural Evolution of Ancient Nahua Civilizations: The Pipil-Nicarao of Central America*. Norman: University of Oklahoma Press, 1989.

———. "The Living Pay for the Dead: Trade, Exploitation, and Social Change in Early Colonial Izalco, El Salvador." In *Ethnohistory and Archaeology: Approaches to Postcontact Change in the Americas*, edited by J. Daniel Rogers and Samuel M. Wilson, 181–200. New York: Plenum, 1993.

Fox, William. *An Address, to the People of Great Britain, on the Utility of Refraining from the Use of West India Sugar and Rum*. London, 1791. https://archive.org/details/addresstopeopleo1791foxw/page/n2.

Fraser, Steve, and Gary Gerstle, eds. *The Rise and Fall of the New Deal Order, 1930–1980*. Princeton, NJ: Princeton University Press, 1989.

Fregulia, Jeanette M. *A Rich and Tantalizing Brew: A History of How Coffee Connected the World*. Little Rock: University of Arkansas Press, 2019.

Fridell, Gavin. *Fair Trade Coffee: The Prospects and Pitfalls of Market-Driven Social Justice*. Toronto: University of Toronto Press, 2007.

Frieden, Jeffry A. *Global Capitalism: Its Fall and Rise in the Twentieth Century*. New York: W. W. Norton, 2006.

———. "Sectoral Conflict and Foreign Economic Policy, 1914–1940." *International Organization* 42, no. 1 (Winter 1988): 59–90.

Furnas, J. C., and the Staff of the *Ladies' Home Journal*. *How America Lives*. New York: Henry Holt, 1941.

Galeas, Marvin. *El oligarca rebelde: Mitos y verdades sobre las 14 familias: La oligarquía*. San Salvador: El Salvador Ebooks, 2015. Kindle.

Gallagher, John, and Ronald Robinson. "The Imperialism of Free Trade." *Economic History Review*, new ser. 6, no. 1 (1953): 1–15.

Gardner, Lloyd. *Economic Aspects of New Deal Diplomacy*. Madison: University of Wisconsin Press, 1964.

Gerstle, Gary. *Working-Class Americanism: The Politics of Labor in a Textile City, 1914–1960*. New York: Cambridge University Press, 1989.

Glickman, Lawrence B. *A Living Wage: American Workers and the Making of Consumer Society*. Ithaca, NY: Cornell University Press, 1999.

Gold, Barri J. *ThermoPoetics: Energy in Victorian Literature and Science*. Cambridge, MA: MIT Press, 2010.

Goldberg, Joseph P. *The Maritime Story: A Study in Labor-Management Relations*. Cambridge, MA: Harvard University Press, 1958.

Gould, Jeffrey L. "On the Road to 'El Porvenir.'" In *A Century of Revolution: Insurgent and Counter-Insurgent Violence During Latin America's Long Cold War*, edited by Greg Grandin and Gilbert M. Joseph, 88–120. Durham, NC: Duke University Press, 2010.

Gould, Jeffrey L., and Aldo A. Lauria-Santiago. *To Rise in Darkness: Revolution, Repression, and Memory in El Salvador, 1920–1932*. Durham, NC: Duke University Press, 2008.

Grandin, Greg. *Empire's Workshop: Latin America, the United States, and the Rise of the New Imperialism*. New York: Metropolitan Books / Henry Holt, 2006.

———. *Fordlandia: The Rise and Fall of Henry Ford's Forgotten Jungle City*. New York: Metropolitan Books / Henry Holt, 2009.

Green, David. *The Containment of Latin America: A History of the Myths and Realities of the Good Neighbor Policy*. Chicago: Quadrangle Books, 1971.

Grieb, Kenneth J. "The Myth of a Central American Dictator's League." *Journal of Latin American Studies* 10, no. 2 (Nov. 1978): 329–45.

———. "The United States and the Rise of General Maximiliano Hernández Martínez." *Journal of Latin American Studies* 3, no. 2 (November 1971): 151–72.

Griffith, David, et al. "Losing Labor: Coffee, Migration, and Economic Change in Veracruz." *Culture, Agriculture, Food & Environment* 39, no. 1 (June 2017): 35–42.

Grindle, Roger. *Quarry and Kiln: The Story of Maine's Lime Industry*. Rockland, ME: The Courier-Gazette, 1971.

Guidos Véjar, Rafael. *El ascenso del militarismo en El Salvador*. San Salvador: UCA Editores, 1980.

Habermas, Jürgen. *The Structural Transformation of the Public Sphere: An Inquiry into a Category of Bourgeois Society*. Translated by Thomas Burger with Frederick Lawrence. Cambridge, MA: MIT Press, 1989.

Haggard, Stephan. "The Institutional Foundations of Hegemony: Explaining the Reciprocal Trade Agreements Act of 1934." *International Organization* 42, no. 1 (Winter 1988): 91–119.

Hahamovitch, Cindy. *The Fruits of Their Labor: Atlantic Coast Farmworkers and the Making of Migrant Poverty, 1870–1945*. Chapel Hill: University of North Carolina Press, 1997.

Haight, Colleen. "The Problem with Fair Trade Coffee." *Stanford Social Innovation Review*, Summer 2011. www.ssir.org/articles/entry/the_problem_with_fair_trade_coffee/.

Hamilton, David E. *From New Day to New Deal: American Farm Policy from Hoover to Roosevelt, 1928–1933*. Chapel Hill: University of North Carolina Press, 1991; reprint, 2011.

Hamilton, Nora, and Norma Stoltz Chinchilla. "Central American Migration: A Framework for Analysis." In *Challenging Fronteras: Structuring Latina and Latino Lives in the U. S.*, edited by Mary Romero, Pierrette Hondagneu-Sotelo, and Vilma Ortiz, 81–100. New York: Routledge, 1997.

Hamilton, Shane. *Trucking Country: The Road to America's Wal-Mart Economy*. Princeton, NJ: Princeton University Press, 2008.

Hanson, Simon G. *Economic Development in Latin America: An Introduction to the Economic Problems of Latin America*. Washington, DC: Inter-American Affairs Press, 1951.

Hargrove, James L. "The History of the Calorie in Nutrition." *Journal of Nutrition* 136, no. 12 (December 2006): 2957–61.

Harner, Claudia M. "Sustainability Analysis of the Coffee Industry in El Salvador." Case #706, INCAE Business School, Alajuela, Costa Rica, July 1997. http://www.incae.edu/EN/clacds/publicaciones/pdf/cen706filcorr.pdf.

Hart, Albert Bushnell. *The Monroe Doctrine: An Interpretation*. Boston: Little, Brown, 1916.

Hartman, Paul T. *Collective Bargaining and Productivity: The Longshore Mechanization Agreement*. Berkeley: University of California Press, 1969.

Harvey, David. "Revolutionary and Counter-Revolutionary Theory in Geography and the Problem of Ghetto Formation." In Harvey, *The Ways of the World*, 10–36. New York: Oxford University Press, 2016.

Hawley, Ellis. *The New Deal and the Problem of Monopoly*. Princeton, NJ: Princeton University Press, 1966.

Head, Barclay V. *A Guide to the Principal Gold and Silver Coins of the Ancients, from circ. B.C. 700 to A.D. 1*. London: Trustees of the British Museum, 1886.

Helmholtz, Hermann von. "On the Interaction of Natural Forces." Translated by John Tyndall. *American Journal of Science*, 2nd ser., 24, no. 71 (1857): 189–216.

Henderson, George L. *California and the Fictions of Capital*. Philadelphia: Temple University Press, 1998.

Henius, Frank. *Latin American Trade: How to Get and Hold It*. New York: Harper & Brothers, 1941.

Hewitt, Robert, Jr. *Coffee: Its History, Cultivation, and Uses*. New York: D. Appleton, 1872.

Hindman, Hugh D. *The World of Child Labor: An Historical and Regional Survey*. Armonk, NY: M. E. Sharpe, 2009; New York: Routledge, 2014.

Hobsbawm, Eric. *The Age of Revolution, 1789–1848*. 1962; reprint, New York: Vintage, 1996.

———. *Industry and Empire: From 1750 to the Present Day*. Revised and updated ed. New York: New Press, 1999.

———. *Labouring Men: Studies in the History of Labour*. London: Weidenfeld & Nicolson, 1964.

Hoganson, Kristin L. *Consumers' Imperium: The Global Production of American Domesticity, 1865–1920*. Chapel Hill: University of North Carolina Press, 2007.

Holcomb, Julie. "Blood-Stained Goods: The Transatlantic Boycott of Slave Labor." *Ultimate History Project*. www.ultimatehistoryproject.com/blood-stained-goods.html.

Hollingdale, R. J. *Nietzsche: The Man and His Philosophy*. New York: Cambridge University Press, 2001.

Hollingworth, H. L. *The Influence of Caffein on Mental and Motor Efficiency*. New York: Science Press, 1912.

Hoover, Herbert. *Memoirs: Years of Adventure, 1874–1920*. New York: Macmillan, 1951.

Horowitz, David. "The Crusade Against Chain Stores: Portland's Independent Merchants, 1928–1935." *Oregon Historical Quarterly* 89, no. 4 (Winter 1988): 340–68.

Houghton, John. "A Discourse of Coffee." *Philosophical Transactions of the Royal Society* 21, no. 256 (September 1699): 311–17.

Howe, Daniel Walker. *What Hath God Wrought? The Transformation of America, 1815–1848*. New York: Oxford University Press, 2007.

Hunt, Rockwell D. "Changes in California in My Time." *Historical Society of Southern California Quarterly* 36, no. 4 (December 1954): 267–86.

Hunt, Tristram. *Marx's General: The Revolutionary Life of Friedrich Engels*. New York: Metropolitan Books / Henry Holt, 2009.

Huston, Perdita. *Families As We Are: Conversations from Around the World*. New York: Feminist Press at The City University of New York, 2001.

Hyman, Louis. *Debtor Nation: A History of America in Red Ink*. Princeton, NJ: Princeton University Press, 2011.

Igler, David. *Industrial Cowboys: Miller & Lux and the Transformation of the Far West, 1850–1920*. Berkeley: University of California Press, 2001.

Jackson, Kenneth T. *Crabgrass Frontier: The Suburbanization of the United States*. New York: Oxford University Press, 1985.

Jacob, H. E. *Coffee: The Epic of a Commodity*. Translated by Eden and Cedar Paul. 1935; Short Hills, NJ: Burford Books, 1998.

Jacobs, Meg. "'Democracy's Third Estate': New Deal Politics and the Construction of a 'Consuming Public.'" *International Labor and Working-Class History* 55 (Spring 1999): 27–51.

———. *Pocketbook Politics: Economic Citizenship in Twentieth Century America*. Princeton, NJ: Princeton University Press, 2005.

Jacobson, Matthew Frye. *Whiteness of a Different Color: European Immigrants and the Alchemy of Race*. Cambridge, MA: Harvard University Press, 1998.

Jaffee, Daniel. *Brewing Justice: Fair Trade Coffee, Sustainability, and Survival*. Berkeley: University of California Press, 2007.

James, C. L. R. *The Black Jacobins: Toussaint L'Ouverture and the San Domingo Revolution*. 1938; rev. ed., New York: Random House, 1963.

Jevons, William Stanley. *The Principles of Science: A Treatise on Logic and Scientific Method*. 2nd ed. London: Macmillan, 1905.

Jiménez, Michael F. "'From Plantation to Cup': Coffee and Capitalism in the United States, 1830–1930." In *Coffee, Society, and Power in Latin America*, edited by William Roseberry et al., 38–64. Baltimore: Johns Hopkins University Press, 1995.

———. "Traveling Far in Grandfather's Car: The Life Cycle of Central Colombian Coffee Estates. The Case of Viotá, Cundinamarca (1900–1930)." *Hispanic American Historical Review* 69, no. 2 (May 1989): 185–219.

Judd, John Wesley. *Volcanoes: What They Are and What They Teach*. New York: D. Appleton, 1881.

Kapstein, Ethan B. *Seeds of Stability: Land Reform and U.S. Foreign Policy*. New York: Cambridge University Press, 2017.

Kargon, Robert H. *Science in Victorian Manchester: Enterprise and Expertise*. Baltimore: Johns Hopkins University Press, 1977; reprint, New York: Routledge, 2017.

Katznelson, Ira. *When Affirmative Action Was White: An Untold History of Racial Inequality in Twentieth-Century America*. New York: W. W. Norton, 2005.

Kay, Jane Holtz. *Asphalt Nation: How the Automobile Took Over America, and How We Can Take It Back*. New York: Crown, 1997.

Kemmerer, Edwin W. "The Work of the American Financial Commission in Chile." *Princeton Alumni Weekly* 26, no. 12 (December 16, 1925): 295.

Kennedy, David M. *Freedom from Fear: The American People in Depression and War, 1929–1945*. New York: Oxford University Press, 1999.

Kerr, Derek. "The Role of the Coffee Industry in the History of El Salvador, 1840–1906." master's thesis, University of Calgary, April 1977.

Kessler-Harris, Alice. *In Pursuit of Equity: Women, Men, and the Quest for Economic Citizenship in 20th-Century America*. New York: Oxford University Press, 2001.

Kimeldorf, Howard. *Reds or Rackets? The Making of Radical and Conservative Unions on the Waterfront*. Berkeley: University of California Press, 1988.

Kindleberger, Charles P. *The World in Depression: 1929–1939*. 1973; rev. ed., Berkeley: University California Press, 1986.

Klein, Jennifer. *For All These Rights: Business, Labor, and the Shaping of America's Public-Private Welfare State*. Princeton, NJ: Princeton University Press, 2003.

Koehler, Jeff. *Where the Wild Coffee Grows: The Untold Story of Coffee from the Cloud Forests of Ethiopia to Your Cup*. New York: Bloomsbury USA, 2017.

Kotkin, Stephen. *Stalin*. Vol. 1, *Paradoxes of Power, 1878–1928*. New York: Penguin Press, 2014.

Krehm, William. *Democracies and Tyrannies of the Caribbean in the 1940s*. Toronto: Lugus, 1999.

Kuhn, Thomas S. "Energy Conservation as an Example of Simultaneous Discovery." In *Critical Problems in the History of Science*, edited by Marshall Clagget, 321–56. Madison: University of Wisconsin Press, 1959.

LaFeber, Walter. *Inevitable Revolutions: The United States in Central America*. 2nd ed. New York: W. W. Norton, 1993.

———. *The New Empire: An Interpretation of American Expansion, 1860–1898*. Ithaca, NY: Cornell University Press, 1963; reprint, 1998.

La Garde, Louis A. *Gunshot Injuries: How They Are Inflicted, Their Complications and Treatment*. New York: William Wood, 1914.

Lauria-Santiago, Aldo. *An Agrarian Republic: Commercial Agriculture and the Politics of Peasant Communities in El Salvador, 1823–1914*. Pittsburgh: University of Pittsburgh Press, 1999.

Lauria-Santiago, Aldo, and Leigh Binford, eds. *Landscapes of Struggle: Politics, Society, and Community in El Salvador*. Pittsburgh: University of Pittsburgh Press, 2004.

Lebhar, Godfrey M. *Chain Stores in America, 1859–1950*. New York: Chain Store Publishing Corp., 1952.

Lenin, V. I. *Imperialism: The Highest Stage of Capitalism*. 1916; reprint, New York: International Publishers, 1969.

———. *Materialism and Empirio-Criticism: Critical Comments on a Reactionary Philosophy*. 1927; reprint, New York: International Publishers, 1970.

———. "'A Scientific' System of Sweating." In *Collected Works of Lenin*. Vol 18. Progress Publishers: Moscow, 1975.

Leonard, Thomas M. "Central American Conference, Washington, 1923." In Leonard et al., eds., *Encyclopedia of U.S.–Latin American Relations*. Vol. 1. Thousand Oaks, CA: CQ Press / SAGE, 2012.

Lesser, Jeffrey. *Immigration, Ethnicity, and National Identity in Brazil, 1808 to the Present*. New York: Cambridge University Press, 2013.

Leuchtenburg, William E. *Franklin Roosevelt and the New Deal, 1932–1940*. New York: Harper & Row, 1963.

———. *Herbert Hoover*. New York: Henry Holt, 2009.

Levin, Yisrael. *Swinburne's Apollo: Myth, Faith, and Victorian Spirituality*. New York: Routledge, 2016.

Levinson, Marc. *The Great A&P and the Struggle for Small Business in America*. New York: Hill and Wang / Farrar, Straus and Giroux, 2011.

Lieberman, Robert C. *Shifting the Color Line: Race and the American Welfare State*. Cambridge, MA: Harvard University Press, 1998.

Liggio, Leonard P., and James J. Martin, eds. *Watershed of Empire: Essays on New Deal Foreign Policy*. Colorado Springs: Ralph Myles, 1976.

Lindo-Fuentes, Héctor. *Weak Foundations: The Economy of El Salvador in the 19th Century, 1821–1898*. Berkeley: University of California Press, 1990.

Lindo-Fuentes, Héctor, Erik Ching, and Rafael A. Lara-Martínez. *Remembering a Massacre in El Salvador: The Insurrection of 1932, Roque Dalton, and the Politics of Historical Memory*. Albuquerque: University of New Mexico Press, 2007.

Lindsay, Robert Bruce. *Julius Robert Mayer: Prophet of Energy*. New York: Pergamon Press, 1973.

Linebaugh, Peter. "Karl Marx, the Theft of Wood, and Working-Class Composition." In *Stop Thief! The Commons, Enclosures, and Resistance*. Oakland, CA: PM Press, 2014.

Longstreth, Richard. *The Drive-In, the Supermarket, and the Transformation of Commercial Space in Los Angeles, 1914–1941*. Cambridge, MA: MIT Press, 1999.

Lorenz, Edward C. *Defining Global Justice: The History of U.S. International Labor Standards Policy*. Notre Dame, IN: Notre Dame University Press, 2001.

Lundestadt, Geir. "Empire by Invitation? The United States and Western Europe, 1945–1952." *Journal of Peace Research* 23, no. 3 (September 1986): 263–77.

MacDonald, Michelle Craig. "The Chance of the Moment, Coffee and the New West Indies Commodities Trade." *William and Mary Quarterly*, 3rd ser., 62, no. 3 (July 2005): 441–72.

MacDuffie, Allen. *Victorian Literature, Energy, and the Ecological Imagination*. New York: Cambridge University Press, 2014.

Mack, Adam. "'Speaking of Tomatoes': Supermarkets, the Senses, and Sexual Fantasy in Modern America." *Journal of Social History* 43, no. 4 (Summer 2010): 815–42.

Maier, Charles S. "The Politics of Productivity: Foundations of American International Economic Policy After World War II." In *Between Power and Plenty: Foreign Economic Policies of Advanced Industrial States*, edited by Peter J. Katzenstein, 23–50. Madison: University of Wisconsin Press, 1978.

Marchi, Regina. "Día de los Muertos, Migration, and Transformation to the United States." In *Celebrating Latino Folklore*, Vol. 1, edited by María Herrera-Sobek, 414–24. Santa Barbara, CA: ABC-Clio, 2012.

Marroquín, Alejandro D. "Estudio sobre la crisis de los años treinta en El Salvador." *Anuario de Estudios Centroamericanos* 3, no. 1 (1977): 115–60.

Marx, Karl. *Capital*. Vol. 1. Translated by Ben Fowkes. New York: Penguin, 1990.

Mayo, James M. *The American Grocery Store: The Business Evolution of an Architectural Space*. Westport, CT: Greenwood Press, 1993.

McClintock, Michael. *The American Connection*. Vol. 1, *State Terror and Popular Resistance in El Salvador*. London: Zed Books, 1985.

McCreery, David. *Rural Guatemala, 1760–1940*. Stanford CA: Stanford University Press, 1994.

McWilliams, Carey. *Factories in the Field*. 1939; reprint, Santa Barbara CA: Peregrine Publishers, 1971.

Méndez, V. Ernesto, et al. "Effects of Fair Trade and Organic Certifications on Small-Scale Coffee Farmer Households in Central America and Mexico." *Renewable Agriculture and Food Systems* 25, no. 3 (2010): 236–51.

Menjívar Larín, Rafael. *Acumulación originaria y desarrollo del capitalismo en El Salvador.* San José, Costa Rica: Editorial Universitaria Centroamerica (EDUCA), 1980.

Meyers, Richard L. *The 100 Most Important Chemical Compounds: A Reference Guide.* Westport, CT: Greenwood Press, 2007.

Mintz, Sidney. "Response." *Food and Foodways* 16, no. 2 (June 2008): 148–58.

———. *Sweetness and Power: The Place of Sugar in Modern History.* New York: Elisabeth Sifton Books / Viking, 1985; reprint, New York: Penguin Books, 1986.

Mirowski, Philip. *More Heat than Light: Economics as Social Physics, Physics as Nature's Economics.* New York: Cambridge University Press, 1989.

Montgomery, Tommie Sue. *Revolution in El Salvador: From Civil Strife to Civil Peace.* 1982; 2nd ed., Boulder, CO: Westview, 1995.

Morgan, Howard Wayne. *William McKinley and His America.* Kent, OH: Kent State University Press, 2003.

Morton, Paula E. *Tortillas: A Cultural History.* Albuquerque: University of New Mexico Press, 2014.

Mosley, Stephen. *The Chimney of the World: A History of Smoke and Pollution in Victorian and Edwardian Manchester.* Cambridge, UK: White Horse Press, 2001; reprint, New York: Routledge, 2008.

Multatuli. *Max Havelaar.* Translated by W. Siebenhaar. New York: Alfred A. Knopf, 1927.

Munro, Dana Gardner. *The United States and the Caribbean Republics, 1921–1933.* Princeton, NJ: Princeton University Press, 1974.

Murray, Alex. "'The London Sunday Faded Slow': Time to Spend in the Victorian City." In *The Oxford Handbook of Victorian Literary Culture*, edited by Juliet John, 310–26. New York: Oxford University Press, 2016.

Nakamura, Takafusa, and Kônosuke Odaka, eds. *The Economic History of Japan, 1914–1955: A Dual Structure.* Vol. 3 in *The Economic History of Japan, 1600–1990.* Translated by Noah S. Brannen. New York: Oxford University Press, 2003.

Nayyar, Deepak. *The South in the World Economy: Past, Present, and Future.* New York: United Nations Development Programme, Human Development Report Office, 2013.

Newman, Kara. *The Secret Financial Life of Food: From Commodities Markets to Supermarkets.* New York: Columbia University Press, 2013.

Novak, Matt. "The Great Depression and the Rise of the Refrigerator." *Pacific Standard*, October 9, 2012. https://psmag.com/environment/the-rise-of-the-refrigerator-47924.

O'Brien, Thomas F. *The Century of U.S. Capitalism in Latin America.* Albuquerque: University of New Mexico Press, 1999.

Olson, Paul R., and C. Addison Hickman. *Pan American Economics.* New York: John Wiley & Sons, 1943.

Olverson, T. D. *Women Writers and the Dark Side of Late-Victorian Hellenism.* New York: Palgrave MacMillan, 2009.

Osterhammel, Jürgen. *The Transformation of the World: A Global History of the Nineteenth Century.* Translated by Patrick Camiller. Princeton, NJ: Princeton University Press, 2014.

"Our Phantom Ship: Central America." *Household Words*, February 22, 1851, 516–22.

Owens, Larry. "Engineering the Perfect Cup of Coffee: Samuel Prescott and the Sanitary Vision at MIT." *Technology and Culture* 45, no. 4 (October 2004): 795–807.

Paige, Jeffery M. *Coffee and Power: Revolution and the Rise of Democracy in Central America*. Cambridge, MA: Harvard University Press, 1997.

———. "Coffee and Power in El Salvador." *Latin American Research Review* 28, no. 3 (1993): 7–40.

Palacios, Marcos. *Coffee in Colombia, 1850–1970: An Economic, Social, and Political History*. New York: Cambridge University Press, 1980.

Palmer, Frederick. *Central America and Its Problems*. New York: Moffat, Yard, 1910.

Palmer, Phyllis. "Outside the Law: Agricultural and Domestic Workers Under the Fair Labor Standards Act." *Journal of Policy History* 7, no. 4 (1995): 416–40.

Patenaude, Bertrand M. *The Big Show in Bololand: The American Relief Expedition to Soviet Russia in the Famine of 1921*. Stanford, CA: Stanford University Press, 2002.

Paulsen, George E. *A Living Wage for the Forgotten Man: The Quest for Fair Labor Standards, 1933–1941*. Selinsgrove, PA: Susquehanna University Press, 1996.

Pendergrast, Mark. *Uncommon Grounds: The History of Coffee and How It Transformed the World*. 2nd ed. New York: Basic Books, 2010.

Pérez Sáinz, Juan Pablo. *From the Finca to the Maquila: Labor and Capitalist Development in Central America*. Boulder, CO: Westview Press, 1999.

Perkins, Edwin J. *Wall Street to Main Street: Charles Merrill and Middle-Class Investors*. New York: Cambridge University Press, 1999.

Phillips, Charles F. "The Supermarket." *Harvard Business Review* 16, no. 2 (Winter 1938): 188–200.

Phillips, Kevin. *William McKinley*. The American Presidents Series. New York: Henry Holt, 2003.

Pictures of Travel in Far-Off Lands: Central America. London: T. Nelson and Sons, 1871.

Pilcher, Jeffrey M. *Planet Taco: A Global History of Mexican Food*. New York: Oxford University Press, 2012.

Pinchbeck, Ivy. *Women Workers and the Industrial Revolution, 1750–1850*. 1930; reprint, New York: Frank Cass, 1969.

Podolinsky, Sergei. "Socialism and the Unity of Physical Forces." Translated by Angelo Di Salvo and Mark Hudson. *Organization and Environment* 17, no. 1 (March 2004): 61–75.

Pomeranz, Kenneth, and Steven Topik. *The World That Trade Created: Society, Culture, and the World Economy, 1400 to the Present*. 3rd ed. Armonk, NY: M. E. Sharpe, 2013.

Prescott, Samuel C. *Report of an Investigation of Coffee*. New York: National Coffee Roasters Association, 1927.

Putnam, George Palmer. *The Southland of North America: Rambles and Observations in Central America in the Year 1912*. New York: G. P. Putnam's Sons, 1914.

Quin, Mike. *The Big Strike*. 1949; reprint, New York: International Publishers, 1979.

Rabe, Stephen G. *The Most Dangerous Area in the World: John F. Kennedy Confronts Communist Revolution in Latin America*. Chapel Hill: University of North Carolina Press, 1999.

Rabinbach, Anson. *The Human Motor: Energy, Fatigue, and the Origins of Modernity*. New York: Basic Books, 1990.

Racine, Karen. "Alberto Masferrer and the Vital Minimum: The Life and Thought of a Salvadoran Journalist, 1868–1932." *The Americas* 54, no. 2 (October 1997): 209–37.

Rauchway, Eric. *Murdering McKinley: The Making of Theodore Roosevelt's America*. New York: Hill and Wang, 2003.

Reichman, Daniel R. *The Broken Village: Coffee, Migration, and Globalization in Honduras*. Ithaca, NY: Cornell University Press, 2011.

Remini, Robert V. *Henry Clay: Statesman for the Union*. New York: W. W. Norton, 1993.

Report of the College of Agriculture and the Agricultural Experiment Station of the University of California. Berkeley: University of California Press, 1922.

Rhodes, Carolyn. *Reciprocity, U.S. Trade Policy, and the GATT Regime*. Ithaca, NY: Cornell University Press, 1993.

Riesman, David. "Some Observations on Changes in Leisure Attitudes." *Antioch Review* 12, no. 4 (Winter 1952): 417–36.

Riis, Jacob. *How the Other Half Lives: Studies Among the Tenements of New York*. New York: Charles Scribner's Sons, 1890.

Ripley, George, and Charles Anderson Dana, eds. *The American Cyclopaedia: A Popular Dictionary of General Knowledge*. New York: D. Appleton, 1881.

Rock, David, ed. *Latin America in the 1940s: War and Postwar Transitions*. Berkeley: University of California Press, 1994.

Rodríguez, Roberto Cintli. *Our Sacred Maíz Is Our Mother: Indigeneity and Belonging in the Americas*. Tucson: University of Arizona Press, 2014.

Roediger, David R. *Working Towards Whiteness: How America's Immigrants Became White: The Strange Journey from Ellis Island to the Suburbs*. New York: Basic Books, 2005.

Romero, Óscar. *Journal d'Oscar Romero*. Trans. Maurice Barth. Paris: Éditions Karthala, 1992.

Roseberry, William. *Coffee and Capitalism in the Venezuelan Andes*. Austin: University of Texas Press, 1983.

———. "La Falta de Brazos: Land and Labor in the Coffee Economies of Nineteenth-Century Latin America." *Theory and Society* 20, no. 3 (1991): 351–82.

———. "The Rise of Yuppie Coffees and the Reimagination of Social Class in the United States." *American Anthropologist*, new ser. 98, no. 4 (December 1996): 762–75.

Roseberry, William, Lowell Gudmundson, and Mario Samper Kutschbach, eds. *Coffee, Society, and Power in Latin America*. Baltimore: Johns Hopkins University Press, 1995.

Rosenberg, Emily S. *Financial Missionaries to the World: The Politics and Culture of Dollar Diplomacy, 1900–1930*. Durham, NC: Duke University Press, 2003.

———, ed. *A World Connecting: 1870–1945*. Cambridge, MA: Belknap Press, 2012.

Rothermund, Dietmar. *The Global Impact of the Great Depression, 1929–1939*. New York: Routledge, 1996.

Rovensky, Joseph C., and A. Willing Patterson. "Problems and Opportunities in Hemispheric Economic Development." *Law and Contemporary Problems* 8, no. 4 (Autumn 1941): 657–68.

Ruhl, Arthur. *The Central Americans: Adventures and Impressions Between Mexico and Panama*. New York: Charles Scribner's Sons, 1928.

Ryant, Carl G. "The South and the Movement Against Chain Stores." *Journal of Southern History* 39, no. 2 (May 1973): 207–22.

Rydell, Robert W., et al. *Fair America: World's Fairs in the United States*. Washington, DC: Smithsonian Books, 2013.

Sanborn, Helen J. *A Winter in Central America and Mexico*. Boston: Lee & Shepard, 1886.

Sanderson, Michael. *Education, Economic Change, and Society in England, 1780–1870*. London: Macmillan, 1991; 2nd ed., New York: Cambridge University Press, 1995.

Sanneh, Kelefa. "Sacred Grounds." *The New Yorker*, November 13, 2011. https://www.newyorker.com/magazine/2011/11/21/sacred-grounds.
Schlesinger, Arthur M., Jr. *The Age of Roosevelt*. 3 vols. New York: Houghton Mifflin, 1957; reprint, New York: Mariner / Houghton Mifflin, 2003.
Schlesinger, Jorge. *Revolución comunista: Guatemala en peligro?* Guatemala City: Editorial Unión Tipografia Castañeda, 1946.
Schmitt, Cannon. *Darwin and the Memory of the Human: Evolution, Savages, and South America*. New York: Cambridge University Press, 2009.
Schutte, Ofelia. *Beyond Nihilism: Nietzsche Without Masks*. Chicago: University of Chicago Press, 1984.
Scott, James C. *Against the Grain: A Deep History of the Earliest States*. New Haven: Yale University Press, 2017.
Scroop, Daniel. "The Anti-Chain Store Movement and the Politics of Consumption." *American Quarterly* 60, no. 4 (December 2008): 925–50.
Seigel, Micol. *Uneven Encounters: Making Race and Nation in Brazil and the United States*. Durham, NC: Duke University Press, 2009.
Sicilia, David B. "Supermarket Sweep." *Audacity* 5 (Spring 1997): 11–19.
Slater's Directory of Manchester and Salford, 1869–1879.
Smith, Andrew F., ed. *The Oxford Encyclopedia of Food and Drink in America*. 2nd ed. Vol. 2. New York: Oxford University Press, 2013.
Smith, Crosbie. *The Science of Energy: The Cultural History of Energy Physics in Victorian Britain*. Chicago: University of Chicago Press, 1998.
Smith, Robert Angus. *Air and Rain: The Beginnings of a Chemical Climatology*. London: Longmans, Green, 1872.
Sochor, Zenovia A. *Revolution and Culture: The Bogdanov-Lenin Controversy*. Ithaca, NY: Cornell University Press, 1988.
Soule, George, David Efron, and Norman T. Ness. *Latin America in the Future World*. New York: Farrar & Rinehart, 1945.
Sperber, Jonathan. *Karl Marx: A Nineteenth-Century Life*. New York: Liveright, 2013.
Squier, E. G. *Notes on Central America*. New York: Harper & Brothers, 1855.
———. *The States of Central America*. New York: Harper & Brothers, 1858.
Stamberg, Susan. "Present at the Creation: The Coffee Break." NPR.org. December 2, 2002. www.npr.org/programs/morning/features/patc/coffeebreak/index.html/.
Steffens, Henry John. *James Prescott Joule and the Concept of Energy*. New York: Science History Publications/USA, 1979.
Stein, Stanley. *Vassouras: A Brazilian Coffee County, 1850–1900: The Roles of Planter and Slave in a Plantation Society*. Cambridge, MA: Harvard University Press, 1957.
Stevenson, Robert Louis. *Treasure Island*. Boston: Roberts Brothers, 1884.
Steward, Dick. *Trade and Hemisphere: The Good Neighbor Policy and Reciprocal Trade*. Columbia: University of Missouri Press, 1975.
Steward, Luther N., Jr. "California Coffee: A Promising Failure." *Southern California Quarterly* 46, no. 3 (September 1964): 259–64.
Stewart, Balfour, and J. Norman Lockyer. "The Sun as a Type of the Material Universe." Part 1. *Macmillan's* 18 (July 1868): 246–57.
Stoetzer, O. Carlos. *The Organization of American States*. 2nd ed. Westport, CT: Praeger, 1993.
Stolcke, Verena. *Coffee Planters, Workers, and Wives: Class Conflict and Gender Relations on São Paulo Plantations, 1850–1980*. London: Macmillan, 1988.

Strasser, Susan. *Satisfaction Guaranteed: The Making of the American Mass Market*. New York: Pantheon, 1989.

Sylla, Ndongo S. *The Fair Trade Scandal: Marketing Poverty to Benefit the Rich*. Translated by David Clément Leye. Athens, OH: Ohio University Press, 2014.

Talbot, John M. *Grounds for Agreement: The Political Economy of the Coffee Commodity Chain*. Lanham, MD: Rowman & Littlefield, 2004.

Tantillo, Astrida Orle. *The Will to Create: Goethe's Philosophy of Nature*. Pittsburgh: University of Pittsburgh Press, 2002.

Tasca, Henry J. *The Reciprocal Trade Policy of the United States*. Philadelphia: University of Pennsylvania Press, 1938.

Tedlow, Richard S. *New and Improved: The Story of Mass Marketing in America*. New York: Basic Books, 1991; reprint, Boston: Harvard Business School Press, 1996.

Terkel, Studs. *Hard Times: An Oral History of the Great Depression*. New York: Pantheon, 1970; reprint, New York: New Press, 2005.

Thompson, E. P. "Time, Work-Discipline, and Industrial Capitalism." *Past and Present* 38 (December 1967): 56–97.

Thompson, Wallace. *Rainbow Countries of Central America*. New York: E. P. Dutton, 1926.

Thorp, Rosemary. *Progress, Poverty, and Exclusion: An Economic History of Latin America in the 20th Century*. Washington, DC: Inter-American Development Bank, 1998.

———, ed. *An Economic History of Twentieth-Century Latin America*. 2nd ed. Vol. 2, *Latin America in the 1930s: The Role of the Periphery in the World Crisis*. New York: Palgrave, 2000.

Thurber, Francis Beatty. *Coffee: From Plantation to Cup*. New York: American Grocer Publishing Association, 1881.

Thurston, Robert W., Jonathan Morris, and Shawn Steiman, eds. *Coffee: A Comprehensive Guide*. Lanham, MD: Rowman & Littlefield, 2013.

Tilley, Virginia. *Seeing Indians: A Study of Race, Nation, and Power in El Salvador*. Albuquerque: University of New Mexico Press, 2005.

Tobey, Ronald C. *Technology as Freedom: The New Deal and the Electrical Modernization of the American Home*. Berkeley: University of California Press, 1996.

Tocqueville, Alexis de. *Journeys to England and Ireland*. Translated by George Lawrence and K. P. Mayer. Edited by J. P. Mayer. 1979; reprint, New Brunswick, NJ: Transaction, 1988; New York: Routledge, 2017.

Topik, Steven. "Historicizing Commodity Chains: Five Hundred Years of the Global Coffee Commodity Chain." In *Frontiers of Commodity Chain Research*, edited by Jennifer Bair, 37–62. Stanford, CA: Stanford University Press, 2008.

Topik, Steven, Carlos Marichal, and Zephyr Frank, eds. *From Silver to Cocaine: Latin American Commodity Chains and the Building of the World Economy, 1500–2000*. Durham, NC: Duke University Press, 2006.

Topik, Steven, and Allen Wells, eds. *The Second Conquest of Latin America: Coffee, Henequen, and Oil During the Export Boom, 1850–1930*. Austin: University of Texas Press, 1998.

Tucker, Catherine M. *Coffee Culture: Local Experiences, Global Connections*. New York: Routledge, 2010.

Tucker, Richard P. *Insatiable Appetite: The United States and the Ecological Degradation of the Tropical World*. Berkeley: University of California, 2000.

Tulchin, Joseph S. *The Aftermath of War: World War I and U.S. Policy Toward Latin America*. New York: New York University Press, 1971.

Turner, Mary. "A History of Collyhurst, Manchester, to 1900." Submitted for a Certificate of Extra-Mural Education, Manchester University. May 1975. Manchester Central Library, Manchester, UK.

Ukers, William H. *All About Coffee*. New York: Tea and Coffee Trade Journal Company, 1922.

———. *All About Coffee*. 2nd ed. New York: Tea and Coffee Trade Journal Company, 1935.

Underwood, Ted. *The Work of the Sun: Literature, Science, and Political Economy, 1760–1860*. New York: Palgrave Macmillan, 2005.

Vickers, Douglas. *Economics and Ethics: An Introduction to Theory, Institutions, and Policy*. Westport, CT: Praeger, 1997.

Wallace, Alfred Russel. *The Malay Archipelago: The Land of the Orangu-tan and the Bird of Paradise*. 4th ed. London: Macmillan, 1872.

Walvin, James. *A Child's World: A Social History of English Childhood, 1800–1914*. New York: Penguin, 1982.

Watkins, Melville H. "A Staple Theory of Economic Growth." *The Canadian Journal of Economics and Political Science* 29, no. 2 (May 1963): 141–58.

Watkins, T. H. *The Hungry Years: A Narrative History of the Great Depression in America*. New York: Henry Holt, 1999.

Weinberg, Bennett Alan, and Bonnie K. Bealer. *The World of Caffeine: The Science and Culture of the World's Most Popular Drug*. New York: Routledge, 2002.

West, Paige. *From Modern Production to Imagined Primitive: The Social World of Coffee from Papua New Guinea*. Durham, NC: Duke University Press, 2012.

Whitehead, Andrew. "Red London: Radicals and Socialists in Late-Victorian Clerkenwell." *Socialist History* 18 (2000): 1–31.

Wickizer, V. D. *The World Coffee Economy, with Special Reference to Control Schemes*. Stanford, CA: Stanford University Press, 1943.

Wild, Antony. *Coffee: A Dark History*. New York: W. W. Norton, 2004.

Williams, Philip J., and Knut Walter. *Militarization and Demilitarization in El Salvador's Transition to Democracy*. Pittsburgh: University of Pittsburgh Press, 1997.

Williams, Robert G. *States and Social Evolution: Coffee and the Rise of National Governments in Central America*. Chapel Hill: University of North Carolina Press, 1994.

Williams, William Appleman. *Empire as a Way of Life*. New York: Oxford University Press, 1980; reprint, Brooklyn, NY: Ig Books, 2006.

———. *The Tragedy of American Diplomacy*. 50th anniversary ed. New York: W. W. Norton, 2009.

Williamson, Harold Francis. *Edward Atkinson: The Biography of an American Liberal, 1827–1905*. Boston: Old Corner Bookstore, 1934.

Wilson, Charles Morrow. *Central America: Challenge and Opportunity*. New York: Henry Holt, 1941.

Wilson, Everett Alan. "The Crisis of National Integration in El Salvador, 1919–1935." Ph.D. diss., Stanford University, 1969.

Wise, M. Norton, with Crosbie Smith. "Work and Waste: Political Economy and Natural Philosophy in Nineteenth Century Britain (part 1)." *History of Science* 27, no. 3 (September 1989): 263–301.

Wise, M. Norton, with Crosbie Smith. "Work and Waste: Political Economy and Natural Philosophy in Nineteenth Century Britain (part 2)." *History of Science* 27, no. 4 (December 1989): 391–449.

Wittman, Hannah, Annette Aurélie Desmarais, and Nettie Wiebe, eds. *Food Sovereignty: Connecting Food, Nature, and Community*. Halifax, NS: Fernwood, 2010.

Wolfe, Joel. *Autos and Progress: The Brazilian Search for Modernity*. New York: Oxford University Press, 2010.

Womack, John., Jr. "Doing Labor History: Feelings, Work, Material Power." *Journal of the Historical Society* 5, no. 3 (2005): 255–96.

Wood, Bryce. *The Making of the Good Neighbor Policy*. New York: Columbia University Press, 1961; reprint, New York; W. W. Norton, 1967.

Wood, Elisabeth Jean. *Insurgent Collective Action and Civil War in El Salvador*. New York: Cambridge University Press, 2003.

Youmans, Edward L., ed. *The Correlation and Conservation of Forces: A Series of Expositions*. New York: D. Appleton, 1864.

Zamosc, Leon. "Class Conflict in an Export Economy: The Social Roots of the Salvadoran Insurrection of 1932." In *Sociology of Developing Societies: Central America*, edited by Jan Flora and Edelberto Torres Rivas, 56–74. New York: Monthly Review Press, 1989.

———. "The Landing That Never Was: Canadian Marines and the Salvadorean Insurrection of 1932." *Canadian Journal of Latin American and Caribbean Studies* 11, no. 21 (1986): 131–47.

Zeiler, Thomas W. *Free Trade, Free World: The Advent of GATT*. Chapel Hill: University of North Carolina Press, 1999.

Zencey, Eric. "Some Brief Speculations on the Popularity of Entropy as Metaphor." *North American Review* 271, no. 3 (September 1986): 7–10.

Zimmerman, M. M. *The Super Market: Spectacular Exponent of Mass Distribution*. New York: Super Market Publishing Co., 1937.

———. *Super Market Merchandising: A Revolution in Distribution*. New York: McGraw-Hill, 1955.

———. "The Supermarket and the Changing Retail Structure." *Journal of Marketing* 5, no. 4 (April 1941): 402–9.

图书在版编目（C I P）数据

咖啡帝国 /（美）奥古斯丁·塞奇威克（Augustine Sedgewick）著；阳曦译. -- 杭州：浙江教育出版社，2022.5

书名原文：Coffeeland: One Man's Dark Empire and the Making of Our Favorite Drug

ISBN 978-7-5722-3135-3

Ⅰ. ①咖… Ⅱ. ①奥… ②阳… Ⅲ. ①国际贸易一贸易史一世界 Ⅳ. ①F749

中国版本图书馆 CIP 数据核字（2022）第 033211 号

COFFEELAND: One Man's Dark Empire and the Making of Our Favorite Drug
by Augustine Sedgewick
Copyright © 2020 by Augustine Sedgewick
Simplified Chinese translation copyright © 2022
by Beijing GoodReading Cultural Media Co., Ltd.
Published by arrangement with The Strothman Agency, LLC
through Bardon-Chinese Media Agency
ALL RIGHTS RESERVED
版权合同登记号 浙图字 11-2021-271

咖啡帝国
KAFEI DIGUO
[美] 奥古斯丁·塞奇威克 著 阳曦 译

责任编辑：赵清刚
美术编辑：韩 波
责任校对：马立改
责任印务：时小娟
出版发行：浙江教育出版社
（杭州市天目山路 40 号 电话：0571-85170300-80928）
印 刷：三河市中晟雅豪印务有限公司
开 本：880mm × 1230mm 1/32
成品尺寸：145mm × 210mm
印 张：13.75
字 数：320000
版 次：2022 年 5 月第 1 版
印 次：2022 年 5 月第 1 次印刷
标准书号：ISBN 978-7-5722-3135-3
定 价：88.00 元

如发现印装质量问题，影响阅读，请与本社市场营销部联系调换。
电话：0571-88909719

在喧嚣的世界里，

坚持以匠人心态认认真真打磨每一本书，

坚持为读者提供

有用、有趣、有品位、有价值的阅读。

愿我们在阅读中相知相遇，在阅读中成长蜕变！

好读，只为优质阅读。

咖啡帝国

策划出品：好读文化	监　　制：姚常伟
责任编辑：赵清刚	产品经理：程　斌
封面设计：周伟伟	内文制作：尚春苓